U0447017

本书是 2017 年教育部人文社科青年项目"基于云端翻转课堂的全媒体 MTI 口译认知探究"（编号 17YJC740075）的研究成果

基于全媒体的口译认知研究

孙 杰 张福勇 著

中国社会科学出版社

图书在版编目（CIP）数据

基于全媒体的口译认知研究／孙杰，张福勇著．—北京：中国社会科学出版社，2021.12

ISBN 978－7－5203－9378－2

Ⅰ.①基… Ⅱ.①孙…②张… Ⅲ.①口译—研究 Ⅳ.①H059

中国版本图书馆 CIP 数据核字（2021）第 257174 号

出 版 人	赵剑英
责任编辑	安　芳
责任校对	张爱华
责任印制	李寡寡

出　版	中国社会科学出版社
社　址	北京鼓楼西大街甲 158 号
邮　编	100720
网　址	http://www.csspw.cn
发 行 部	010－84083685
门 市 部	010－84029450
经　销	新华书店及其他书店
印　刷	北京明恒达印务有限公司
装　订	廊坊市广阳区广增装订厂
版　次	2021 年 12 月第 1 版
印　次	2021 年 12 月第 1 次印刷
开　本	710×1000　1/16
印　张	21.25
插　页	2
字　数	331 千字
定　价	118.00 元

凡购买中国社会科学出版社图书，如有质量问题请与本社营销中心联系调换
电话：010－84083683
版权所有　侵权必究

目　　录

前　言 ……………………………………………………………… (1)

第一章　口译简介 ………………………………………………… (1)
　第一节　口译定义 …………………………………………… (1)
　第二节　发展历史 …………………………………………… (3)
　　一　西方口译发展历史 …………………………………… (4)
　　二　中国口译发展历史 …………………………………… (6)
　第三节　口译特点 …………………………………………… (11)
　　一　口笔译的差异 ………………………………………… (11)
　　二　口译的特点 …………………………………………… (14)
　第四节　口译模式 …………………………………………… (27)
　　一　同声传译 ……………………………………………… (28)
　　二　交替传译 ……………………………………………… (35)
　　三　视译 …………………………………………………… (41)
　　四　手语传译 ……………………………………………… (43)
　　五　耳语传译 ……………………………………………… (46)
　　六　小玩意儿传译 ………………………………………… (46)
　　七　混合模式与分布 ……………………………………… (47)

第二章　口译过程 ………………………………………………… (48)
　第一节　口译过程的界定 …………………………………… (48)

第二节　听辨理解 (52)

　　一　理论基础 (54)

　　二　从语音听辨到语流听辨 (55)

　　三　语流听辨 (59)

　　四　语篇听辨 (61)

　　五　理解 (65)

第三节　脱离源语语言外壳 (72)

　　一　口译听意 (72)

　　二　口译记忆 (78)

　　三　口译笔记 (94)

第四节　译语表达 (104)

　　一　译语重构 (105)

　　二　译语语言表达 (106)

　　三　译语表达发布方式 (109)

第五节　口译过程的模式 (111)

　　一　翻译顺序模型 (111)

　　二　口译三角模式 (112)

　　三　3P 口译过程模式 (113)

　　四　厦大口译训练模式 (113)

　　五　连续传译过程模式 (116)

　　六　交替传译过程模式 (117)

　　七　生态翻译学视域下的口译过程模式 (117)

　　八　口译信息处理图式模型 (117)

　　九　口译动态 RDA 模型 (119)

　　十　口译过程认知心理模型 "M" Model (120)

第六节　口译过程的精力分配 (121)

　　一　译员精力分配模式 (121)

　　二　精力分配失衡的原因 (122)

　　三　精力分配的有效途径 (123)

第七节　口译过程的口译技能 (124)

  一　顺句驱动 …………………………………………………（124）
  二　断句 ……………………………………………………（125）
  三　等待 ……………………………………………………（125）
  四　预测 ……………………………………………………（126）
  五　转换 ……………………………………………………（126）
  六　应对策略 ………………………………………………（127）
 第八节　译前准备和译后反思 ………………………………（128）
  一　译前准备 ………………………………………………（129）
  二　译后反思 ………………………………………………（130）

第三章　译员素质 ……………………………………………（131）
 第一节　职业化与职业素养 …………………………………（132）
  一　职业技能 ………………………………………………（134）
  二　职业道德标准和实践 …………………………………（138）
  三　小结 ……………………………………………………（139）
 第二节　行为准则 ……………………………………………（140）
  一　保密准则 ………………………………………………（141）
  二　职业能力 ………………………………………………（142）
  三　忠实 ……………………………………………………（142）
  四　中立 ……………………………………………………（143）
  五　道德与良知 ……………………………………………（144）
  六　优化选择与强力斡旋 …………………………………（144）
 第三节　译员角色 ……………………………………………（145）
  一　早期关于译员的记录 …………………………………（145）
  二　译员的可见性 …………………………………………（146）

第四章　口译研究 ……………………………………………（148）
 第一节　研究问题 ……………………………………………（148）
 第二节　国外研究综述 ………………………………………（150）
 第三节　前期理论成果 ………………………………………（152）

第四节　国内研究综述 …… (155)
  一　研究阶段划分 …… (156)
  二　研究情况分析 …… (157)
第五节　国内研究小结 …… (203)
第六节　小结 …… (205)

第五章　云端翻转课堂与全媒体翻译硕士口译认知 …… (206)
第一节　全媒体概述 …… (206)
  一　定义 …… (206)
  二　起源 …… (207)
  三　特点 …… (207)
  四　架构 …… (209)
  五　发展模式 …… (210)
  六　未来趋势 …… (210)
第二节　云端翻转课堂 …… (211)
  一　云端平台功能 …… (211)
  二　翻转课堂 …… (214)
  三　云端翻转课堂与社交媒体结合 …… (218)
第三节　翻译硕士口译认知 …… (221)
  一　认知简介 …… (222)
  二　认知心理学 …… (228)
  三　认知语言学 …… (241)
  四　口译认知解读 …… (248)
  五　MI 口译的特殊性 …… (267)

第六章　基于云端的智能笔辅助交传笔记教学探究 …… (269)
第一节　引言 …… (269)
第二节　试验设计 …… (270)
  一　研究问题 …… (270)
  二　研究参与者 …… (270)

三　研究条件 …………………………………………… (271)
   四　问卷和反省 ………………………………………… (272)
   五　研究材料 …………………………………………… (272)
   六　实操程序 …………………………………………… (272)
   七　试验步骤 …………………………………………… (273)
  第三节　结果与讨论 ……………………………………… (273)
   一　笔记难度认定比对 ………………………………… (273)
   二　交传成绩比对 ……………………………………… (274)
   三　智能笔辅助交传笔记的效用特征比对 …………… (275)
  第四节　启示 ……………………………………………… (284)
  第五节　结语 ……………………………………………… (284)

第七章　英汉带稿传译认知的眼动研究 ………………… (286)
  第一节　英汉带稿右分支结构传译认知的眼动研究 …… (287)
   一　引言 ………………………………………………… (287)
   二　理论依据 …………………………………………… (288)
   三　研究设计 …………………………………………… (288)
   四　数据解析 …………………………………………… (290)
   五　结语 ………………………………………………… (297)
  第二节　带稿同传复杂句的个案眼动分析 ……………… (298)
   一　引言 ………………………………………………… (298)
   二　研究设计 …………………………………………… (298)
   三　结果与分析 ………………………………………… (299)
   四　兴趣区共性分析 …………………………………… (301)
   五　兴趣区差异分析 …………………………………… (302)
   六　小结 ………………………………………………… (304)

参考文献 …………………………………………………… (305)

图 目 录

图 1-1　对意义加以解释以获得理解 …………………………（2）
图 1-2　口译行为的基本运作程式 ……………………………（2）
图 1-3　口译员对信息传播的操控…………………………（21）
图 1-4　交流操控权的转移……………………………………（22）
图 1-5　口译员与在场性及不在场性的作用关系……………（23）
图 1-6　Wickelgren 氏 SAT 曲线：准确反应的最短时间
　　　（1977）……………………………………………（24）
图 1-7　话语中的语境系统……………………………………（26）
图 1-8　视译过程认知心理模型 SI Model …………………（42）
图 2-1　口译流程图……………………………………………（51）
图 2-2　口译活动"三角模式"………………………………（51）
图 2-3　听辨理解过程图示……………………………………（53）
图 2-4　言语知觉与理解所涉及的主要过程…………………（56）
图 2-5　原型匹配模型…………………………………………（59）
图 2-6　建构—整合模型………………………………………（64）
图 2-7　阅读理解中感觉信息与非感觉信息的相互作用……（64）
图 2-8　口译"思维理解"程序简示…………………………（66）
图 2-9　口译思维理解程序简图………………………………（72）
图 2-10　记忆过程图示…………………………………………（83）
图 2-11　典型的记忆信息三级加工模式………………………（83）
图 2-12　扩充了控制过程的记忆系统模型……………………（83）

图 2-13　口译记忆训练模型 APEC 模型 ……………………………… (93)
图 2-14　彼得森（Peterson）(1968) 实验研究得出的短期
　　　　　遗忘曲线 …………………………………………………… (95)
图 2-15　译语产出模式的主要线路 …………………………………… (104)
图 2-16　言语生成模型 ………………………………………………… (107)
图 2-17　WEAVER++计算模型 ……………………………………… (108)
图 2-18　3P 口译过程模式 …………………………………………… (114)
图 2-19　厦大口译训练模式（拓展版）……………………………… (114)
图 2-20　生态翻译学视域下的口译过程模式 ………………………… (118)
图 2-21　口译信息处理图式模型（微观图）………………………… (118)
图 2-22　口译动态 RDA 模型 ………………………………………… (119)
图 2-23　口译过程认知心理模型 "M" Model ……………………… (120)
图 4-1 　口译研究的多维认识论 ……………………………………… (149)
图 4-2 　1978—2017 年中国外语类核心期刊发表口译论文数量
　　　　分布 ………………………………………………………… (156)
图 4-3 　总库发表年度趋势 …………………………………………… (158)
图 4-4 　总库主要主题分布 …………………………………………… (159)
图 4-5 　总库主要主题分布比较 ……………………………………… (161)
图 4-6 　总库来源分布比较 …………………………………………… (162)
图 4-7 　学术期刊文章发表年度趋势 ………………………………… (163)
图 4-8 　学术期刊文章主要主题分布 ………………………………… (165)
图 4-9 　学术期刊文章主要主题分布比较 …………………………… (166)
图 4-10　学术期刊文章来源分布比较 ………………………………… (167)
图 4-11　学位授予论文发表年度趋势 ………………………………… (168)
图 4-12　学位授予论文主要主题分布 ………………………………… (169)
图 4-13　学位授予论文主要主题分布比较 …………………………… (171)
图 4-14　学位授予论文学科分布比较 ………………………………… (172)
图 4-15　关键词为口译的总库发表年度趋势 ………………………… (174)
图 4-16　关键词为口译的总库主要主题分布 ………………………… (175)
图 4-17　关键词为口译的总库主要主题分布比较 …………………… (176)

图 4 – 18	关键词为口译的总库文献来源分布比较	(178)
图 4 – 19	关键词为口译的期刊文章发表年度趋势	(179)
图 4 – 20	关键词为口译的期刊文章主要主题分布	(180)
图 4 – 21	关键词为口译的期刊文章主要主题分布比较	(181)
图 4 – 22	关键词为口译的期刊文章期刊分布比较	(183)
图 4 – 23	关键词为口译的学位论文发表年度趋势	(184)
图 4 – 24	关键词为口译的学位论文主要主题分布	(185)
图 4 – 25	关键词为口译的学位论文主要主题分布比较	(186)
图 4 – 26	关键词为口译的学位论文学科分布比较	(188)
图 4 – 27	关键词为英语口译的总库发表年度趋势	(189)
图 4 – 28	关键词为英语口译的总库主要主题分布	(190)
图 4 – 29	关键词为英语口译的总库主要主题分布比较	(191)
图 4 – 30	关键词为英语口译的总库文献来源分布比较	(192)
图 4 – 31	关键词为英语口译的期刊文章发表年度趋势	(193)
图 4 – 32	关键词为英语口译的期刊文章主要主题分布	(194)
图 4 – 33	关键词为英语口译的期刊文章主要主题分布比较	(195)
图 4 – 34	关键词为英语口译的期刊文章期刊分布比较	(197)
图 4 – 35	关键词为英语口译的学位论文发表年度趋势	(198)
图 4 – 36	关键词为英语口译的学位论文主要主题分布	(200)
图 4 – 37	关键词为英语口译的学位论文主要主题分布比较	(201)
图 4 – 38	关键词为英语口译的学位论文学科分布比较	(202)
图 5 – 1	"人的信息加工系统"的构成模式	(231)
图 5 – 2	过滤器模型	(233)
图 5 – 3	衰减模型	(234)
图 5 – 4	注意的反应选择模型	(234)
图 5 – 5	安德森语言生成的三段式认知程序模式	(240)
图 5 – 6	安德森模式在口译中的应用	(240)
图 5 – 7	巴克氏图式：语言产生的认知结构	(249)
图 5 – 8	口译言语生成的认知图式：安德森图式与艾利斯—扬氏图式比较	(249)

图 5-9　口译语境的界定 ………………………………………… (251)
图 5-10　概念的物态化：奥格登—瑞恰兹意义三角……………… (252)
图 5-11　概念动态化：皮尔士的 SOI 符号三分法图示…………… (252)
图 5-12　口译中意义推理的依据………………………………… (253)
图 5-13　莱昂式语境意义分析的知识系统……………………… (253)
图 5-14　艾利斯和扬氏听觉认知图式…………………………… (254)
图 5-15　吉尔福特的智力三维结构形态图……………………… (256)
图 5-16　反应时间与选择项目数的关系………………………… (257)
图 5-17　皮尔士的反应论三角…………………………………… (258)
图 5-18　皮尔士反应论三角的哲学视角………………………… (258)
图 5-19　Weick 的"经验之轮"与翻译…………………………… (259)
图 5-20　口译中非言语意义……………………………………… (260)
图 5-21　同声传译中译员的"后起跟踪" ……………………… (262)
图 5-22　自然语言的线性扩展：SI 切分的依据 ………………… (262)
图 5-23　同声传译"一心三用"（听—想—说）认知运作
　　　　模式………………………………………………………… (263)
图 5-24　艾利斯和扬氏理论（1988）的图式表述 ……………… (263)
图 5-25　人的记忆运作程序示意图 ……………………………… (264)
图 5-26　遗忘过程随保持间隔的加大而变化…………………… (266)
图 5-27　焦虑状态下的脑电图记录……………………………… (266)

前　言

据 Encyclopaedia Britannica（《大英百科全书》）（1911：710）的注释，"interpreting（口译）"或"interpretation"来自拉丁语，其动词形式"interpreter"的意思是"to explain"，"to expound"（解释、阐述），其名词形式"interprets"指"agent"，"go-between"，"interpreter"（代理、中介或阐释者）。前缀 inter 表示"在（两者）之间"，词根 pret-可能与希腊语中表示"to speak"（说）或"to do"（做）的动词有关。言而总之，"interpreting"或"interpretation"就是指将意义不明的语词或一种陌生语言的意思进行解释和传达使之为听者理解的行为。中国古代称"夷语"（境外语言）为"反舌"，故翻译者（特别是口译者）常常被称为"舌人"。唐·孔颖达《礼记正义》对"译"的诠释是："译，陈也，谓陈说内外之言。"唐·贾公彦的《周礼义疏》的说明则是："译即易，谓换易言语使相解也。"由此可见，无论是英语中的"interpreting"还是汉语里的"译"都有广义和狭义之分，前者泛指对晦涩难解之语的理解诠释或是不同语言之间的传译，后者是指通过口头方式（也包括非言语方式）在不同语言之间实现意义转换与表达的语言交际行为。后者是为本研究的关切，但是即便如此，也并非意味着口译是以词句为转换单位的孤立的言语活动，而是兼顾交际内容所涉及的含物理、社交和心理世界的语言语境和交际语境等信息内容的综合性言语交际活动。因此，口译跨越了语言活动的藩篱，拓展成为综合性的文化、心理和社交活动。

鉴此，国内外业界学界围绕口译的研究呈现斑斓图景：在国外，20世纪60年代是开拓阶段；20世纪70—80年代中期是奠基阶段；20世纪

80年代末到90年代中期是新兴和国际化阶段；20世纪90年代后期到21世纪头几年属整合及多元化阶段；从2005年至今属巩固阶段，相关研究继续拓展、深入。在国内，20世纪70年代末到80年代末的10年是为萌芽期；20世纪最后10年可以看作初步发展期；21世纪最初10年可以被称为新兴期；最近10年的研究可以归为多元发展期，相关研究呈现多层次、多路径、多方法的介入和跨学科的特点。但是，首先，国外的口译研究与中国口译供需市场，尤其是中国口译学习者的认知情况契合度不高。其次，国内研究虽然已经开始从思辨转向实证、从单学科到跨学科转变，但是多属结果型的研究，对于口译过程的解析较少。再次，国内为数不多对于口译过程的研究，多见理论引介与分析，鲜见试验验证与考量。最后，即使有跨学科引入认知考察的研究，也多属理论和教学模型设计，尚未投入认知试验或试用等实践环节。针对上述情况，本研究以翻译硕士口译方向一年级生为研究被试，以其交传笔记和带稿同传复杂句式的眼动情况为研究对象，采用心理语言学、认知心理学、脑科学等跨学科的研究方法，结合计算机辅助的自动化技术，分别从基于云端的智能笔辅助交传笔记和英汉带稿传译认知的眼动研究等方面探究优化口译认知新途径，拓展口译认知研究视角，更新口译认知研究方法，为提高口译认知绩效提供理据参考。

本书正文共分七章，各章简介如下：

第一章"口译简介"，从口译定义、口译历史、口译特点和口译模式四个角度对口译进行多维度、多角度的介绍。其中口译历史分为西方口译发展历史和中国口译发展历史两个层面，各层面按照时间顺序由古至今进行梳理。口译的特点包括口笔译差异和口译特点两个方面，以后者为重点，从时效性、不可预测性和独立性、多元性和广泛性、语言的口语性、译员技能的综合性、口译的交际特点、口译的思维特点、媒介功能的强化：操控权的转移、口译"语言游戏"的"在场"和"不在场"、口译"语言游戏"的"当下性"、口译传播有其本身的语境化特征、听觉意义解码功能的前沿化进行介绍。口译模式介绍了同声传译、交替传译、视译、手语传译、小玩意儿传译、混合模式与分布。

第二章"口译过程"，对口译认知过程进行了界定并就其阶段、模型、精力分配和所需技能等进行梳理，厘清口译认知的本质。口译过程的不同阶段包含听辨理解、脱离源语语言外壳、译语表达、译前准备和译后反思。其中听辨理解包含五个模块：理论基础、从语音听辨到语流听辨、语流听辨、语篇听辨和理解。脱离源语语言外壳涉及口译听意、口译记忆和口译笔记三个环节。译语表达关注译语重构、译语语言表达和译语表达发布方式三个方面。口译过程的精力分配主要从三个角度展开：译员精力分配模式、精力分配失衡的原因和精力分配的有效途径。口译过程的口译技能主要介绍了6种口译技能。

第三章"译员素质"，围绕译员职业化的素养、行为准则和角色等方面进行阐释。主要从职业技能、职业道德标准和实践等方面解读职业素养；围绕保密准则、职业能力、忠实、中立、道德与良知、优化选择与强力斡旋等方面诠释行为准则；依据早期关于译员的记录和译员的可见性介绍译员角色。

第四章"口译研究"，主要从研究问题、国外研究综述、前期理论成果、国内研究综述和国内研究小结等方面对口译研究前期的成果进行爬梳和归纳，为本研究切入点的选择奠定基础。其中国内外研究综述主要针对国内外各个研究阶段的时长和特征进行概述，国内研究综述还以 CNKI 自动生成的可视化分析和对比为例进行详细的研究情况分析。前期理论成果和国内研究小结归纳了国内外学界和业界的代表性成果。

第五章"云端翻转课堂与全媒体翻译硕士口译认知"，依据前文理论阐述提出结合云端翻转课堂的、基于全媒体的翻译硕士口译认知模式。首先从定义、起源、特点、架构、发展模式和未来趋势方面概述了全媒体。其次通过云端平台功能、翻转课堂简介和云端翻转课堂与社交媒体结合解释了云端翻转课堂。最后以认知、认知心理学和认知语言学概述为基础，引入口译认知解读并说明翻译硕士口译的特殊性。

第六章"基于云端的智能笔辅助交传笔记教学探究"，以翻译硕士口译一年级生为被试，采用心理语言学、认知心理学和计算机辅助的自动化技术等研究方法，从笔记难度认定比对、交传成绩比对和智能笔辅助交传笔记的效用特征比对三个方面探究基于云端的智能笔辅助交传笔记认知，为交传笔记的教学、培训和研究提供了新的视角与方法。

第七章"英汉带稿传译认知的眼动研究"，以翻译硕士口译一年级生为被试，采用心理语言学、认知心理学、脑科学等跨学科的研究方法，结合计算机辅助的自动化技术，分别从英汉带稿右分支结构传译认知的眼动研究和带稿同传复杂句的个案眼动分析两个试验探讨口译过程的认知表象，优化了口译认知的新途径，拓展了口译认知研究的视角，更新了研究方法，为提高口译认知的绩效提供了参考。

虽说天行健，君子以自强不息，但是一个好汉三个帮，本书最终完成并付梓，著者要向魏红霞教授和安芳编辑表示由衷的感谢：感谢她们精雕细琢，优化本书的读者友好性。著者要向家人表示由衷的感谢：他们数年如一日关心鼓励著者不畏艰辛、砥砺前行，最终完成书稿。著者要向鲁东大学外国语学院在读硕士研究生窦康和陈丽红、毕业硕士研究生于明珠和杨颖表示由衷的感谢：感谢他们对本书文稿所做校对，尤其是窦康同学，在图表设计的呈现方式方面给予大力协助。同时向在本书撰著过程中提出宝贵建议、对本书的出版给予无私帮助的老师、同事、同学和朋友们表示感谢！没有他们的辛勤工作和大力支持，著者无法完成本书的撰写任务。最后，本书是教育部人文社科项目"基于云端翻转课堂的全媒体 MTI 口译认知探究（17YJC740075）"的研究成果，感谢该项目对本书的资助。

关于口译认知的研究正经历多元发展期，相关研究内容和研究路径尚有不确定因素，其研究原则和方法也会发生这样或那样的变化。筚路蓝缕，以启山林，本研究尚属初步的探索性研讨，研究结果仍有待其他相关研究结果的验证，著者愿意和读者一起探讨、分析。由于著者才疏学浅，书中难免有挂一漏万、不当乃至错讹谬误之处，诚望学界前辈、专家学者批评指正！

孙杰

鲁东大学外国语学院

2021 年 7 月 30 日

第 一 章

口译简介

第一节 口译定义

　　口译这个术语的英文表达为 interpretation，也经常被称为 oral translation。从严格意义上来讲，翻译（translation）包括笔译（written translation）和口译（oral translation）。由此可见，口译是翻译的一种形式。

　　口笔语翻译都需要通过阐释、推断讲话者或作者的意思和意图。口译（interpreting）已然成为现场口语活动的术语，这或许是因为从语言学角度看，口语较笔语的变数更多，需要更多的阐释。抑或是由于口语要从更加即时的证据中加工出意义——从讲话者的语调、表情、肢体语言到整个鲜活的事件环境——但是言语本身的确定性较差，因为言过无声而写过留痕。也或者仅仅是因为口译是现场活动，其间听/观众目睹译员阐释角色，像演员一样重现讲话者的个性和风格。

　　口译，据《大英百科全书》（*Encyclopaedia Britannica*）的注释，即英语中的 interpreting 或 interpretation 来自拉丁语，其动词形式 interpretari 的意思是解释、阐述（to explain，to expound），interpres 则是其名词形式，指代理、中介或阐释者（an agent，go-between，interpreter）。前缀 inter 表示在（两者）之间，词根 pret 可能与希腊语中表示说（Φραζειν，即 to speak）或做（πραιειν，即 to do）的动词有关。总体来讲，interpreting 或 interpretation 就是指将意义不明的语词或一种陌生语言的意思进行解释和传达使之为听者理解的行为。（1911：710）从辞源学角度可见，口译过程就是释意，口译员最基本、最重要的职责就是做好不同语言的讲话者之间的桥梁和协调者。因此，可以理解为什么当代西方口译理论主流派（如欧洲的释意派）的主张多见集中于有关如何"解释"的各种命题。简而言之，口译是抓住有意义的语言信息、理解意义、复原意义。维根斯坦（Wittgenstein）(1973：533) 对意义、表现、理解和解释四者的关系作过以下阐述："但在第二种情况下，一个人怎样才能解释、表达或传达他的理解呢？问问你自己：你如何引导别人去理解一首诗或一个主题？回答了这个问题就等于告诉我们：意义在这里是如何加以解释的。"

维根斯坦的阐述可以总结为图1-1（刘宓庆，2006：2），由图可见，口译行为是一种语际解释行为，它的根据是源语的语言符号化表现，即通过对语言符号化表现的解释获得对源语意义的理解。据此，口译行为的基本运作程式可以小结为图1-2（刘宓庆，2006：3），如图所示，解释可以说是口译的基本功能。

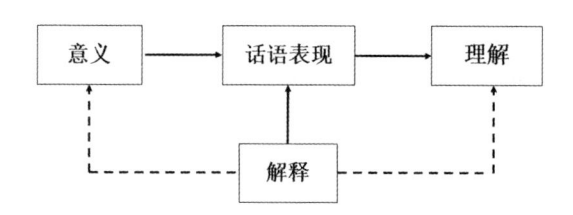

图1-1　对意义加以解释以获得理解

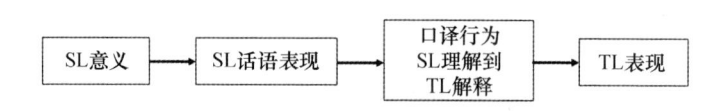

图1-2　口译行为的基本运作程式

那么"口译"在中文中又作何解释呢？唐贾公彦的《周礼义疏》对"译"的诠释是："译即易，谓换易言语使相解也。"唐孔颖达《礼记正义》的说明则是："译，陈也，谓陈说内外之言。"（陈福康，2000：3）而中国古代称"夷语"（境外语言）为"反舌"，故翻译者（特别是口译者）常常被称为"舌人"。由此可见，无论是英语中的"interpreting"，还是汉语中的"译"都有广义和狭义之分，前者泛指对晦涩难解之语的理解诠释或是不同语言之间的传译，后者才指通过口头方式（也包括非言语方式）在不同语言之间实现意义转换和重新表达的语言交际行为。在许多国家，"interpreting"这一术语还包括了手语翻译，或称哑语翻译（sign language interpreting）这一传译类型，但在汉语里由于"口译"一词使用了"口"字而对此类型无法体现。（任文，2010：2-3）

从认知心理学与心理语言学视角着眼，"口译"可定义为译员以大脑为驿站进行演绎、怡益听众的目的性交际行为，多种认知活动间相互博弈的注意力协调型加工过程，在异语间移易言语外壳，以源语意义的快速理解、准确记忆与译语顺畅表达为要义亦保障该意义在一定幅度内游移的职业化专业技艺。（吴文梅，2015：2）

总而言之，口译活动不宜被视为机械转换语音符号来源信息的翻译活动，而是为了实现双方交流信息和沟通情感的言语交际活动。也就是说，口译并非孤立地转换词和语句等语言单位的言语活动，而是为了有效促进交际须得兼顾交际内容所涉语言语境和交际语境（含物理世界、社交世界和心理世界三部分）等信息的综合言语交际活动。由此可见，口译已然跨越了语言活动的藩篱，进而延伸成为综合性的文化活动、心理活动和社交活动。

第二节　发展历史

毋庸讳言，作为一项以语言为媒介的人类思想文化交流活动，口译在人类文明发展进程中起着重要的作用，早在书面文字产生之前，当语言不通的部落之间因战争、贸易、生产、宗教祭祀、异族通婚等事件必须进行跨部落、跨语际的交往之时，非正式口译活动业已出现。此外，口译活动在人类的跨民族和跨文化的交往中，始终发挥着润滑剂和催化剂的作用。古代社会东西方文明的交流，佛教、儒教、基督教和伊斯兰教的对外传播，文成公主西嫁、马可·波罗东游、哥伦布发现新大陆、郑和下西洋等重要的历史事件中，口译活动无疑都发挥了极其重要的协调和推动的作用。（赖祎华，2014：33）从一定程度上说，如果没有"陈说内外之言""能达异方之志"的译员的努力,高高在上的古埃及法老就无从向臣服于他、被他视为野蛮人的努比亚人(Nubians)、利比亚人(Libyans)、亚细亚人(Asiatics)发号施令;而由于"言语不通,嗜欲不同",如若没有译员的辅佐,中国夏商和周朝帝王也肯定无法与前来朝贡的域外使节进行沟通与交流。假如没有口译(当然也包括笔译)人员的共同努力,人类跨越民族、种族、国界和地区以及跨越历史的物质文明与精神文明的交流将成为"不可完成的任务"。(任文,2010:2)

纵然口译源远流长的悠久历史几乎可与人类历史相提并论,但其可考的痕迹和证据却是凤毛麟角。由于历史资料欠缺,只能推测口译可以追溯到人类各种语言形成之后的时期,其产生和发展的原动力系人类各民族在各个领域相互交流的诉求。它在形成的初期可能表现为操不同语言部族或民族之间某种非职业的、粗糙的、附带着大量手势语且谈不上任何口译技术或"技巧"的中介性口头交流,主要发生在各个部族或民族的辖土边缘地带。(鲍刚,2005:1)

一 西方口译发展历史

在西方,有关口译的真正有案可稽的记载不很多。最早以某种方式被记录下来的口译活动出现在公元前3000多年的古埃及法老(Pharaoh)统治时代,在当时的寺庙和墓碑上刻载了作为囚犯或臣仆的异邦人向埃及朝廷卑躬屈膝、进献贡赋的场景(任文,2010:1)。相关史料对译员的记载大约始于公元前3000年,即金字塔时期末年,那时人们经常冠埃里芬廷(Elephantine)的王子以overseer of dragomans,即口译员的监督者之名。基督教徒保罗(Paul)曾要求希腊科林斯教友请口译员为传教服务,14世纪法国律师杜布瓦(DuBois)曾首倡培养口译译员以促进基督教徒和穆斯林间的交流,哥伦布(Columbia)在发现新大陆后曾将大量印第安人运到西班牙学习西班牙语,并将他们培养为口译译员。

据此可以推测,在权力不等、语言不通的交际之中,译员起着不可或缺的重要作用。然而那些口译的直接活动,却并没有留下多少资料可供研究。仅就不多的间接材料,是不足以对当时的口译活动作出令人信服的描述的。我们仅能根据至今依旧存在着的某些初级的口译形式,推断出古代的口译并非现代意义上的职业化、技能化口译——它没有从方法论上与笔译区分开，甚至没有自己的一套工作方法体系，工作时仅凭临时"译员"的灵性、经验为交流双方进行言语沟通而且当时人们普遍认为懂语言就可以"翻译"，学译乃是"学语言"。（鲍刚，2005：2）

此种由非职业化译员构成译员群体的现象到 20 世纪初期依然比较普遍。在西方，该群体多由记者、外交家和大学教授等组成，他们的语言知识具有相当水平，工作风格严谨忠实，但是并未进行理论升华。由于旧日译员的工作质量不尽如人意，所以西方自古以来便常将译员视为能言会道、专会添油加醋并曲解交流双方意思的"骗子"，甚至中世纪时还有人因迁怒于译员而试图割去其舌以示惩罚。（鲍刚，2005：3）在西方，口译业内此种粗放式的工作状况一直持续到第一次世界大战，此后方有所变化。直至现代，西方仍有一些不懂口译的人认为口译类似于欺骗，只有粗略懂得一些交流各方所使用的工作语言并特别留意译员的译语时才不会为译员所误。

口译作为一项在国际社会被认可的职业，始于第一次世界大战末期。1919 年的巴黎和会，由于当时的美国总统伍德罗·威尔逊（Woodrow wilson）和英国首相劳合·乔治（Lloyd George）都不会讲法语，需要口译服务。这就首次打破了法语在国际会议和外交谈判中的垄断地位，采用英、法两种语言的现场口译进行谈判。（Phelan，2001：24）现代意义上的会议口译就由此诞生。当初会议组织者招募了一批语言高手以正式译员的身份为巴黎和会做交替传译。会议结束后，这批译员中的不少杰出人士陆续在欧洲创办了许多翻译学院和翻译机构，以顺应日益增多的国际交往的需要。自此，口译作为一门国际性的职业得到了认可，口译方法和技能的训练也开始受到重视。职业口译正式登上了国际舞台。

继联合国之创立，各类区域性、全球性组织大量创建，国际交往越来越频繁，对快速便捷的语际转换产生了巨大的需求，于是各种口笔译培训项目如雨后春笋般在欧洲涌现出来，口译研究也由此发轫和起步。联合国成立了专门的翻译机构。国际会议口译工作员协会（Association Internationale Des Interpretes De Conference，AIIC），也于 1953 年在日内瓦隆重宣告成立。（张维为，2001：4）与此同时，口译作为一门学科，对其原则和方法的研究也开始进入了高等学府。半个多世纪以来，高级口译人才一直备受各类国际机构、各国政府、各种跨文化机构和组织的青睐。专业译员尤其是高级国际会议译员，已成为受人羡慕和尊敬的高尚职业。

二 中国口译发展历史

古代汉语的术语译可以兼指笔译、口译、译者和译员四个概念。事实上，关于笔头翻译和口头翻译细致区分的术语笔译和口译，直到现代汉语才出现，且都源自译。回顾历史上的语言沟通可以发现：口译和笔译活动总是以某种方式相互交织的，也就是说关于口笔译的历史研究是不可分割的。从词源上讲，古汉语的语言交际中，译这个术语涵盖了上述四个语义域，四者之间是平等的关系，用于指示语言交际的译者和译员在封建时代的中国也是平等的关系。

（一）早期译员的介绍

中国关于译员的最早介绍不像欧洲那般久远，其关于口译和译员的详尽介绍也不仅仅是关于术语的文献记录。事实上得益于悠久的、细致的历史编纂，关于古代中国译员更加详细的信息，可从历史资料中窥见一斑。其中广为引用的是公元前1000年前后关于翻译的最早记录和介绍："五方之民，言语不同，嗜欲不同。达其志，通其欲，东方曰寄，南方曰象，西方曰狄鞮，北方曰译。"《礼记·王制》《礼记注疏》在"寄""象""狄鞮"和"译"这四种古代中国指示译者或译员的名称中，只有译保存在现代汉语的词汇中，其他三个成为历史上古汉语用于指示语内或语际交际的协调者，如象寄之才。现存证据无法证明译具体是何时取代另外三个术语成为指示口笔译活动的专用术语，但是这大约发生在公元前221—公元前207年的秦和公元前206年到公元9世纪的秦汉时期。因为那时那三个术语用于指示翻译官员过时。但无法核实的是，为何古汉语没有分别指示口译和笔译活动的词汇。或许可以推测，翻译作为一个职业，因其与邪恶的野蛮人相关，以及其自身较低的官阶（在九层官阶的体系中位居第七层），而没有被系统地理解和分析。其处理边界外国人职责范围与其官阶排序靠后的外围本质或许可以解释为什么西方文化中也缺少对于口笔译差别的区分。此外，似乎可以合理推断古汉语中译这个术语地位不显著，这也反映了古代中国百姓对翻译本质模糊的理解。

（二）早期口译的发轫

在古代中国，华夏民族与周边国家的交往历史则可追溯到夏商时期。"夏启即位七年，于夷来宾"与"少康即位三年，方夷来宾"（《册府元龟外臣部》）等记载，表明我国早在公元前21世纪就有了需有译员在场的外交活动。（黎难秋，2002：1）公元前11世纪的周朝时期也已有了通过"重译"（多重口译）而进行交流的史实，而史料对于"象胥"（古代对翻译官的称呼）的记录距今已有3000年的历史，"三年方夷来宾"（《册府元龟·外臣部》）等记载，（陈福康，2006：2-3）说明早在公元前21世纪已然有了与少数民族以及国外交流的口译记载，后者多零散分布于明清或近代小说或档案的间接描述，那时译员已经拥有正式的称谓——通事。

（三）汉朝（公元前202年—公元220年）

中国汉朝拓展了疆域，为了将边疆部落的当地人充分融入中国文明，后汉朝廷鼓励当地人定居生活。同时，指派乐善好施的官员帮助他们推动社会和经济发展，最终同化、教化他们。处于疆域边界的汉语译员的责任不仅仅局限于帮助官员和当地部落人民之间进行语言沟通，还包括在各部落推行中国文化和管理。这种双角色译员与安杰莱利（Angelelli）所言不谋而合"译员除了全身心投入互动以外别无选择，这反过来促成角色的发挥，而不是被某种要求他/她仅仅传译所说话语的标准人为地隔离在外（Angelelli，2004：2）"。说明了译员是扮演了语言和社交中间人的角色。

几条与笔译相关的书面记录可追溯到公元2世纪下半叶。当时中国的佛经翻译势头迅猛。（Cheung，2006：24）事实上，除了名义上指称译员以外，公元2世纪之前关于口笔译行为的信息几乎没有受到现代学者的关注。

当时的中国：语际交际是否有固定模式？封建王朝是否提供翻译？来访使者是否自带翻译满足访华需要？这些与外交翻译身份相关的问题一直是中国外交历史研究中悬而未决之处。但是下面两句引语给我们留下较多线索探讨答案：

> 其言语待河南人译然后通。（Liangshu，1983：812）
> 语言待百济而后通焉。（Liangshu，1983：806）

第一条引语的意思是：中国官府通过来访人带着译员的翻译才懂得来访者方言的意思。第二条引语的意思是：中国官府来访者借助百济人的翻译和中国官府进行沟通。由此可以推断：来华的外国人并不能依靠华人翻译，而是从本地或使馆代表中寻找译员。

另外，在外交历史上并无中国封建王朝提供译员的记载。这或许是因为当时中国繁荣昌盛，来访各国悉知此情，因而自己安排译员或译者辅助访华。（Cen，2004：15-16）也就是说，如果本国没有精通汉语的译员，来访使节会自己雇用外国译员来帮助完成来华之旅。

无论在理论还是实践方面，近千年亚洲的翻译研究都鲜有提及接力翻译盛行的情况，但是在古代不同语言文化接触的早期，无论是笔译还是口译，接力翻译一直反复出现，持续存在。那时语言的威望尚未与国家实力挂钩或匹配，尚未有主导语言支撑更广泛的跨国沟通，亚洲范围内书面语尚未广泛发展成熟，接力翻译即为广为流传的交际策略。

（四）隋朝（公元581—618年）

东亚国家与中国古代外交通信，尤其是其中与亚洲历史政治及思想意识相关的部分，一直是汉学研究的焦点，而其中若有关于翻译的研究也是微乎其微。

首个千年期间，日本和朝鲜半岛三国送抵中国的外交信函确定都是汉语原文而非译文。但是蒙古草原上突厥国（前期是中国敌对国，后期是中国附庸国）致华外交公函到底是汉语原文还是译文尚不确定。据《国书》《北史》等正史记载，6世纪中期书面突厥语已存在并付诸使用，这种书面突厥语借用了一些古索格代亚纳（古代伊朗，当今的乌兹别克）词汇，据说与草原上其他书面语相差无几。有证据表明早在6世纪中期，书面突厥语已应用于外交和宗教文书，所以可以推测突厥呈给中国的外交信函很可能是突厥语原文经过翻译之后的译文。

隋朝结束了中国 300 年的分裂局面，开启了隋唐鼎盛时代，那时多数中东亚邻国热衷于与中国建立外交和贸易关系。与君权神授、天子一统天下的政治意识相一致，中国将他国（百济、新罗、高句丽、突厥和越南等）视为附庸国，视它们象征臣服和尊敬中国皇帝的朝贡为其义务的一部分。那些未被纳入中国政治框架的诸侯国（如大和、斯里兰卡等）被看作绝域的远夷，但是那些国家有时也来朝贡，要么是作为新建国家欲获得承认，要么是单纯地学习中国的语言、文学、文化、政治和法律制度等。（Gao，2003：76）

除了朝贡，为了维系与中国的关系，诸侯国还经常礼节性呈递外交文书。据正史有关外族记录所包含的某些外交文书显示，虽然那些国家国内根本不使用汉语口笔语，但是所呈中国的外交文书大部分是汉语的。这些文书是汉语原稿还是译文尚有待核实。目前，根据历史事实所提供的相关证据，可以猜测这些文书很可能是翻译而成的译文稿。现存两份突厥呈上的文书无论从语言学角度还是历史角度都证明了上述猜测。在语言学方面，文书中原语风格浓郁，汉语措辞与用词蹩脚，都证明了很可能是汉语译文。在历史方面，莱特（Wright）（1978：19）认为在第一个千年期间，汉语抄写员经常被其他部落首领雇用，帮助撰写呈给中国的外交文书，以解决与中国的沟通障碍。根据克劳森（Clauson）（2002：108）早期的突厥语可能由古代北欧文字翻译而来。如果 6 世纪中期这种翻译已是既成事实，那么 6 世纪晚期和 7 世纪早期将突厥语译为中文便是不无可能的了。

（五）唐朝（公元 618—907 年）

在翻译研究日益受到重视的同时，口译却迟迟没有成为焦点。提莫志克（Tymoczko）（1990：47）认为文学翻译对口译的忽视限制了翻译研究的范围和视野。勒弗菲尔（Lefevere）（1988：13）重申中西方翻译传统都植根于口语交际，但结果却均反向而行，中国的传统较趋向于口语，以林纾西方文学翻译较依靠译员口译为范例。

对于口译历史的研究碰巧与对笔译历史的研究形成有趣的关联，在历史的某些时间节点上，二者是相互交织的。关于最早口语活动的踪迹，可以从文档卷宗中挑选出来，作为原始资料参考。

唐朝疆域的拓展和开放的人文吸纳了大量外国人士旅居，很多外国人是几代居住中国，对汉语和中国文化了解颇多，占据了唐朝翻译的主体。为了应对不同国家间的口笔语交流配置了大量翻译。唐朝官方翻译主要有两种：译语和蕃书译语。二者工作任务不尽相同，前者主要为外国使节提供口译服务，后者主要将外使国家文书译成中文。

具体说来，朝廷的20位译语主要为朝廷官员和外国客人提供口译服务。据著名的汉唐历史学家黎虎（Li Hu，1998：323）记载，译语负责"代表君王接待外国使者，接收外交文书"，即充当译员帮助外国使节沟通交流，在都城附近处理事务。李芳（Li Fang，1994：47）指出，译语被指派帮助来访使节克服语言障碍进行沟通，以增加与中亚国家的沟通交流。因为主要任务是接待各国前来朝贡的来宾来使，所以译员要积极地参与其中。总而言之，朝廷译语主要为来访使节提供口译服务，在朝廷内外帮助使节沟通交流。最重要的是，他们在朝堂上推助与使节的沟通和交流，帮助编撰外事文案。因此，他们口译工作的本质，既包括日常交际，又包括地理、文化和政治等的专业议题。

译语们专职应对外国使节，蕃书译语是涉外事件的相关部门辅助译语应对外国使节，共有十位蕃书译语，他们负责将外邦使节的外交书信或国家间往来信件翻译成汉语，供外邦使节觐见中国皇帝时口头陈述参考使用。（Li Hu，1998：368）

外国使节到达都城之后，其所带信件由译语转给蕃书译语。截至使节觐见皇帝之前这段时间，蕃书译语将信件译成汉语（若原文不是汉语）备用。与译语不同，有关蕃书译语的信息捉襟见肘。从关于二者卷宗的记载可见一斑：译语经常参加各部门涉外事务的口译，因而记载较多。我们可以从有关外国事务的传记、朝廷日志以及各部门官员与外国使节接触的记载中发现有关他们的记录。然而，蕃书译语的责任主要是为国家间信件或外交文书提供汉语译文，由于工作性质相对静止，与其他部门交集较少，他们伏案工作的情况自然较少载入史册。虽然如此，我们对于两种翻译类型本质的了解仍然不够全面深入，需要从中国以及其他东亚国家更多的历史卷宗中搜寻更多的历史证据，还原历史真相。

(六) 半殖民地时期 (1840—1912 年)

在半殖民地时期,懂得点外语的洋务职员、商人、部分留洋知识分子、小官僚等占据译员主体,其中充当交际双方沟通之人不乏外语半通不通,且综合言语交际能力难堪重任,甚至工作期间可能不得不依赖于一知半解的外语进行借题发挥,鲜见名副其实可以胜任的译员佼佼者。在旧时代的中国,交流中的中方官员等却又常常意识不到口译时的译语质量问题,更考虑不到译员的工作特点。这种粗放的状态直到中华人民共和国成立之后才有了一些真正的改进,且这一改进工作至今仍在不断发展之中。

(七) 中华人民共和国成立以后 (1949 年至今)

自中华人民共和国成立以来,尤其是 20 世纪 70 年代初重返联合国,中国在国际舞台上日趋活跃,在世界政治、经济、贸易、文化、体育等领域发挥着越来越重要的作用,我国的国际地位快速上升。自 1978 年实行改革开放以来,我国经济迅猛发展,对外开放不断深化。一个渐趋成熟的有中国特色的社会主义市场经济,成为许多国际投资者和观光客的首选目标。我国的国际交流越来越频繁,对各类口译人员的需求也与日俱增。(赖祎华,2014:35) 在 90 年代中期以前,交替传译属于占主导地位的口译形式。自 90 年代后期开始,同传译员逐渐成为完成大型国际会议口译的主力军。但是在商务谈判、新闻发布会、外事会见等大型活动,以及各种联络或陪同、口译活动中,主要的口译方式依然是交替传译。尤其是在 21 世纪,国际外交舞台进入公共外交的时代,中国在面临纷繁复杂的国际背景和还不稳定的地区和世界局势的形势下,比以往任何时期都更需要一大批合格的口译人员来共同构筑和加固对外交往的桥梁。

第三节　口译特点

一　口笔译的差异

虽然口译与笔译可同属语言间的翻译范畴,但口译是一种特殊的交际活动,具有显著的特点。前者是动态的,后者则是静态的。二者差异显著、各具特色。

第一，传播媒介差异。译者（translator）以书面语篇作为产出；译员（interpreter）以口语语篇进行信息传播。此一差异对于译者和译员所应接受的培训、所应掌握的技巧，以及所需具备的能力等方面的要求即有所差异。大体上说，译员要求听说能力特别突出、口译技巧娴熟、擅长口译的复杂认知操作（如交替传译中的边听边记、同声传译中的边听边说等）。

第二，翻译过程相异。口译的源语输入是一次性的，一般没有机会重新听一遍目标语，输出是在时间压力下进行的，几乎没有机会进行修改。相对而言，在笔译过程中，译者可以反复地阅读、理解原文，也可以反复地修改译文，而且在全部过程中可随时参阅工具书或参考资料等辅助资源，也完全可以咨询他人。

第三，交际双方在场性不同。在口译实践中，通常情况是源语发言人、译员和目标语接收者共现，即大家同处于口译现场，现场的各种言外信息和副语言信息均有助于译员的理解和表达，听众的反应也可以帮助译员随时调整或校正译文。而笔译的过程中，很少出现原文作者、译者和译文读者同时置身同一时空，因而译者很难像译员一样借助现场信息，而是更多采取推测情境。

第四，处理信息的速率不同。口译的工作方式比较独特，由于口译的即时表达信息，译员工作压力更大。口语信息传递的即时性决定了口译在单位时间所需要处理的词汇量要比笔译大很多。一个小时的同声传译所处理的语词量大约在9000—10000字，而联合国的签约笔译员每天规定的笔译工作量一般为2000—3000字。这样看来，口译所处理的语词量大概相当于笔译的10倍，由于译员口译的时间大约占会议总时间的1/2—1/3，这就意味着译员必须以相当于译者20—30倍的速度来工作。(Seleskovitch, 1977) 由此看来，快速传译是译员必备的技能，而且，译员所承受的认知处理压力是很大的，这也可以解释为什么同传译员必须实行20分钟左右换一班的轮换工作制。(仲伟合、王斌华，2014：1-2)

第五，直译和意译的运用情况不同。直译和意译之争的实质和焦点是如何处理两种语言的差异。所谓直译，就是在译文语言条件许可时，在译文中既保持原文的思想内容,又尽可能保持与原文语言形式相对应的形式。所谓意译,就是当原文的思想内容与译文的表达形式有矛盾时,就只保持原文的思想内容,而不完全保持与原文语言相对应的语言形式。(王斌华,2006:5)口译的情况是译员必须当场独立地解决问题,没有充足的时间推敲具体词句的译法并对译文加以揣摩以求完美。传译过程中通过语音信息听到了具体的词句,但是信息提取和内容加工远非这些具体词句所及,译员需优先考虑传递意义,应该加工提炼这些词句所蕴含的信息与内容,之后迅速调用头脑中储存的目的语的词句,通过口头传译将源语信息再现出来。译员进行传译的目的语,只需完整正确地重现源语信息,不必在选词、词序、句子结构等语言形式方面拘泥于源语束缚,译员完全可根据表意需要选用适切的言语表达形式。因此,口译主要采用意译,从大处着眼,抓住原话的实质内容,快速、灵活而又正确完整地再现原话。(王学文等,1993:7)"进行口译,永远不要忘记其目的是传递意思,永远不要过分去迁就原文短句结构和短句字词,切莫按照原文字词和结构去翻译,因为字词和结构都只是些符号,指明了道路通往的方向,但却不是道路本身。"(塞莱斯科维奇,孙慧双译,1992:109)

第六,工作环境不同。作为现场交流双方的桥梁,口译的时间受限,译员必须在规定的时间间隔内产出有效的信息。受空间限制,译员在工作中必须面对现场听/观众,同传译员还必须适应狭小空间的同传箱。而笔译则不受时空限制。

第七,产出不同。口译的产出是口头表达,译员在词语的选择上采取先入为主的方式:选择首先进入脑海中的词汇。句子结构与表达方法相较笔译更加简单。由于口译的不可预测性,译文有时会前后不协调。加之受现场紧张气氛的影响,导致表达不流畅,吞吞吐吐,或自我纠正译语。所幸,译员可借力现场观察到交流双方的即时反应,随时灵活地对译文进行补充和解释,尽量实现产出快而顺和译文达意。相对而言,笔译的起点和终点均为文字形式,因此译文要特别忠实于原文,一切信息都需解释清楚,译文的完整性强,准确性高。

二 口译的特点

口译理论家塞莱斯科维奇（Seleskovitch）在谈及口译的性质时说过口译的本质即为交流。口译借助口头表达的形式，向听/观众准确且流利地转述讲话人的信息。口译的交流性质与表达方式决定了其以下特点。

（一）时效性

作为语言交际活动的口译，其时效性主要有两个方面的表现：一是源语讲话人话语的转瞬即逝性和多见一次性；二是译员译语产出的即时性，这是因为口译过程中交际双方需要即时、有效、流畅地传递与交流信息，为此译员必须在尽量短暂的时间内完成信息理解、加工和传译的过程。从理论角度看，口译的过程可分为信息的输入（视听与理解）、信息的加工（记忆与转换）和信息的输出（言语和非言语表达）三个步骤，而且这一过程是在极其短暂的时间，甚至可以说是在同一时间共生并完成的。译员无法像译者那样仔细斟酌、反复推敲输入的信息，甚至为了一名之立而旬月踟蹰，还可以对已经完成的译文再三润色修改，力求完美。尽管偶见译员就没有听懂或是遗忘的内容请讲话人予以重复、解释，但这种情况不允许经常发生。译员的译语"一言既出，驷马难追"，由此体现口译工作的时效性。（任文，2014：5）

（二）不可预测性和独立性

从某种意义上说，口译是一项独立性很强又兼具不可预测性的人员交互和信息交流活动。在多数情况下，译者可以自行选择工作场地进行翻译。遇到问题可以查阅相关资料、向他人请教、将难以翻译的部分（语词句段或章节）暂时搁置一边，先易后难、先简后繁。相对而言，基本在所有的口译任务中，译员都无从自行选择工作场景，而且在极其多数情况下要独立完成口译任务。更甚至无论译员做了多么细致的译前准备，在现场传译过程中依然有可能遭遇多种出乎意料或难以预知的困难（理解、脑记、笔记、沟通协调乃至心理压力过大或体力不支等）。除却译员自身的问题，外界环境造成的问题也会在不同程度上对口译质量和效果产生很大影响（音响效果不好、工作环境很差、讲话人声音很小、语速过快等）。虽然在某些情况下译员可以向讲话人、工作同伴或是其他人员申请提供帮助,但这些均属不得已而为之的办法,不仅不适宜常用,而且用了也未必能有效解决问题。因此面对各种不可预测性的问题,在绝大多数情况下,译员不得不依靠自己的语言和非语言知识,充分利用各种口译技能,提高对自身和现场的掌控能力,独立完成语符转换和跨文化协调的中介任务。(任文,2014:5)

(三) 多元性和广泛性

第一,信息内容多元广泛。译员在口译工作中要应对处理的信息包括语言文化知识、专业知识、百科知识等,可谓包罗万象、杂而多元。虽然在一定程度上译员可以称得上是两种语言文化的专家,但是在口译过程中依然可能会被某个陌生的术语卡住,无法理解或是理解了却无法传译讲话人即兴讲出的文化内涵丰富的话语内容(如双关语、幽默笑话、历史典故等)。

第二,主题内容纷繁庞杂。口译的主题包罗万象,涵盖人类交流的全部领域。即使是单一主题口译活动,讲话者也在所难免谈及其他领域的信息。尽管译员事前对话题和相关专业知识进行了精心准备,讲话人讲话内容的广博性依然可能超出预期。例如,讲话人在茶歇或用餐的时候跟他人聊起自己的爱好,这其中话题的跨度之大,涉及的领域之宽,出现的术语之多,实在为初学者所难以得心应手地应对。正如口译圈流传甚广的说法:An interpreter should know something about everything and everything about something。其意思是译员不仅应该是某些领域的专家(specialist)(语言专家以及其他个别专业领域的行家),而且还必须是"万事通"(generalist),对上至天文地理,下至鸡毛蒜皮,深奥如人生哲理,简单至市井八卦,都要略知一二,以应不时之需。(任文,2014:5-6)

第三,讲话者的多样性。来自不同国家和地区的讲话者往往带有不同的地方口音,讲话的语调和非言语信息也是多种多样等。这就要求译员保持一种类似新闻记者的好奇心和强烈的求知欲,对任何新事物,或自己感到陌生又极有可能出现在日常谈话中的事物都广泛涉猎,做到知识广博、适应性强,方能从容应对。

(四) 语言的口语性

口译中使用的语言表现出较强的口语性,从口译的这个特点来看,口译人员必须具备口译语言的口语性主要体现在两个方面：源语信息是由讲话者通过口语的方式传递而来；译语信息也是经由译员的口语传译转达出去。由此可见，出色的双语听力和口语能力，尤其是外语的听力和口语能力在口译中起着举足轻重的作用。这在讲话人和译员使用的语言中都有体现。

首先，从讲话人的角度看，只要不是按照事先准备好的讲稿照本宣科，而是不时有自己的临场发挥，甚至完全是即兴讲话，就可能在自己的语言里体现出口语的特点，主要包括：

第一，冗余性。这主要是指口语中的重复话语，包括语词的重复和意义的重复，有意重复和无意重复。有意重复的主要原因是讲话人为了强调某个意思，帮助译员或听众更好地理解，或是给自己留出一定的时间思考接下来要说的话等。无意重复则大多是源于讲话习惯、话语贯性和衔接性欠缺以及紧张等原因。（任文，2014：6）口语的冗余性对译员的好处是便于跟上讲话人的速度，更完整准确地把握讲话人的信息。但是，处理源语重复话语的方式不能千篇一律，如若讲话人不是为了突出或强调某个意思而只是表意冗余，那么译员大可不必进行无谓的重复，简洁明了即可。

第二，模糊性。口语的模糊性主要表现在用词不够准确、表意不够精准、句法结构松散、缺乏流畅性和衔接性、频繁使用模糊语词（如 sort of、kind of、stuff、like、这个东西、那个什么、好像、似乎等）和歧义等。

第三，韵律性。口语可以理解为讲话人通过运用发声学原理说出来的、他人能够听得见的话语，其间讲话人通过采用节奏、停顿、重音、语调升降、语速变化以及其他音韵技巧等方式，抑扬顿挫地进行话语产出，表达真实的思想感情以及各自意义间的微妙差别，从而增加言语感染力以实现更好的交际效果。从译员的角度来说，虽然一定程度的音韵变化能够相对准确地传译讲话人的源语信息，但是一定要适度控制节奏重音和语音语调等方面的变化，如果一味地对于讲话人的讲话特点亦步亦趋会造成鹦鹉学舌、邯郸学步的感觉，会导致适得其反的效果。

其次，从译员的角度讲，口译活动的时效性和现场性，决定了译员偏向使用未经深思熟虑的对应话语转述转瞬即逝的语言信息，同时译语在产出的瞬间已然明晰易懂，所以译员的语言通常具有以下口语体特点：

第一，词汇层面：多用可以信手拈来、脱口而出，也易于被听众所接受的小词、单/少音节词、常用词等。

第二，句法层面：多见单句、并列句和简洁的主从复合句等简短松散灵活而非冗长复杂的句式。

第三，语音层面：大量采用单/少音节词，充分利用连读、合成音位音节和略音等语音技巧，发音流畅、容易上口。

第四，语义层面：译员的译语也不乏冗余性、模糊性的特点，亦见自我重复，填充词和模糊语的使用，以及一定程度的简略性。

（五）译员技能的综合性

在口译实践过程中，译员需要面对不少于两种语言文化体系，应对包罗万象的话题内容，接收和加工来自多渠道的多样化复杂信息，并通过言语和非言语等不同的方式进行信息的传译和再传递。这就决定了译员技能的综合性，包括视、听、说、记、写、读、分析、决策与应变。

第一，视指示三方面：解读和传译讲话人的非言语信息（如面部表情、手势、身体移动等体态语）；理解和转述讲话人提供的多媒体文字图表等信息；观察感知和传达现场听/观众的反馈。

第二，听是译员接收信息的主要渠道，合格的译员必须做到在绝大多数情况下一次性听解讲话人的信息（克服语速和口音困难），准确地把握发言要旨，同时通过讲话人的副语言（语气、语速、语调等）和类语言（叹气、笑声、口头禅、有意的咳嗽等）感受并传达弦外之音。

第三，说是指译员要具备良好的口头表达能力，用至少两种工作语言进行即时、准确、流畅、清楚且符合目的语语法规范的译语表达。这意味着不仅要口齿清楚、发音标准清晰，而且口头表达要组织性好、逻辑性强，既要自己说得清楚，又能让听众听得明白。

第四，记是指译员的记忆能力，包括长期记忆和短期记忆能力，前者指译员对平日积累的各种语言文化知识、专题知识和百科知识的记忆；后者指现场传译过程中对讲话人话语信息的记忆。

第五，写指的是口译笔记。无论译员的短期记忆能力有多强，笔记依然是要熟练驾驭的必修技巧，这不仅是因为讲话人一个话轮的内容较多，而且其中还可能包含人名、地名、数字、时间等易遗忘易混淆的信息。

第六，读主要是指译员高效浏览并理解视译材料和现场演示的PPT等文字和图表信息的能力。

第七，分析、决策与应变能力也是译员的必备能力。口译过程其实是一个对多种情况不断分析、判断、作出决策并采取行动的过程，这一过程主要包含两个方面：语言和非语言。语言方面的能力主要指的是译员根据具体的语境对听入的信息进行选择、匹配、分析、推断等加工，结合逻辑分析生成合乎语法语境和逻辑的正确译语。非语言方面的能力主要体现在对口译现场非语言因素的灵活掌控和协调处理。言而总之，译员不应不负责任、随心所欲地任意介入。不应损害任何一方的利益，而应遵守有利于推动交际双方理解与合作的原则。

（六）口译的交际特点

口译的交际特点大致包括交际双方在场、交际环境和背景相对理想和交际效果立竿见影。

首先是交际双方在场。口译中译员一般与源语发言人和目标语接收者置身于同一现场，现场的各种言外信息和副语言信息均有助于译员的理解和表达，听众的反应也可以帮助译员随时调整或校正译文。

其次是交际环境和背景相对理想。按照认知学理论，意义的构成不是词汇的简单叠加。因此，应该考虑人类的各种表达方式。其方式通常分为三种：手势、声音和词汇。口译中，讲话人在场，他的表情、手势、声调、眼神等都可以成为阐释信息的必要参数，从而做到较好地理解讲话人的意思。（刘和平，2005）口译实践过程中，译员基于对主题的译前准备，结合当下获得的认知知识，对篇章所表达的信息进行快速分析，对信息所蕴含的意义进行逻辑判断，继而选用听众能够接受的方式，迅速通过译语合乎逻辑地传译自己所理解的篇章意义。其间对于何时、何地、向何种人群如何发出信息的理解和把握是不可或缺的交际环境重要组成部分。由此可窥见口译独一无二交际环境的冰山一角。

交际背景知识也是理解的重要基础。口译活动中的主题和上下文均非常清楚，交际三方（源语讲话人、目的语听者和译员）置身于同一交际场合，这些客观条件可以消除很多交际歧义，助力译员迅速而准确地进行传译。更有甚者，通过对不同声调的诠释也可帮助澄清信息的准确性。由此可见，口译中无论是狭义的交际背景还是广义的交际背景都是相对完整的。

最后是交际效果立竿见影。口译在特定的单元时间内要完成听辨、分析、推理、思维判断、理解和记忆等任务，认知过程和逻辑思维的结果通过译文实时传递给听众。因为听众需要立即了解讲话人的意图，讲话人也需要实时了解听众的反应，所以，译员需要根据交流的结果，简化或深入解释需要传递的信息。

(七) 口译的思维特点

口译的思维特点主要体现在六个维度：动态过程、逻辑思维、形象思维、灵感思维、记忆特点和语言与篇章。

一是动态过程。口译是基于已知认知知识图式，遵循认知程序顺序完成听辨语言、分析、综合、推断、理解、意义产生、记忆和表达的过程。无论是吉尔的精力分配模式，还是安德逊把知识习得划分为知识编译和协调程序、认知学习和能力发展模式，抑或是程序性知识发展模式，都是针对口译过程的各个环节从不同角度进行的分析，并指出自动化处理认知知识的可能性和范围。以口译特点为基础，结合对几类不同的模式的综合，蔡小红（2001）提出了交替口译过程模式。该模式由三大块组成：源语、信息概念的转换、译语。

根据该模式，口译过程始终处于动态中，借助认知知识和主题知识对语言进行理解和阐释，这绝对不是对语言的简单辨识，而是对语言所承载的信息意义进行逻辑推理和分析：边听边分析，边分析边记忆，记忆之后是传译，分析转为记忆的同时开始表述。

二是逻辑思维。思维指在表象、概念的基础上进行分析、综合、判断、推理等认识活动的过程。思维活动在翻译过程的心理机制中占有中心的、主导的位置。思维活动的规律及其内容制约着翻译活动的全过程。思维内容指思维主体在思维活动中加工、处理的一切信息和知识。思维内容决定于思维主体在社会实践中所接触的思维对象。（方梦之，2004：256-257，267）逻辑思维也称抽象思维，即运用逻辑工具对思维内容进行抽象和推演的思维活动。逻辑思维的特点是：对象纯粹化、映象清晰化、含义一般化，三点的综合被称为对象抽象化。（方梦之，2004：267）译员的逻辑思维能力尤为重要，要抓住讲话者的思路，传译的信息逻辑清晰、内容完整，才能较好实现交际目的。

三是形象思维。以形象为主要手段的思维活动为形象思维。形象思维包括以下几个方面：其一，把握对象的形象特征来识别对象，不仅识别对象的表层，而且识别对象的本质；其二，把握对象的形象联系来理解、推断对象……其三，把握对象形象的景貌、神情来描述对象，包括艺术文学的描述和科学技术的描述；其四，把握对象形象的构图来控制人对对象的操作活动，包括已有形象的复制操作和未有形象的创造。形象思维是人的基本思维活动形式之一。（方梦之，2004：264）译员需具备与本土人相同的文化背景知识，在听讲话人信息的时候将听到的信息或情景形象化，提高传译效果。

四是灵感思维。灵感是借助直觉和潜意识活动而实现的认知和创造。灵感思维过程是有意识发动的被意识到的思维活动，即显思维活动。灵感思维过程是思维活动转化为显思维活动的过程。潜思维内容被意识到并转化为显思维内容的过程，就是灵感的出现。灵感是三维的，它与抽象思维、形象思维有不同的特征：突发性、偶然性、独创性和模糊性。（方梦之，2004：265）口译实践由于时间的限制，译员在听完讲话之后必须实时转述听懂的内容，这种瞬时传译在相当程度上是对译员灵感的考验。口译中的灵感并非灵机一动，而是受到很多交际因素的限制和影响，换句话说，海量的练习和实践是灵机一动的前提条件和保证之一。

五是记忆特点。特殊记忆能力依赖于所储存的知识而不是一个加大的工作记忆容量。拥有这一能力的关键因素是将编码信息与适切的提取线索相联系，该联系日后可以通过部分地恢复编码时的条件以激活某一特定的提取线索，从而促进从长时记忆中提取合乎要求的信息。由此可见，译员拥有超常记忆能力的基础是意义编码，保证是特殊的提取结构以及提取速度。

职业译员听的重点是信息而非语言，储存的是经过大脑提取与总结加工的、相互联系的意义线索，笔记仅仅是帮助激活线索的手段之一。由于接受过专门训练，译员提取信息的速度非常快，对信息的特殊关注能提高对信息的加工速度，从而保证在极短的时间内将以一种语言理解的信息用另一语言进行转述。可以说，译员的逻辑思维、形象思维和灵感思维能力是记忆的基础和保证。

六是语言与篇章。语言与篇章中存在语言的多义性和篇章意义的单一性问题。口译中，译员听到一连串的有声语链后，要立即启动相关的语言知识、主题知识和认知知识，努力捕捉源语表达的信息，记忆并用符合译入语规则的方法表达这一信息，没有时间切分句子、反复斟酌和思考。口译的时间限制为摆脱语言多义性提供了良好的客观条件，译员的理解不论是对与错，篇章意义通常是单一的，即使由于种种原因偶尔出现一句话的多种含义，译员也没有时间仔细斟酌，更不可能将几种可能性都传译给听众，把意义的选择权留给不懂译出语的听众，听众只能根据译员的传译寻找自己能够理解的逻辑信息。

（八）媒介功能的强化：操控权的转移

口译传播中，双方或多方对话畅通的唯一必经之路是译员，译员可以被看作口译活动的媒介，该过程可以由图 1-3（刘宓庆，2006：53）说明。结合 20 世纪 70 年代初期，美国哲学家格莱斯（Grice）提出的著名的关于谈话的合作原则（CP, cooperative principle），口译传播的情况可如图 1-4（刘宓庆，2006：56）所示。由图可见口译员处于三重合作关系（AI-BI-ABI）的中枢位置，可以说，口译员是全面合作原则基本得以实现的实际操控者，口译的重要特点之一就是交流操控权的转移。

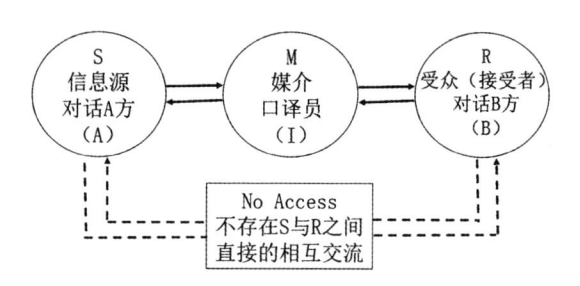

图 1-3　口译员对信息传播的操控

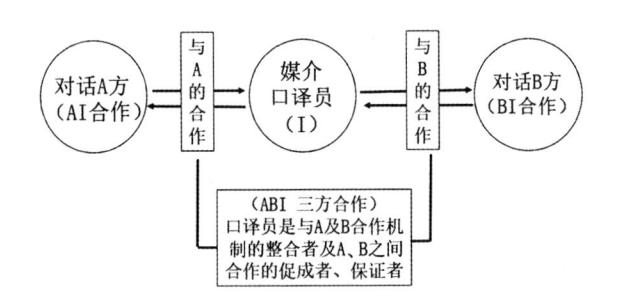

```
对话A方      媒介       对话B方
(AI合作) ⇄ 与A的合作 ⇄ 口译员 ⇄ 与B的合作 ⇄ (BI合作)
              (I)
         
         (ABI 三方合作)
         口译员是与A及B合作机
         制的整合者及A、B之间
         合作的促成者、保证者
```

图 1-4　交流操控权的转移

（九）口译"语言游戏"的"在场"和"不在场"

所谓"在场"（presence）是后结构主义文论家德里达的一个用语。它的反面是"不在场"（absence）。（Jonathan Culler, 1982: 82）

一般来说，在口译"游戏"中，所有成员需全体在场。谈话 A 方（可能不止一人）、谈话 B 方（也可能不止一人）以及口译员都统统出席，即所谓 vis-à-vis（面对面），交际各方基本上都遵守合作原则进行交际，即所谓的在场效应。与此同时，还有所谓的不在场效应。译员在理解在场者的话语意向和内容的同时，也要兼顾各种形态的不在场者的效应和影响。这样就形成了口译翻译游戏的重要规则：

第一，口译的基本功能是职能保证下的参与，基本原则是解释，基本行为准则是能动而不僭越，基本职责是传播媒介，基本权力是对交流的相对操控。

第二，交际各方应该大致遵守合作原则，否则，"游戏"就有可能乱成一团，甚至很难顺利进行下去；同时也要看到谈话各方都有不遵守合作原则的权利。

第三，交际各方应该对译员相对的操控权力予以实际上的认可。因为很简单，如果"游戏"参与者即谈话双方不尊重译员在三方合作关系中的位置，不听从译员的信息传播操控，"游戏"也会乱成一团，甚至根本进行不下去；同时也要看到谈话各方也都有挑战译员职责权力的权利。

第四，在没有任何话语霸权的条件下进行顺利的话语交流，以利于口译传播。这一条规则的含义应涵盖在第一条中。同时要注意，必须保证译员的职责权力以利于传播的顺利进行；当然也要看到话语霸权普遍存在的可能性和事实。

第五，虽然不在场的"游戏"交际方通常可以通过在场的"游戏"交际方转述其欲传达的信息，将不在场转变为在场，但是译员的责任在于传达在场的言语和非言语信息，对于一切不在场的潜隐意义保持密切关注即可，没有权利和义务对其进行揭示与传译。

第六，承认"不在场性效应"（"the effect of absence"，Foucault，1979）对口译传播的必然效果（潜在的影响）；不能把传播行为和"游戏"的成败不加分析地归咎于译员的功能发挥。同时，口译员也必须善用自己在"三方合作关系"中"传播得以实现者"的重要作用，妥善操控在场性与不在场性，发挥自己对口译传播的积极功能，做到能动而不僭越。（刘宓庆，2006：58-59）口译员与在场性及不在场性的作用关系可以总结如图1-5所示。（刘宓庆，2006：60）可以说，口译员对翻译"游戏"中的在场性和不在场性的总体把握是口译行为成败的关键。

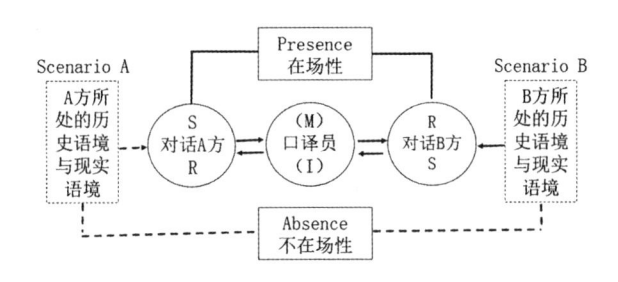

图1-5 口译员与在场性及不在场性的作用关系

（十）口译"语言游戏"的当下性

当下性［instantaneity，皮尔士（Peirce）的用语是 promptitude］是对译员较重要的要求之一。不少国际组织对于专业译员当下性的规定都是2—3秒钟，即在交替传译中，讲话者一方一段话语结束后，译员应在2—3秒钟内进行传译，将信息转达给讲话者另一方。有实验证明，在这个当下性反应时差中基本上可以做到出口成章（章的准确性包括组织程度与反应时间成比例：准确性和组织程度越高，所需时间越长）。1977年，认知心理学家威克尔格伦（W. A. Wickelgren）根据他所做的试验绘制了他称之为"反应速度与准确率的权衡"的SAT（Seed-Accuracy Trade-off）曲线，如图1-6（朱滢，2000：140）所示。

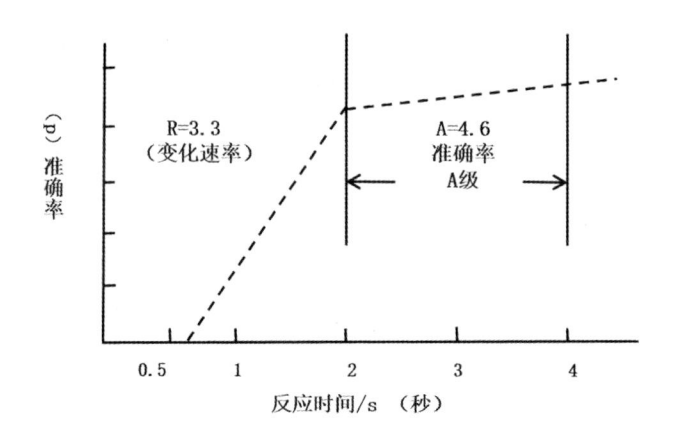

图1-6 Wickelgren氏SAT曲线：准确反应的最短时间（1977）

由图可见，准确反应达到A级的开始时差始于2秒，此时间差节点之前很难谈得上准确性。因此，口译任务中要求译员在少于2秒的时间差内作出正确反应是不科学的；2—4秒则比较合理。

需要注意的是，威氏实验指出的准确反应最低时间，还应同时考虑到信息的复杂性。对于复杂信息所进行的心理加工自然要比简单信息作出反应的时间久一些。双语转换的心理加工是比较复杂的过程。根据实验，在双语转换心理加工比较复杂的情况下，当下性时差（Instancy Time Discrepancy，ITD）为3—4秒。当下性是口译传播的很重要的特征。口译都必须当场实现语言转换交流，不容延宕，其当下性时差3秒左右为宜。

（十一）口译传播有其本身的语境化特征

口译作为特定的翻译传播行为是发生在特定语境下的。其特定语境指的是语际交流或传播的口语性；其特定的翻译传播行为是指翻译传播行为并非文本话语或语篇而是口语话语的。其中的语境可以表述如图

1-7所示。(刘宓庆,2006:68) 其传播的语境化特征可以这样理解:口译行为处在特定的社会语境中,意义和意向涵蕴都隐含于转瞬即逝的语流,这种特殊的跨语言文化的生活形式的模态因其特定的方式和功能决定了其特点。第一,口译话语造成双语语义对应要求的放宽,需要从基本词义延展至对应向范畴词义,也就是需要扩大语际转换对应的幅度和容限。这是口译传播基本的应对策略之一。以认知语言学的观点来分析,这个应对策略是有道理的。认知语言学认为,"概念"是人的认知行为的结果。认知行为的"概念化"过程形成范畴,这个范畴涵盖具有家族相似性的种种概念,因此它是一个边界模糊的网络,其网络结构呈辐射状(相当于信息学中的"信息场")。(刘宓庆,2006:69)第二,谈话含义(conversational implicature)的模糊度减低及信息量的增加。Implicature 是格莱斯(Grice)提出的重要概念,它有暗含的意义,相当于言下之意或弦外之音。为防止谈话双方无法实现合作,谈话要尽量避免超越合作原则的语义晦涩、模棱两可、词不达意等。但是鉴于谈话是生活形式中的语言游戏(Wittgenstein,1973:23),谈话过程又允许合作原则框架内的言下之意和弦外之音。正是因为谈话含义偏离合作原则而变得复杂化、尖锐化、情绪化的语境,才凸显了译员的反馈调节作用:译员经常是谈话张力的缓冲器。这也正说明口译传播机制操控权力转移的情景。简而言之,译员在场的本身对谈话的任何一方都是一个提醒者(reminder),译员利用停顿、反复、语音和反问等方式,使谈话含义标志化。第三,话语语境使表现的质量呈低层级化趋势。表现的内容未必与表现的形式成正比或反比,一切取决于效果或曰"功能发挥"。(刘放桐,2000:182)所谓表现上的"低层级化"不是指"低级化"。首先要说明的是,表现法(表现系统)是个层级概念。"表现"从低层级、中间层级向高层级递升,受主体能动性和客体可容性条件的制约,情况非常复杂。(刘宓庆,2006:77)译员传播最基本、客观、局限性最突出的制约即为谈话语境,必须首先保证当下性以确保谈话这一语言游戏不间断地进行下去。这正是口译传播最基本的功能、效果,即皮尔士(Peirce)所谈的实效。与当下性导致话语语句组织欠佳或无序状态相似,口译表现的低层级化集中在语言质量上的基本特点是:结构比较松散，具体表现在不苛求语句组织的严谨与规范；所谓语言审美要求的边缘化通常是指只能兼顾最低限度的审美表现，如基本达意；去隐喻（demetaphor），即隐喻效果的淡化和鲜明情绪表现的弱化，即情态色彩的中立化等。

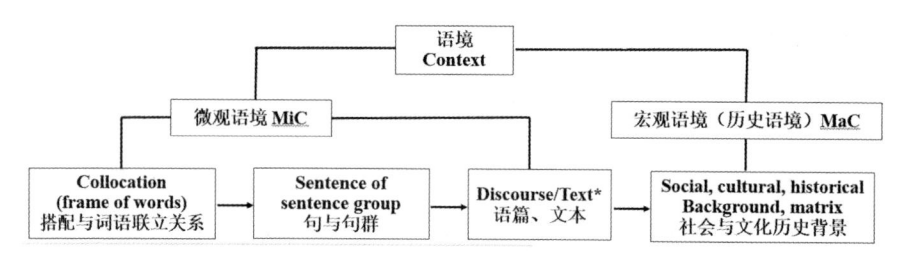

```
                              语境
                             Context
              ┌─────────────────┴─────────────────┐
         微观语境 MiC                    宏观语境（历史语境）MaC
      ┌────────┬────────┐                        │
  Collocation  Sentence of  Discourse/Text*  Social, cultural, historical
(frame of words) sentence group  语篇、文本    Background, matrix
搭配与词语联立关系 句与句群                    社会与文化历史背景
```

图 1-7　话语中的语境系统

注：*在言语结构（speech structure）中，指句以上的层级，也叫作话语结构（discourse structure）。

（十二）听觉意义解码功能的前沿化

口译中首先接触到的自然是语音符号，由语音符号所解码的源语意义刺激听觉。听觉功能的前沿化凸显了听觉能力在口译传播中的重要作用，这可由1970年认知心理学家瓦伦（Warren）做过的"音素恢复效应"试验证明。（Eysenck M. & Keane M. 2015：308）

因此，可以说口译的所谓听力应该涵盖以下四方面的能力，而所谓听力好也正是指在以下四方面具有能力优势：前沿听觉能力，特别是源语（SL）语音信息的准确接收、甄别能力；源语（SL）语音符号的语境化意义解码准确能力；源语—目的语（SL-TL）词语意义的对应配伍准确能力；作为听觉过程终端的源语—目的语（SL-TL）句法——语义推断、完形能力。（刘宓庆，2006：84）由此可见，听力不仅包括听——接收和理解，而且还包括力——加工和生产，也就是说听力涵盖了从信息的提取、分解、加工到理解的全部过程，其间不排斥符合逻辑的推断。

第四节　口译模式

随着多民族、多国家间政治、经济、体育、科技等多领域交流互动的与日俱增，口译所涉及的内容与范围日益广泛，形式和方法亦随之愈加多样。口译界对于口译分析的方法一直见仁见智，大致说来有以下归类方式：

一是时间分类法。按照工作模式的时间性质，口译可分为同声传译和交替传译，前者按照不同的工作模式又可分为常规会议同传、耳语同传、手语/哑语传译（含手指语传译或触摸口译）和视译。

二是空间分类法。根据工作模式的空间属性，口译包括远程口译和现场口译两种。

三是专业分类法。除却口译工作模式的时间与空间性质，还可以直接以具体口译活动发生的具体专业场景进行分类，其交流内容往往直接涉及该专业的领域。

四是大类分类法。西方口译学界，人们有时根据某一口译活动的总体性质将口译概略地分为会议口译和联络口译（西方移民国家多用"社区口译"的说法）两大类。（任文，2010：8）

五是其他分类法。依据其他分类标准，还有其他一些分类方式。其一，按照源语—译语的流向，可分为单向口译和双向口译：前者口译活动中的译语流动态势是单向的，即译员总是将一种语言传译为另一种语言；后者口译活动中的译语流动态势是双向的，即译员将两种工作语言互译传译。其二，依照源语到译语的直接性程度，可分为直接口译和接力口译，简称接传：直接口译是指译员在两种语言之间进行直接传译；接力口译是指经过第三种语言将两个或多个译员的传译进行连接的间接口译。其三，根据语言的样态，可分为哑语/手语传译与有声语言口译，哑语/手语传译又包括有声语言与手语之间以及不同国家的手语之间的传译。（Mary Snell-Hornby，2006：118）

以上诸类分类方法各自成理、各有侧重、无所对错、无谓优劣，本书将着重从时间分类法展开讨论。

按照工作的时间性质，口译可以分为多种模式，包括同传、交传、视译、手语传译、非正式的权宜之计（耳语传译和小玩意儿传译），以及多种模式的混合。

一　同声传译

（一）定义与过程

同声传译，又称同步口译、同步传译、即时传译，简称同传，顾名思义是指译员在不打断讲话人讲话的情况下，将其所说话语不停顿地、以与讲话人几乎同步的速度，用一种语言把另一种语言所表达的信息、思想和情感，用口头形式重新表述出来传译给听众的一种翻译实践。即讲话人的说与译员的译几乎同步开始、同时结束，译员只是稍稍滞后于讲话人。同声传译通常是指会议同声传译，即译员使用会议会场的通信设备，经由耳机接收讲话者的语音信息，继而几乎实时通过话筒，以目的语口头传译的形式将讲话者所要表达的信息和情感传达给听众。简而言之，同声传译指的是译员在具有隔音功能且能够直接看到讲话人或会议室的同传/译员箱内，通过麦克、耳机和多频道同传设备，提供与讲话者仅有几秒之差的实时口译。

同声传译的过程既简单又复杂，该过程按照认知加工的顺序可以概述为：讲话者通过话筒发布的信息经由耳机到达同传译员，译员即时加工之后的信息以目的语口头传译的形式通过话筒经由听众的耳机为听众所接收，也就是说：在同一会议大厅，讲话人通过话筒讲话，译员佩戴耳机坐在能看到会场的同传箱，通过耳机接收讲话人的音频，然后几乎实时通过话筒麦克进行传译，译员的译文又通过听众佩戴的耳机传给听众。这个程序中的关键是讲话人和同传译员，但是其他环节也不容小觑。同声传译过程之所以复杂，是因为其中任何一个环节的问题都会影响传译质量。其中的主要环节包括三个——讲话者、口译员和同传设备。

首先，讲话人对整个同传过程的影响和作用可以分为以下几个方面：第一，讲话内容：内容的难易很大程度上决定了翻译的难易。第二，讲话逻辑：讲话者的逻辑是否清楚对译员的传译有非常大的影响。第三，讲话速度：这是口译，尤其是同声传译与笔记差别最大的地方，速度的快慢直接影响译员传译的水准。第四,讲话口音:当今国际会议的发言,以英语居多,但是大部分讲话者并非英语母语者,因而大都是带口音的英语。第五,讲话语气:语气通常能够体现讲话人的观点,同传译员经常碰到的问题就是讲话没有语气变化。第六,母语非英语的讲话者的英语水平参差不齐,因而时有英语讲话词不达意的现象。

其次,一般来讲,同传译员是决定同声传译过程能否成功的最核心要素,因为传译的质量基本上由译员的素质和水平决定。译员同传的过程主要包括三方面听、想、说,三者几乎同时进行,也就是说边听、边想、边说。第一,同传的听不是消极被动地听,也不同于日常生活中听他人说话,而是积极主动地听,也就是说从口译的角度边听边总结边预测,即边听边加工,与一般听众相比要听得全、听得准,其间持续不断地进行准确判断是为第一要务。第二,想。具体说是信息的加工,即面对接踵而来的信息,以最快的速度进行判断和处理,并迅速找出最佳的传译方式。一是要准确理解和判断讲话者所表达的信息和情感;二是要实时顺畅产出尽量完整准确的传译。第三,说。针对的是传译源语时用比较地道的译入语和适切的非言语方式(如语气语调等)转述源语所包含的信息和情感。

最后,同声传译设备也是影响整个同声传译过程工作质量的重要环节之一。同传设备中按钮、耳机、话筒等的质量和操作等都是非常重要的因素。此外,同传设施之译员箱的隔音效果不容小觑,因为译员需要在整个同传过程中保持精力的高度集中,其传译状态和传译效果难免受到周围杂音的干扰。

针对同传的过程,丹尼尔·吉尔(Daniel Gile)提出了同传精力分配模型:$SI = L + M + P + C$,即同传(SI, simultaneous interpreting)是为听辨理解(L, listening analysis)+短时记忆(M, short-term memory)+产出(P, production)+协调(C, coordination)的合作过程。该模型模拟说明了同传过程中译员精力的分配模式。

(二)起源与历史

有据可考的同声传译起源可以追溯到第一次世界大战末期。在此之前,法语是多数外交谈判和国际会议的通用语言,法语还曾被诸如国际电信联盟、万国邮政联盟等国际组织规定是其国际会议中唯一的正式语言和工作语言。法语的垄断地位在一战结束之后逐渐减弱，与此同时英语的使用日渐广泛，在国际会议中逐渐形成了英语和法语作为工作语言并用的局面。在两次世界大战之间，交替传译在国际交往中一直占据主导地位。但是英法两种语言并行不悖的局面为同声传译成为职业创造了机会。同声传译是20世纪随着技术创新和新的国际事务多边主义而产生的，后者意味着多语现象、加速节奏和国际话语的逐步扩展。同声传译的引入和使用是口译事业的一项巨大发展。官方采用英法两种工作语言的翻译进行谈判始于1919年的巴黎和会，同声传译参与了一部分工作，标志着同声传译作为一种专业的正式形成。

把同声传译作为一项技术来使用是1926年由IBM公司首创的。而商人爱德华·费林（Edward Flynn）、电器工程师乔丹（Jordan）和当时IBM的总裁托沃森（Watson）则是同声传译设备共同的发明者。（龚龙生，2008）学界多位重要人物在同声传译的创立过程中作出过突出贡献：保尔·芒图（Paul Mantoux）是英国伦敦大学历史学教授，他被同声传译界看作担任会议同声传译之鼻祖，还担任过日内瓦国际问题高级研究院院长。安托万尼（Antoine）系英国语言学家，他被学界看作同声传译的创始人之一，还于1941年创办日内瓦大学翻译学校。让·艾赫贝尔（Jean Herbert）系东方哲学专家爱丁堡大学法文教授，开创性探讨了同声传译的理论，其作品包括《口译须知》《会议同声传译手册》等。

1927年，日内瓦的国际劳工组织会议（International Labor Organization Conference）首次以电话口译的形式使用同传设备。1928年，苏联召开的第六届共产国际的会议较大规模地使用了同声传译这种口译形式。第二次世界大战结束后，纽伦堡战犯审判因耗时长，涉及语言多，那种现代意义上的大规模同声传译形式首次全面运用。当时使用了英、法、俄、德四种语言的同声传译。盟军的道斯泰特先生负责组建同声传译班子。法庭中安装了专门供同声传译使用的临时翻译室，译员戴耳机听讲话人发言，减少了杂音的干扰，并通过话筒进行翻译。听众则每人配有一个包括耳机在内的收听装置，可以选择英、法、俄、德四种语言的频道，也可以选讲话人原话频道。整个审判过程中，所有的发言都同时译成这些语言。只有当讲话人不得不使用另外某种语言时（如捷克语、荷兰语等），才用即席翻译将原话译成这四种语言中的一种，并让同声传译译员转译成另外三种语言。（张维为，2011：3）经过1945—1946年纽伦堡审判的严格检验，同传迅速为联合国等其他机构所接受。于是以同声传译为标志的新的口译形式因其采用了源语、译语几乎同步的方法进行，使得人们对高级口译职业的独特性和时效性刮目相看。1947年，同声传译作为一种不可或缺的跨语际交流辅助手段正式进入联合国的各种会议，为日趋频繁的国际交流服务。

虽然如此，当时很多优秀译员和外交官并不看好同声传译传达源语信息的准确性。即使在1945年联合国成立时，同声传译也只被允许在部分会议中进行试验。基于纽伦堡审判同声传译的使用先例，加之联合国邀请了道斯泰特主持同声传译试验，同传的试验结果非常成功：既减少了会议时间约50%，又大大降低了会议的费用，而且不少交替传译译员也比较顺利地转行至同声传译工作。

1947年，联合国秘书长向联合国推荐使用同传，面对来自交传的激烈竞争，他强调了同传的优点，这些优势在今天依然影响颇大：能够实时进行多语传译，节约时间；能够减少干扰，确保会议连续紧凑的节奏；能够为讲话者提供心理保障——全部听众能够实时接收他宣讲的信息。以上优点胜过屈指可数的缺点：讲话者几乎不可能监测传译质量；佩戴耳机不舒适；讲话者语速过快的风险等。（Baigorri-Jalón，2004b：25）同年，同声传译被联合国正式采用，但是安理会仍继续使用交替传译讨论国际安全重大问题，直到1950年才由同声传译取而代之。此后，联合国的其他专门机构也纷纷开始采用同声传译。

到20世纪50年代初，西班牙语作为同声传译工作语言加入大战前的英语和法语。50年代末，俄语也加入了联合国会议同声传译的工作语言。60年代至70年代初，随着中国影响力的提高，尤其是在联合国席位的恢复，促成了汉语加入联合国及其专门机构的会议同声传译工作语言之列。几乎在同一段时间内，阿拉伯语跻身成为联合国的会议同声传译的工作语言。截至目前，英、法、西、俄、汉、阿六种语言即是联合国及其专门机构中所使用的会议同传工作语言。

如今，同传已成为所有公共和非官方国际组织（最著名的是联合国，现有6种工作语言；欧盟现有24种工作语言）与多语会议默认的传译模式。在那些不止一种官方语言的国家（加拿大有2种，南非有11种），同传为政府、立法和司法机构提供了重要支持。在非官方范围内，除了最小型的双语会议以外，同传因其节约时间而完胜交传。根据数据统计（Neff，2014），同传占据国际会议口译员协会成员任务量的85%—90%。

今天，越来越多的同传讲话者采用宣读事先准备好的文稿，稿件文本有时是先给过译员，但更多的情况是没给译员，因而导致了徒劳无益的低效传译，人们将这种形式的同传称为无稿可看的带稿同传。另外一种从同传产生之日便存在的近距离、无设备、不令人满意的同传变体，叫作耳语传译。

最近70年见证了同传作为复杂形式交流模式的全面发展：适用于任何话题、事件或言语对子，在各方能力达标的前提下为国际会议提供了价值不菲的服务。只要满足技能高超、有备而来、装备适切等关键要求，具有一定资质的双语或多语译员就可将同传做好，甚至是叹为观止。

（三）同传建制

同传现在是国际会议口译主流的主要模式，在多语会议中，通常每一种语言一个同传箱，每个箱子在不同频道播放译文，与会代表们根据需要在各自接收设备的终端选择合适的语言频道收听译文。

要掌握同传的基本技能，需要进行几个月的集中培训，即使对于已经掌握交传技能的人来说也是如此。同传需团队完成，首先，是因为同传认知负荷大，译员容易疲惫，每个箱子需要2—3个译员的团队，每人工作20—30分钟，轮流传译。其次，箱内非轮值译员能够（经常是必须）帮助轮值同伴寻找文件和文本，记录数字和名字，指出术语表中的术语等。最后，为了确保译文的衔接与连贯，团队成员必须共享信息和文档，在多语会议中，多个箱子接力完成传译。

同传需要高水平技工操控复杂的技术设备以确保高水平音质，为了确保最佳效果，还需讲话者能力强、配合好、说话清晰、节奏适切、避免读稿，并确定事前将讲稿复印件交予译员，这种情形在同传初期常有违背。

（四）同传种类

同传主要包括自由/无稿同传、接力同传、带稿同传（SI-text）和幻灯片同传。

第一种是自由/无稿同传。自由/无稿同传指的是传统情况下（讲话者进行宣讲，不读稿也不借助其他辅助手段）的同声传译。

第二种是接力同传。若没有译员可以直接进行给定的语言对子之间的同传，则需进行接力同传。例如，若会议的源语和目的语分别是韩语和几种欧洲语言，韩语可能只能直接译为英语（枢纽语言），其他译员箱则接力韩英译员的英译文，再传译成法语、西班牙语、意大利语和荷兰语等。有时甚至存在两种接力的情况，尤其在欧盟，官方语言多达24种，比如从芬兰语到瑞典语到英语，再到斯洛伐克语。

第三种是带稿同传。带稿同传指的是讲话者宣读的稿子提前或现场给予译员，发言人朗读事先写好的演讲稿，同传译员根据演讲稿组织传译。带稿同传是视译（sight interpreting）的一种特殊形式。如果说视译的模式是阅读—产出，那么带稿同传的模式就应该是听辨—阅读—产出。有时演讲者照稿宣科，此时译员在最大限度保持顺句驱动的同时，要注意保持译文清晰地道（而不是像视译有时所提倡的调序），以便随时与讲话者保持同步，最好至多相差不过半句话。同样重要的是，不要抢到讲话者前面翻译。带稿同传的难度在于通常演讲者不完全照稿宣读——采用口语体、解释、省略或添加信息，且读稿和自由发挥之间没有任何提示信号。这就要求译员在看过文稿之后，重心要放到听而非读。若译员事先没有看过文稿，速读与抓取关键信息将有助于译员现场保持与讲话者同步进行传译。

带稿同传的特点是译员边听发言，边看原稿，边进行同声传译。其优点在于稿件可帮助降低译员听力理解和短时记忆的认知负担（尤其是难词、数字、术语、长句等造成的理解障碍和记忆压力），有利于译员更好地理解原文和把握讲话人的思路，尤其是当讲话人念讲稿发言时，译员参照讲稿，可以极大地减轻听辨压力，便于译员借助视译技巧，完整而准确地传译讲话信息。虽然稿件可以提供信息以供参考，但是带稿同传也有负面影响：若阅读原稿和听辨讲话之间的精力分配不恰当，即过于注重阅读的话，就会影响听译的节奏和准确性，这种负面影响在讲话人即兴改动、增减内容时最为突出，译员要注意及时跟上听解和传译。由此，带稿同传的关键在于合理运用讲稿，平衡听辨—阅读—产出的精力分配，听、读相助，优化传译效果。

开始带稿同传训练的最好方法是讲话者照稿逐字阅读协调眼—耳—声，恰似来自译员间的节奏较好的视频，不过为确保最大限度的流畅，译员需要脱离源语语言外壳和进行信息分割。

带稿传译关键技能包括但不限于提前准备文稿并作出标志，首先将稿件通读一遍，而不是译一遍，把握发言专题内容，对任务难度做到心中有数，同时查找难词、专业术语、背景知识等，在原稿上做简单标注力求准确口译。具体说来包括以下部分：第一，如果时间特别紧张，仔细阅读摘要（如果有的话）和结论；浏览简介、标题，每一部分的首末段落和每一段的首句；核查重要的名字、技术术语、数字、引语、玩笑、文献和长句子，并一一做标记。第二，对于信息能密度最大的部分，像做交传笔记一样总结每段的意义，在页边记录，突出文本中的名字和数字。第三，考虑是否选出某些部分做完整传译，比如，一个强有力的结尾。第四，利用剩余时间演习一下传译，关注传译过程中的解决方案。

除了常见的像讲话者的语速、译员对话语的熟悉程度等困难之外，带稿同传的特殊困难还包括文稿的书面程度和复杂程度、准备的时间、讲话者的脱稿程度。有时文稿信息丰富，但准备时间很短，为了应对讲话者快速读稿，译员需要熟练地使用速读和提取关键词、关键段落的技能。

第四种是幻灯片同传。随着现代科学科技的发展，会议发言的形式也日趋生动、形象，越来越多地采用多种多样的多媒体辅助手段，其中最为常见的是讲话人在宣讲的同时使用幻灯片或用投影仪放映投影片。幻灯片可以将宣讲的要点，包括提纲、图表、图片、数据等呈现在会场大屏幕上，为听众提供直观的视觉效果，优化其接收信息的效果。更有甚者很多讲话者不再一字一句地读稿，有的甚至没有发言稿，而只是根据幻灯片的提示发言，有较大的即兴发挥余地，这种情境给同传口译带来了新的挑战。

面对新的挑战，译员在同传活动中应合理分配精力，听、看、译同时进行，把更多的精力放在听，而非看上，以便实时把握说话人的思路，及时准确地传译相应的信息。需要注意的是，与带稿同传不同，幻灯片同传中幻灯片所呈现的信息不是全部，更多的是讲话的概要，所以需要格外注意分配精力以保证听、看、译的协调进行，不至顾此失彼。另外，很有必要事先熟悉各种图表和图表解说的文字说明。

综上所述，同传面临着特殊的困难，而当下这种困难正日渐流行：讲话者照稿宣读，稿子可能是提前给了译员，但更多情况是没给。相较从前，宣讲更多地辅以图片、视频或幻灯片进行，结果传译变得难易未卜。更加复杂的混合媒体任务（含带稿同传，但稿子并未提前给译员）被认为是危险的。

因为更加不为外行人所了解的本质，同传经常被广泛地误认为是会议口译（业外罕见的术语）的同义词。时至今日在全球范围内，虽少见统计数据报道，但是适宜交传的会议类型和规模远远超过同传，这其中包括从国际外交到私营企业等的高层会议。大部分会议译员毕业前都已习得了包含长交传技能在内的职业技能（虽然他们在同传占主要地位的市场可能会有点技不如人）。

二　交替传译

（一）定义与过程

交替传译，是根据译员的时间工作模式界定的，其基本特征是译员不与讲话人在同一时间开口说话，简称交传，分为短交传和长交传。

交替传译也称连续口译、即席口译、即席传译（中国台湾地区也称为逐步口译），简称交传或连传，是指译员在听到讲话人讲完一段话（部分或全部）停下来的间隙进行口译，将源语的信息用目的语译出，讲话人等译员完成该段话语的传译后又接着往下说，并在适当的时候再次停顿让译员传译，如此循环往复。换言之，讲话人和译员交替发言，完成各自的讲话或传译。（任文，2014：2）

针对交传的过程，丹尼尔·吉尔（Daniel Gile）提出了交传的精力分配模型：$CI1 = L + N + M + C$，即交传 1（CI1，consecutive interpreting）

是为听辨理解（L, listening analysis）+笔记（N, note taking）+短时记忆（M, short term memory）+协调（C, coordination）的合作过程和CI2 = R + R + P，即交传2（CI2, consecutive interpreting）是为回忆（R, recalling）+笔记解读（R, note reading）+产出（P, production）。该模型模拟说明了交传过程中译员精力的分配模式。

（二）历史与特征

首先是交传历史。交传历史由来已久，正式程度多种多样。现代的完整/正式交传依靠笔记，可帮助连续5—10分钟甚至更久的传译，即使信息密集也不在话下。交传可追溯到1919年的巴黎和会和两次世界大战之间，那时在国际联盟（联合国的前身）有一小部分法英译员，凭借令人仰慕的修辞技巧和记忆能力，以最少的笔记进行长达30分钟甚至更久的传译。(Baigorri-Jalón, 2004a: 139ff)

在联合国的大部分会议中，交传很快被同传取代，这个过程并非一帆风顺（Baigorri-Jalón, 2004a: 139ff），后者被所有大型会议认定是默认模式。但是交传依然在小型事务中被广泛使用，被认定为专业译员必备技能和真正的口译技术。此后，讲话长度、内容和信息密度等讲话风格已发生较大变化，或许现在需要更加完整、系统的笔记体系应对多种讲话类型。交传在其专业方面的挑战性毫不逊于同传。

现如今，交传较多用于时间较短、关系较近、较即兴的会议；用于庆典、参观；因为准确性和可监测性的原因，用于法律环境中的取证、双边外交和谈判、记者招待会。交传通常适用于两种语言间的传译。通常并不总是需要长时间交传的例子包括官员或领导人的双边会晤；各种商业洽谈或谈判；会议室、晚宴、车内、飞机内，甚至是电话会议的私人会谈；正式场合的宣讲，例如接待、典礼、授衔/授权仪式、就职、剪彩等；包括学术与技术研讨会；报告会和培训班；新闻采访、媒体圆桌会议；电视或广播采访和讲话秀（虽然也经常以同传旁白的形式进行）。

其次是交传特点。作为口译主要模式之一，交传的特点主要体现在其时间性、准确性、交际性和译员的显身性等方面。

一是交传的时间性。由于交传中的译员是在讲话人停顿之后方开始传译，所以，交传活动所需要的时间大约是讲话者讲话时间的两倍。多数情况下译员在交传过程中需调整适中的语速进行传译，以实现顺利推进跨语交际活动。过快的语速不仅会给自己和听众带来较强的压迫感，而且容易导致漏译率和错误率升高；若语速过慢则会导致拖沓、费时，令讲话人和听众均难以忍受。一般情况下，若讲话人的语速能够保持正常，英译汉交传译员的耗时约占讲话者讲话时长的三分之二，或用时接近；汉译英的交传译员耗时可略长于讲话人用时，或基本相同。

二是交传的准确性。交传过程中，译员有时间记笔记，有短暂的时间进行思考，有机会及时与讲话人沟通没有听懂的地方，甚至临时向现场其他人员求助，也可以适时请讲话人适当放慢语速、缩短话轮、提高音量，也有机会对译错译漏的地方进行纠正或补足，因此译语的准确性和完整性通常较好。

三是交传的交际性。交传活动的现场交流感较强，所涉在场人际因素较多，较能促成包括译员在内的多方实时互动和沟通。通常来说，因与听众和讲话人共同置身现场，有近距离接触，译员既可以通过有声语言获取信息，又能够通过感知讲话人的副语言（音量、语气、语调的变化等）和体态语（动作、姿态、眼神、表情等）获取非言语信息以便更加准确地把握和理解源语话语的真正含义，就不明确的地方向讲话人或向他人求教，并通过观察现场听众的反馈及时调整自己的措辞、音量和语速等。

四是交传译员的显身性。与会议同传译员待在会场两侧或后面的同传箱里，听众只闻其声不见其人不同，交传译员要么与讲话者共同面向听众，要么融入各方参与者之中，举手投足均在各方参与者的视域之内，受到较多关注，显身性较强。所以，交传译员传译过程中声音要充满自信、精神饱满、举止稳重、仪态大方。

（三）交传建制

交传适用于两种（至多三种）语言的小型会议。与同传相比，虽耗时更多，但更易监管，给参与者更多时间观察对方的反应并制订下一步计划，交传译员的在场和可见，吸引了较大注意力，比同传译员在塑造角色、确保交际清晰与有效方面压力更大。

虽然交传未必是最轻松的传译模式，但因其较强的人际互动性、相对的自然状态以及所有模式中最低的设备要求，而成为最广泛使用的口译模式。交传可通过高水平的专业译员促进像国家政要的最高层次的对话与沟通，因而对传译标准提出了最高要求。此外，交传还用于法庭取证，对译员要求更高，稍有不慎便会导致冤假错案。

交传在会议口译的培训和测试中，至少与其在现实生活中的重要性相仿：其一，专业的招募考试：虽然交传很少用于国际组织，但是世界上最大的会议口译雇主欧盟将完整口译作为淘汰练习（联合国没有这项规定）。因此，不管将来的职业生涯能用到几次，欧洲学习大会口译的学生必须投入相当的时间掌握这一技能。其二，同传训练的预备：交传技能的掌握，与视译一道，为同传的训练奠定了良好的基础。

人们通常认为交传译语质量好于同传，但是至少有一项实验挑战了这一观点，认为"需要认真考证"（Gile，2001）。交传不适于有过多陌生多音节技术术语或名字的文本，因为这些术语或名字难以再缩略成笔记，相比之下，同传至少可以迅速地重复发言，记忆负担相对较小，传译效果相对较好。虽然交传耗时明显比同传多，但并非如想象中那样会使会议时间翻一番，有经验的译员讲话会比讲话者本人更快更简洁，剔除了源语中的迟疑、错误开头、冗余和重复，如果有需要，甚至可以进行总结传译。在不丢失或影响语调、内容和交际效果的前提下（除非有特殊明确的要求），有良好职业素养的译员从不反对译语改善衔接和流畅。

（四）交传种类

第一种是非常短的交传，比方说5—10秒的间隔，逐句传译，可用于简练对话。可能是译员不具备合格的笔译能力，不得已而选之，抑或是用户没有意识到或没有耐心等待笔记过程的耗时。但是，一般来说，这项活动由受过同传训练的专业会议译员来做会更好。

第二种是短交传。短交传也称对话交传，其中译员每次传译较短内容，如一个短语、从句或几个句子。短交传主要传译对话，也有传译独白的情况，前提是讲话者准备好愿意经常停顿，每次宣讲不超过两三句或不超过30秒。因为短交传的记忆负担较轻，所以译员至多只需记录零星笔记，有所训练的译员只需略记即可完成传译任务。在实践中，因为不同的限制与规定，交传话轮间隔的长度也各异：从几秒的讲话到半小时的拓展均有，当然也是各有利弊。

短交传传达的信息更加完整。这种形式在商务口译中较常见，在多数非正式、社区与法律口译中是主流。这种长度的间隔通常记忆负担较轻，笔记要求较少，上下文提供的信息足以满足听解和传译的需求。只是有些讲话人认为持续性每半分钟必须暂停等待，译员干扰了他们讲话的激情，打断了讲话的思路。

另外，短交传也较多用于公共服务口译和联络口译，比如，导游、参观（工厂、矿场、博物馆、大教堂、购物）、司法和警方诉讼（口供、对证人或嫌疑人的审讯）、福利与公共服务采访（对官员与用户就福利服务和救济等的采访）、医疗采访与咨询或者电话口译等。

第三种是中长交传。中等长度交传，约45—90秒，需要更加完备的笔记技能，尤其是应对信息丰富、表意复杂或陌生的材料。该模式受用户欢迎，因为他们可以更加自然地表达和交互，可以或长或短地按照他们喜欢的方式宣讲，而不用顾忌译员是否负担过重，这是真正交传的起点。

第四种是长交传。也称完整交传或真交传，一般要持续几分钟，期间译员需要借助经过培训和练习而形成的笔记体系。这项服务通常由专业的会议译员提供，能够保证讲话者顺畅地列举例子、数字和事实并进行较复杂的论证而不受译员传译打扰。

第五种是带笔记的/长完整交传。可为个人宣讲或话轮较长的交流提供较高质量的传译，其间宣讲者可能期望在不被打扰的情况下（匆忙思索，添加例子或数据等），更加完整地表达思想。其他当事人也喜欢有额外的时间，根据每一轮观察到的观众反应来思考和计划下一轮的内容。在完整交传中，译员有更大的预见性，有更多语境可参考，因而比短交传或同声传译的信息更加连贯和完整。

第六种是非常长交传。一般在五分钟以上，现如今越来越罕见，因为这是对参与者，尤其是越来越多懂得双语的参与者耐心的挑战，而且译员必须借助专业的口译笔记方可有效地完成传译过程的记忆和译出。

总而言之，长短交传之间并无明确分界线，区分标准主要与译员是否使用系统的笔记辅助记忆相关。事实上，讲话者的段落长短不一，译员经常做的是长短交传的混合体，但是呈现段落变短的趋势：5—7 分钟一段的交传已属罕见，因此仅 3 分钟长度的段落在某些领域已被认定为长交传。

在交传范围内，较短的话轮更受欢迎。显而易见，在对话、采访或话轮转换频繁的交流中，需要较高频率地打断以澄清或咨询信息，而且在高度吸睛的场合，如电视播放的记者招待会或外交峰会，需要保持政客或名流们一直是瞩目的中心。即使在私人聚会中，人们也会因为讲话者宣讲太久没有译文而焦躁不安。在一些广告或高风险环境中（法律、外交），用户希望更好地监测译文的准确性，因此话轮越短越容易操作。

因此，当下 1—2 分钟的长度是完整交传的标准，但是专业大会译员仍然必须能够应对各种长度的话轮——从非常短到特别长。从培训的角度看，5—7 分钟的话论长度是完整交传能力较好的测试。

（五）小结

综上所述，与同传一样，长短交传仍然是适用领域内最广泛使用的模式，风行于各行各业正式与非正式的场合，而这一现状将依然持续下去，原因如下：第一，低成本。交传仅需一位译员，而且不涉及设备费用。第二，流动与便捷。交传具有易流动的便捷性，可以随时随地进行——下至矿井，中至豪车，上至飞机等。第三，私密与亲密。交传提供无机器干扰、较少人数面对面的传译。沟通可以仅限于两位当事人和译员，就像壁炉旁非正式的外交谈话，里根和戈尔巴乔夫林中漫步时的会谈。交传可能在保密性和安全性方面胜于同传，尤其是可以防止电子窃听。第四，准确和/或监测。很多人都认为交传译文的准确性优于同传。虽然这可能有点绝对，但是交传译文的准确性确实比同传更易受到熟悉双语的客户或其助手的监测。这是早期抵制同传的重要理由，也诠释了当今高敏感度的双边会晤仍然采取交传的原因。第五，慢节奏。看似荒谬的是，交传在谈判或外交场合受欢迎的原因可能是其拖延时间的潜力，给当事人更多时间思考；有时采用交传仅仅是纯粹的礼节或故意浪费时间。

三 视译

（一）定义与过程

视译（on-sight interpreting，简称为 sight interpreting）即视稿翻译，是口头传译书面文本资料，具体说来指的是译员参阅讲话人的既定发言稿，边听讲话者现场发言、边看既定发言稿原稿、跟进讲话者的现场发言速度边进行传译。有时会议参与者期望介绍书面文本，比如一封信、一份议案的初步计划或新闻稿等，有时讲话者的宣讲稿完全是一份书面稿件，原文文本可在书面文本宣读之前交给译员，用户特别期望译员能够迅速默读一遍，抑或稍事准备之后，即能对即时宣讲的文本进行流利的传译。这项技能需要练习，一直以来，该技能被看作现时任务，作为应对语言干扰的方案，作为无稿/自由无稿同传或带稿同传的预备阶段而进行训练。视译与带稿同传不同，后者的译员以讲话者的书面文稿为基础进行实时传译，重点关注讲话者现场所宣讲的信息，而这些信息可能与事前拿到的讲话稿有所不同。

视译以阅读而非听取信息的输入方式开始，但是"译员持有发言人讲稿的情况，过程非常复杂……"［波赫哈克（Pöchhacker）2010：204］视译译员主要以阅读理解方式获取源语信息，同时以口语形式将该信息转换为译语，属集阅读、记忆、提取、表达与协调于一体的复杂传译形式。其过程可以分为四个步骤：听、看、译、说，看是阅读理解的过程。阅读理解是视觉信息与读者已有知识相互作用的过程，是从书面材料中提取意义并影响其非智力因素的过程。其文本不仅包括文字材料，而且包括图画、图解、图表与插图等。（吴文梅，2015：162）

吉尔（Gile）（2011：167）提出视译模式 SI = Reading Effort + Memory Effort + Speech Production Effort + Coordination。吉尔大致描述了视译过程，但未能从认知心理学角度详细阐述视译的认知心理过程。视译与字形特征（单词拼写）、音韵特征（单词读音）、词义、句法与更高水平的语篇整合等加工过程有关。吴文梅在审视吉尔视译模式的基础上，借鉴高夫（Gough）阅读过程模式、古德曼（Goodman）阅读过程模式、鲁姆尔哈特（Rumelhart）阅读过程模式等认知处理过程模式，尝试构建以下视译过程认知心理模型 SI Model：SI = ST + RF + LI + LC + LP + MO + IP，如图 1-8 所示（2015：163）。其中 SI 意为视译模型；ST 即源语文本，RF 是意象建构；LI 是字母鉴别；LC 相当于词汇认知；LP 是词汇加工；MO 即记忆操作；IP 即为译语产出。该过程认知模型凸显了口译研究认知心理学途径的相关理论和/或成果的应用价值和/或指导意义。

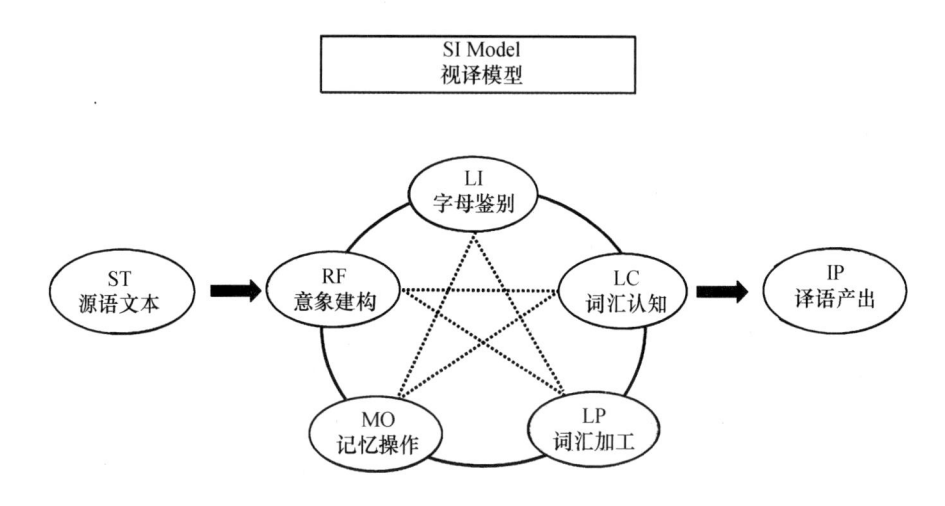

图 1-8　视译过程认知心理模型 SI Model

（二）特征

译员传译的速度与讲话者的速度保持同步是视译的基本要求。译出语语序与译入语语序保持基本一致是视译的首要原则。在现实生活中，偶有原计划交传传译的会议宣讲改为文本宣读，因此视译也是需熟练掌握的一种口译模式。由于视读一种语言文本的同时，用另一种语言进行忠实地道的口头传译需要掌握相当的技能克服语言干扰，视译也是一种强大的训练工具，因为听众也期望视译的传译流畅、充满激情，故而视译也是同传极佳的前期技能基础。

视译还强调文本与口语的差别，因为它将两种翻译融为一体，即从一种语言到另一种语言，从适宜阅读的书面文本到灵活运用公共演讲技巧，帮助听众顺利理解的口头译文。换句话说，视译首先从一对媒体中获取信息（文本；源语），然后用另一对媒体传译信息（口语；目标语）。

这种双对话（语言形式和媒体方式）需要额外的能力从源语书面文本中拆解或脱离源语外壳以提取信息。虽然在实践中视译的需求不如交传或同传多，但它仍然不失为同传或带稿同传有价值的练习。但是需要记住的是，与普通文本的文本翻译不同，视译的口头传译必须是流畅的，文本是为没有明显停顿或干扰的持续译文产出的基础。专业的译员需要努力在确保信息传译完整与准确的同时，结合脱离源语外壳的解码与激情。

视译可根据具体情况分别与交传或同传交叉：如果译员将现场提供的文字材料逐段阅览或全文通看一遍之后口译给在场的听众，属于交传中的视译；如果译员一边阅读讲话人的书面发言稿原文，一边听讲话人的发言，一边进行传译，就属于同传中的视译。

四 手语传译

（一）手语传译简介

手语传译（SLI），通过口语与手语促进了聋人与听力正常人群之间的交流。因此，手语传译不仅仅是在某种语言组合、环境或模式下的传译，而是三者共存的独特形态。但是这种从手势到言语，再从言语到手势的跨模式却是其最典型的特征，决定了其首选的同传模式、核心设置和双模式译员，尽管口译员在视译中也是进行文本到有声语言的传译。

因此，手语译员的语言组合包括至少一种口语和一种手语，且一般情况下两种语言均为主动语言。很多手语译员的父母都是聋人，但是现在更多听力正常的成年人学习手语，可是聋人译员在业内依旧扮演重要角色。大写字母 D 一般表示聋人社区这一整体，他们认为使用天然手语能够表达他们的文化和语言身份。相对而言，小写字母 d 一般指潜在的使用传译服务的聋人个体。这是因为虽然他们都使用某种形式的手语，但并非全部个体具备聋人的文化身份（Napier & Goswell，2013：25）。在多语言、多文化任务中，手语传译可能需要借助多种手语，通过聋人和听力正常译员团队来实现（Grbć，2012：2）；或者是通过国际手语，即"一种或多或少即兴的、受限的、非标准化的接触语言，供聋人在缺少译员的国际事务中替换自己的手语进行交流"。（Leeson & Vermeerbergen，2010：325）

全球现有多种全面发展的手语，每种均有各自独特复杂的语法、词汇，以及视觉模式塑造的部分：手语者使用头、脸、躯干、胳膊和手在3D空间内直接（如关于形状和运动等）或象征性地传达信息，因此给两种语言和文化之间意义的传递和再表达带来了内在的、固有的挑战。在此情况下，由于对地点、交互以及交互方式等信息准确度的要求更高，跨模式因素对法律传译的挑战性更大。（Leeson & Vermeerbergen，2010：326）

手语口译包括为依靠视话法或无法掌握有声语言或者手语的聋人或听力障碍人士提供传译服务，也包括通过触觉手语或者触觉指尖拼读为聋人提供传译服务，即通过手指在对方手上进行拼写抹画的方式进行传译，称为手指语翻译（fingerspelling）或触摸口译（tactile interpreting）。当聋人客户使用对于其家庭或地区来说比较独特的特殊手势或动作时，或者客户是聋盲人，抑或是在两种不同的手语间进行传译时，聋人译员较听力正常译员更具优势。（Leeson & Vermeerbergen，2010：326）

（二）手语传译的形态方式、场合和角色

因为没有声音的重叠，而且看完手语再做笔记更加困难（Napier & Goswell，2013：26-28），所以手语传译的视觉形态决定了其最佳方式是同声传译。最近常见的现象是从文本到手势的手语翻译（Grbć，2012：3），比如将提词器或字幕中的文本译成手语。

传统手语翻译主要存在于社区间，通常通过聋人或听力正常的译员进行，他们大多是家庭成员或同种族同文化的社区成员主动为他人提供帮助。听力正常的手语译员大多是双亲是聋人的听力正常的孩子，即CODAs（children of deaf adults），经常为父母或其他聋人家庭成员提供非正式的手语传译服务……因此，许多第一代手语译员是在双语环境中长大的：他们在家和聋人家庭成员使用当地的手语；在家庭之外其他交际场合使用主流的口笔语进行交流……所以他们有意无意地变成了手语译员（Napier & Goswell，2013：31）。随着一些国家对于聋人社区与法律权利的逐步认可，手语传译的范围逐渐扩大到教育、社会服务、政府机关、私营企业、宗教与表演、法庭与会议等场合，最近也延伸到了电视中。

以法律和法庭口译为代表的场合倡导译员要公正中立，尤其是隐形。这些要求在其他社区场合，尤其是手语传译中受到了很大的挑战，因为这些场合中译员与客户的关系更加紧密，对相关事宜的参与更加深入。

（Metzger，1999；Napier & Goswell，2013；Nicodemus et al，2011）

相较其他译员客户，聋人用户在工作中与其联合的手语传译有很长的既定利益关联，这也许是由于聋人用户的译员使用频率更高、范畴更广、时间更久。在一些国家中，聋人在工作场合因职业需求而依赖于手语译员的话，其影响是至关重要的，因为他们非常清楚与译员合作的迫切性和必要性。

目前对于手语译员角色的要求主要引自科克利（Cokely，2000），要求手语译员至少要向其他领域的社区口译一样，进行适当的语言文化调整以作出适切决定。

远程交流技术也影响着手语传译，既带来了毋庸置疑的便利，也干扰了空间的共处和亲密——这本是手语传译视觉形式中非常重要的文化特征。（Petersen，2011：220）三种常用的空间分隔交际者的方式有：第一，电话口译。译员代表和与其异处的聋人进行电话沟通。第二，视频远程口译（VRI，video remote interpreting）。聋人或者听力正常的参与者在一处（如医生办公室），译员在另一处，通过视频连接进行沟通。第三，视频接力服务（VRS，video relay service）。译员在接力中心，借助网络摄像头或者视频进行电话传译，帮助聋人和听障人士进行交流。（Grbć,2012：4）

（三）职业化和培训

手语口译的职业化、培训和证书授予在全球是情形迥异的。截至2013年，国际上建立了一些专业机构，如1993年建立的手语译员欧洲论坛（EFSLT）、2003年建立的世界协会（WASLT）。同时至少十个国家也建立了相应的机构（Napier & Goswell，2013：111）。美国走在前沿，1964年建立了聋人译员注册处（RID），制定从业标准、工作指南、传译质量和行为规范等职业道德行为准则。随着影响范围的不断扩大，手语口译变得更具挑战性，手语译员比社区译员拥有更多的培训机会，但是比会议译员要少。

手语译员的培训在多数国家专业性不够，或仅限于短期强化课程，但是对手语译员专业性的需求却日益增长，所以培训必须努力保持同步。所幸现在聋人社区以外越来越多的人开始学习手语，而且越来越多的手语译员开始接受正规的手语传译培训，有时会和有声语言的笔译译者和口译译员一道接受培训，如在日内瓦、巴黎和格拉茨等地。

大部分国家手语传译的证书授予是由国家手语语言机构管理的。在美国（RID）和澳大利亚（NAATI），手语译员除了要通过资格考试，还要具备大学文凭。在一些国家，对于司法系统的手语译员还有专门的资格认证。

五　耳语传译

耳语传译（chuchotage）也称耳语同传，俗称咬耳朵，是一种非正式的即兴无设备同传。耳语传译是一种无设备的临时同传，译员坐在一个或几个参与者的身边或身后，在与发言人讲话几乎同步的节奏下，在与会代表耳边轻声耳语传译，这种方式多见于仅有少数需要听取译文的场景，其中原因比较明显，像噪声、口耳干扰、分神、疲劳，尤其是缺少搭档帮忙等，显而易见不适于大规模采用这种传译模式，耳语传译并非最优选择。根据现场情况，有时可能提供完整的、信息度高的译文。有时可能仅仅就是一个总结。

实际上，耳语传译非常常见，因为这可能是唯一一种方式，既能够为某种特殊母语的几位讲话者提供连续不断的传译，又不会延迟会议进程，而且耳语传译还可以克服一些因素的干扰，例如，参加者不愿忍受交传的干扰、缺少同传设备、同传设备不适宜会议室、译员数量不能满足所有语言传译的需求等。除了上述特殊情况和短时传译之外，耳语传译因其质量原因并非优选。若持续时间超过半个小时，应有多于一位译员进行轮值。

六　小玩意儿传译

作为非正式权宜安排之一，小玩意儿传译这种模式的特点并不非常明显，指的是通过包括译员话筒和用户耳机在内最少的便携设备进行传译。法语术语小玩意儿（bidule）反映了该模式在译员中较差的名声。若使用得当，像导游系统这种设备适用于嘈杂环境下的短交传，例如带领旅游团参观工厂、寺院或购物中心，译员靠近导游或东道主，通过话筒每隔一两句话进行一次短交传,游客在一定范围内通过各自的耳机收听译员的译文。

但是,如果使用此系统进行没有译员箱的同传(通常是为了节约成本)也是存在问题的。最明显的就是音质和隔音不达标,而这恰恰是真正同传的基本前提,结果便是影响传译的质量,加速译员的疲惫,更不用说译员的声音会干扰其他不使用传译设备的人。

七 混合模式与分布

根据国际会议口译员协会的统计数据(Neff,2014),其成员一年中有85.2%的天数进行的是同传(其中96%的译员是职业译员),仅6.9%的天数进行的是长/短交传,5.6%的天数进行的是耳语或者译员箱外的小玩意儿同传。这些数据仅对国际会议口译员协会有效。

实际上,上述模式会有交叉和变体:半耳语半笔记;因讲话者的脱稿而辅以笔记的文本视译等。但是,行业的正规化和培训项目所需任务界定的清晰性都不鼓励权宜安排,像耳语传译和小玩意儿口译都因其效果较差而不到不得已不启用。

这些口译技能都来之不易:在长交传中,译员必须能够捕捉并传译讲话者好几分钟的全部信息;在无稿交传中,译员必须积极听、清楚说,地道准确地用另一种语言进行传译,并全程监控自己的译语产出;在带稿同传中,译员必须能够在讲话者快速读稿的同时使用文稿,核查自己的译语产出,并时刻关注讲话者是否有词汇、句子、段落或者整页的添加、删减和修整,以确保只传译且完整传译讲话者实际表达的信息。这些技能的获得离不开广博的百科知识、熟练的语言能力和至少一年(通常两年,有时三年)逐步的训练,包括几百个小时的练习整合全部技能以及以应对各色话题和讲话风格。

第 二 章

口译过程

在口译研究的历史上,最早关注口译过程的职业译员艾赫贝尔(Herbert)(1952:10)指出,口译过程实际上"由三个不同的操作组成:(a)理解;(b)转换;(c)表达"。其对口译中核心部分的讨论仅限于与语言本身相关的问题和口译技巧层面,对于该操作活动之中潜在的译员心理过程涉及较少。口译是借助认知知识听辨语言、加工信息、产生意义、记忆信息和传达信息的过程。不同的学派和理论从各自角度对口译过程进行了界定和研究。

第一节 口译过程的界定

口译过程从不同的视角可以有不同的分类:口译的基本过程大致总结为输入、解码和输出三个环节。从外在的表现形式上看,口译过程是由源语转码为译语,即以源语形式输入,经过转码,后来以目的语的形式呈现给听众。从信息内容的变化方式看来,该过程始于信息感知,进而信息处理,终于信息表达。从译员工作的角度看来,口译过程自始至终可以分解为信息接收、信息解码、信息记忆、信息编码和信息表达。

从译员的视角观测到的口译过程,详细说来可做以下阐释:首先,信息接收的渠道主要有两个:一是听入;二是视入,前者更为多见。作为口译过程的起始环节,听入是口译最常用最基本的信息接收形式,其听入质量取决于译员的听觉能力。视入作为辅助手段,主要是在视译时接收信息,使用频率不高。口译作为话语交际行为,目的是促进交际双方高效交流，因而译员在接收源语信息时应采取主动听入的方式，注重源语信息发出者的神态和语调，重点提取源语信息的意义（话语意义和交际意图）。解码指的是译员解译接收到的源语信息，即获取语言和非语言形式所包含的重点信息，源语信息码是多层次、多方面的，形式丰富复杂，既有呈线性排序状的，也有呈层次交叠状的。人脑对语言信息进行立体式加工处理，译员在解译语言信号的同时对非语言信号以及它们同语言信号之间可能发生的关系进行综合辨别和解析。口译记忆的信息处理是感官记忆、短期记忆（工作记忆、短时记忆）和长期记忆（长时记忆）相互加工的过程，译员综合利用三种记忆机制的相互联系和特点，储存并加工好所接收的信息，即脱离源语语言外壳的意义（详见下文口译记忆部分），彼得森（Peterson）（1968）的实验得出短期记忆存在遗忘曲线的规律，因而笔记成为口译记忆的必备环节。编码是指将源语信息解码所获取的脱离源语语言外壳的意义赋予目的语的表达形式。编码涉及源语语言的结构调整和词语选配，因而译员需要排除源语语言外壳和体系的干扰，提取其中的意义并按照目的语的习惯表达形式重新遣词造句。表达指的是译员解码后的信息以目的语编码并通过口头表达的方式传译出来。译语表达是口译过程的最后一个环节，也是口译成果的最终表现形式，其成功的标志是准确（信息完整到位）和流畅（话语表述和逻辑思路流利顺畅）。

口译过程，从传播学的角度来看，是一个语言间的信息传递过程，作为一种以传递信息为目的的言语交际活动，其过程可以分为信息输入、信息处理和信息输出，即译员在接受源语之后进行信息概念提取与转化，最终以译语表达源语意义而结束的过程。

认知心理学将口译过程描述为：信息输入（接收）—信息加工、储存—信息输出（运用和传递）。其间，信息以源语声学符号（或视觉信号）的形式通过译员的耳朵（或眼睛）进入其心理加工系统，译员通过感知、注意、联想、预测、推断、表象、记忆、思维等心理过程或认知过程将外部输入的信息与其大脑中固有的知识存储（图式）接通，通过将外部输入的信息与内部固有的信息进行联系、比照、分析等操作，对这些输入的信息进行解码、意义建构、集成、提取、加工（分析、综合、推断等)、再加工(直至便于最优化存储)并进行记忆存储和记录存储(卢信朝,2013:2),同时在大脑中寻求对等的目标语对这些经过加工的意义进行语言表达,最终将目标语语言表达形式外化为声学符号(视觉信号)进行发布。

董燕萍(2005:143-144)总结的口译心理包括:(1)言语听辨与理解。言语听辨与理解系统根据言语输入与语篇、语境、百科、词库等知识生成命题与命题网络,是脱离源语言语形式的思维语言(在交替传译中生成的应该是命题网络)。(2)言语计划。言语计划系统根据发言人的意图,对理解生成系统的命题或者命题网络进行监控与加工,生成言语信息。(3)形式合成。构成器根据心理词库的信息将前言语信息转换成内部言语即语音计划。内部言语是否达到最初目的,需要经过言语理解系统的检测。(4)发音。发音器将内部言语转换成外部言语,听辨与理解进一步检测其是否满足最初意图。

结合认知心理学与心理语言学,吴文梅(2015:3)将口译过程总结为:口译过程呈现出以意义传递为核心,在源语理解经历语音知觉、词语识别、句法加工、语义表征与语篇理解五个水平的过程中以脱离源语语言外壳为主并辅以递增加工,在译语表达经历信息概念形成、概念言语转换、言语形式生成、言语产出监控四个水平的过程中以意义驱动加工为主并辅以构式驱动,同时语言转换与记忆操作贯穿于其始终的并行加工式整体性认知心理线路。

陈菁以弗里斯对言语交际中三个重要因素(言语行为、意义与言语)的分析为依据,分析了口译流程,见图2-1(陈菁,2005)。依据该模式,译员首先要完整接收源语发出的信息,其次要透过言语的表层意义获得深层含义,最后要用目的语传译深层含义。具体说来,包括听辨理解、记忆、语言转换和译语传译等并行和顺序加工过程。从认知语言学角度来说,译员的任务包括言语信息的感知、存储、提取、转换和表达等内在的信息处理。进一步说来,口译过程是以话语为基础,认知为途径,促进有效交流为目的跨语言跨文化的交际过程。

巴黎释意派理论创始人塞莱斯科维奇(Seleskovitch)(1975:48)认为,"口译的过程不是由一种语言直接变成另一种语言的过程,而是首先

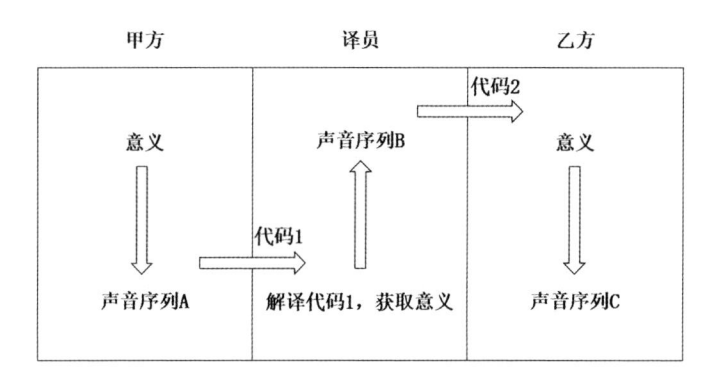

```
  甲方              译员                乙方
┌────────┬─────────────────┬────────┐
│        │           代码2          │
│  意义  │  声音序列B  ────────→   意义  │
│   │    │      ↑                   │   │
│   │    │ 代码1│                   │   │
│   ↓    │────→ │                   ↓   │
│声音序列A│解译代码1,获取意义│声音序列C│
└────────┴─────────────────┴────────┘
```

图 2-1 口译流程图

把别人的讲话归纳成为自己的想法（理解阶段），然后再把自己的想法用另一种语言形式表达出来（表达阶段）"。口译过程可总结为以下主要信息加工环节：信息接收、初步加工与储存、实现语义意图、译语搜觅、句法信息形成与信息输出。该过程是言语听辨理解、信息认知加工、信息概念形成、译语传译信息，同时隐含语码转换、自我监控、信息记忆等持续跟进又并行的信息处理过程。简言之，即意义理解、意义形成与意义表达。

塞莱斯科维奇采用口译"三角模式"（见图 2-2）（Seleskovitch, Danica & Marianne, Lederer, 2003：238）简单、明确地阐释了口译的工作过程。

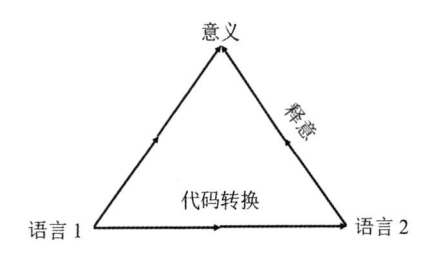

```
              意义
              /\
             /  \
            /    \释意
           /      \
          /  代码转换 \
       语言1 ────────→ 语言2
```

图 2-2 口译活动"三角模式"

由图2-2可见，从"语言1"到"语言2"的转换过程有两个子过程：一是通过直接的代码转换实现；二是首先从语言1到达三角模式顶端的意义，之后再传至语言2的释意结果。如图所示，在第二个子过程中，语言1作为源语声音流所蕴含的信息经过分析、理解和领悟，被加工成为意义。之后源语的措辞即可被谨慎地丢开，只保留源语所表达的信息内容，源语的语言外壳就被脱离。源语信息内容的意义便由译语表达出来，从三角模式的顶端发送出去，即被释意，最终以语言2的形式被传译。

据塞莱斯科维奇和勒代雷所述："……口译过程假设为一个三角模式。从三角形的顶端开始传送自发表达的思想，因为变成意思的源语形式已不再有约束力。底部表示未经语境或情景更改的概念从语言到语言的直接翻译，这些概念只是知识的目标而不是理解的目标"（Seleskovitch, Danica & Marianne Lederer, 2003：239），也就是说，口译的过程不单单是简单的双语（语言1和语言2）互换，三角顶端的意义起到了至关重要的作用，这一作用在绝大多数情况下是决定性的。此三角模式所展示的口译全过程可以简约成为三个环节：听辨理解构建源语与意义的关联、脱离源语语言外壳提取意义和记忆信息、译语表达实现意义的译语传译。

无论是吉尔的精力分配模式，还是安德森的程序性知识发展模式，抑或是他把习得知识划分为知识编译和协调程序，也或者能力发展和认知学习模式，都针对口译过程的各个环节展开了不同角度的分析。

第二节　听辨理解

不同的理论对听辨理解的界定与分析不尽相同。在20世纪50年代以前，人们将听辨理解过程看作接受性和被动的过程。信息理论的发展更新了对于听辨理解过程的认识：信息听辨理解的过程由感官记忆、短时记忆和长时记忆组成。功能系统将听辨理解过程按照发挥功能的顺序分解为三个子过程：控制过程、储存过程、提取和运用过程。第一个控制过程指的是过滤和筛选已经接收的信息；第二个储存过程是存储已接收的信息到大脑；第三个提取和运用过程，理解、选择和运用适切的信息。从认知心理学的角度看来，听辨过程包括三个循环往复的阶段，即感知、切分和运用。感知阶段转换声音信息为具有意义的词语，并暂存之于短时记忆；切分阶段切分短时记忆所存储的信息为各级语言单位，继而对其进行分析、筛选和储存等，运用借助语言知识和百科知识将大脑中的背景知识和新接收的知识相关联匹配，构建沟通桥梁。简而言之，听辨理解通过基于大脑的听觉进行认知活动，运用策略和已知知识转化感知到的语音信息为意义和知识，并以此为基础积极地建构意义。该过程可以总结为图2-3（卢信朝，2013：209）：在信息的输入阶段，译员主要有两种渠道：听入和视入，前者是口译中最基本、最常见的信息接收形式，是口译过程的重要环节。本书重点探讨的即为听入的听辨理解环节。

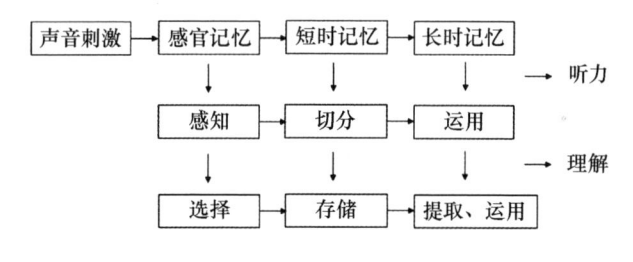

```
声音刺激 → 感官记忆 → 短时记忆 → 长时记忆
                                      → 听力
           感知    →  切分   →  运用
                                      → 理解
           选择   →  存储   →  提取、运用
```

图2-3 听辨理解过程图示

口译听辨理解的特点主要表现在与普通外语学习中的听力理解不尽相同。译员与外语学生在外语听辨方面存在的差异主要表现为：

首先，译员无法苛求发音，能够听懂意义即可，也就是说能以相对较高的效率完成听辨和理解，为完成传递源语信息的任务奠定第一步基础；而普通外语学习通常关注听辨标准音，这就难以有效处理语音部分畸变或者噪声干扰等现象。其次，译员听辨过程中必须同时完成语音听辨和包含词义理解、句义理解乃至语段或语篇意义理解的理解任务，否则无法顺利完成后期的口译工作；而外语学生听辨时并不一定可以同时完成理解的任务，更多的理解相较听辨是明显滞后的。最后，译员听辨时，为了确保后面脱离源语语言外壳的顺利进行，通常忽略大部分词句等语言形式，注意力集中于上下文等语篇逻辑和话语的内容和意义，确保信息的理解与把握；而外语学生听辨时往往注重抓取词句，注意力较多集中在语言形式上。

简而言之，相较外语学习的一般听力练习，在口译中的听辨理解至少表现了三个基本特点：一是注意力高度集中地听，即译员在整个口译过程中都必须高度集中注意力，否则容易漏掉信息；二是事无巨细全面地听，不仅要听取信息要点，还要听取信息细节，要两手抓且两手都要硬；三是积极地听，即积极地对听辨的过程中获得的源语信息进行理解加工，得意忘形，而非被动地跟听。

一 理论基础

图式是指人头脑中存在的知识单位。接收外来新信息时，为了更好地理解新信息，需构建可与已有知识框架相吻合的图式。瑞士著名儿童心理学家皮亚杰认为："人的认识活动按照一定的阶段顺序形式，发展成为对事物结构的认知，形成一种结构，使人在认识新事物时把新事物同化于已有的认识结构，或者改组扩大原有的认识结构，把新事物包括进去，人就是这样来认识、理解周围环境的。"（卢信朝，2013：210）皮亚杰认为，语言能力的习得过程既是向周围环境学习又是与之相互作用的过程，其间认知图式是为一个重要机制，它是人们向环境学习的结果。虽然不同学者对图式提出不同定义，但是他们都一致认可：作为抽象和概括了的背景知识，图式在理解的过程中扮演了非常重要的角色。也就是说，如果某种新输入的信息能够成功激活头脑中已有的图式，该信息的理解过程就会加速，否则理解速度就会受到阻碍。图式理论认为，人们对语言现象的认知是建立在对整个世界的经验、感知和概念化的基础之上。已有的知识以图式存在于人脑。这些图式的共同特征包括结构性——多层次的分级体系构架，在人的头脑中形成网络系统，层次越高，信息范围越广泛、越抽象；层次越低，信息就越具体。抽象性——虽然图式源自经验实例，但是并非具体实例的堆砌，而是它们共性的集合，是从具体中抽象出来的抽象模式。灵活性——图式并非一成不变，可应用于不同的情形并随之改变自身，新图式可为下一次信息处理提供框架。（卢信朝，2013：210）

二 从语音听辨到语流听辨

语音学和心理语言学的研究表明，人类对有声语言的理解均源自对语言的听觉分析，这便是语音听辨的阶段。但是在口译过程中，对口译现场译员的观察和分析表明译员在倾听时注意的其实不是声学符号，采取的也并非逐音听辨的单音听辨，而是语流听辨的方式。这是因为在真实的口译现场，译员所听取的源语与外语学生在外语学习中习惯的标准的、纯净的语音不同，通常是由于受连贯表达中前后排列的语音、语速、发言人的口齿和口音以及现场环境噪声的影响，话语往往发生一定程度的变形甚至变异，即包含了连读、弱读、略读、清音浊化、浊音清化、发音模糊、口音怪异等音变现象。口译现场的源语是连贯表达的话语，是一种连续性的言语链，是话语表达的自然语流。

具体来说，这是一种从语音知觉到文字知觉的过程。刘宓庆（2004：94）认为"口译的理解始于听觉感知，听觉感知接收语音符码，进行解码，进入理解过程"，而且"整个语言系统的功能都依赖于对语言的操作以及伴随而来的心理操作即与语言相关的认知过程"。（邵俊宗，2013：6）语音既是编码信息的主要形式，又是译员感知言语的最表层现象，自接收言语声学信号起，该接收过程经历了听觉感受、语音分辨、音位识别等心理活动。语音知觉的根本任务是抽出语音信息中的语音切分成如音节或者词等的较高级单位。

安德森（Anderson）（2012：384）将言语理解过程分为三个环节：知觉过程（对口头的或听觉的或者书面的材料编码）、语法分析（将材料中单词转换成其语义组合的心理表征的加工过程）、语用阶段（理解应用句子语义的心理表征）。三个环节部分地按照时间顺序执行也部分重叠。言语知觉与理解所涉及的主要过程见图2-4。艾森克、基恩（Eysenck, Keane, 2009：403-404）在这个过程中，首先是听觉信号的解码过程；其次是对包含在语音信号中的各种要素进行识别与核心加工；再次是对口语表达做出解释；最后将当前意义与之前发言人所讲内容整合，建立关于发言人信息的整体模型。

麦克莱兰（McClelland）（1991）根据联结主义原则提出言语知觉网

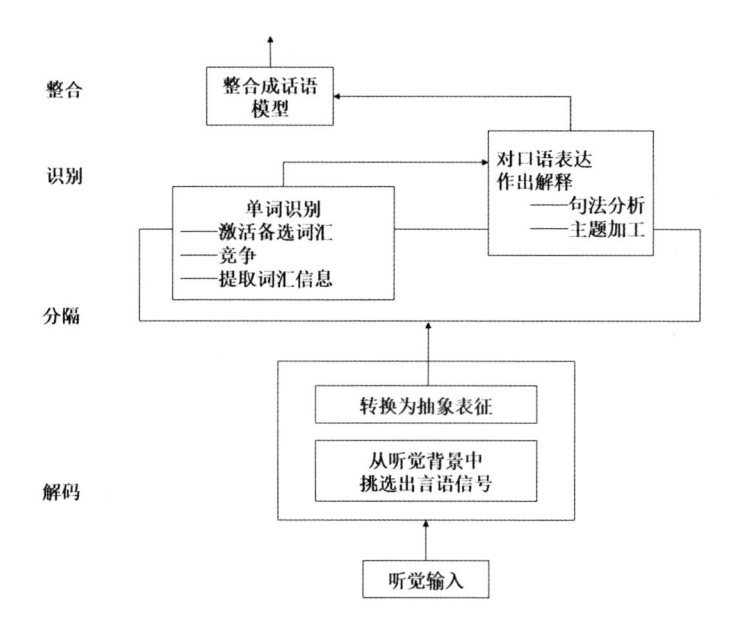

```
整合        ┌─────────┐
           │整合成话语│
           │  模型   │
           └─────────┘
                ↑
识别    ┌──────────┐    ┌──────────┐
        │ 单词识别 │    │对口语表达│
        │激活备选词汇│  │作出解释  │
        │—竞争    │    │—句法分析│
        │—提取词汇信息│ │—主题加工│
        └──────────┘    └──────────┘
分隔
                ↑
           ┌─────────────┐
           │转换为抽象表征│
           └─────────────┘
           ┌─────────────┐
           │从听觉背景中 │
解码       │挑选出言语信号│
           └─────────────┘
                ↑
           ┌─────────┐
           │ 听觉输入 │
           └─────────┘
```

图 2 - 4 言语知觉与理解所涉及的主要过程

络模型即 TRACE 模型。该模型认为，言语知觉从特征觉察的三个水平开始：声学特征水平、音位水平和单词水平。其核心假设是：自下而上加工与自上而下加工在口语单词识别中灵活地产生交互作用。

（一）语音知觉

口译理解从知觉、注意并识别连续语音链开始。语音作为言语的物质外壳，既具备与自然界其他声音相同的物理属性，又具有载有发言人言语信息的心理属性，其区别语音于其他声音并还原语音所承载的言语信息即为语音识别/知觉。语音的物理属性主要包括音高、音强、音色乃至音长，借助它们的差异可以辨别含义。

斯图德特 - 肯尼迪（Studdert-Kennedy）（1976：84）将语音知觉加工分为三个水平：一是声音水平，主要负责辨别声音刺激的频率、强度、时间长短等物理属性；二是语音水平，主要承担将声音的线索合并以辨别语音；三是音位水平，承担通过音位规则将语音转换为音位的任务。这三个水平可以看作语音信号的连续辨别。

一般来说，音位具有变化属性，是译员语音知觉中最重要的基本单位。每种语言的音位系统之间没有对应关系，音位组成单词，词语中任意一个音位的改变都会导致对该词语知觉的差错，一种语言的音位越多，它们之间的差别越小，语音冗余度越低，易懂度也随之降低。一般说来，译员的语音知觉应该以音节为对象，在发生混淆等特殊情况下，应该深入音位。语音刺激是非连续性的、具有离散特点的刺激，对其的知觉是范畴性知觉。范畴性特点有助于在语音发生些许变化时仍能正确地将其识别，该特点在辅音中表现特别明显，但在元音中不太明显。

语音知觉影响因素很多，最主要的是韵律因素、句法和语义。波赫哈克（Pöchhacker）（2010：140）认为"语调和其他韵律成分与口译过程中识别和理解的关系特别密切"，重音、语调与语速等韵律因素在语音知觉中的作用在于改变译员用于识别音段的声学提示，增添言语的变异性，乃至影响言语的整体意义。译员可根据句法和语义信息预测语音出现的可能性并利用连续语音链填补残缺音位或者纠正没有听辨清楚的音位。

根据语音知觉认知心理，语音是单元化系统，专门的语音中枢生成专门的语音表征，不受一般认知加工功能影响。福多（Fodor）（1983：45）提出了单元的特点：领域特殊性、以强制方式执行、通达限定性、加工速度快、不受反馈信息的影响等。诺里斯（Norris）等（2000）提出了合并模型，认为反馈并非语音知觉所必需。

埃尔曼和麦克莱兰（Elman & McClelland）（1988）提出的言语知觉踪迹模型假设言语知觉有多个加工水平：区别性特征、音位和单词。三者在言语感知过程中同时活动并相互作用。在某一特定时间，所有这些认知单元都在一定程度上得到激活，若激活到高于某一特定阈限，便可能会在其他水平或者同一水平影响其他单元。该影响的作用可能是激活或者抑制。单元的整个网络结构被称为踪迹。踪迹模型是语音知觉乃至单词再认的联结主义模型，由联结语音特征、音位和单词三个加工水平的单元网络组成。

（二）文字知觉

知觉文字时，眼睛从一个注视点到另一个注视点，前后跳动。一般来说，知觉材料越容易，眼停次数越少，注视时间越短，回扫次数也越少；反之亦然。麦克莱兰和鲁梅尔哈特（McClelland & Rumelhart）

（1981）的互动激活模型假设基于三个基础创建：感知过程发生在特征、字母和词三种水平之上，加工同时发生在三种水平上且三种水平间交互作用。该交互作用可激活或抑制其他水平。

文字知觉的实质是知觉认知加工，是复杂的多侧面加工。知觉主要涉及模式识别，尤其是视觉的模式识别。模式是刺激的组合，具体来说，模式是某种整体性刺激结构，是若干成分或者元素按照一定关系组合而成。研究者提出模板匹配模型、原型匹配模型和特征分配模型等自下而上知觉加工理论模型。详情如下：

关于模板匹配模型，其核心思想是：长时记忆中储存诸多之前形成的与外部模式一一对应的外部模式的模板（复本）；当感官受到外部刺激的作用时，编码刺激信息，将之与已储存的模板进行比较，搜寻最匹配的模板，在认定该刺激与模板相同之后，识别此新刺激信息模式。简而言之，刺激与模板匹配，该匹配要求二者最大限度重叠。

与模板匹配模型相对应，原型不被认为是某个特定模式的内部复本，而是被认为是一类客体具有的基本特征，也就是说，一个类别或者范畴所有个体的概括表征，原型反应一类客体具有的基本特征。该模型的主要特点是：在记忆中存储的是原型，详情见图2-5。（吴文梅，2015：96）该模型清晰地阐释了原型的编码形式和具体特征，凸显了原型在范畴水平分类操作中的作用。该模型可以兼容模板匹配、减轻记忆负担、使模式识别更加适应外部环境的变化。

根据特征分析模型，模式由若干成分或者元素按照一定关系构成，该成分或者元素及其关系均可称为特征。该模型认为：模式可以分解为诸多特征，特征与特征分析在模式识别中有着重要作用。在更为具体的特征分析模型中，塞弗里奇（Selfridge）（1959：77）提出的群魔理论模型最具影响，模型中的魔鬼即具有特定功能的机制。基于特征分析，该模型将模式识别过程分为四个层次：映象鬼、特征鬼、认知鬼、决策鬼。模型的工作原理是：将知觉过程分为感觉存储、特征分析、记忆比较和决策反应四个不同的功能层次，其本质与一般特征分析模型一致。

总而言之，除却物理刺激和生理机制不同以外，语音知觉和文字知觉的心理过程大同小异。

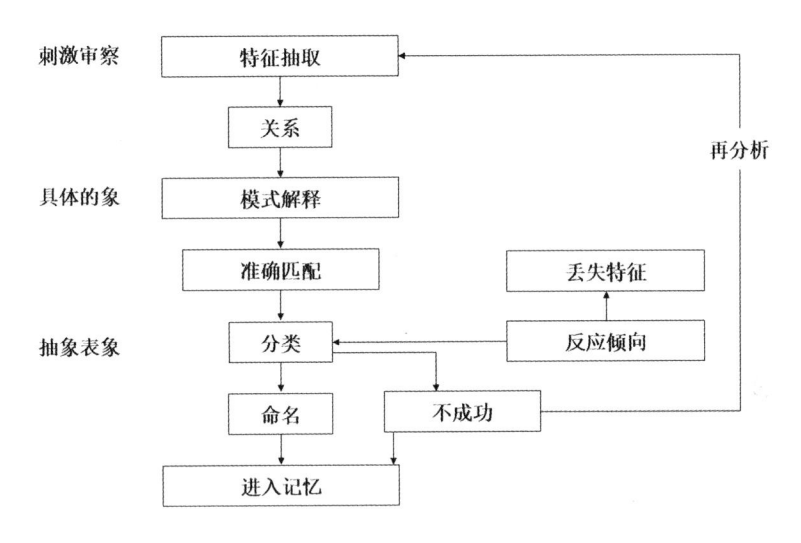

```
刺激审察      ┌─特征抽取─┐←──────────┐
              │    ↓     │           │
              │   关系    │          再分析
              │    ↓     │           │
具体的象      │  模式解释 │           │
              │    ↓     │           │
              │  准确匹配 │    丢失特征
              │    ↓     │      ↑
抽象表象      │   分类   ←── 反应倾向
              │    ↓     ↑
              │   命名  ← 不成功
              │    ↓     │
              │  进入记忆 │
```

图 2-5 原型匹配模型

三 语流听辨

口译现场译员听辨的任务是注意听辨并理解源语的信息内容，其目标是跨越语言的外在形式，有意识地、集中精力地、不断分析和判断地听，着重对信息内容进行辨别、理解，为后续脱离源语语言外壳、信息的存储和译语的产出奠定基础。因而口译任务过程中的译员并不需要确切地听到源语的每一个音就可以实现对源语信息的听辨和理解。这与心理学的相关原理是相吻合的，也正是译员所需具备的职业听辨技能。

从心理语言学角度来看，听即信息的输入过程，就是译员感知语音信息并将其转化为语言的深层含义，即交际信息的过程。在该过程中，言语作为外部信息作用于大脑，听即是接受性的，但这并不等同于译员被动地感知信息而没有任何分析、归纳等主动思维活动。事实上，译员的听恰是一种积极的听，也就是说译员要全神贯注于语言的内部结构（音、词、句、段、篇）和语言的外部结构（交际情景和文化语境等）之间的关联，通过各种衔接手段联系语言及文化语境理解整个语篇。截至目前，听已然过渡到了理解阶段。

口译理解时，以输入的源语语音信号为线索进行信息加工，完成语音知觉，而后将识别出来的音位组合和心理词汇中的音位组合单位进行匹配，完成由音到义的主动锁定过程。识别词语时，要区分词在记忆中的存储与单词信息的提取过程。存储的知识包括语音、词法、句法和语义等，比如，在存储中找到一个词，可以借助与之相关的如发音、拼写、意义及与其他词的关系等相关信息属性激活信息，这个过程即为词义通达。接着，依次了解词语识别的认知心理。

（一）词义通达

按照语音或者文字组成的词语网络节点与语义网络的节点相联系，从前者到后者即为词义通达。影响词义通达的因素主要包括语音变量、语义具体性、语义启动、词法复杂性、句法范畴和词频效应等。

词义通达有诸多模型的建构：一是福斯特（Forster）（1976：25－26）的搜索模型，该模型认为单词的识别系统分为负责词的语音特征和拼写特征两个部分，都按照频率递减顺序组织。该模型假设，词义通达具备自主性，不受自上而下加工的影响。二是莫顿（Morton）（1969）的词汇项模型。该模型认为词典中的每一个词都被表征为一个词汇项，详细规定了该词的各种属性，词汇可以通过感觉输入或情境信息中的任何一种方式激活。该模型假设，上述两条激活路径平行运作，两种信息的匹配增加相同分值。三是马斯林－威尔森（Marslen-Wilson）（1987）的群模型。该模型专门解释听觉词的识别，在其初始版本中，所有群的激活是全或无的。修正后的模型假设，群中不同项目的激活水平随着它们与刚进入信息的相似程度而变化。

（二）词语识别认知心理

通常来说，词语的意义和其特征储存于心理词典中，解释词语就是查找与获取词典的信息，此过程自主进行，和词语存在的背景相关，而且对工作记忆的有限容量以及注意资源有最低要求，并获取词语意义。

研究者们构建了多种词语识别认知心理模型。首先是柯林斯和奎利恩（Collins & Quillian）（1969）的层次网络模型，该模型认为，语义记忆的基本单元是概念，每个概念具有一定特征，此特征也属于概念，用以说明其他概念。该模型假定，用于语义加工的空间有限，将相同信息储存于网络同一位置是有益的,而且信息只储存于可能的最高节点,其他节点通过关系网络获得该信息,每个概念和特征都处于网络中的特定位置,一个概念的意义或者内涵由其本身与其他概念和特征的关系决定,该模型属于预存模型。其次是柯林斯和洛夫特斯(Collins & Loftus)(1975)的激活扩散模型,模型中的激活扩散指的是能够较容易提取当前受到注意的项目以及与它相关联的记忆的过程。在模型中,节点代表一个概念,节点间的连线表示其间的关联,连线的长短与表示联系的疏密程度,或者节点间连线多少说明联系的紧疏。该模型中的词由相互连接的节点组成网络,节点间距离由结构特征共同决定,由此可见,该模型也可归于预存模型。该模型假定,首先在一个概念受到刺激或者被加工时,其节点获得激活,之后沿着该节点的各连线激活同时向四周扩散。其次获得激活的数量有限,其中若某个概念被加工的时间越长,其释放激活的时间也随之延长,但是其激活在节点各连线网络中的扩散将逐渐减弱,这与连线的易进入性或者强度成反比。据此,该模型认为,从语义网络中提取信息需要进行搜索以收集足够的肯定或否定的证据。激活扩散模型和层次网络模型均可归于网络模型范畴,其特点是高度组织化的语义信息:每个概念都与其他概念相互联系,在网络中处于一档位置,语义记忆也有严密的结构。再次是史密斯(Smith)等(1974)的特征比较模型,该模型认为可用一系列特征规定一个概念,概念在长时记忆中由属性或者特征表征。概念的语义特征分为两类:定义性特征即定义一个概念所必需的特征,是关键性的,具有规定本概念的作用;特异性特征即对定义一个概念并不重要,是次要的,仅有一定的描述性功能,起辅助性作用。该模型强调定义性特征的作用并认为,概念间的共同语义特征尤其是定义性特征越多,联系就越紧密,概念间没有现成的联系,联系也无法依靠搜索既有连线而是要依靠计算方可得到,这对于概念判断有较大作用,此模型属于计算模型。

四 语篇听辨

语篇结构按照一定模式构成,一个句子与整个语篇的关联性可表现为以下方面:集合——以松散的方式呈现一系列要点;反应——提出一个疑问/问题，给出解答/答案；目标——一个事件作为另一事件的目标呈现；原因——一个事件作为另一事件的原因呈现；具体——于一个比较概括化的要点之后，呈现其具体信息；顺序——按照时间顺序呈现系列要点；证据——用证据支持要点；解释——呈现要点的解释。语篇结构有两个层次：局部结构或者微结构和整体结构或者宏结构，二者有助于建立语篇的连贯。在微/局部结构上，如果连续的句子存在着语义关系，该语篇即连贯，连贯包括命题的重复、照应、替代、省略、连词和词汇等。宏/整体结构的连贯依靠语义间的逻辑联系，迈耶和赖斯（Meyer & Rice）（1984：54）指出五种联系：描述、比较、集成、行为与反应和前提与结果。

（一）语篇连贯与推论

语篇衔接产生连贯，指在一定程度上将当前正在加工的信息、言语刺激和记忆中先前信息相联系，从已知语义中产生新的语义，即推理。推理与表征间关系密切，在具备两个条件的前提下便自动作出推理：一是推理对建立语篇的局部连贯是必需的；二是推理所依靠的信息很容易为语篇的外显命题或一般常识激活。

语篇理解的推论类型有多种，下文将主要介绍几种。连接性推论，可以在理解过程中自动将已获得的内容连贯起来。理解中的图式选择也是一种推论过程，激活一个图式并非填充其所有空位，只要其中一部分被填充，图式即被激活，此为图式选择推论。变量具体化推论则是指线索激活大脑中某个图式后，图式中的变量具体化。通过下位概念特征推论出上位概念特征，从具体实例总结规律即为归纳性推论。由某一事情联想到已知的或者经历过的另一同类事情即为类比性推论。

由推论产生的语篇意义既包括语法意义又包括语境信息。"语境的作用实际上是人脑利用记忆储存的信息进行自上而下概念驱动加工的结果。"（陈贤纯，2008：32）依据语篇理解的视角，语境有广义和狭义之别。狭义语境指的是上下文，比如单词、短语、句子，甚至是语段。广义语境则指一切语言环境，既包括狭义语境，又包括语言以外的语言环境，如文化环境、社会环境、交流场合和个人语境（如经历、文化、职业、年龄、性格、性别、信仰）等。语境有多方面的作用，就狭义语境来说，主要有以下方面：消除歧义、推论陌生词汇意义，以及抑制或促进目标词语识别。

关于推理理论模型，学者有不同的观点。建构主义理论认为长时记忆中的背景信息部分被激活并在语篇意义表征中形成编码时，基于知识的推理得以构建，这就强调了读者背景知识在推理中的作用以及背景信息提取的策略性和主动性。以记忆为基础的语篇加工观的核心观点是，记忆中的信息使语篇理解成为可能，强调背景知识的加工激活是快速、消极的自动化过程。

（二）语篇建构

语篇理解过程中推理以话语和语境为基础产生显义，以认知语境为基础产生隐义。语篇加工涉及全局性结构和局部性结构，是动态过程，语义分析是核心环节，可增强理解与记忆的策略，包括连接命题、辨认要点、主动加工、建立结构等，彼此之间主要串行推进，同时各部分之间部分并行也同步推进，其效果越好，听解越优。汤姆林（Tomlin）等（1997：37）提出，构建与语篇理解必须处理的两个基本问题是信息处理和知识整合。前者是后者的具体方法和过程，后者是前者的目的。

信息处理的关切在于语篇所包含的信息和如何组织这些信息，反映了说话者努力引导听话者的注意力，使其转向某些信息以便帮助听话者整合知识。语篇意义的传递在很大程度上是由说话者能否有效控制传递给听话人的信息流所决定。信息流主要由三种信息的有效控制而定：指示操作、主题操作和修辞操作。

知识整合指的是如何将话语或者语篇中的句子信息整合成为连贯的整体。其理论模型主要有金茨（Kintsch）（1988）发展并提出的建构——整合模型，详见图2-6（艾森克、基恩，2009：464）；格恩斯巴彻（Gernsbacher）（1990：45）提出的机构建造模型认为语篇理解通过构建语篇提供的信息心理表征来实现，其结构的基础围绕语篇开头提供的事件和人物构建；茨瓦恩（Zwaan）等（1995）提出的事件索引模型认为语篇理解者持续监测语篇类型以实现五个维度上的信息保持连贯：时间、空间、人物、意向性和因果关系。

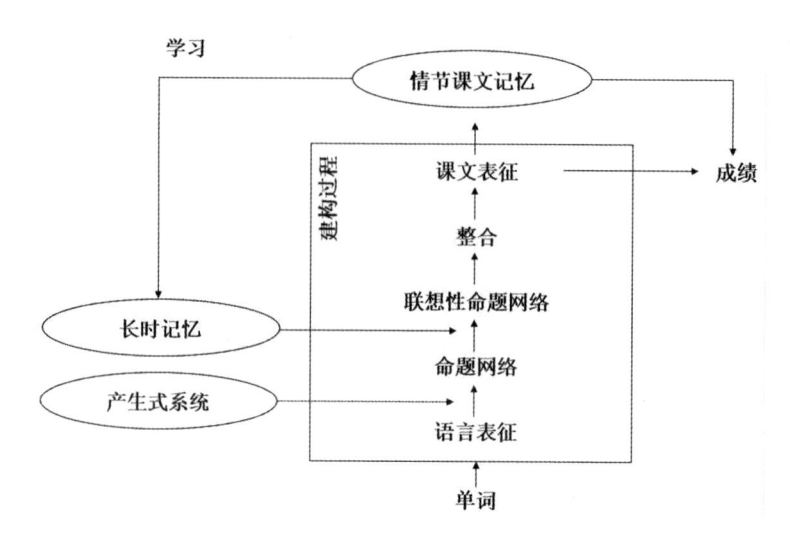

图 2-6　建构—整合模型

从格式塔心理学中获取高度重视的图式理论认为，语篇的意义不是存在于语篇本身，而是图式中，是接受方赋予的，基于广义语境而产生，主要依据狭义语境。语篇建构可以理解为选择与激发能够说明输入信息的图式与变量约束的过程，是在理解的各层面同时、图式知识和语篇信息在语篇各层次间自下而上和自上而下加工同时进行的过程，见图 2-7。（陈贤纯，2008：48）前者指的是从输入的具体信息引起最基本具体图式聚合而成较大层次图式，进而激活大脑高一层次图式发生作用，处理新信息；后者指的是面对新信息时先基于顶层概念进行信息预测，并且在处理信息时检验预测。

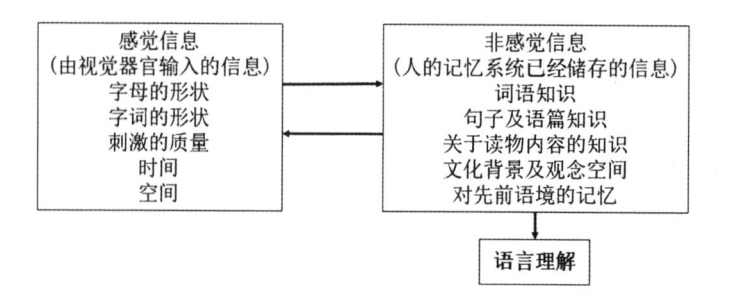

图 2-7　阅读理解中感觉信息与非感觉信息的相互作用

图式是信息围绕主题以等级形式存储于长时记忆中相互作用的知识结构，是为表征知识而建立的认知心理框架。图式的主要特质包括以下几种：是认知单元、有变量、可嵌套、活动是主动、表征抽象水平知识等。在知识的组织中起中心作用，概括来说，即是理解之前的预测作用、理解过程中的选择作用和理解之后的组织作用。

与图式理论并行的另一种是言语理解的容量理论，该理论认为不论是存储还是加工功能，加工资源均有限，即具备的总激活量有限。其核心内容是，工作记忆的最大激活量，即认知容量，既制约语篇理解又制约存在个体差异，与吉尔认知符合模型机制的诠释有些相像。

五 理解

口译理解是言语与认知的相互联系，是刚输入的信息与译员已有知识图式的动态交互，是分析综合的过程，其基本任务在于对所感知的信息进行解码。针对口译理解，国内外学者提出过以下简单式或模型，列举口译理解的成分与过程。

鲍刚（2011：95）的理解简单式是 $L = Yw + Y + J$。其中，L 表示译员大脑中的语义加工/理解过程；Yw 表示语言外各种相关认知信息因素；Y 表示语言信息因素；J 表示检验。并列性双语者的口译过程中，$Yw > Y$；合成性双语者的口译过程中，$Yw \geq Y$。在现场口译交际中，Yw 对 L 起的作用往往可以大于 Y，至少也与其不相上下。

吉尔（2011：77）的口译理解模型是 $C = KL + ELK + A$。其中 C = Comprehension；KL = Knowledge of the Language/Linguistic Knowledge；ELK = Extra-linguistic Knowledge；A = Analysis。但是口译理解涉及多项共存、合作共生的复杂网络。鲍刚对口译思维理解的信息整合进行了解释，由图 2-8（鲍刚，2005：130）可见，口译思维理解的信息整合环节可以看作译员在源语话语语篇层次的理解过程，该过程展现了译员从组建语段的意义单位向理解语篇整体意义的过渡。期间译员的思维加工方式必须主要针对在即席条件下对源语内容和关键词语等进行复述的技术。其思维目的在于以某种形式输入并存储源语内容，后来通过传译实现间接语际言语交流。

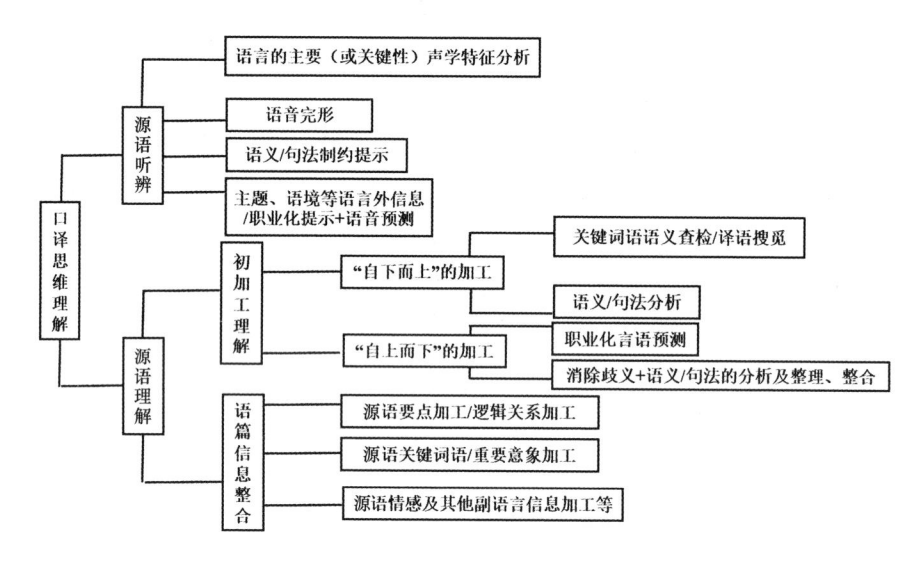

```
口译思维理解
├── 源语听辨
│   ├── 语言的主要（或关键性）声学特征分析
│   ├── 语音完形
│   ├── 语义/句法制约提示
│   └── 主题、语境等语言外信息/职业化提示+语音预测
└── 源语理解
    ├── 初加工理解
    │   ├── "自下而上"的加工
    │   │   ├── 关键词语语义查检/译语搜觅
    │   │   └── 语义/句法分析
    │   └── "自上而下"的加工
    │       ├── 职业化言语预测
    │       └── 消除歧义+语义/句法的分析及整理、整合
    └── 语篇信息整合
        ├── 源语要点加工/逻辑关系加工
        ├── 源语关键词语/重要意象加工
        └── 源语情感及其他副语言信息加工等
```

图 2-8　口译"思维理解"程序简示

由此可见，口译思维理解具有整合性质，其实施过程是整体层面的语义分析与合成过程，可以看作以听辨和语段初加工理解为基础，以感知的源语整体为对象所进行的既全且准的语篇浓缩加工过程。这一过程还具有一定的深度，体现在对源语信息要点和内容逻辑关系的全面把握，所要解决的并不仅仅是理解内容，更加是解决如何理解内容。正如张吉良（2010：68）所总结的口译理解过程，对于发言的信息处理首先从语音与音节（语音层次）的辨认开始，然后将辨听到的词语按照句法规则组合成句子成分与短语结构（句法层次），最后将句子意义联结以组成更高一级的意义单位（语篇层次）。

（一）理解的内容

口译过程中听辨是为了理解。口译中的理解需要综合运用语言知识和言外知识进行语法和语用分析。著名口译研究者吉尔曾提出 C = KL + ELK + A 的口译理解公式，具体来说：理解（Comprehension）= 语言知识（Linguistic knowledge）+ 言外知识（Extra-linguistic knowledge）+ 分析（Analysis）。由此公式可见，口译活动的过程不仅需要进行语言知识的听辨理解，而且需要充分调动这一主题相关的言外知识来激活信息，为分析提供充分且必要的知识基础。根据释意理论的观点，口译的理解是一个语言分析和认知补充的过程。

所谓理解，指的是译员需将讲话人话语的信息进行意义解码，提取言语的内在含义，而非鹦鹉学舌般地重复讲话者的话语。

译员所提取的言语内涵意义是基于词语、句子和语篇的。词语的意义又是建立在词汇意义、语法意义和语境意义之上的，所以理解时需要根据话语的句间衔接和讲话者的逻辑关系排除不必要的和具有歧义的信息，进而理解所听到的话语意义。鉴此，口译中对语篇的理解就是对信息进行解码的过程、对意义进行筛选和提取的过程。此过程中意义的重要性受到国内外学者的一致关注。国外代表性学者塞莱斯科维奇和勒代雷（Seleskovitch & Lederer）（2003：297，272，219）认为，"意思是译员理解的起点和归宿"，"只有意思才在我们的记忆中留下痕迹"，"不根据意思进行的所有口译都将是无法理解的"，"翻译行为旨在'理解''话语篇章'，然后用另一语言重新表达这一话语篇章"或者说"译员的任务是抓住原说话人要表达的意思，然后用另一种语言为听众表达出来"。（波赫哈克：2010：54）国内代表性学者张威（2013）认为"在一定程度上，口译意义的转换也就是口译记忆资源（包括工作记忆、长时记忆等）对口译信息的提取、存储、加工、产出、监控、调整的过程"。陈菁（2005）认为"口译的中心任务就在于传递意义"，而且"在连续传译中，进行'释意'翻译的可能性较大"（王斌华，2008）。"口译中关于意义的传递过程从本质上看是心理的、认知的，它不仅表现为源语输入和译语产出这一外在的言语行为和言语事实，而且也反映了译者语际转换的内在心理机制和言语信息加工的认知过程。"（刘绍龙，2007：1）"这种认知信息处理技能的关注是口译研究迄今为止最为普及的模因。"（波赫哈克，2010：54）

输入的单词在经过语音/文字知觉和词义通达之后，即获得了句法和语义代码，此后口译理解开始步入对输入语料的句法加工阶段，此阶段乃是口译理解之核心环节，因为"不仅要提取每个单词的意义，还要理解句法结构"（吴文梅，2015：111）。句法结构是系统地将单词组合并排成有意义的短语与句子的方法，对其产生影响的因素包括句法结构、剖析策略和记忆容量。

　　一串单词按照线性顺序组成句子的表层结构，其下面是句子深层结构，即句子意义，同一表层结构有时可以对应不同深层结构，同理，一个深层结构也可以转换成多个表层结构。这些结构及其所包含的句法范畴（单词、词组）之间以句法规则控制和连接的结构关系都需要运用句法策略建构语义特征，通过句法剖析厘清并最终理解句子。这些句法策略包括词缀策略——词缀可以标明实义词的词性，为句法分析提供信息。词类策略——词类信息能够预测有关结构，在把握词的联系中起重要作用。功能词策略——功能词即封闭词，包括限定词、介词、连词和代词等，不能单独成句并且意义比较抽象，能够提供和预测信息。短语规则策略——储存于译员的长时记忆中，可以指导译员正确理解源语，进行概念化认知，缩短口译的认知过程。诸策略在实际分析过程中交互作用，尤其是对于一些复杂句子的剖析，需要交替或者综合利用上述各种策略彼此促进与补充。

　　之后进入句子记忆过程，即利用句法结构抽取句子底层意义，基于此进行推论，推论是精细加工的特殊形式，是在已有知识的基础上主动发现或者掌握言语的意义，具有一定适应性，有助于将语篇中的句子联系起来。句子可以表征为命题，命题由两个或者以上的概念以及其间的关系组成，感知理解的加工过程是将言语材料分解成所表达的命题，整合命题间的关系，建立命题树，存入长时记忆。在形式、意义和推论的综合作用下完成句子记忆，其中意义通过命题加以表征，在句子保持过程中占有优势，而推论可以视为从句中抽取而来的核心意义的润色。

　　句法加工认知过程一般可以包含以下步骤：输入句子表层结构后，句法加工确定词与词之间的句法逻辑关系，判定结构成分，找出深层结构，最终理解。上升到理论层面，加工理论包含模块论、相互作用论、约束理论和自由竞争模型等。根据模块论，每个模块负责理解的某个方面，许多不同模块共同作用的结果方可形成理解这一整体。卡普兰（Caplan）（1992：25）描述了其基本特征，包括语言系统可以分解为模块化的功能，模块内的过程是由输入强制激活，模块是自动化的，模块的表现一般快速、流畅、准确。泰勒和马斯林－威尔森（Tyler &

Marslen-Wilson)（1986）提出的相互作用论认为，理解过程中句法与语义在言语加工的所有水平上共同作用，之间始终存在很强的、即时的信息交换。麦克唐纳（MacDonald）等（1994）根据联结主义思想提出约束理论，该理论的核心假设是，信息的所有相关来源或者限制条件可以立即被句法分析所利用消除句中歧义。万古贝尔（Van Gompel）等（2000：16）将园径模型和约束理论结合提出了自由竞争模型。该模型假设所有信息均被用以确定一个句法结构，除非接下来的信息否定之前的句法结构，否则其他可能的句法结构被忽略，如果开始认定的句法结构被拒绝，那么在新的句法结构被确定前，将有广泛的重新分析过程。

（二）理解的方式

按照图式理论的角度分析，理解包括自下而上的加工和自上而下的加工两种方式。

在口译过程中，自下而上的方法强调的是译员的语言知识。自下而上的理解是指译者从感知到具体声学信息转而达到理解的阶段。因为在这一过程中，译员大脑中的语言知识通常要经过识别声音、建构词语意义、编制概念等逐层激活而实现理解，故而被称为数据驱动式。在此期间，译员所要做的事情就是快速主动地检索大脑所存储的语言知识，并将之与感知到的信息相匹配，进而合成意义。合成意义的过程中，若由于歧义无法一次成功，就要进行第二次甚至第三次合成，消耗更多精力和更多时间。具体来说，自下而上的加工指的是译员基于听辨快速对持续语流进行语汇检查、意义加工、建立意义单位，将这一过程纳入语篇意义理解的整体过程。自下而上的加工过程是偏向分析性质的，是自动解译语言编码的过程。其间，译员的首要工作是词语的意义检查：在某种程度上可以说，译员在其听觉阈值内进行无疑是自动检查后已抛弃了除重点词汇和关键词语以外的大部分语言形式，对少量关键性质的词语进行半有意识译语搜觅，完成了提取重点词汇和关键词语的语言意义，同时不断积累，结合语言外信息以顿悟的形式完成，之后意义单位逐步组合，形成更为广泛的话语意义，实现了从听辨理解到脱离源语语言外壳的过渡。

相对而言，自上而下的方法更加注重译员与主题相关的知识和文化背景知识。自上而下的理解方式则从宏观角度借助译员对讲话者、中心议题以及社会与文化语境的了解进行的。其间，译员基于知识和推理提高意义预期与新输入信息的匹配效率，提升语篇理解效果。由于这种方法是"高层次的普通常识，决定了对低层次的语言材料的知觉"（桂诗春，2000：17），故称概念驱动式。需要注意的是此一过程同样需要译员积极主动地参与，而非被动等待二者吻合。在自上而下的加工中，译员在听辨的同时将源语主题、语言句法关系、各种副语言信息、交际环境语境和其他语言外信息归入理解储备，启动认知知识对其进行整合、判断和分析，完成对言语信息的意义加工。

在口译的实际操作中，两种理解方式往往交互使用。因为若译员对目的语的社会文化背景所知甚少，即使其语言知识相当丰富，遇到解锁与社会文化背景相关的信息时就会束手无策。反之，如果译员的语言功底捉襟见肘，即使对目的语的社会风俗、文化历史等了如指掌，也无法通过地道的目的语发布完成传译任务。根据句法加工认知心理，金伯尔（Kimball）（1973）提出句子分析的七个原则以反映句子处理的一般认知：自上而下原则，即以句子节点为起点开始处理句子结构；右侧联想原则，即后续词最适合出现于当前结构部分的最低节点，此为顺着记忆最容易发挥的结构延续方式；新节点原则，即新节点是容易出现处理偏误的位置，当违背上述两原则而增加新节点时，便需要尽量提供功能词等处理信息；两句式限制原则，即句子单位层级上的结构嵌套时，任意节点处的处理过程最好不要有超过两套的句式同时承担成分；不延续原则，即预期结构拆解完毕后，句子单位应尽早结束，新的添加项会增加理解难度；固定结构原则，即在句法形式上保持习惯性并且在处理时先探测后面的词然后再拆解句子结构；处理原则，即句子处理是有记忆容量的限制，是在自然处理句子形式时附带展示的信息保持效果。上述诸原则的运算表现重叠度高，对言语发挥限制作用。

基于上述原则，句法自主理论认为，句法剖析不依赖于语义知识而自主进行（Frazier & Rayner, 1982）。反映该理论的单元化模型认为，剖析由句法单元完成，此单元不受高层次上下文的影响，知识在句法单元完成剖析后，上下文因素可以对语义理解有所影响。主要的单元化模型有迟闭合策略与最小附着策略,前者认为,在任何可能的地方,一般都倾向于把新词汇项目附加到当前成分(Frazier,1987:561),后者倾向于把新项目附着在能够使用最少的、与语言规则一致的句法节点即可建构的短语标记上。(Frazier & Fodor,1978)由此可以推演,理解句子的第一步是将句子表层结构各成分归类到语法分析,即相应语言学范畴,结果是对句子各成分之间语言关系的内部表征。两种常见方法是:贾斯特和卡彭特(Just & Carpenter)(1980)认为,看到或者听到一个词会立即作出决策;等等看的方法,即在比较清楚句子后面的信息时,再解释单词或者短语。因此,加工类型除了上文探讨的自下而上和自上而下以外,还包括深度优先加工和广度优先加工。深度优先加工指的是剖析过程的每一步都进行预测,而且证实前面的预测之后,才启动下一步预测。广度优先加工则是指在剖析过程中同步保持若干预测,一步判断同时涉及这些预测,随着加工的深入不断放弃不必要的预测,最终将预测的判断减少到最小范围。句法剖析始于自下而上加工,即从单词开始,而后通过自上而下加工形成对后续单词的预期,并且深度优先加工与广度优先加工可以结合进行。

(三) 理解的过程

口译中听辨理解的过程可简约归纳为两个阶段:语段初加工理解阶段和思维理解阶段。

在语段初加工理解过程中建立的意义单位可以基于若干少量信息要点、关键词语构建某些信息组合。这些信息组合按照一定顺序相互串联起来,构成一组一组的信息序列,详情见图2-8。

口译中的思维理解是口译中普遍存在的潜意识与意识并存、语言载体与非语言载体并存、分析与综合并存的职业思维现象。这种思维的目的并非就源语的立意做出直接的交际性反应,而是以某种形式输入并储存源语信息的内容,然后通过以传译给他人的方式完成间接的语际言语传译和信息交流,详见图2-9。(鲍刚,2005:130)

走完理解的全过程,完成了听辨理解之后,理论上讲,口译过程即为完成第一步:理解了信息内容。接下来将进入第二个环节:脱离源语语言外壳,进行信息的进一步加工。

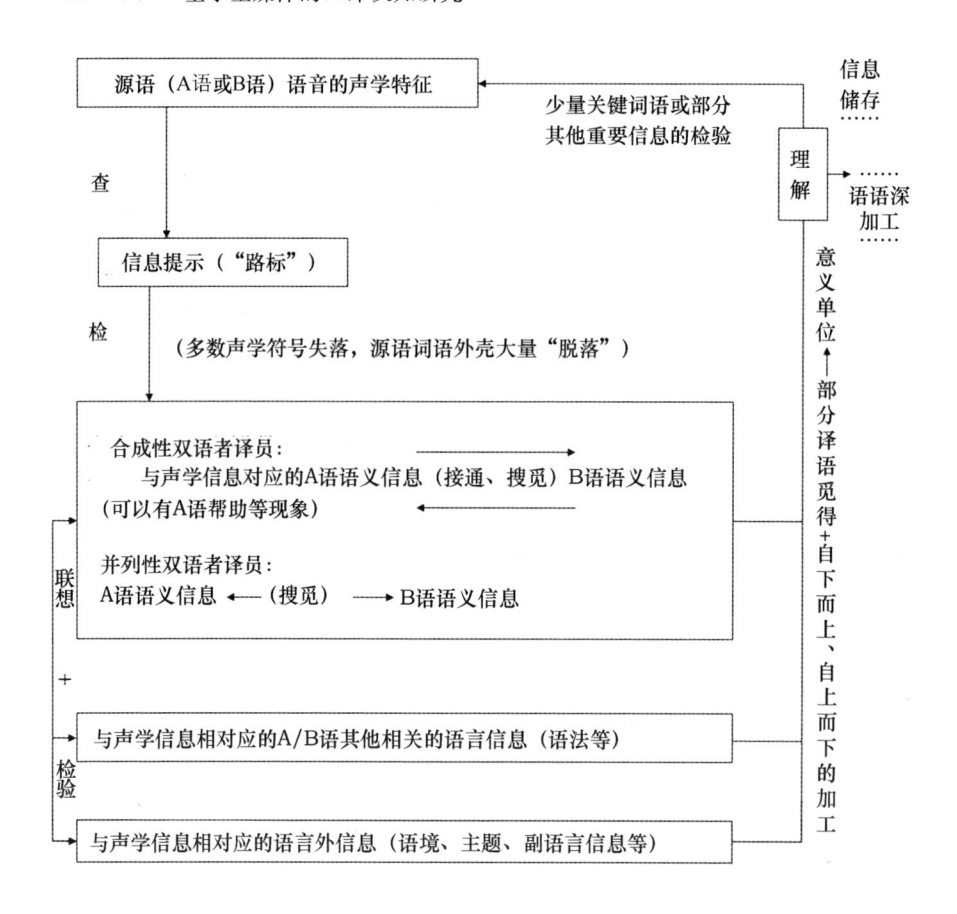

```
┌─────────────────────────────────┐        少量关键词语或部分      信息
│ 源语（A语或B语）语音的声学特征 │◄──────其他重要信息的检验──┐   储存
└─────────────────────────────────┘                            │  ┌──┐  ······
         │                                                      └─│理│  语语深
      查  │                                                        │解│  加工
         ▼                                                        └──┘  ······
┌─────────────────────────┐                                         │
│ 信息提示（"路标"）       │                                       意义
└─────────────────────────┘                                        单位
      检  │                                                          ▲
         │  （多数声学符号失落，源语词语外壳大量"脱落"）             │
         ▼                                                         部
┌────────────────────────────────────────────────────────┐        分
│ 合成性双语者译员：                                      │        译
│   与声学信息对应的A语语义信息（接通、搜觅）B语语义信息 │        语
│ （可以有A语帮助等现象）                                 │◄──    觅
│                                                         │        得
│ 并列性双语者译员：                                      │        ＋
│ A语语义信息 ◄──（搜觅）──► B语语义信息                 │        自
└────────────────────────────────────────────────────────┘        下
  联                                                                而
  想    ▲                                                          上、
  ＋    │                                                          自
        │                                                          上
  检    ▼                                                          而
  验  ┌────────────────────────────────────────────────────┐      下
      │ 与声学信息相对应的A/B语其他相关的语言信息（语法等） │      的
      └────────────────────────────────────────────────────┘      加
        ▲                                                          工
        │
        ▼
      ┌────────────────────────────────────────────────────┐
      │ 与声学信息相对应的语言外信息（语境、主题、副语言信息等） │
      └────────────────────────────────────────────────────┘
```

图 2-9 口译思维理解程序简图

第三节 脱离源语语言外壳

前文所述表明，译员口译活动中的听辨理解需要透过语言的外在形式理解其内在的意义，即把注意力从语言形式转到语言意义，从听音、听词转变到听意，实现脱离源语语言外壳。其间意义的听取和意义的存储是不可剥离的环节，意义的存储又包括脑记和笔记两种形式。

一 口译听意

口译听辨理解始终强调的原则是：听意不听词。从口译活动的角度看来，口译听辨理解的"意义"主要包括两个方面：一方面是信息的构成要素，即"谁/对谁/做了什么"；另一方面是语言形式的内在含义。对于译员来说，听清并理解信息的要素和内在含义远比听取外在的语言形式更为重要。

口译听辨过程中，要求译员注意力从源语的语言形式转到其所表达的内容上来的主要原因包括：一是在源语口语中的声音流及语言形式是转瞬即逝的，如果把注意力放在语言形式上，大脑中只能留下只言片语。但是如果注意力聚焦源语口语所包含的意义，意义可以在头脑中更长久地存储。二是在对源语语流进行听辨的过程中，译员几乎不可能听清楚每个词。但是如果把注意力放在言语的意义上，则并非需要听清楚源语的每个词。

那么，何为言语的意义？巴黎释意理论的观点是："言语的意义即信息所传递的意义，不是以含糊的方式出现在每个词和每个句中。（这一）意义以语言含义为依据，但又不局限于语言含义。（这一）意义是在阅读文章的过程中逐步明确的。也就是说，只有读完整个文章之后才能理解作者想说的是什么。在未完整读完或听完之前，作者想表达的思想是零碎不全的。"（汪家荣，1990：14）鲍刚（1998）认为，口译活动中言语的实际意义是指话语语篇的整体意义。它是言语的实际应用意义，基本上等于通常所说的语境意义，这正是译员理解的主要对象。译员所理解的意义不应该只是词的字典意义、句的语法含义，而应该是话语意义和语境意义。

因为，首先讲话者的言语使用通常具有创造性和个性化；其次言语交际行为的副语言和其他语言外信息会对口语语言信息进行补充，语境、主题、交际环境等还会对言语内涵意义作出些许限制或提示。总而言之，是要充分利用语义参照场，即口译现场的语境、主题、交际环境和其他语言或语言外的信息的提示，参照讲话者的言语创造性行为，有目标地选择词的语言含义中的一种，明确捕捉到讲话者此时此地所要表达的语篇意义。

（一）口译听意的内容

听意的重点内容主要包括识别主题信息和听取关键词。主题信息通常蕴含于主题句和其中的关键词,指的是能够代表或者概括一个语段或者整个语篇的中心内容。首先,语篇标题蕴含核心主题信息,可以此为据对语篇内容进行预测和联想。其次,口译听辨过程中,讲话人的每段发言通常围绕一个主题展开。主题信息意味着源语信息可分为核心内容、次要内容、举例说明、离题、不相关乃至冗余内容,信息是有主次之分的。

  口译听辨中,善于听取主题信息,方可高效把握意义的整体框架。提取主题信息的好处包括:首先,如果讲话者发言语速较快或难度较大,译员可能不得不放弃某些信息。善于提取主题信息可保证放弃的不是核心内容而只是某些次要信息,传译虽不完美,但仍较充分。否则,如果遗漏的是主要信息,传译就难以合格。其次,英语语篇的布局通常采用由总到分的规则,而且主题句多见于语段开头。如此,识别主题信息便于译员辨识整个语篇和每个语段的主题句,围绕主题信息主次层次清晰逻辑清楚地构建信息框架,提高信息记忆、存储和提取的效率,便于优化译语组织的条理性。最后,在口译活动中,有时客户只要求译员进行概括口译,为此译员必须能够识别主题信息,把握意义框架。

  需要注意的是:所谓听意不听词并不等同于全部忽略源语的词语。意义基于词语、源自词语,所以,源语中的关键词还是需要特别注意听辨的。句子中的关键词是该句主题信息的载体,一般是句中的实词,特别是充当主谓宾的实词。

  语义表征是由句子本身到表层结构,冉到深层结构,最后理解句子语义。句子由反映完整思想的一个或者多个命题组成,命题是潜藏于概念的特殊关系下的意义,是一个事实的陈述,是意义的基本单元,是可作为独立断言的最小知识单元,能用以描述各种关系。句子深层结构意义即为组成该句子的各个命题。命题按照一定关系组织成一棵命题树,即如安德森(Anderson)(1985:102)提出的HAM模型所阐释的知识表征:知识的基本单元是由概念连接而成的命题,各命题连接组成命题网络。通过句法剖析掌握句中成分间关系,之后通过规则将相关单词组成命题,即完成句子的语义理解。语义分析是语义理解的加工过程和策略。语义策略就是利用句中已知语义信息对后续部分进行预测并据此进行句子分解，该策略主要依赖内容的合理性和思维的连贯性激活记忆中的语义搭配模式。语义分析过程中，需要借助语义关系约束、上下文语境与词序等线索。

（二）口译听意的方法

听意的方法主要包括以意群为单位进行听辨和以条块化的方式提取信息。以意群为单位进行听辨是受到心理语言学等相关学科的研究成果所支撑的。有研究表明，言语产生与感知的方式是通过组块进行的。一方面，人们在产出言语的过程中，视表达语义的需要，组合若干个词成为较大意义组块，并将之一群一簇地说出来；另一方面，人们在感知言语的过程中，也是以组块的方式听辨言语，而并非逐字逐词地进行感知。

按照从小到大的顺序，提取意义的单位可分为意群、句子、语段和篇章。意群由包含一定意义的若干短语构成。虽为意义单位，意群的外形标记，如衔接词、停顿等，可以在听辨过程中得以感知。其中，停顿是言语表达不可或缺的意群标记。在言语产生的过程中，为了将意思表达清楚，讲话者会在意群之间作一定的停顿。从言语语音流的规律来看，意群之内可有连读现象，而意群之间不能有连读现象，但是可以有停顿现象。连读是一种语音连读现象，发生在一个意群之内，是说话较快时的自然产物；而停顿作为一种语音停顿，是根据语速、语意的需要，在意群之间自然产生的。

译员在听辨源语时，有必要以意群为单位进行听辨，原因在于，首先，口译中讲话人发布的源语通常是自然的口语，基于意群为单位的听辨可以更容易保持与发言人的源语发布同步，从而更有效地把握源语的发布节奏。其次，意群可以看作源语中的信息群组，以意群为单位进行听辨可以更高效地摄取源语所包含的信息。

以条块化的方式提取信息是因为基于意群所进行的听辨意味着译员以条块化的方式理解摄取源语所发布的信息。相较于一般的听，译员的听辨理解需要更宽的听幅，也就是听辨理解过程中一次性所提取的信息量，这与阅读理解过程中一目所及获取的信息相当。听幅的宽窄是由听辨技巧、外语水平和理解能力所决定的，此外，条块化的方式可以帮助尽快地扩展听幅，比如，在简单句的听解过程中，要特别关注句子前半段的名词——主语、做谓语的动词和句子后半段的名词——宾语；在复合句的听解过程中，关注句中衔接；听解复合句中的简单句分句时，依然按照听解简单句的主、谓、宾条块提取信息；在语段听解过程中，侧重于结合句间逻辑关系和使用主、谓、宾的条块进行信息的摄取，有机整合主要信息和次要信息，提高口译记忆效率。

(三) 影响口译听意的因素

著名的口译研究者丹尼尔·吉尔（Daniel Gile）提出了口译的理解公式：C = KL + ELK + A，即理解 = 语言知识 + 言外知识 + 分析。其中的等号指的是上述三项相互作用的结果，而非完全等同，加号指的是相互作用的介入，也非算术的加法。由这一公式可见，在口译理解过程中，译员的语言知识、非语言知识和分析相互依存，由此可见，口译理解的影响因素主要来自语言知识、非语言知识和综合分析的理解三个方面。

首先是语言知识。对于译员来说，对口译所涉两种语言的掌握，即双语能力，指的是需要具备扎实的双语功底。这就意味着译员不仅需要掌握两种语言的词汇和语法，而且还要悉知两种语言的文化背景，并且深谙两种文化所包含的修辞特征，如诙谐、夸张、高雅、俚俗、婉转等。

可以采用鲍刚关于双语"熟练度"和"熟悉度"的界定具体分析：将口译所涉及的双语现象定义为个体学习者对两种语言的口笔符号体系在各自熟练度和熟悉度方面都达到相似水平的一种基本能力。其中，熟练度基本相当于释意理论所指的掌握主动语言，指的是语言的表达能力；熟悉度基本相当于释意理论所指的掌握被动语言，指的是语言的理解能力。具体到口译中，译员双语的熟练程度指的是译员主动语言掌握的程度，包括译员需要掌握基本语言知识（语调、语音、词法、结构、句法、语义等），并且需要在掌握这些知识基础上内化较高的包括听、说、读、写、译在内的语言运用能力。此外，译员对各种身势语、副语言信息以及超语言信息（有关主题、语境、交际环境等的信息）把握的熟练度也不容小觑。译员双语的熟悉程度即被动语言的掌握表现在输入环节中译员听辨、视读等方面心理完形的能力，信息加工过程中的理解效率、归纳速度、分析能力和其他各种快速处理双语信息的能力。此外，熟悉程度也注重译员对双语隐含的思维习惯的理解力和其在言语理解过程中的应变能力。

其次是非语言背景知识。非语言背景知识主要由专业知识、百科知识和情景知识三个方面组成。业内专门术语和特殊的表达方式系各个行业必备之物，对业内专业知识掌握的熟练度对口译效果有着直接的影响，译员虽然不必成为业内专家，但业内专业术语及其相关知识是不可或缺的。百科知识指的是在口译实践中，译员所遇到的各种类型的讲话人和多种多样的交际场合，自然不可避免包罗万象之话题和千变万化的内容。所以，译员应对一切都有所了解，拥有百科全书般的知识，应当争取做一个杂家。情景知识指的是译员在现场口译之前尽量多地了解讲话人、听众、现场情况、工作环境和交流内容等情境信息。

再次是分析综合过程。口译过程中的听意过程从本质上讲是理解过程，即信息意义的综合分析过程，具体环节可以拆分为语音听辨、语法分析、篇章分析、文体修辞分析、社会心理分析、文化分析、语义综合分析与推断。毋庸置疑的是，口译听意过程中的分析理解程序无法与听辨完全剥离，并非在完成口译听辨之后方才启动，二者在不同程度上有交叉，几乎可以算是同时开始的。因为由于译员进行声学符号听辨的同时，已然面临对其所负载的意义信息作出理解的任务，经过这一环节，方才能够脱离源语语言外壳，提取信息意义，进入信息记忆存储的环节。鲍刚将听意理解的过程拆解为两个阶段，即语段的初加工理解阶段和思维理解阶段。从心理语言学角度来看，语段的初加工理解是对不同层次的意群，即具有一定完整意义的语段进行理解，构建意义单位。在口译中，思维理解指的是一种基于讲话者的宣讲内容、逻辑关系、相关认知信息等语言外信息或少数关键词语所做的职业化认知心理反应，此实施过程可以看作语义信息在一种整体层次上的分析与合成，所体现的是译员进行理解的意义单位从语段的部分意义逐步向语篇的整体意义过渡，是以听辨和语段初加工理解为基础，以源语整体为对象所进行的全面而准确地浓缩加工语篇的过程，也就是对讲话人话语整体语篇层次上的理解过程。

最后是外部客观因素。口译过程中的外部客观因素也会影响理解，甚至给译员造成心理干扰，影响传译效果。一是时间压力。传译过程中译员必须紧跟讲话人，实时完成信息传译。比如，在交替传译中，讲话人结束一段宣讲之后，译员要在约 3 秒的时长之内开始译语表达。在同声传译中，译员必须几乎实时与讲话人同步开始和结束传译任务。即使是有经验的译员也难免会因时间过紧而产生心理压力，进而影响其即时反应能力，导致高效理解的障碍。二是一心多用。口译过程中不仅心智需要高速运转，而且还要一心多用，实时兼顾听解、记忆、笔记、转换、表达等诸多任务。若其中任何一项占用太多精力，传译任务可能因为精力分配不合理而失败。三是源语内容的信息密集。源语发布内容信息密集所指有二：其一，讲话人源语发布缺乏停顿且速度较快，相对时长之内传递信息的密度较大。其二，讲话人讲话速度适中，但信息内容密集（如讲话人照稿宣科），两种情况都会给译员造成理解障碍和听意困难。在这种情况下，译员难免挂万漏一，理解和听意出现失误也在所难免。四是讲话人口音问题。译员的听意理解过程始于对源语的听辨，即译员所接收的一切信息输入都源自听源语。因此讲话者的浓重口音无疑会给译员听辨造成较大困扰，尤其是英汉口译时，听懂外语本来就不算容易，再加上口音干扰，更是难上加难。

二　口译记忆

认知心理活动在记忆中发生，盖洛提（Galotti）（2005：90）认为，"从某种意义上说，记忆参与了几乎每一种认知活动"。记忆能力在口译信息处理过程中具有阶段性思维连接意义，具有典型的并行加工认知特征。"口译的过程不能被解释为一个词语单位和句子结构的直接语言转换，而是很明显地受到某种记忆干预。"（波赫哈克，2010：56）记忆效率对口译效果的影响显著。

口译活动过程中记忆是紧随听辨理解的另一个重要的步骤。虽然同声传译员运用的超短期记忆对记忆要求不是很高。但是，正式的连续传译一个语段的长度一般有几分钟，每分钟的正常语速约 120—180 字，这就对译员的记忆提出了很强的要求。因此，口译记忆是口译技能的重要一环。若没有天生的良好记忆力，可以通过后天科学、系统训练进行提高。为此，有必要了解记忆的基本原理、口译记忆的特点和原则、口译记忆的运作方式及其常用方法。

(一) 记忆的基本原理

心理学把记忆系统,即记忆和提取信息,分为三种:感觉存储、短时记忆和长时记忆。它们是信息加工过程的不同阶段,其信息的存储数量、时间长短和加工方式等均不相同,但都是以心理图式和先前知识为基础的能动过程。

感觉存储(又称感觉记忆、感觉登记或瞬时记忆)按照感觉信息原有形式存储,能在极短时间内发现并记忆项目,是人的感官(听觉、视觉、味觉、嗅觉和触觉)前沿所接收并识别的各种信息,是信息进入大脑的第一通道,是一种瞬间记忆,是外界刺激的真实转录或拷贝,并根据外界刺激的物理性质进行生物电意义上的编码,大脑在持续很短的时间内进行大量筛选,甄别出值得注意的信息并即时转入短时存储,其间绝大多数信息迅速自动消失,只有受到神经网络的生物电刺激强化,即受到注意的时候方可进入短时记忆,是完整记忆系统不可缺少的开始阶段。其性质包括通道特异性、容量相对较大、信息保存很短且相对没有得到加工。

短时记忆(也称短期记忆)是"当新信息进入意识和思维过程时的一个短暂存在的状态"(吴文梅,2015:166),指"刺激物停止作用后,没有经过重复刺激而短暂保留的痕迹"(鲁忠义、杜建政,2005:62),是对正在理解和已经理解,但尚未处理的信息进行短暂的存储,是一种中介性质的记忆,主要以听觉编码为主,其信息来自感觉存储和长期记忆——利用长期记忆中的知识和经验理解新接收的信息的意义,所保持的是经过筛选的信息,保持在人脑的海马区内,主要以海马区域神经元的生物电回路为基础。对于口译过程中的听辨和理解来说,海马区域所主管短时记忆的脑细胞也有预测或预感的重要功能。短期记忆是记忆的瓶颈,受时空限制——持续时间约一分钟,训练之后可持续几分钟,其记忆容量约为 7 ± 2 个彼此毫无关联的信息单位,不需要被激活,始终处于活跃状态,其显著的功能特征是信息容量的有限性、可扩充性和操作性,对信息的保持具有短暂性和动态性,如有必要,其中的一部分信息会转入脑皮层的长时记忆。

短时记忆随时间而形成的连续系统即工作记忆，强调与当前所从事工作的联系，其信息存储量可以大大超出一般性质的短时记忆。工作记忆是长时记忆的一部分，存储长时记忆中刚刚被激活的部分并使激活的元素进出于短暂的、临时的记忆存储。工作记忆能力不是固定不变的认知资源，而是在具体领域使用效率的结果，对于言语处理任务有着重要作用。工作记忆资源的应用水平及具体效果在口译语境的不同阶段、不同层次上有明显差异，说明工作记忆资源在口译活动中发展变化的特点。此外工作记忆资源在口译活动中呈现阶段性变化（张威，2010）：首先，在口译活动的开始与结尾阶段，译员的工作记忆资源对口译加工过程的调控程度较高，资源更多地应用到对输入信息的识别、意义转换、译语调节等环节上，译语产出多表现为结构紧凑、信息密度较大等特点。其次，在口译中间发展阶段，记忆资源对口译加工过程的作用程度有所降低，资源更多地应用到对信息意义的判断与评价、译语组织等环节上，译语产出多表现为结构灵活自如、信息密度较低却又完整充分等特点。另外，工作记忆与口译的关系在口译的不同层次上有不同表现：在初级口译阶段，工作记忆容量与口译活动的关系更明显，良好的记忆容量能更有效地促进实际口译效果，口译实践经验对记忆容量的促进作用也更明显。随着口译经验不断丰富，口译水平不断提升，记忆资源协调能力与口译的关系更加突出有效的记忆资源协调能力对口译效果的作用，口译实践经验也更明显地改善了记忆资源的使用效率。

巴德利（Baddeley）（1989：36）提出的工作记忆模型认为，工作记忆是保存执行任务时所需信息的系统，该系统包括由被动的语音存储和与言语表达相联系的发音过程组成的语音回路、由视觉缓冲存储器和内部划线器组成的视觉空间画板、指挥信息流动的工作核心系统即中央执行系统。巴德利（Baddeley）（2000）增加了情境缓冲器，将不同来源的信息整合成完整连贯的情境。记忆是基于源语理解对源语信息的关键词语和主要意义的记忆，该阶段的任务是主动编码、存储、提取输入的信息以便构建与以往阶段的连续。编码是把感觉信息转换为能在记忆中存储的心理表征。存储是保存编码后的信息于记忆中。提取则是使用或提取存储于记忆中的信息。短时记忆信息提取的相关加工模型与理论包括斯腾伯格（Sternberg）（1966；1969）提出的平行加工模型和系列加工模型，二者在加工方式上有区别，但是都以比较或者搜索为核心，即短时记忆通过比较或者搜索过程实现信息提取。威克尔格伦（Wickelgren）（1973）提出的直通模型认为，在短时记忆中的位置直接提取所需信息项目，而非通过比较提取。阿特金森和尤奥拉（Atkinson & Juola）（1973：47）将搜索模型和直通模型结合并提出双重模型，该模型设想，按知觉维量编码输入的每个字词，即直觉代码；字词还有其概念代码的意义共同组建一个概念结，不同概念结有不同的激活水平，该水平的高低或强度取决于该概念结新近是否或者是否经常受到激活。汤森德（Townsend）（1972）从加工能量有限的观点出发，认为测试项目与记忆集中的全部项目同时比较，加工能量分配不同会造成反应时随识记项目增多而呈线性增加。

总之，记忆提取不仅是重构性的，还是建构性的，情绪、心境、意识状态、图式和其他内外部环境特征均影响记忆提取。短时记忆遗忘进程主要受复述影响，复述可分为简单复述（又叫保持性复述）和精细复述（又叫整合性复述）。依据不同的方式，复述又可分为意义性复述和机械性复述。关于遗忘原因的解释主要有：消退说，即产生遗忘的原因是记忆痕迹随时间自然消退；干扰说，即短时记忆中信息被其他信息竞争干扰造成遗忘；压抑说，即遗忘是由情绪、动机和压抑作用引起的。

长时记忆（也叫长期记忆）用于积累储备各种知识和经验，其信息处理位置已然超越了海马区，拓展至更大空间进行处理和储存的大脑皮层，是人脑保持信息的主要手段，与大脑的颞叶、额叶等许多部位相关，持续时间可长达数日、数月乃至数年，记忆存储量几乎是无限的，但需要被激活，其存储方式主要是范畴化编码，其存储的信息主要分为情境记忆、语义记忆和程序记忆三种，其中情境记忆指的是针对具体情景的个人经历的记忆；从广义上说语义记忆指的是个人对所掌握的符号、概念、语言字词、规则、公式，以及对这些抽象认知对象的组织和推断等过程的记忆。长期记忆信息存储的数量、时长和能力都接近无限，主要依靠语义编码。长时记忆的工作过程可以总结为四个环节：识记、保持、回忆和再认，主要存储的信息是言语和事物的意义。托尔文（Tulving）

(1972)依据存储信息的类型将长时记忆分为情景记忆和语义记忆,可以将两者视为一个连续体的两段,其间难以划出严格界限。帕维奥(Paivio)(1975)从信息编码角度将长时记忆分为表象系统和言语系统,该观点被称作两种编码说或者双重编码说,其中与情景记忆有某种相似,表象系统存储具体事件;与语义记忆有某种相似,言语系统存储言语信息。安德森(Anderson)(1976:37)分长时记忆为陈述性记忆和程序性记忆,前者指有关事实的知识,可通过言语获得和提取的信息;后者指对于动作或者程序技能的记忆,多数情况无法用言语表述信息。外显记忆和内隐记忆的主要区别在于是否涉及意义性提取,前者描述可以有意识回忆的知识;后者描述无法有意识回忆的知识。此外,杨治良等(2012)还研究了记忆的场合依存性、自我参照特性和情绪性等。

人的记忆即为感觉存储、短时记忆和长时记忆三个系统、三种机制的整体运作。安德森(Anderson)将三者所展示的记忆过程总结如图2-10(Anderson,1995:172)。此三种均为记忆储存的不同形式,即保持信息的不同结构成分。此种概念与记忆不同,后者指所要保持的信息,这与阿特金森(Atkinson)和谢林夫和阿特金森(Shiffrin & Atkinson)(1969)的记忆信息三级加工模型的观点相吻合。该模型认为,外部信息最先输入感觉登记,其中一部分信息进入短时存储,短时存储有两种功能:一是作为缓冲器衔接感觉登记和长时记忆;二是作为加工器长时存储信息。长时存储作为一个信息库,其中的信息可被提取出来转入短时存储。三个存储功能不同,信息在人的控制下从一个存储转到另一个存储,并在其中接受特定加工。其中的信息加工流程可见图2-11(王甦、汪圣安,2010:84),记忆信息所经历三个结构的加工是由低到高的三个阶段。后来该记忆系统模型被扩充为图2-12(Shiffrin and Atkinson,1969),其中三个存储都与控制过程相连,活动均受控制,三个存储都与反应器相接,每个存储都可以引起反应且可随意启动一个控制过程。

关于记忆水平的影响因子,克雷克和洛克哈特(Craik & Lockhart)(1972)提出了加工水平说,他们认为:首先,注意与知觉过程决定什么信息将储存于长时记忆中;其次,加工有多种水平,从浅层次加工或者对刺激的物理分析到深层次加工或者语义分析;再次,区分了保持性复

```
感觉存储 --注意--> 短时记忆 --练习--> 长时记忆
```

图2-10 记忆过程图示

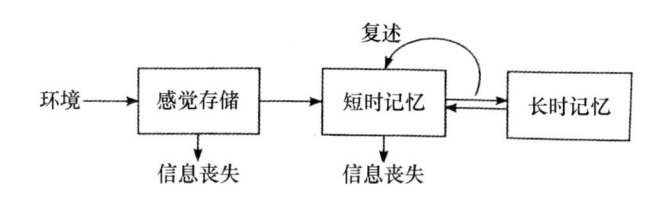

```
环境 → 感觉存储 → 短时记忆 ⇄ 长时记忆
           ↓           ↓        (复述)
         信息丧失    信息丧失
```

图2-11 典型的记忆信息三级加工模式

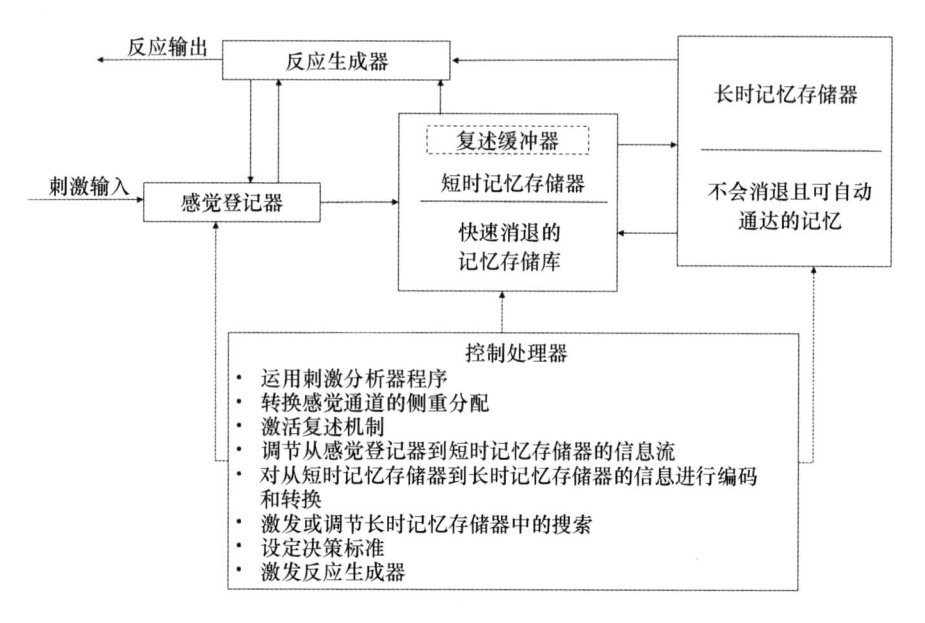

```
反应输出 ← 反应生成器
刺激输入 → 感觉登记器 → [复述缓冲器 / 短时记忆存储器 / 快速消退的记忆存储库] ⇄ 长时记忆存储器（不会消退且可自动通达的记忆）

控制处理器
· 运用刺激分析器程序
· 转换感觉通道的侧重分配
· 激活复述机制
· 调节从感觉登记器到短时记忆存储器的信息流
· 对从短时记忆存储器到长时记忆存储器的信息进行编码和转换
· 激发或调节长时记忆存储器中的搜索
· 设定决策标准
· 激发反应生成器
```

图2-12 扩充了控制过程的记忆系统模型

述与联系性复述，前者指重复已完成的分析过程，后者指对材料进行更深或者更多的语义分析；另外，决定记忆的既不是材料被存储在哪个系统，也不是材料能被保持多久，而是识记信息的最初编码形式；最后，记忆并不包括三种或者是任何几种彼此独立的存储系统，相反，存储在编码深度上连续变化。也就是说，从理论上讲，存在无穷多的加工水平，一个水平与另一个相邻水平之间没有明显分界线。（吴文梅，2015：170）该模型视加工过程为记忆存储的关键，被编码的情况在很大程度上取决于信息被存储的水平。

记忆结构是一种心理结构，存储在短时记忆中的信息能够积极参加当前进行的心理活动，存储在长时记忆中的信息只有被提取到短时记忆中才能被意识到。上述三种记忆模式与口译过程有着须臾难离的关联。一般说来可以这样理解：感觉存储主要与口译过程中的源语听辨相关；短时和长时记忆主要与译员对源语的内容、关键词等信息的存储相关；长时记忆还在译员的二语学习和译前准备过程中扮演着重要角色。简而言之，在口译的记忆中，前提是感觉记忆，关键是短时记忆，基础是长时记忆。

（二）口译记忆的特点

根据《辞海》，记忆指的是记住经历过的事情，并且当它再次呈现时依然能够认识或者以后能够再现（或回忆）的过程，包括识记、保持、再认或再现三个方面。和通常意义上的记忆概念相同，口译记忆也包括三个步骤：识记、保持、再现（回忆）。在口译过程中，听辨接收信息，理解对信息解码属于信息识记；记忆储存信息，信息重新编码属于信息保持；译语输出则是信息再现。也就是说，口译记忆包括的三个步骤是信息识记、信息保持和信息再现。但是，实际情况中的译员记忆还要复杂一些。有现象表明，译员记忆过程是长时记忆或和短时记忆两种记忆的有机组合，而非简单地单独使用某一种记忆，其中长时记忆和短时记忆的内涵也有所变化。

在记忆机制方面，对口译而言三种机制全部起作用：听力材料输入，刺激感官，引起感官记忆，激起大脑中已有的图式，一部分信息由译员敏锐的听辨能力建立起与已有图式的联系，从而快速准确地进入感觉存储；这些信息经过译员注意和有意识的筛选，其意义进入短时记忆，其他信息消失，一部分进入短时记忆的信息经过辨别、筛选、维持、复述等加工，进入长时记忆，另外的信息消失；进入长时记忆的信息进一步丰富已有图式，在下一个听力过程中作为经验知识库得到激活之后，可以统筹进行信息的分析、综合、转换等处理，辅助完成信息提取的过程。由此可见，口译记忆的前提是感觉存储（也叫感觉储存），关键是短时记忆（也叫短时储存），而基础则是长时记忆（也叫长时储存）。换言之，虽然口译活动顺利进行的基础是长时记忆所存储的知识，但是在口译实践过程中，译员运用的主要是短时记忆，这是由口译任务的性质决定的。

首先，口译工作的即时性决定了口译记忆没有必要像长时记忆一样持续很久，在同声传译中，译员甚至译完就丢，即有意识地忘记以减轻记忆负担。其次，口译中信息的瞬时性和大容量决定了信息无法进入长时记忆。最后，长时记忆不适合作为口译的工作记忆，因为口译记忆需要处于活跃状态，便于传译阶段即时提取，而长时记忆虽然记忆容量大，但是需要激活之后才能提取，而口译必须做到即时反应，不允许有这样一段延迟的时间。因此，短期记忆最适合口译任务的特点。

从外在层面的角度看，长时记忆多表现为意义编码和对内容的归纳与组织，所消耗的精力和时间相对较多，因此在译员储存原语内容的过程中，长时记忆占据的是主导地位；相较长时记忆，短时记忆具有既可以表现又可以不表现为意义编码和组合的特点，在对少量数字和专有名词进行组合加工的强记时很有可能占上风。口译过程中的这种长时记忆既不具备终生或长期保持的特点，也很少具备反复强化（背诵等）的特点，相反，却具备一次性和仅供较短一段时间内运作的特点。

在记忆运作程序的视角下，与通常意义上的记忆概念相同，口译记忆也包括三个步骤：识记、保持、再现（回忆）。从口译过程的角度看来，听辨接收信息，理解对信息解码属于信息识记；记忆储存信息，信息重新编码属于信息保持；译语输出则是信息再现。也就是说，口译记忆包括三个步骤：信息识记、信息保持和信息再现。

首先，口译记忆也是从识记阶段开始的。口译的信息识记与其他记忆活动不同之处在于译员不可能对信息进行长时间或反复的分析，即口译信息识记具有瞬间性和一次性的特点。这就决定了口译的信息识记基础是建立译员已有知识和新信息之间的意义联系以及新信息各部分之间的意义联系，不是反复性机械识记而是意义识记，其识记效果要比机械识记的效果高20—25倍。这种识记基本上是以有意的方式对源语信息进行筛选、分析和加工，并使用特殊的职业化信息处理程式。有时也会不自觉地启用无意识记（无须做出意志努力，甚至不会意识到的识记过程），对源语信息进行加工。无意识记可能主要发生在潜意识区，主要处理关键词语的个别内涵意义信息、一些意象信息和某些无意进入脑潜意识区的非关键性信息等。有意识记的效能与工作动机、记忆的工作方式和待记材料的状况均有关联。也就是说，工作动机越强、记忆方式越熟练、对待记忆材料理解、组织得越好，记忆效果也越令人满意。认知心理学的加工水平说则认为，记忆痕迹是信息加工的副产品，痕迹的持久性是加工深度的直接的函数（王甦、汪安圣，1992：129），亦即加工深度越大，信息保持得越牢固。这也意味着，口译过程中译员对源语言语材料综合分析加工越深，记忆的效果就越好。但是，口译过程中如果言语加工时间过长，就无可避免地与即席、即时特征相左，因而花较长时间反复强化某一信息的记忆方法不适合口译工作。

其次，口译中的信息保持是口译记忆的第二个环节。除了具有良好的短时记忆能力之外，即需要具有将暂时联系以痕迹的形式储存于大脑的能力，还需要把所识记的信息物质化、以笔记的形式留存下来。二者无论哪种，都需要归纳和概括信息，抓取关键词语和话语逻辑关系。与记忆的保持几乎同步开始的还有遗忘过程。影响短时记忆的遗忘因素主要是干扰；影响长时记忆的遗忘因素主要包括首因效应、近因效应和干扰。所谓首因效应是指对语篇起始部分的回忆较好，该部分对中间部分的记忆有干扰，也就是传统心理学的前摄抑制。近因效应指的是对言语语篇结尾部分回忆较好，也对中间部分记忆有干扰，即传统心理学的倒摄抑制。鉴此，口译过程中译员储存源语信息时需要尤其注意中段信息的保持。此外解决信息保持与遗忘同时发生这一矛盾的关键还在于需要将精力集中在保持关键信息和要点，并且可以舍去多种不必要的细节，以确保遗忘尽量不发生在这一方面。

最后，信息的提取是记忆的最后阶段，是口译记忆的最终任务和目标。从心理学角度看来，提取信息有两种方式：回忆和再认。回忆指的是在经历过某种事情之后，即使该事情不再出在眼前也依然能够被回想起来的心理现象；再认则指的是当经历过的事情再度出现在眼前时依然可以回想起来的心理现象。在心理学研究看来，相较于再认，回忆要难得多，通常可以看作记忆的最高表现。口译中译员的回忆多见对某些双语代码转换形式和成功的译语形式的有意回忆或者对语法规则和双语词库的无意识回忆。即便如此回忆也并非典型的口译记忆信息提取方式，取而代之的是口译记忆主要是对源语内容信息的再认。这是因为，口译交际的现场译语的产出过程通常存在某种提示（主题提示、语境提示、副语言信息提示和交际环境中的实物提示等），所以译员不必抛弃可利用的提示性信息而去追求回忆这种记忆的最高形式，其中译员对源语思维线索的追踪方式是关键性质的工作方式。

（三）口译记忆的原则

记忆的基本原理表明，口译记忆的关键在于信息的存储和提取两个环节。因此，口译记忆需要遵循如下原则：首先，在听辨理解过程要保持注意打破源语字词的语言形式桎梏，从语言形式的机械记忆转至提取源语语篇的意义信息。其次，对记忆存储的对象有意识地进行筛选，记意而非记词，通过减少记忆数量来减轻记忆负荷。选择后的记忆对象主要是源语语篇的意义框架，该框架主要由主题词、关键词和逻辑线索这三者综合建构而成。最后，为提高记忆存储效率，有必要对记忆的信息进行条块化处理，以厘清记忆线索、扩大记忆容量、提高记忆提取效率。最后口译记忆可以借助口译笔记的辅助，提高记忆的全面性和准确性。

（四）口译记忆的运作方式

短时记忆的容量有限，只能存储 7 ± 2 个互不关联的信息单位，这一特点表面看来与口译的要求是矛盾的，译员记忆数分钟甚至十几分钟的信息与口译记忆的运作方式息息相关。

首先，听辨理解过程中有意识地进行筛选以缩小记忆的量。心理学的研究表明，由感觉存储到短时记忆阶段，有一个由注意力进行筛选的过程，这一过程在口译记忆中同样存在，译员在这一过程中比一般听众更加主动和有意识边听辨源语边进行信息加工和分析，其目的性和方向性更强，更有意识去粗取精，过滤掉讲话者源语发布中的重复和冗余的信息，提取和存储有意义的信息。这就决定了译员记忆的动机强，所需记忆的内容经过初步筛选和处理，所需记忆的数量已经大幅减少。

其次，通过条块化处理需要记忆的信息以扩大记忆的容量。依据心理语言学，言语的记忆多见于以命题为单位的意义储存。与此相类似，译员的记忆也应该是以抽象概括的命题为单位的意义模块记忆，该意义模块的记忆可以借助关键词记忆进行。所以，译员记忆需要有意识地进行条块化处理，扩大每个记忆信息内容条块的容量，将之成就为以命题为单位的意义模块。如此，虽然存储的容量仅有 7±2 个单位，但是由于已然加长了单位本身的长度，总的记忆容量水到渠成随之加大。

再次，口译工作记忆的核心乃是把握理解记忆及意义记忆。口译记忆的基础就是口译理解，译员必须关注对源语发布所蕴含意义的分析、整合、搭建各个意义模块之间的关联，如此记忆的对象不再是互不关联的信息单位，记忆的容量自然水涨船高。

最后，信息提取速度的提高需要强化口译记忆训练。认知心理学研究的相关结果表明：记忆的激活程度决定着记忆中信息检索和提取的速度与可能性，而记忆的激活程度又取决于记忆使用的新近程度和使用频率。简而言之就是练习的时间越近、练习越多，信息提取速度就随之加快。除此之外，长时记忆中信息提取速度的提高还需要加深信息的处理深度，即练习的深度，换言之，为了提高信息检索和提取的速度，需要更加有效地增强记忆，而这只有通过有意义且深入的练习方能实现。

一言以蔽之，口译记忆是主动对输入信息进行加工编码之后的储存和提取，而非简单恢复所储存的信息，其实质并非机械地记忆源语中孤立的语音代码或信息符号，而是在理解源语的基础之上对其中包含的关键词语和主要意义的记忆。

（五）口译记忆的常用方法

心理学的相关原理表明，记忆包括声觉记忆、视觉记忆和意义记忆三种基本手段。与之相似，口译记忆的方法也离不开这三种基本手段，具体来说译员常用的记忆方法有多个：一是成像法，也就是说将源语发布所描述的情景还原成视觉影像或者将源语发布的语篇意义框架设想成为一幅图像。二是使用一个自己熟悉的序列关联听辨理解中最新提取的信息点。三是在听辨理解过程中注意分析源语语篇的线索——时间顺序线索、空间次序线索和分类线索。需要注意的是,口译记忆内容的重点,除了主题词、关键词、逻辑线索构成的意义框架以外,讲话人每个语段的开头和结尾也应作为记忆的重点。因为,首先从内容方面看,开头通常包含整个语段的主题,结尾往往呈现结论、总结部分;其次译员只有把握了开头和结尾,才能厘清本节传译意义的起止。这一点在交替传译中尤为重要,因为交替传译的各节之间是很讲究承上启下的。

(六) 口译记忆的训练模型

业内普遍认为口译记忆能力是译员的一项基本素质,"主要训练译员的短期记忆能力,准确理解发言者的讲话内容"(仲伟合,2001),是指经过认知分析后,源语思想组成的概念内容得到映现。口译模式虽然多种多样,但是焦点不一、视角各异、目标有别,而且关于口译训练要以何种方式在少依赖笔记、多依赖记忆的原则下训练记忆是一直缺位的。王文宇、段燕(2013:173)认为"口译短时记忆训练模式以口译记忆理论及口译语篇类型理论为基础,以训练学生短时记忆技巧为目标,论证语篇类型与记忆类型的契合性,并探讨训练方法和原则"。

构建口译记忆训练模型,需要对其构成要素与局部进行分析,吉尔(2011:229)认为"为了恰当地训练译员,理论最有效率地帮助可能是一系列有限的概念和简单的模式"。首先,在语篇分析方面,塞莱斯科维奇(Seleskovitch)(1975:41)认为"内容的记忆取决于理解的程度"对于各种话语语篇特征的理解可以通过减轻记忆负担而优化预测结果。通常情况下常见的话语语篇类型包括介绍/话语说明语篇、叙述话语语篇和劝说/论证话语语篇或三者的结合。不同话语语篇有不同功能:介绍/说明话语语篇一般遵循一定时空线索,由浅入深,由表及里,具有较清楚的逻辑顺序和较清晰的层次感。叙述话语语篇注重叙述的时序性、空间性和逻辑性。劝说/论证话语语篇先易后难,由表及里,沿着认知的一般顺序论述,先引言后结论,先论点后论据。口译活动作为一种交际活动,有具体的交际目的、内部结构与译语听众。波赫哈克(Pöchhacker)(2010:59)认为"口译同样也根据语篇功能的标准如衔接、连贯以及语篇间性等被描述为语篇"。彼尤格兰德和德雷勒斯(Beaugrande & Dressler)(1981:3-10)提出了七项语篇标准:连贯、衔接、信息性、目的性、情境性、篇际性和可接受性。总而言之，连贯与衔接是从静态角度出发，以语篇为中心。二者相互匹配，前者指交际行为之间的统一关系；后者指语篇的表层形式和陈述之间的关系。其他标准以使用者为中心，在动态过程中把握语篇。

诺德（Nord）（2013：33-34，70，116，转引自吴文梅，2015：189）提出了翻译文本分析模式。该模式认为文内因素包括题材、内容、前提、文本构成、非语言成分、词汇、句型结构、超语段特征等。文外因素包括发送者、发送者意图、译员、媒介、交际地点、交际时间、交际动机、文本功能等。该模式强调文本分析的循环性，各文本因素紧密联系，构成互相依赖的复杂系统。

语篇图式中的图式可以理解为事物构成的心理组织形式，整体性强、内部联系紧密，能为言语材料的理解提供积极准备。若新信息与已有图式相似/同，需要较少精力进行调整；若二者差别较大，需较多精力调整原有图式；若大脑中没有相关或相似图式，需要重新建构。译员按照规律将听到的信息和已有信息进行比较、匹配和分类储存。记忆过程在图式助力下更加自动、快速、简化。口译过程中译员的背景知识图式不断被外界刺激层层激活，尤其是语篇题目可以激活关于该语篇的背景知识，构成理解语篇的图式。"在接收到新信息时，根据信息的主要内容充分刺激头脑中现有的图式，摆脱源语言的局限，更好地记忆新获取的信息，真正达到'忆'与'译'的结合。"（陈卫红，2014）语篇图式主要包括故事图式、场景图式、角色图式和事件图式：故事图式涉及许多情节，其间存在各种相互关系；场景图式是有关事件发生的场地与情景的结构性知识；角色图式是关于事件中参与人员的结构性知识；事件图式是以事件为模块，有等级层次的结构。语篇知识图式在加强记忆与信息提取方面可以能动地交互，以提供导向作用而且有助于信息重建。为解释语篇内容提供参照；有助于词义的确立与选择；有助于对下文的预测。（王立弟，2001）

语篇分析之后进入加工信息的环节。口译中信息的加工从微观到宏观可分为句法加工、语义加工与语用加工。首先，最微观的句法加工指的是分析句子的结构以便理解句子的意思，此一过程决定了新输入的词语需要放在正在建立的短语结构中的哪个位置。桂诗春（2000：406）将句法加工时的命题建立过程归纳为：（1）听到言语后在工作记忆里组织语音表征；（2）立即将语音表征建立为成分，找出其内容与功能；（3）找出成分后，建立底层命题，而且不断地建立命题的分级表征；（4）找出命题后，将其保存在工作记忆里并及时从记忆中清除语音表征。然后忘记原来的词语，只保留其意义。进行句法加工时，通常使用的策略有词缀/助动词策略、连接词策略、词序策略、词类策略和短语规则策略。其次，语义加工经历了从句子本身到表层语法结构，再到深层句法结构，最后理解句子语义的过程。该过程通常采纳的策略包含语境策略、思维连贯性策略、信息分布策略和百科知识策略。最后，最宏观的语用加工注重的是言语的理解和实际运用，尤其是超越字面意义用以解释当前背景的方面。信息加工的方法包括自下而上和自上而下加工、系列和并行加工以及自动和控制加工。其中自下而上加工指的是译员倾向于将注意能量更多地分配给言语成分，本质上反映的是串行或者序列加工方式；自上而下加工是指译员倾向于将注意能量更多地分配给对高层次信息的检索和使用，二者配合作用更大。

口译中的意义编码主要包括听觉编码和语义编码两个方面。编码过程通过感觉系统依据刺激的物理特征进行，直接加工外界信息的物理特征，提取其中的各种特征。听觉编码包含韵律线索、音长线索和音强线索。韵律特点指呈现于音节、词或者句子中的频率、强度、持续时间的变化，韵律线索包括音高、声调和句调。音长是声音的长短，取决于发音持续的时间。音强指的是声音的强弱，由声波的振幅决定，在音节中的变化主要表现在不同的轻重音。语义编码详见上文信息加工中的语义加工部分。

口译作为信息传播方式是交叉型、立体式的，口译过程中译员需要顺序或者几近同时地协调耳听、脑想、手写和口说等认知活动并尽量合理分配各个活动中的注意力，同时以话语语篇特征为依据，协调使用多种记忆方法，训练这些记忆方法的主要方式有：逻辑化、轮廓化、模块化和视觉化。根据琼斯（Jones）（2008：28）逻辑化可以理解为"理解讲话最关键的是识别主要思想，然后是分析这些思想间的（逻辑）联系"。

其中的逻辑线索分为横向逻辑层次和纵向逻辑层次。琼斯（Jones）（2008：28）认为"为了使（讲话）结构更容易保持，可以在心里把主要思想或部分等基本成分按序排列。译员可以使用讲话的基本结构作为一种轮廓来黏合讲话的其他部分"。根据琼斯（2008：30）的观点，"译员不是面对一系列不相关的词语而是有意义的语篇。因此，译员必须关注意义而不是单个词语。这样做的一种方法是设法把讲话的内容视觉化"。索尔所（Solso）等（2008：155）认为"短时记忆之所以能处理大量信息，得益于我们能将信息组织为组块的能力"。影响记忆组块的因素包括时空特征、刺激材料的特征和主体的知识经验。

鲍川运（2004）认为"要训练学生多依赖记忆，少依赖笔记"，而且"译员在听讲话的时候，主要靠脑子记，而不是靠笔记，笔记的目的不是再现讲话的原文，只是提示记忆"。然而，多数模式未直接探讨口译记忆训练，故"针对口译中特定层面和部分进行特定分析的'部分性模式'变得重要"（波赫哈克，2010：115）。因而设计记忆模型时需要考虑两条原则——"原则一：理论成分应该设计成直接与学生的需要相关；原则二：理论成分应该设计得容易掌握"。（Gile，2011：14）

吴文梅利用认知心理学，尤其是记忆心理学和记忆方法等相关理论，尝试构建APEC模型——口译记忆训练模型，如图2-13（吴文梅，2015：197）所示。该模型中，三个圆圈分别代表口译记忆过程的基本组成部分：分析（A）、加工（P）和编码（E）。A与E之间的箭头说明的是分析与编码的过程；P与E之间、P与A之间的箭头分别指明了加工在编码和分析与过程中的重要作用。位于三个圆圈中央的三角形（C）说明了在口译记忆过程中起重要作用的是协调。或者说，三角形居中暗示着协调意义编码、信息加工、语篇分析以及包括协调运用记忆方法进行任务协调等的注意力分配是为本模型的关键过程。加工位于最上方表示信息加工认知心理活动是本模型的核心过程，该过程贯穿于记忆全过程。

该模型以黑色为主色，表示对输入的话语进行信息加工、语篇分析、意义编码、包括协调运用记忆方法的任务协调、自下而上和自上而下加工的整个过程都发生在大脑的黑匣子里。模型从外向内颜色由深渐浅，表示在该黑匣子里记忆效果以上述加工、分析、编码和协调等过程为基

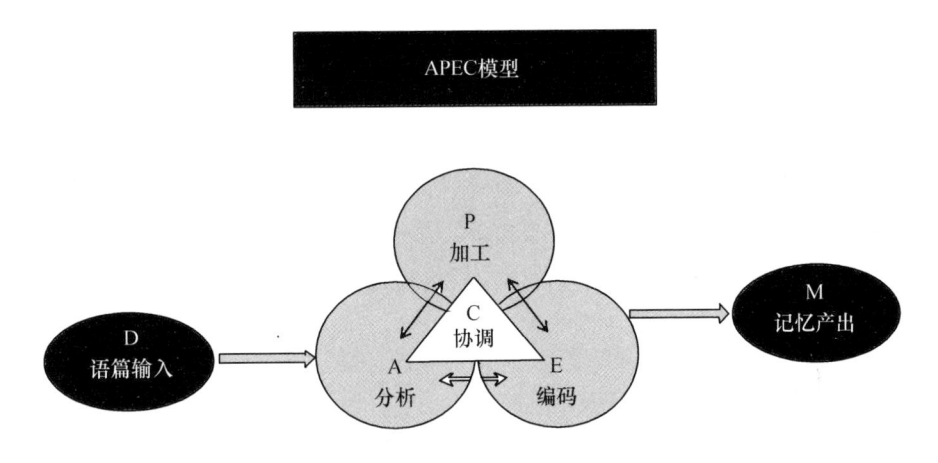

图 2-13　口译记忆训练模型 APEC 模型

础逐渐明显。

　　模型将口译记忆训练以比较简化的形式呈现为包括信息加工、语篇分析、意义编码和包括协调运用记忆方法的任务协调等一系列的操作过程，其间各环节或者步骤之间相互影响、前后交叠、彼此制约，构建了循环往复的整体加工过程。过程中的环节或者步骤没有严格的先后次序之别，只有相对的轻重缓急之分。

　　APEC 模型认为，记忆操作过程始于接收话语的语篇输入，经过信息加工、语篇分析、意义编码与包括协调运用记忆方法的任务协调等环节或者步骤，既依序进行又彼此重叠。为译员学习者提供合适的理论概念与模式和解释框架，有助于处理或者预防口译中的技巧与策略错误，而且"不管是何种性质和侧重点，模式在系统的研究过程中都占有非常重要的地位"。（波赫哈克，2010：115）

　　一个好的认知模型应该如贝尔（Bell）（2006：3839，转引自吴文梅，2015：199）所认为的，"一个有用的模式应具备下列特点：它必须忠实地表征它所'代表'的理论；表征时必须揭示该理论所解释现象的显著特点；它必须具备启发功能，使解释（理论）易于把握，也利于深入研究，从而实现更深层次的理解"。"无论一个模式多么复杂，不应该忘记的是，对解释只是一种假设，与观察的可兼容性只能达到一定的程度，而且还可以找到其他模式，有其他解释方法，这种解释方法同样可与更高层次或比第一种更低层次的观察兼容。"（勒代雷：2011：15）波赫哈克（Pöchhacker）（2010：116）认为"考虑到口译现象的复杂性，很难建构一个全面的模式，因此很难依靠它们的预测功能来'论证'这些模式。恰恰相反，大部分的口译活动模式都旨在描述和解释口译现象，这些模式通过有效地指导教学活动和进一步研究而得到证实"。APEC 模型是开放性地探索性描述和分析口译记忆认知加工过程中记忆资源的运作。

三 口译笔记

口译笔记在口译过程中对大脑短时记忆所起的提示和辅助作用是须臾难离的。首先，记笔记的过程有助于转化被动记忆为主动记忆，可以较好地整理思维，提高记忆效率。其次，记笔记还能够弥补其短时记忆的不足，进而有效地减轻译员大脑负担。因此，笔记在口译过程中具有不可剥离的重要作用。

（一）口译笔记的必要性

正如前文所述，在交替传译中译员必须具备出色的短期记忆能力。但是，正式交传现场发言语段的持续时间从数分钟到十几分钟，而短时记忆的容量有限，面对复杂的合成性质的冗长复句句法结构，信息有时会超出人脑的短时记忆句法负荷，使人脑语言中枢很难综合处理听辨词汇信息（桂诗春，1985：96），持续的时间也很短，面对如此长时的语段，若单凭脑记，不借助记忆辅助工具，恐怕很快就会淡忘难以持续记忆完整的信息。此外，源语中往往包含不少需要准确进行代码转换（transcoding）的信息（如数字、专有名词、列举的项目等），仅凭脑记难以保证准确性。另据心理语言学原理，复杂的、合成性质的冗长复句的语法结构信息有时还会超出人脑的短时记忆句法负荷（桂诗春，1985：96），正如俗话所说：好记性不如烂笔头。所以，有必要进行笔头记录，以辅助记忆，提高记忆效果。如此，译员智力机制就可以调动话语主题、交际环境、语境等相关信息对言语的空当进行有理有据的填充而非单独依靠语言信息，从而再度形成短时记忆/工作记忆 + 长时记忆，即中期记忆的混合工作方式。类似的思想在勒代雷（Lederer）（1981：191 – 194）

的《同声传译》一书里得到了相当明确地阐述。而且如图 2 - 14 所示（赖祎华，2014：137），短时记忆遗忘曲线规律使人们认识到译员工作时全靠大脑记忆是极其困难甚至是不可实现的，因此脑记加笔记的记忆方式自然成为口译过程中存储信息的最佳方式。

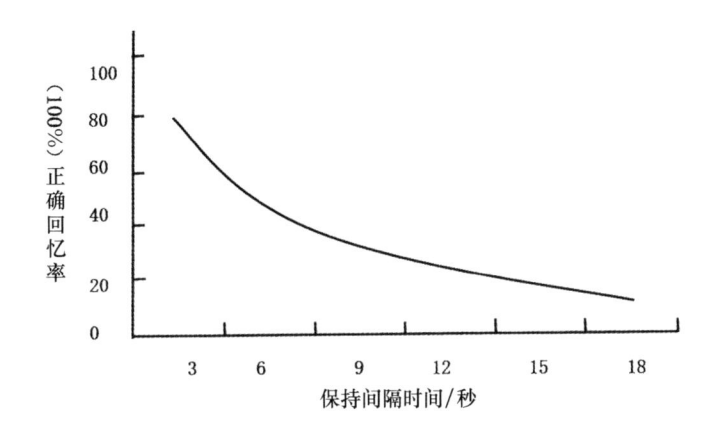

图 2 - 14　彼得森（Peterson）（1968）实验研究得出的短期遗忘曲线

明确了口译笔记的必要性，还需要明确口译笔记的作用：口译笔记并非把源语发言完整地听写下来，而是，其一，辅助大脑短时记忆进行信息存储；其二，在记忆提取信息过程中进行提示；其三，帮助译员理清源语发言的信息框架和逻辑结构；其四，辅助译员高效组织目标语重构。

（二）口译笔记的可行性

如前文所提，交替传译讲话人的一般话语速度约为 120—220 词/分钟，而且单一话轮时长往往持续几分钟甚至十几分钟，除却时长压力，译员还需多任务同时处理，如此，口译过程中记笔记可行吗？

理论研究和口译实践均证明，口译过程中保持记笔记是完全可行的。首先，虽然讲话人的一般话语速度约为 120—220 词/分钟，但通常来说听的能力约为 300—500 词/分钟，此间的时间和速度差可以用来分析和把握讲话人的思想。这种耳口时差，即听和说之间的速度差使口译笔记成为可能。其次，有研究表明，各种语言表达所包含的冗余性信息多达

50%—70%。由于为保证交际的可靠性,言语链中常会出现为数不少的不同层次的重复修辞手法和话语单位,而这些重复的言语信息在口译记忆过程中完全可以省略或缩减。再次,有些人在现实交际中故意讲话啰唆或拉长音,此种交际的信息垃圾在口译信息存储过程中完全不必保留。最后,在现实交际过程中,信息总是由相当数量的词句承载,且由正常思维所发出信息其构成必定遵循一定的规律,交际过程中所使用的词句通常也与当下的交际背景和语言环境相契合,因此组成信息的词句无论在结构上还是在意义上彼此都存在着密切的相互关联。因此,连贯性话语结构的基本规律就是已知在前未知在后的持续循环,在前的已知信息持续变成话语的冗余成分。译员的重心总在话语链逻辑关系之中的新信息。总而言之,译员完全可以在一心多用的情况下,平衡精力分配,通过提取承载信息的主要成分、舍弃次要成分,通过口译笔记的形式将所理解的信息意义存储,进而完成加工关键信息。

(三) 口译笔记的特点

口译笔记与课堂笔记不同,后者主要用作长时记忆的辅助,便于日后复习或参考。口译笔记与秘书工作的速记不同,后者要求一字不漏,靠条件反射记录听的时候来不及或不必要考虑的话语内容,与听写相似。

速记是一种以表音为主的拼写式快速记录方法,以某种记音的简笔画字母为主干,以此为基础再使用一些词组、短语等语言形式的略符,可以迅速记录话语,甚至可以详尽到字词乃至语音的层面,但是,速记符号需要仔细拼读,稍有闪失就会出现差错。而且最重要的是,速记可以记录源语一切语音信息的优势对译员来说完全没有必要,因为它会造成译员过多地注意源语声学符号等语言形式,导致本该聚焦语义检验、信息要点储存、译语搜觅,以及译语言语计划等方面的有限精力被分流,造成多数情况下译语质量的减法。这是因为速记过程要求高度集中精力,对人脑能量的耗费绝对不亚于口译过程,而且它仅要求对单一语种言语的快速记录,并不涉及译语传译,因此译员即使没有顾此失彼,也难以有富余精力在源语听辨的同时进行的译语搜觅、修正等,即译语的即席首次加工,更谈不上即席迅速检验,从而导致译语计划缺乏准备性和预演性。此外,速记符号的现场拼读与解码需要较多认知付出,较其他笔记在识辨环节所耗费精力略多一些,而且速记符号又有着无法凸显源语话语主要信息或者源语话语线索等不利因素,结果将导致译员再次花费精力先拼读,再翻译或不正确地逐词翻译,结果不仅无法加速或优化传译,反而会降低传译速度,乃至出现磕磕绊绊、译语失误率上升、词不达意等各种适得其反的恶果。这也是现代口译发展至今,速记技术依然并非口译基本技术之原因,国际上各个翻译学校也都不教习速记,这种现实状况并非偶然。

口译技能所要求的速记实为迅速记录的缩略语,而且是为具有译员个体风格用于满足传译过程中信息暂存的需要,译员精力应集中于理解源语逻辑框架和抓取意义要点,笔记所记录仅为信息提取所需要的关键信息而已。因此,相较其他类型的笔记,口译笔记并非用来长期储存信息的纯粹记录的笔记,而是用于延续口译过程中的即席理解记忆,是译员借助一些职业化手段即席或迅速地通过整理源语信息线路进行源语信息的逻辑框架、内容的关键词语、译语搜觅与组织的概括性和提示性记录。口译笔记仅是类似路标的效能,为译员短时工作记忆或某段时间内的长时记忆提供提示性补充,提醒译员注意工作所需的各种信息,不可能完全替代译员的记忆功能。这就意味着,口译笔记从智力运作方面来看,具有整理性的思维特点,也就是说,口译思维理解和记忆的某种职业性质的内化才是其与其他类别笔记有着根本区别的地方。具体来说,可做以下理解:

一是即时使用的特点。比如,在交替传译中,笔记仅供当下参考,即在较短的时间之内以笔记内容为辅助,传译讲话人的话语信息。

二是单次使用的特点。所有口译笔记仅供短时工作记忆使用,只为传译当下服务,属于一次性使用,或者供一定时间内的长时记忆使用,用完即无保存价值,并非为日后重新阅读而记录。而且口译符号所指也具有单次使用的随机性,即口译符号所谓的固定只是相对而言,多数情况的所指会随交际环境、语境不同而有所不同。

三是记忆工具的特点。口译笔记在口译记忆中具有重要的辅助作用,所起的主要作用是辅助和提示脑记。口译记忆不能完全依靠笔记而放弃脑记,其基本原则是以脑记为主,笔记为辅。

四是内容简短的特点。笔记并非听写，不求记全，只要简单字词符号图形等框架性提示信息及其之间的逻辑关系即可，译员注意力重点在听解，尤其讲话人源语逻辑条理不清楚的情况下，更是如此。

五是结构完整的特点。口译笔记在相当程度上应呈现源语信息的结构和概念（有必要的话，后者可以包括在笔记记录中），无论使用何种形式（图标、文字、符号），都应将之组成完整的逻辑框架和关键的信息概念。如此，便于译员传译的过程中高效地传达一段有结构、有逻辑的完整信息意义和概念，而非零散无序的信息点。

六是高度可辨的特点。口译笔记虽然不可能也不必要做到页面整洁、字迹端正，但是口译现场可用的传译时间的压力要求口译笔记必须具备高度的可辨性，也就是说，口译现场的译员应该能一眼即可看清楚，有效提取信息。

七是个人性的特点。笔记仅供译员个人使用，只要本人传译时能顺利提取信息即可，并非一定要约定俗成。使用的记录方法可以是个人独特创建，具有先决性，即译员预先已有一套个人比较固定的符号体系，无须照搬别人的模式。

（四）口译笔记的原则

口译笔记的过程会遇到这样或那样的困难，为此，建议参照如下原则：

首先是脑记为主笔记为辅。笔记中最常见的问题是精力分配问题，就是笔记记录影响听辨理解：记了笔记就听不懂，要保证听懂就没法做笔记。对此，口译研究专家吉尔提出交替传译过程的精力分配模型：$CI = L + M + N + C$，即 Consecutive interpreting = Listening comprehension + Memorization + Note-taking + Coordination。其中，Coordination 就是译员在听辨理解、口记记忆和口译笔记三者之间进行的精力协调。有鉴于此，可以采用的对策是：分清主次，坚持脑记为主笔记为辅的原则，笔记只是对脑记起辅助作用和细节补充。

其次是记意而非记词。在听辨理解的过程中析出源语词语所蕴含的意义，主要承载主题词、关键词和逻辑线索等，其实现的形式可以是源语，可以是目的语，也可以是其他任何形式。然后将意义框架落实到笔记记录中，做到笔记形象直观，便于译员眼看笔记，口传译文。简而言之，口译笔记应该记录经过思维加工过的结果，也就是意义。

再次口译笔记简略而非完整。口译笔记建议使用能够提示译员记忆的只言片语，而且尽量要用缩略方式和符号进一步简约。若是追求字词句完整，不仅无法满足口译笔记的速度要求，而且会占用太多精力，导致影响听辨理解。所以，口译笔记只需在口译的当时起到记忆辅助和提示作用即可，没必要也不可能过于追求完整。

复次口译笔记不等于速记。速记是指用速记符号系统逐字逐句地记录发言人口头发布的信息。虽然同为快速记录的方式，口译笔记却不同于速记。口译笔记之所以不采用速记，主要是因为：其一，若用速记，译员必须经过解码速记符号方能看懂所记的笔记，如此等于多了一道翻译程序；其二，速记所记录的是发言中的具体字词，基于这种笔记所进行的翻译难免囿于字面翻译，这不符合口译的要求。

最后口译笔记允许个性化。鉴于每位译员的记忆、思维和反应各有特点，没有必要完全按照别人的套路，最有效的笔记是以个人认识特点为基础，借鉴他人笔记系统的机制和方式，将其内化，他山之石可以攻玉。

简而言之，口译笔记需要遵循四条基本原则：第一，笔记需着眼逻辑分析与归纳。作为口译过程的第一步，源语听辨理解是记忆及笔记的基础，注意力应集中于意义的听辨理解，听懂方才清楚需要记忆的内容。第二，笔记对象是意义框架。口译笔记的内容是要有选择性地记录信息要点。建议把理解的意义转化成自己的话语进行记录。第三，笔记方式应该精简缩略。笔记过程与听辨理解过程几乎是同时进行的，鉴于时间和精力的压力，笔记记录的方式应该尽量简略。第四，笔记字符具有个性化特点，只要自己能看明白，不必太在意拼写和语法，但是切忌为了追求速度和简略而连自己都看不明白。需要注意的是，虽然整个口译过程都要坚持做笔记，因为发言人当下话轮持续的时长多属未知数，但是任何时候如果因为记笔记而影响听辨理解，一定要暂停笔记，全神贯注地确保听辨理解的效果。

（五）口译笔记的内容

早在1956年，口译专家罗赞提出笔记的原则是记意，而不是词！(Note ideas, not words!) 记意指的是记录像主题词、关键词和逻辑线索等的意义要点，使之成为线索以便激活短期记忆的信息，进而提取其所代表的信息，最终实现回忆短期记忆中的信息。后来，塞莱斯科维奇和勒代雷（Seleskovitch & Lederer）（1989：56-57）又提出，还要记录需要作代码转换的信息，包括数字、专有名词和列举的项目等。综上可见，口译笔记主要包括两类内容：一类是听辨理解源语的结果，即关键词、主题词、动词的时态语态、体现发言人意图的具体修辞以及逻辑线索词，其中主题词和关键词在英语中往往体现为句子的主语和谓语。另一类则是包括专有名词、数字和列举的项目等不大需要加工理解的内容。第二类信息在源语听辨的过程中一定要记录准确。

具体来说，从内容层面上看，典型的口译笔记是以内容要点、关键或重点表达等语义信息为主导性信息的路标，伴以箭头等符号标明源语信息的逻辑线路。其中，不建议使用容易混淆的符号，笔画越简单越好，而且符号不宜过多，否则容易引起译员的混淆或者遗忘。从方法论层面上看，留有大量空白是口译笔记的一大特点，既方便一目十行提取信息，又便于标识逻辑框架，确保传译内容框架易懂，还便于修改错误信息和补充遗漏信息等。

口译笔记内容选择的认知操作可以用柯林斯和洛夫特斯（Collins & Loftus）（1975）提出的概念激活扩散模型进行分析。该模型是网络模型，模型中的网络由语义联系和形似性组织概念，不同概念之间的联系用连线表示，连线的数量和长短说明概念之间联系的紧密程度。模型中一个概念的意义取决于与它相关联的其他概念。当某一概念受到刺激时，该概念的节点被激活，激活产生的电脉冲沿着与该节点相联系的多条路径由内而外地进行扩散，也就是说，电脉冲先抵达内层相连的概念节点，之后再扩散到外层相连的概念节点。兰盖克（Langacker）（1988：65）认为这种激活倾向于在相关的认知结构中蔓延，一个网络中活跃的节点初始激活倾向于牵动与该节点相连的其他节点之激活。兰盖克（Langacker）把用来触动概念结构的语言符号叫作激活点或指称点，把受激活点传递影响而被激活的概念叫作隐性概念或推论性概念,把编码过程叫作指称点的建构过程(赖祎华,2014:141)。由此可推导出口译笔记需要译员准确判断自己已有的知识结构和正确选择笔记内容的激活点。其间译员以已知信息为基础导入新信息进行联想,在组织译语表达时自觉遵循语言经济原则,有意无意地选取经济的言语方式传达意义,即编码的简略性。由此可见,口译笔记所记录的内容与语言表达相类似,二者都符合冰山理论,即笔记符号所体现的信息只占全部信息的很少部分,大比例的信息都隐藏于笔记符号之外的脑记之中,也就是说笔记起到口译记忆的辅助作用,能够提高译语表达的质量。

译员重构听到的源语信息可以通过概念激活扩散模型中的激活点来实现,这可以借助认知理论中的图式理论进行解释。从心理学角度来看,图式概念是对过去获得信息的积极组织和抽象表达,能够对获得的新信息进行重构和改造,在大脑中形成多种认知模式,这些认知模式不是简单罗列和堆砌,而是基于多种知识图式,即个体心智体验围绕多种情景和事物所形成的有序知识体系。这种知识图式是在头脑中形成的有关外部世界知识的组织形式,是认识和理解外部世界的基础,同时在阅读理解和记忆提取的过程中扮演重要角色——首先是导向信息的提取:口译过程中经由听辨理解到记录关键词的过程属于图式识别,是自下而上的过程,以此为基础译员可以识别、匹配激活点所属的图式结构。其次是辅助重建信息:译员解读笔记的过程就是反方向的理解过程,即图式理论中由上而下的过程。由此不难理解译员倾向使用简短醒目的符号等缩略语进行记录,因为这些符号能够直观地指向大脑网络中的路径激活方向,从而提高译语传译质量。

(六)口译笔记的方法

口译笔记并没有约定俗成的、固定成套的方法,纵使有一些普遍原则,但是这些原则并不具有强制性,只算是具有普遍的规律性,通常译员根据普遍规律性的原则,结合自己的长期实践尝试,积累经验之后形成自己的方法。本研究以普遍原则为基础,针对口译笔记内容的两个方面,探讨不同的口译笔记方法。针对主题词、关键词以及逻辑线索词,口译笔记的记录方法主要包括两种方式:笔记的书写方式和笔记的排列方式。针对不需要理解的数字，口译笔记的记录方法提倡阿拉伯数字为主，文字或单词记录为辅。

口译笔记的书写方式倡导以缩略的方式进行记录，其优点在于：最少的笔记记录可以承载最多的意义信息，如此可以践行精力分配的最省力原则。口译笔记的缩略记录需要经过两道程序的精简：第一道是将源语字词缩略为经过理解加工之后的意义要点；第二道是将意义要点缩略至各种表意符号。经过两道精简程序的筛选之后，需要记录书写的内容大幅减少，因此译员在笔记记录过程中才可以游刃有余，不至于导致听辨理解的精力失衡。具体来说，口译笔记的缩略书写主要包括缩略和符号两种方式。缩略主要针对源语语篇中多次出现的概念和词语，缩略的一般原则是将长词缩略为三五个字母。运用符号是口译笔记缩略书写一种高效的方式，但是运用符号并不等同于简单把文字转成符号的速记。口译笔记中的符号是一种有机的符号（仲伟合，2014：179），所谓有机，是指一个符号并非简单对应一个字词，而是在不同语境和场合可以代表不同的意义；一个符号可以作为其他符号的一部分，并且不同符号可以组合运用。

口译笔记符号的来源主要有四种（仲伟合，2014：180）：

1. 数学符号。如：

    + "还有，和，此外，而且，以及"
    − "减少，不到，少于"
    = "等于，相当于，与……类似"
    > "大过，超过，优越于"
    < "少于，小于，比不上"
    ∵ "因为，由于"
    ∴ "所以，于是"
    √ "正确，同意，好"

2. 箭头。如：

    ↓ "减少，下降"
    ↑ "增加，上升，上报"
    ↖ "逐步增加、上升"

↘"逐步减少、下降"

　　→"向前发展"

3. 标点符号。如：

　　："说，讲，告诉，认为，宣称，声明"

　　？"问题，疑问"

　　（）"包括，在……之中/内，封闭，闭关自守，禁闭"

4. 其他形象表意的符号。如：

　　〰"调换，对调，交流"

　　×"错误，不行，没有"

　　∥"停止，暂停，分隔"

　　口译笔记的排列方式通常包含三个要点：竖向书写、缩进排列、左边空格。竖向书写指的是一个意群占一行的空间。缩进排列指的是从左往右首行缩进。左边空格则是指笔记页左边预留长条空格，用于标志逻辑线索，以便清晰地呈现逻辑线索，便于一目提取最优信息。

　　此外，口译笔记中的数字记录不容小觑。首先是因为英汉数字表达的方式不同，汉语是以"十"的倍数计数，即"十、百、千、万、十万、百万、千万、亿、十亿……"而英语则是以"千"的倍数计数。其次是因为数字本身既无意义也无逻辑可提取，因此只能准确记录。如果单凭脑记，无论译员记忆力多好，都难以保证数字，尤其是大数字的精准。

　　英汉之间的数字转换，可以参照以下规则：

1 万 = ten thousand

10 万 = one hundred thousand

100 万 = one million

1000 万 = ten million

1 亿 = one hundred million

10 亿 = one billion

　　基于上述情况，为了快速记录、快速转换，通常以阿拉伯数字记录为主，文字记录为辅。上文所列举的整百整千等数字以文字缩略记录更为便宜，除此之外，以阿拉伯数字记录为宜，汉语数字四位标注，英语数字三位标注，分别放到数字的上与下进行区分，便于迅速记录、高效读取。

第四节　译语表达

波赫哈克（Pöchhacker）（2010：59）认为，"不论口译是否被视为一个过程或是一个交际活动，口译都是一个以产出为导向的活动"。口译理解经过语音知觉、词语识别、句法加工、语义表征和语篇理解等过程后，即是思想转换成能够理解的言语表达过程，是从表达意义的深层命题转换为句子表层结构的过程。鲍刚（2011：157-167）认为，口译的译语表达过程包括译语的组织、发布过程，即译语言语计划与译语产出，如图2-15（鲍刚，2005：228）所示，展示了从内到外的译语言语组织过程，主要包括译语言语构思、语法与结构组织、译语语音发布等过程。进一步说，言语生成指将思想或命题结构编制成具有言语结构的代码并将之逐步转变为语音的外部代码传送给听众的过程。

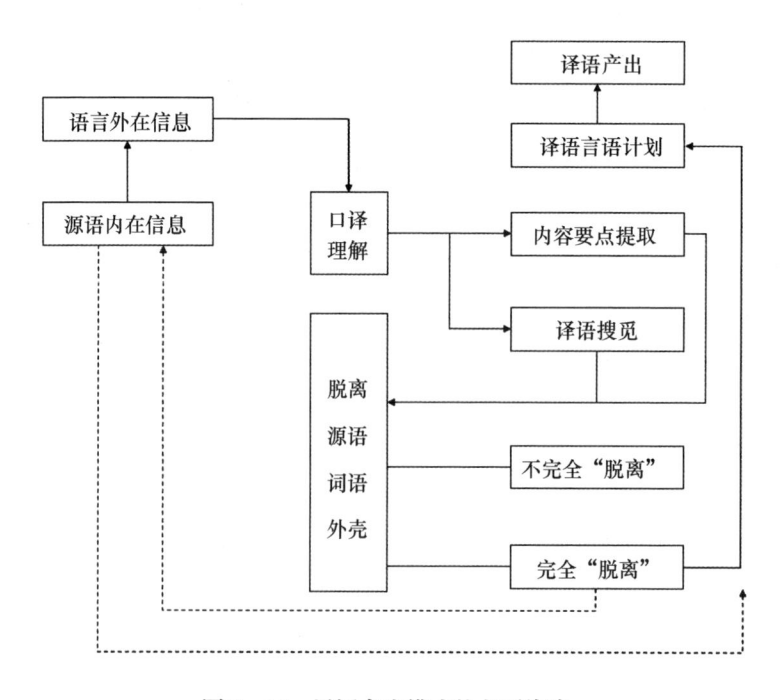

图2-15　译语产出模式的主要线路

简而言之，信息脱离源语语言外壳过程中的记忆与存储环节，为译语表达奠定了信息基础，译语表达过程先后经历译语重构、译语语言表达以及译语表达发布方式等环节。

一 译语重构

经过源语听辨理解和脱离源语语言外壳之后，译员进入了使用目标语传译源语发言意义的阶段。译语重构的根本目的是帮助不懂源语的听众通过译员译语的发布明白源语发言的意思。口译是传递意义的活动，为此，译语内容必须忠实于源语发言，这并不要求译员照搬源语的语言结构和表层字词，而是不要扭曲源语发言人的意思。因此，译语重构即译员要灵活地运用目标语的表达形式忠实地传达源语的意义。其间为了使译语的表达符合其语法规范和语用规范，译员完全可以对源语语言形式进行重构，在译语重构的过程中，译员需注意：第一，遣词造句注意与源语发言的语域、话语风格以及发言人的语气尽量保持同步。第二，术语的运用与该专业领域的发言尽量保持一致，准确传译。第三，译语表达质量注意持续提高。中文译员做的通常是双向口译，即不仅从外语译入汉语，也从汉语译出外语。为了确保外语的表达质量，译员要持之以恒地提升自己的外语表达水平。

译语重构的过程由相互独立的阶段连续而成，主要经过建构、转换和执行等阶段。建构是指按照发言内容和意图组织所要表达的意义；转换指的是运用语法规则将意义转变成言语信息；执行则是指以物理形式实现言语信息。学者们对此持有不同看法，构建了不同的言语生成心理模型。

福斯（Foss）（1970）提出的八阶段模型既关注口头言语生成的阶段，又注重各阶段可能出现的口误类型：信息表征/计划阶段；继续信息表征阶段；句法结构阶段；分配句子重音阶段；单词搜索阶段；存储阶段；调整词素阶段和运动控制阶段。弗罗姆金（Fromkin）（1973：24）的研究将言语计划过程看作六个阶段：确定意义、选择句法结构、生成语调、填充实词、形成词缀和功能词，以及具体确定音段。该模型的基本观点是，从所要表达的意义开始，接下来是对话语具体和独特特点的加工。戴尔（Dell）（1986）提出了并行模型假设，认为言语产生过程中言语处理的四个层面同时运作，长时记忆中存在四个层面的节点——语音、语义、句法和词法。某个层面上的节点被激活时，该节点可以激活同一层面或者其他层面上的其他节点。并行模型假设言语信息在音系、语义、词法和句法等层面上加以组织；序列模型假设从句子的整体意思开始，接下来是句法组织、实词、语素和音系。二者在言语产生过程中都可能发挥作用。莱维勒（Levelt）（1989：34）提出的言语生成模型，如图2-16（吴文梅，2015：236）所示主要包括三个主要部分和三个辅助部分，前者包括概念生成器、构成器和发音器，后者包括听辨、言语理解系统和监察。该模型按照以下顺序加工信息：首先是概念生成器加工出来前言语信息；其次是前言语信息进入构成器，构成器加工而成内部语音计划；最后是内部语音计划进入发音器，发音器输出可耳闻的外显言语。博克和莱维勒（Bock & Levelt）（1994：17）将该过程看作并行和串行共同处理的四个阶段任务：前言语信息、语法编程、语音编码和输出。模型表明，言语产生的认知过程具有线性可分的启动步骤，在接受启动后的过程却是具有（部分）重叠的过程，最后统一达成言语输出。

简而言之，是经历了信息概念的形成和概念言语的转换两个环节。概念形成前思想采用有别于言语的表征系统，即心理体的形式。信息概念的形成即确定说什么，与语义初迹类似，由三要素构成，即主题与述题、由义素构成的潜在语义和潜在的语义关系，而且语义初迹是以源于言语理解的概念表征为基础的多维语义图示。概念言语转换即确定怎么说，类似句法合成，即将线性的句法顺序赋予语义初迹，以便完成组合性（序列）加工语义初迹的相关信息、词法合成即选择词项并将其填充于线性的句法序列以及内部言语即句法序列加工与词汇聚合加工的必然结果，是译员的内在心理言语。（刘绍龙、仲伟合，2008）

二 译语语言表达

言语形式生成即通过言语系统中的肌肉执行言语计划，类似语音生成，即把内部言语转化成扩展的、现实的语句，从而完成现阶段的传译任务并为下一轮的言语理解阶段做准备。（刘绍龙，2008）在句子的词序

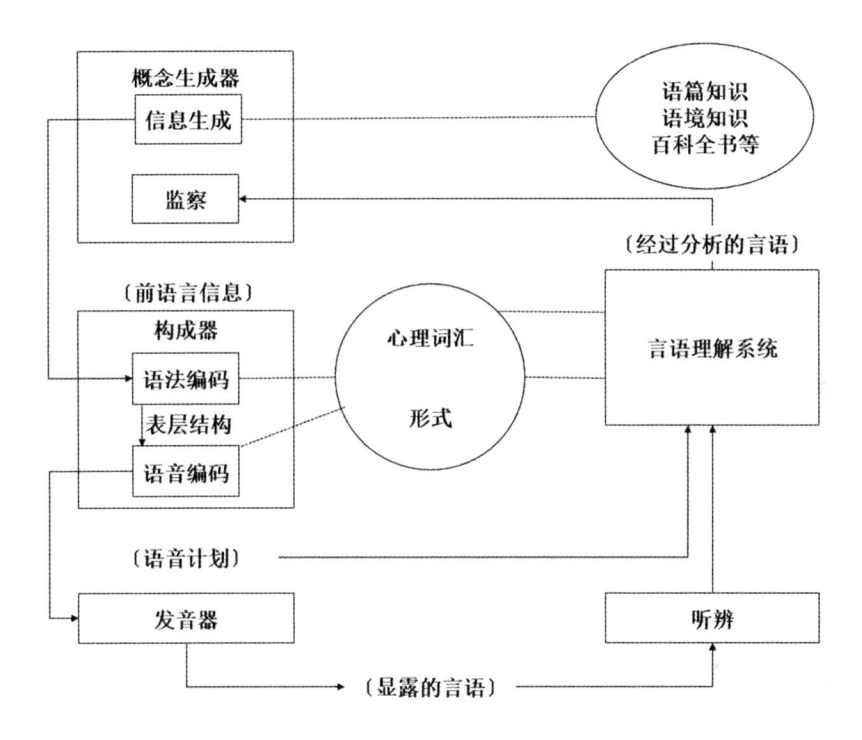

```
┌─────────────────┐                    ╭─────────────╮
│ 概念生成器      │                    │ 语篇知识    │
│ ┌─────────────┐ │                    │ 语境知识    │
│ │ 信息生成    │─┼──────────────────▶│ 百科全书等  │
│ └─────────────┘ │                    ╰─────────────╯
│ ┌─────────────┐ │
│ │ 监察        │◀────────────┐
│ └─────────────┘ │            │  （经过分析的言语）
└─────────────────┘            │
                               │        ┌─────────────┐
（前语言信息）                 │        │ 言语理解    │
┌─────────────────┐   ╭─────╮  │        │ 系统        │
│ 构成器          │   │心理 │  │        └─────────────┘
│ ┌─────────────┐ │   │词汇 │──┘
│ │ 语法编码    │─┼──│形式 │
│ └─────────────┘ │   ╰─────╯
│ 表层结构        │
│ ┌─────────────┐ │
│ │ 语音编码    │ │
│ └─────────────┘ │
└─────────────────┘
（语音计划）
┌─────────────────┐                    ┌─────────────┐
│ 发音器          │                    │ 听辨        │
└─────────────────┘                    └─────────────┘
         └──────────▶（显露的言语）──────────┘
```

图 2-16 言语生成模型

形成之后尽快生成该句子的语调完形，以便实现表征将要产出句子的总体特征，同时标识出句子中必须进行强调的词语。针对词语产生的加工机制，莱维勒（Levelt）等（1999）提出 WEAVER++（Word-Formation Encoding by Activation and Verification）计算模型，见图 2-17。（吴文梅，2015：241）该模型假设此为前馈激活扩散网络，即激活只允许向前扩散而不允许向后扩散。词语产生从意义（词汇概念与词条）产生声音（语音词、音位符号分数与声波），其加工机制包括概念准备、词汇选择、词性编码、语音编码、音位编码和发音。

译语语言表达是口译的终极产品。口译过程中，除了懂双语的听众，很少有人关心口译过程，听众需要的是口译结果。从细节着眼，王斌华（2006：148）总结了现场口译译语表达的"三字要诀"，即顺、补、加。顺——顺着译：口译实战与笔译不完全相同，要尽量顺着译，即使用一

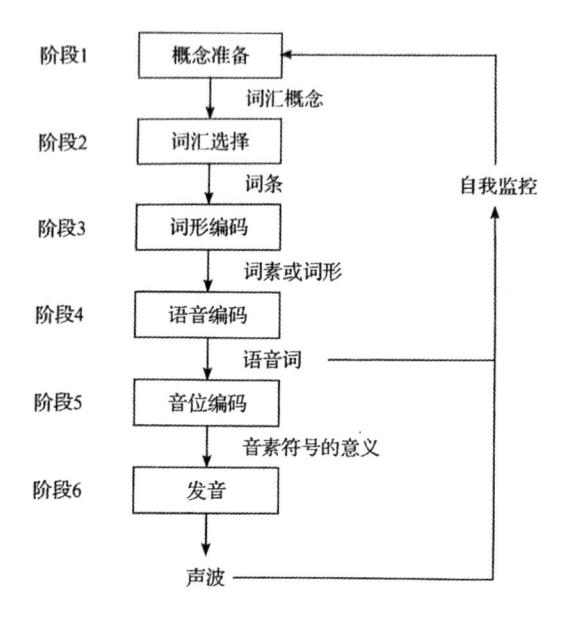

```
阶段1  概念准备 ←─────┐
          │ 词汇概念      │
阶段2  词汇选择        │
          │ 词条          │ 自我监控
阶段3  词形编码        │
          │ 词素或词形    │
阶段4  语音编码        │
          │ 语音词        │
阶段5  音位编码        │
          │ 音素符号的意义
阶段6  发音
          │
         声波
```

图 2-17 WEAVER++ 计算模型

些断句技巧，顺句驱动。补——补语气：为了产生讲话者预期达到的效果，译员可以增加些字词或者调整译文。加——加解释：加解释最典型的场合是处理幽默，口译以传意为主，可以据此对幽默的理解加以解释。

综合看来，口译的译语语言表达除了结合使用诸如增译法、减译法、转换法、拆句法、合并法、反译法、倒置法、包孕法、插入法、重组法等传译技巧之外，还需要做好逻辑表达、连贯表达和停顿表达。

译员的逻辑感知和整理能力不仅在听辨理解和脱离源语语言外壳阶段意义非凡，在译语表达阶段也同样重要。在传译过程中若遇到讲话者思路较乱，颠三倒四，译员的逻辑整理能力将发挥重要作用：实时梳理发言逻辑，有条不紊地连贯表达，实现译语传译的逻辑表达。

连贯表达是译语语言表达的第二层要求。这里的连贯所指有二：一是语音和语气的连贯；二是口译中理解与表达的匹配。口译尤其是同声传译，需要听说实时衔接，有经验的译员可以做到听与说无缝对接，即听懂即表达，表达即连贯。

停顿表达是指按照意群进行停顿表达。构成篇章的单位从小到大包括意群、句子、语段和篇章，在其中表达的基本单位是意群，每一个意群又包含一个信息点。所以，在一定程度上翻译即是以意群为单位按译语的表达习惯进行重构，译语语言表达过程也是按意群进行停顿表达，如此，听众可以清楚地接收译语的信息并且译语语言表达也富有节奏。这种停顿表达所传递的节奏感有助于译语语言表达的连贯、准确和清晰。所以，停顿表达是译语语言表达的基本要求。

三　译语表达发布方式

口译现场属于三方两面的交流，三方是指口译员、讲话者和听众；两面是指交流方式不限于目光，体态语和表情也是重要的方面。因此，译员应注意保持与讲话者的交流、配合和交接；保持与听众的目光交流，以便尊重听众、吸引其注意力、维持其对讲话的信心，以及获取其反馈和反应；保持体态语和表情的交流。

口译现场，如果遇到了困难可以尝试问、补、扔。口译现场如果出现了感觉必须要确认或澄清的问题，译员可以问讲话者，也可以问对方的译员，或是在场的其他人。不适合问的场合包括（但不仅限于）以下几种：（1）译员没有掌握讲话者的准确用词。（2）译员和讲话者一同在主席台，讲话者被译员突然一问可能会愣住，有损形象。（3）译员觉得没听懂的是一个在场很多人都知道的单字，只有自己不知道。（4）译员已经问了几次，再问会影响讲话者和听众对自己的信心。（5）译员问了一次，但还是没有听懂讲话者的回答。（王斌华，2006：149）如果没有办法问，译员就只能根据上下文和自己的理解，补齐意思。如果连补都有困难，那就只能被迫放弃，扔掉没听懂的地方不译是为下下策。

口译表达的发布包括两个维度：言语维度和非言语维度。言语维度指的是译员的遣词造句，包括替讲话人厘清思路，进行条理清晰的译语发布，以准确传达讲话人的真实话语意义。通常来说言语维度有两个要求：一是话一出口，必须说完。也就是说已然开口说的句子一定要说完整，不可半途而废、声音渐弱甚至消失，也不提倡经常回头重说或者修正。二是说得清楚，听得明白。译员说得清楚就要发音流畅标准、遣词造句简洁到位，如此听众方可听得明白。若信息间有逻辑上不衔接，或所指不清楚，译员需要稍加说明，便于听众理解意思。非言语维度通常包括两个方面：视觉方面和声音方面。视觉方面可分为译员的仪表、身体动作、站/坐姿、面部表情和眼神。在个人仪表方面，译员应整洁大方，赏心悦目，装束应与场景相符，式样和颜色最好保守一些，不让观众分心。在身体动作方面，译员具体使用身体动作的多少要视具体的工作环境的需求，一般而言，既无必要一味地模仿讲话人的手势，也非不可有自己的肢体语言，以确保听众不受与讲话内容无关的干扰为前提。

在站姿与坐姿方面，译员应体现出大方、沉着与礼貌，切忌弯腰驼背、无精打采，要让观众感受到其对于服务对象和环境的尊重和其自身自信的心态。适当使用面部表情，可以温暖热情的微笑，这样可以拉近译员与在场人员的距离。但是，应注意避免夸张或过多的表情，以及传译欠佳时尴尬不雅的表情。

在眼神接触方面，虽然工作状态的译员大部分精力集中在理解、记忆和译语传译，但是优秀的译员会时不时跟讲话人和观众交换眼神，以确认沟通顺畅和收集反馈、实时调整。声音方面可分为译员传译声音大小、语速快慢、发音和语调等。无论是否有扩音设备，译员的声音都应清晰洪亮，便于所有听众能听到。在可能的情况下，可以在活动开始前测试一下话筒音量，若无法事先测试，可在传译之初观察远处的听众，看看他们是否有皱眉、侧耳、身体前倾等表示听不清楚的非语言反馈，实时调整。关于语速快慢可以参考普通人讲话的速度（约120—150个单词/分钟）。需要注意的是，开场之初，译员会比较紧张，可能不自觉加快讲话速度，或半天开不了口。另外，要避免有把握的部分脱口而出，语速很快，而不熟悉或没把握的部分迟疑不决、吞吞吐吐。所谓发音清晰是指译员要发音准确、清晰，避免发音不完整、发音错误、使用口头禅和连续多个词的错误连读。语调是指当发言人讲话抑扬顿挫、激情四溢或者波澜不惊、平淡无味时，译员应适当传达讲话人的情感，但不必一味模仿。

具体说来可以总结为"四别要领"（王斌华，2006：148-149），包括别停下、别露馅、别着急、别太久。别停下：听懂什么记什么，记下什么译什么，遇到译不下去的地方，马上从下一个会译的地方开始，无论如何不能卡住。万一句子意思没记完整，而传译话说到一半，就用不痛不痒的话，或是重复有把握的几个字充充场面。别露馅：不要从表情和肢体动作上暴露出自己没听懂、没记下或是在硬着头皮翻译。别着急：最理想的局面是，除非讲话者有意明显加快或放慢速度，否则要保持传译节奏，把握译员特有的控制权。别太久：别思考太久，译员一定要在讲话者停口之后两三秒钟之内开始翻译，超过了五秒钟听众就可能会觉得有问题。

除此之外，译员还必要监控自己的言语产出，即译员需要监控自己的译语传译过程，诊断并评价是否打算传译的内容以及如何进行传译。口误的自我修正主要有三种方式：实时修正、预先返回和重新开始。

第五节　口译过程的模式

与口译过程相照应，国内外研究者从不同视角提出了多种口译过程模式。

一　翻译顺序模型

吉尔（2011：93-97）的翻译顺序模型把翻译过程分为理解与表达两个阶段，每阶段又包括形成与检查过程，但是这些阶段不是呈纯线性顺序运作的，而会出现反复。具体说来，译员加工输入的翻译信息时会提出一个意义假设，根据已有的背景知识核验该假设的合理性，若检核结果为不合理，即重新形成另外一个新的意义假设。若核验结果为合理，译员启动译成译语程序，并检查其合理性，此时的合理性指的是译语的忠实度和可接受度，这一检查还包括对前面不断积累的译语进行检查直到最后形成较确切的译语。如果检查结果为不忠实或无法接受，退回上一步重新进行译语生成。其间，译员运用已有知识与译前准备及传译过程中获得的新知识。

吉尔（2011：163-164）针对工作方式提出认知负荷模型（Effort Model）：

Phase One（第一阶段）：Listening and Note-Taking（听解和笔记）

(Consecutive) Interpreting = L + N + M + C（交替传译 = 听解 + 笔记 + 记忆 + 协调）

其中：

L = Listening and Analysis（听入和分析）；

N = Note-Taking（笔记）；

M = Short-Term Memory Operations（短时记忆操作）；

C = Coordination（协调）。

Phase Two（第二阶段）：Target-Speech Production（目的语产出）

(Consecutive) Interpreting（交替传译） = Rem + Read + P + C（信息记忆 + 笔记读取 + 产出 + 协调）

其中：

Rem = Remembering（信息记忆）；Read = Note-Reading（笔记读取）；P = Production（产出）；C = Coordination（协调）。

吉尔的精力分配模型聚焦于口译加工过程中精力分配与口译处理之间的关系，"涉及的问题比较具体、直观，对于从事口译实践有较强的指导作用。对口译过程阐述的比较清晰、明了，对口译技巧提的较为具体（如口译笔记、短期记忆等）"。（仲伟合，2001）但是并没有详细分析记忆因素的具体作用程序，没有解释口译认知心理全过程。

二　口译三角模式

释意派围绕口译过程中意义的感知、理解、记忆、提取与表达进行探索、解释口译心理过程，将口译研究从静态分析言语结构转为对动态考察意义传递过程，本质是关于口译认知心理过程的理论，开启了口译动态心理研究的先河。

释意派把翻译分为三个层次：词义层次的逐字翻译、话语层次的句子翻译、篇章层次的释意翻译。对于理解与表达，释意派认为二者之间存在着意义获取的重要阶段，即脱离源语语言外壳阶段，不经历该阶段，便不能获取准确意义。理解源语的言语含义是理解意义的基础，但不是理解的终点。要用符合译语言语习惯的表达方式传达源语意义。

释意派致力于口译认知心理过程的描写与解释，把"理解—表达"这一传统的翻译模式优化为"理解—脱离源语语言外壳—表达"，是为全新且符合实际过程的解析。张吉良（2011：75-76）认为，"这一研究视角和研究对象的转变改变了同期国际译学研究重客体轻主体、重规定轻解释描写的研究传统"，从而"推动了20世纪80年代以来跨学科口译认知心理研究的蓬勃发展，加速了国际口译研究的认知心理学转向"。但是，该模式只描述口译具体过程，并未指出译员有效地实施该过程的方式方法。

三 3P口译过程模式

刘建珠（2013：76-77）提出3P口译过程模式，即3P Model——Preparing + Performing + Packaging（译前准备+现场表现+译后总结），详见图2-18。（刘建珠，2013：76）该模式认为，很多模式仅局限于译员在口译现场的思维表现，不能够充分反映口译实践活动的全过程。事实上，从业译员在口译现场活动之前已经开始着手进行准备工作；而且现场口译活动结束后还会对临场表现征求听众与主办者的意见并且/或者以回放录音或者录像的形式进行总结、反思和评估。有鉴于此，广义的口译工作过程宏观角度应该包括译前准备、现场表现和译后总结三个阶段；微观角度可以分解为准备、听解、记忆、笔记、表达、协调与评估等具体环节。但是该模式没有指出口译记忆训练的理念、思路和方法。

四 厦大口译训练模式

厦大模式（Xiada Model）由林郁如等提出，后被厦大口译教研小组拓展为厦大口译训练模式（拓展版），详见图2-19。（苏伟、邓轶，2009：Ⅰ-Ⅲ）

图中：

S = Skill（口译技能）；

P = Professionalism（职业精神）；

A（D + CC）= Analysis（Discourse + Cross - cultural Awareness）分析（篇章分析+跨文化意识）；

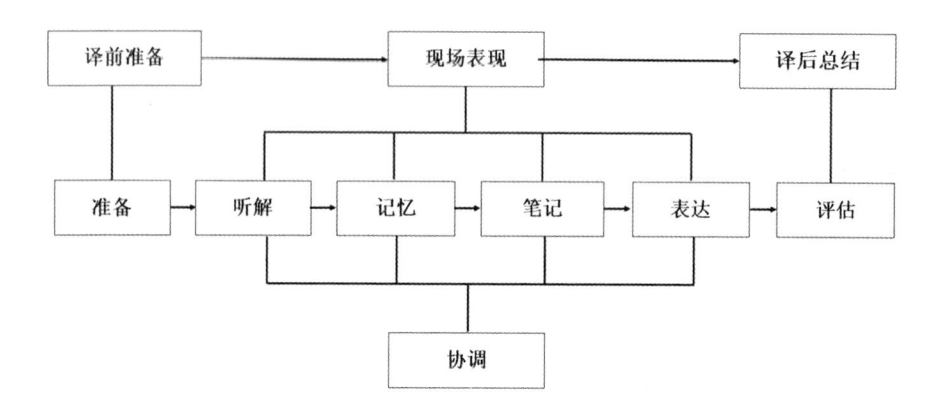

图 2-18 3P 口译过程模式

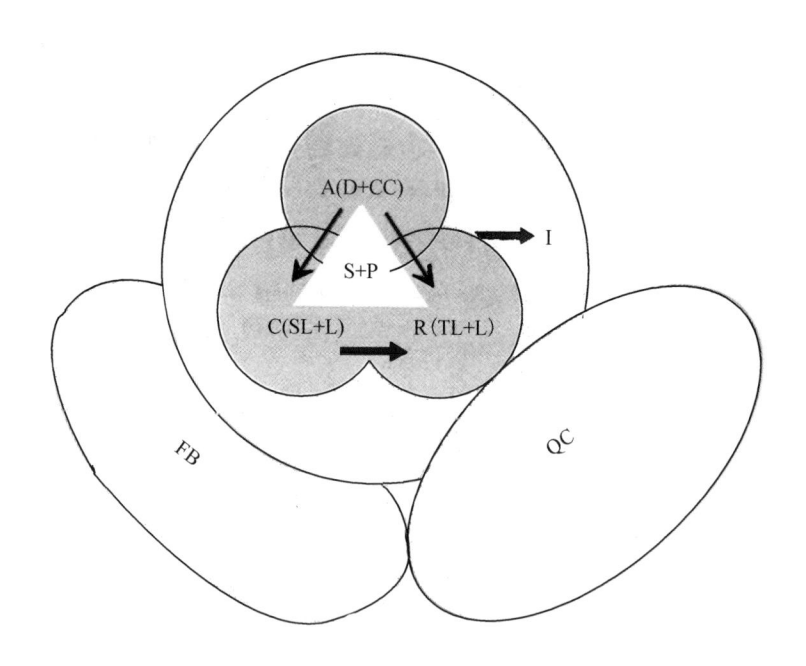

图 2-19 厦大口译训练模式（拓展版）

C（SL + K）= Comprehension（in Source Language + Extra - linguistic Knowledge）理解（源语 + 言外知识）；

R（TL + K）= Reconstruction（in Target Language + Knowledge）表达

（目的语+知识）；

I = Interpreting（口译）；

QC = Quality Control（质量监控）；

FB = Foundation Building（口译准备）。

中央的三角形（S+P）说明口译技能和职业精神是贯穿于整个口译过程的核心；三角形外围的三个圆圈（A+C+R）分别代表口译过程的三个基本组成部分；理解（C）至表达（R）的箭头指明口译的整个过程包括理解与表达两个阶段，其中分析（A）至理解（C）、分析（A）至表达（R）的箭头说明信息的理解与表达需要调动语言与非语言知识并只有在分析语篇与特定情境中文化因素的基础上才能实现。随着对口译原理与口译研究的不断深入，添加口译准备（FB）和质量监控（QC），其中口译准备包含语言、知识与心理准备，这些准备既指长期的训练准备又指短期的、以任务为中心的准备；质量监控是指测试与质量评估：根据评估的手段分为微观监控（关注译文的语言与知识等）和宏观监控（关注交际整体效果等）；根据评估的阶段分为训练过程中的监控（如自我监控、同桌监控、小组监控与全班监控；如监控表达、监控言语、监控信息忠实度等）、阶段训练后的监控（如期中、期末监控；如监控知识能力、技能能力与心理能力）与全程训练后的监控（如参加口译实践、参加口译资格证书考试）。（吴文梅，2015：31）

陈菁、肖晓燕（2014：V-Ⅶ）认为，厦大口译训练模式是在口译教学理论指导下对口译教学活动结构和程序进行构建的教学模式。它通过构建口译教学在理论上的逻辑框架，形成了口译教学经验与理论之间一种可操作的知识系统，是再现口译教学实践的一种理论性的简化结构。该模式描述了口译交际过程，分析了口译交际特点，解析了口译能力构成，奠定了口译技能训练的理论基础，确立了口译教学的内容与原则，引导口译学习者习得口译交际过程中的各项技能，掌握不断完善口译职业能力的途径与方法。仲伟合（2001）认为厦大模式"以技巧与职业准则为训练核心，强调口译过程中对语言及言外知识的理解、语篇与跨文化交际因素的分析及语言信息及知识的重组。强调技巧的重要性，给口译培训者提出了重要的启示，即口译训练应以技巧（技能）训练为主"。

但是，该模式没有明示记忆在口译过程中的作用。

五　连续传译过程模式

刘绍龙、仲伟合（2008）认为，连续传译作为一种特殊的元交际过程，有着独具特色的信息加工内容、运作环节和神经心理机制。其所构建的连续传译过程模式按照推进过程各个运作环节的前后顺序，主要由言语理解机制、记忆系统、中介系统和言语生成机制构成，展现了过程中各个机制的作用和功能。

第一个运作环节是言语理解机制。该机制展现的是源语信息从输入到理解的过程，具体来说，即从语音感知到词汇识别，经过句法分析到意义分析最后实现语用推导。语音感知作为第一环节，指的是从接收言语的声学信号开始，经过听觉感受、语音分辨、音位识别等神经心理活动，而并非完全是听觉器官对外部传入声波信号的物理接收。第二环节是词汇识别，是为神经信息的聚合性加工过程，即意义的选择。句法分析乃第三环节，指的是组合加工词汇识别所选词项或者建立所识别词项之间的线性语法关系。意义分析，作为第四环节也叫构建源语意义，此为进入言语理解的实质性阶段。最后一环节的语用推导指的是完成神经信息的推导性语用加工，以便抓取源语发言的真正意图。

第二个运作环节是记忆系统。该系统连接输入的源语和输出的译语，属于实现二者信息加工有效关联的环节，包含工作记忆和长时记忆两部分。工作记忆的主要任务是计划执行信息加工和过程监控，此动态网络系统是由神经心理操作机制和神经心理监导机制这两个分属机制构成。神经心理操作机制主要完成信息的选择、加工、存取和重构等；神经心理监导机制主要完成信息传输计划和执行等。相较于工作记忆，长时记忆的主要任务是以多重信息网络系统为表征保存大脑中彼此关联的静态内存信息。

第三个运作环节是中介系统。其特点表现在概念表征，也就是标志着完成了的理解机制，既意味着译员言语理解的终点，又暗含着以概念表征为基础的译语生成的开端，即言语生成的起点。

第四个是言语生成机制。该机制是基于概念表征，经由语义初迹进至句法合成，之后通过词汇合成形成内部言语，并赋予实现语音生成的过程，其最终环节是为译语传译。

连续传译过程模式的特点可以总结为：信息流程的连续性和动态性并存、输入与输出过程的环节性、回溯性、展现中介环节的凸显性和链接性并存、彰显记忆系统贯穿口译信息处理过程始终的中心性。

六 交替传译过程模式

蔡小红（2001：278）提出的交替传译过程模式包括三个模块：源语输入、信息概念转换和译语输出。整个过程可以分解为以下环节：第一个环节是信息源的输入；第二个环节包括理解阶段有声辨认的输入、分析机制、综合机制，产出阶段的形式合成机制与发声机制；第三个环节是记忆，主要指概念形成机制，任务是将源语话语转变为译员的交际意图，并据此拟订传译译语的话语计划，综合机制也部分承担记忆工作；第四个储存环节主要指长期记忆，包括与输入、输出、内部监控相连的心理词库。

交替传译过程模式包含两条路线：贯穿于三个阶段的三角路线和通过心理词库横插而过，从源语到译语的直接转码路线。

七 生态翻译学视域下的口译过程模式

以生态翻译学和释意理论的口译过程模式为基础，陈圣白（2012：53）提出了生态翻译学视域下的口译过程模式（见图2-20）。该过程模式认为，口译过程是以译员为主导的、以意义选择与传递为核心的。译员实施以源语语篇为重要因素的口译生态环境多维度动态适应与译员以口译生态环境为重要因素的多维度选择的交替循环过程。

八 口译信息处理图式模型

王湘玲、胡珍铭（2011）以图式的内涵、分类与功能，口译信息处理图式模型与口译三角模型为基础，构建了口译信息处理图式模型（微观图），如图2-21所示。

在理解阶段，各种语境/刺激—刺激译员的背景知识图式，形成意

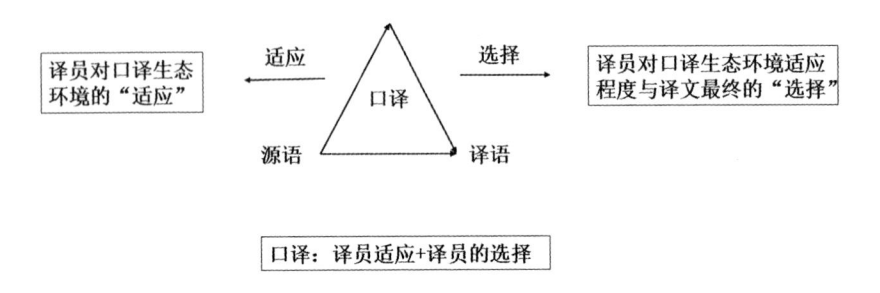

图 2-20 生态翻译学视域下的口译过程模式

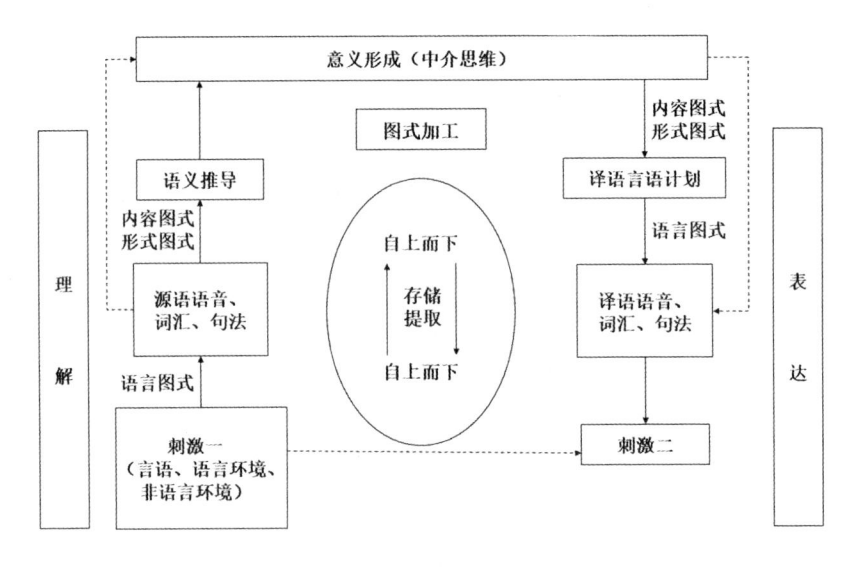

图 2-21 口译信息处理图式模型（微观图）

义——一种尚未被显化成言语形态的中介思维，由笔记和工作记忆短期存储、加工和处理。在表达阶段，译员首先根据大脑中的内容图式与形式图式对中介思维进行译语言语计划，然后借助语言图式用译语语音、词汇与句法将中介思维进行表达，为听众提供刺激二。一言以蔽之，理解阶段属于译员借助背景知识图式处理刺激的阶段；表达阶段则是译员借助背景知识图式提供有效刺激的阶段，二者由译员的中介思维紧密连接。

在此一理解——意义形成——表达的图式操作过程中，图式的功能可总结为：第一，为理解新信息提供了心理框架；第二，帮助分配注意力；第三，帮助推断信息；第四，为信息搜索提供心理框架；第五，帮助编辑、总结信息；第六，有助于推导和重构信息。

九 口译动态 RDA 模型

赖祎华（2013：60）基于关联理论、顺应理论和释意理论，从交际、语用与认知等跨学科社会文化视角探究口译认知过程，提出口译动态 RDA 模型（图 2-22）。

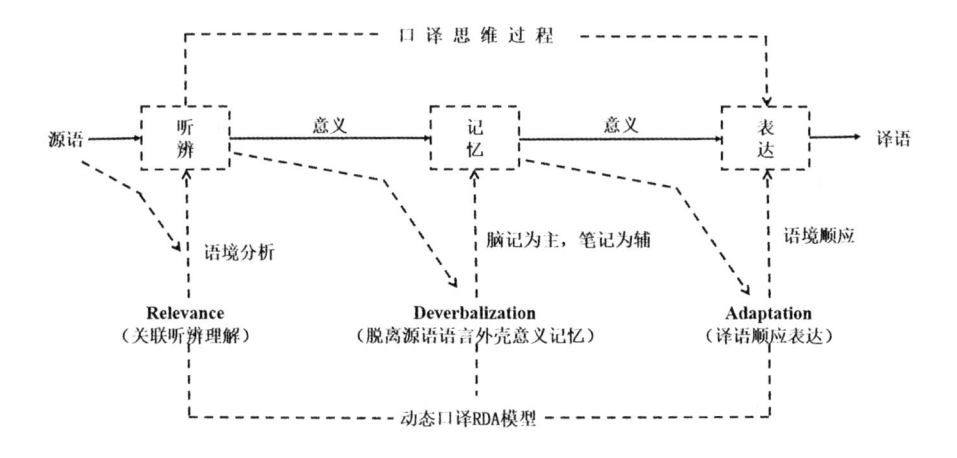

图 2-22 口译动态 RDA 模型

关联理论从认知角度解释口译的交际特征，认为译员对源语的听辨理解是明示、推理行为。顺应理论认为，言语使用的过程是选择的过程，是各种关系相互顺应的过程。释意理论的核心内容"脱离源语语言外壳的意义"则水到渠成地变身为关联听辨理解所追求的目标与译语顺应表达服务的对象。简而言之，口译活动是以话语为依托、语用为策略、认知为手段和途径，促进有效交流为目的的跨文化、跨语言的交际过程。

十 口译过程认知心理模型"M"Model

虽然以上诸多模型均关注口译过程中不同任务的共时性，但是对于每个任务本身的性质及其特定的思维结构与过程的存在形式与相互作用尚未进行特别深入的探讨，未能从认知心理学与心理语言学角度深入探析口译过程。谌莉文（2011：39）认为"仅凭这一类理论模型研究，很难确定在口译思维过程不同阶段（如监听、记忆、解码、编码等）的认知运作情况，而这正是口译思维认知的关键所在"。

据此，吴文梅（2015：65）借鉴心理语言学和认知心理学的相关理论，构建口译过程认知心理模型"M"Model（Meaning 的首字母为"M"，并且该模型外形像字母"M"，故得该命名），展示了口译认知心理过程的基本流程（见图 2-23），模型以实线环节为一般走势，以虚线环节为潜在可能走势，以发言人发言的一节加工为基本循环单位。直观而形象地呈现了口译过程中信息流动的全过程，可以清楚认识口译过程中各环节的性质、特征与功能，把握各环节彼此间的影响与作用。

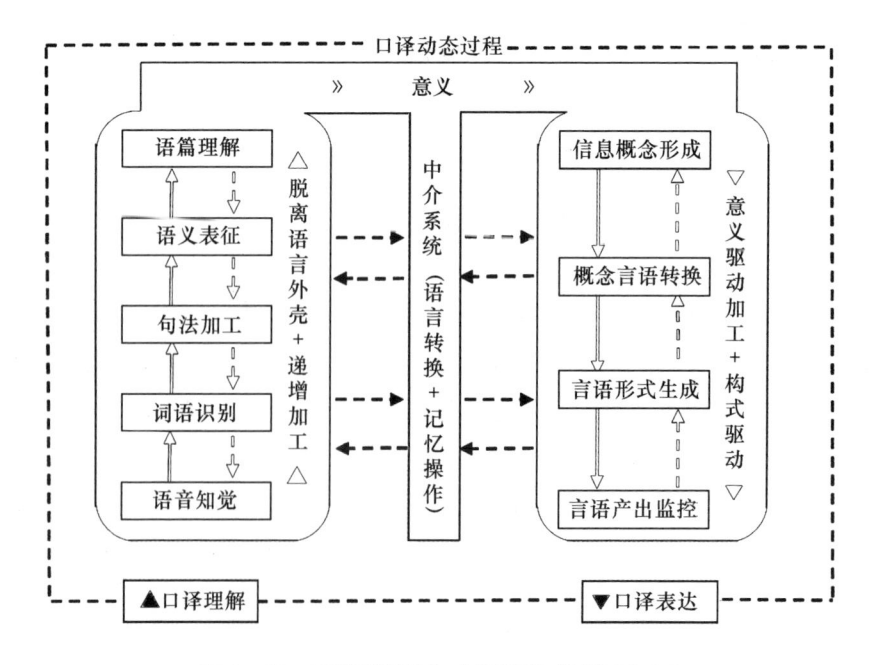

图 2-23 口译过程认知心理模型"M"Model

第六节 口译过程的精力分配

鉴于不同的口译模式对译员精力的要求不尽相同，译员认知方式与精力分配各有特色，基于大量口译实践的总结与反思，研究者提出了译员精力分配模式，探讨了可能造成精力分配失衡的原因，并尝试提出改善精力分配的有效途径。

一 译员精力分配模式

关于口译过程中精力的分配，法国著名口译研究人员丹尼尔·吉尔（Daniel Gile）提出了同声传译精力分配模式、交替传译精力分配模式和视译精力分配模式。

同声传译的精力分配模式为：$SI = L + M + P + C$，即同传（SI, simultaneous interpreting）是由听辨理解（L, listening analysis）、短时记忆（M, short-term memory）、产出（P, production）和协调（C, coordination）的共同介入的合作过程，该过程只有一个工作阶段：输入—产出。

交替传译的精力分配模式分为两个阶段：第一阶段中 $CI1 = L + N + M + C$，即交传第一阶段（CI1, consecutive interpreting 1）是听辨理解（L, listening analysis）、笔记（N, note taking）、脑记短时记忆（M, short-term memory）和协调（C, coordination）相互作用的合作过程；第二阶段中 $CI2 = R + R + P$，即交传第二阶段（CI2, consecutive interpreting）主要是回忆（R, recalling）、笔记解读（R, note reading）和产出（P, production）协调工作的过程。相比同传，交传有两个工作阶段：输入—整合—产出。

关于视译精力分配模式的阐释是：$Sight\ Translation = Reading\ Effort + Memory\ Effort + Speech\ Production\ Effort + Coordination$，即视译（Sight Translating）是阅读（Reading Effort）、记忆（Memory Effort）、产出（Speech Production Effort）和协调（Coordination）共同作用的过程。在该模式中阅读代替了听辨理解，在实际的视译过程中，译员不仅阅读发言稿，同时更重要的是听发言人的讲话，所以阅读和听辨理解几乎是同时

发生的。因此，吉尔模式对视译的阐释就可以充实化为：ST = L + M + R + P + C。其中听辨理解（L，listening analysis）不容忽视。中国口译研究者吴文梅（2015：162）在吉尔视译模式的基础上，借鉴高夫阅读过程模式、古德曼阅读过程模式、鲁姆尔哈特阅读过程模式等认知处理过程模式，尝试构建了视译过程认知心理模型 SI Model：SI = RF + LI + LC + LP + MO + IP（其中 SI = sight interpreting，RF = representation formation，LI = letter identification，LC = lexical cognition，LP = lexical processing，MO = memory operation，IP = interpretation production）。

二 精力分配失衡的原因

口译过程实质是多任务同时处理的过程。为了确保口译任务的顺利推进和完成，译员总体处理各项分任务的能力必须大于或等于各项分任务所需要的处理能力之和。从这个方面来看，做好口译的技巧便是协调好各任务之间的精力分配，做好一心多用。其间造成译员精力分配失衡的因素既包括主观因素，如译员自身的知识、能力和素质等方面，也包括译员之外客观因素，如场合、规模、灯光、噪音等方面。本书主要探讨译员自身的主观因素，详情如下：

首先，译员的双语能力。若译员的双语能力不够强大，将直接造成其对源语信息正确理解和译语表达质量的期望较高，但能力不足，增加处理听解分析和言语表达任务上的精力分配，导致处理其他任务精力的不足，最终导致对整体意义解读、信息记忆和信息转换表达的负面影响。

其次，译员的言外知识。如上文所述，言外知识主要包括百科知识和专业主题知识。双语语言知识和言外知识的认知共享是译员领会讲话人信息含义的前提和基础。若译员上述知识匮乏，其处理听辨理解任务的难度就会加大，所需精力自然增加，容易导致整个过程综合精力分配的失衡。

再次，口译任务的超负荷。若源语的信息量过密、过于专业化、讲话者的语速过快，或者讲话者按照事先拟好的语法周密、逻辑严密、结构严谨的讲话稿快速宣读，都会增加译员理各项任务的难度，加速其脑疲劳，导致其精力分配失衡。

最后，译员的心理素质。现场口译中，译员的心理素质是成败的关键。心理素质的优劣体现在克服困难、控制情绪、调节行为的心理活动等方面。因为译员的紧张情绪会严重削弱处理口译各项任务的能力，打乱合理的精力分配节奏，导致口译任务的失败。

三 精力分配的有效途径

既然除了客观的外部条件以外，口译任务有效而圆满地完成与否主要取决于译员能否确保口译工作过程中有效地分配精力以实现多任务的处理。那么，为了解决译员信息加工任务量的限制和口译即席特征这一对无法摆脱的矛盾，译员需要从以下几方面努力，确保口译过程中精力的有效分配：一要提高单项任务（听辨理解、口译记忆、口译笔记和译语发布）的处理能力；二要在优化处理单项任务能力的过程中注重提高自动化处理部分任务的能力；三要在前两者的基础之上实现提高各项任务之间的协调能力，这里需要注意的是即使口译过程是同时进行诸多任务，但这并不等于要平均分配等额精力给各项任务，相反，精力的分配应该主次分明，即听解为主、笔记为辅；转换为主、表达为辅。口译实践的理想状况是，每一时刻处理每个单项任务所需要的精力应小于或等于译员所具备的单项任务处理能力、每一时刻处理所有任务所需要的精力应小于或等于译员所具备的综合任务处理能力，如此译员方可顺利完成整个口译任务。高效协调处理所有任务精力分配的前提条件即是提高处理各个单项口译任务的能力，以便尽量降低单项任务所占用的精力，使之最小化。结合释意学派的口译理论，口译过程中的单项任务可分解为听辨理解、口译记忆、口译笔记和译语发布。

首先，听辨理解阶段，要注意从声学的语音听辨转为认知的语流听辨，从中感知辨认信息的形式，提取信息意义。一方面，在辨认信息上不能耗费太多精力，对源语的掌握程度要达到近似母语的相当熟练，做到以最少的精力来辨认听取信息，这对译员的双语能力，尤其是外语能力的要求是相当高的。另一方面，对听辨理解到的信息进行高效的思维整合，脱离源语语言外壳，降低听解任务所需的精力。

其次，关于口译记忆，释意学派脱离源语语言外壳的理论认为译员越容易抛开源语形式，就越容易记忆源语传达的意义。口译记忆以理解为基础，是对所理解的意义的记忆，运用逻辑推理分析整合源语意义的信息结构是提高口译工作记忆效率的必备方式。此外，另一个提高记忆效率的有效手段是把理解的源语信息内容进行视觉化的成像法，用视觉跟踪事态发展，减轻记忆负担，辅助更加通畅和清晰的表达。

再次，口译笔记。笔记既是辅助口译记忆的必备手段，又可以有效减少口译记忆所占用的精力比例。从节约精力方面看来，口译笔记需要注意竖向记录、内容精简、形象直观、结构清晰。前两者可以节约笔头上花费的精力，将之转向理解、转换和表达；后两者能够高效辅助和提示记忆，优化表达过程的眼看笔记、口出译语。

最后，译语发布。译语发布即译语传译，是将源语信息转换成译语的语言形式产出口译的最终产品，其间译语表达的质量和效果直接关系到口译任务的质量优劣。因而在保证发布质量的前提下，译员译语语言的掌握越娴熟，处理发布的任务所需精力越少。同时，克服怯场心态，了然紧张之心人皆有之，相信不需要做到完美即可成功，不盲目自卑，保持谦虚求教的心态，可以缓解紧张所消耗的精力，优化译语发布效果。

第七节 口译过程的口译技能

为确保口译过程的顺利进行和译语发布的较高质量，译员需要配合选择和使用诸如顺句驱动、断句、等待、预测和转换等诸多口译技能，采用相应的应对策略。

一 顺句驱动

在口译中，尤其是同声传译或视译中，译员在听/看到一段较为完整的信息之前就不得不开始传译，没有充裕的时间仔细斟酌，加之英汉两种语言的语序差异较大，尤其是定语的左右分支结构截然相反，若想真正实现"同步"或者"实时"传译，译员必须根据所听到信息的前后顺序，采用切分、断句、预测、增补、删减等一系列口译技巧尽可能完整有序地传达原文的话语意思，因此，顺句驱动就成了口译实战，尤其是同声传译或视译中最为常用的方法之一。顺句驱动指的是尽可能按照源语话语出现的顺序,传译源语所包含的概念和信息等整体意义,以大幅减轻译员短时记忆压力提高口译效率,最大限度地保持信息完整度减少信息遗漏。执行顺句驱动最重要也是最难的即是按相对独立的意群将长句切成语义相对完整的短句,即断句,再配合其他技巧,自然流畅地进行译语发布。

二 断句

断句被视为同传的灵魂或核心,若视之为同声传译中最重要的技巧亦非言过其实。断句指的是在同声传译过程中以适当的意群或概念为单位切割句子,然后再将其传译为目的语。从某种意义上说,诸如转换、增补、重复、等待等其他技巧均可视为由断句派生而来,断句作为其他诸多技巧的发端是由同传本身的性质所决定的。在同声传译的过程中,面对源源不断涌进的信息,为了实时处理接踵而来的信息,译员需要采用顺句驱动模式。在此基础之上,为了更加高效地提高同声传译的速度和质量,译员必须减轻记忆负担,断句得当,以便顺畅连接。需要注意的是,适切的断句本质上是为了实现传译更加流畅自然,而非为断句而断句,因此,同声传译成功与否的关键在于如何合理迅速地断开信息,同时又能够流畅准确地接续信息。在汉语和英语的信息内容与其表达形式几乎完全等值时,两种语言的语序基本一致,这种情况比较容易处理,无须使用同传意义上的断句技巧。但是,英汉双语中都不乏数量可观的复杂句子,需要在同声传译过程中进行断句处理,一般说来译员应该按照所听到言语的先后顺序进行断句和衔接,并且结合适当的修补与调整,实现节奏明快、语意分明、语气连贯和全面准确地传译源语所要传达的信息和情感。

三 等待

等待指的是在传译过程中有意识地等一下,到上下文信息较清楚时才开口翻译。该技能与笔译之前先阅读上下文有异曲同工之妙,其最大优点是可以增加准确性。如果译员边听边想边说过程中的记忆力强,尽可以采用这种类似笔译的方法，听完一两句话，甚至多听一些再开口，因为更大范围的上下文信息有助于更准确地理解和更达意地传译。等待的优势之二是能够解决英汉同声传译中汉语表述过于松散和重复的情况。随着译员经验和知识的积累，使用这种方法的频率会逐渐增加。需要注意的是：若使用不慎，会造成后来认知负荷过重，信息丢失或错误，影响传译效果。因此大多数情况下，为了减轻记忆负担，等待时间不宜过长，以中等长度的句子为例，如果语速正常的话，以不超过半句为宜。这种等待通常比较自然，译员可以按照自己的语感节奏进行把控。只要英语习得素质达到一定的程度，即可从语言的结构判断可能要出现的语汇，也就是说，听到前面的信息就会推断出后面可能说什么。

四 预测

口译中的预测指的是在讲话者话语说出之前预先推测到将要出现的信息的能力。预测，既不是纯粹的主观臆断，也不是未卜先知，而是一种有依有据的逻辑推理。具备良好的预测能力是有效运用口译中所有技巧的前提，有效的预测是灵活、准确、适时地应用技巧的基础。

口译中的预测包括语言预测和话题预测两类。语言预测主要指的是对口译中外语语言特点，英汉口译中即为英语语言特点的总结和归纳，注意能够提供预测的如短语搭配和句子间表示逻辑关系的连接词等的语言规律。语言预测能力的高低，在很大程度上由译员的英语语言功底决定，同时需要注意留意和总结语言的细微之处。话题预测则指的是从话题切入以形成相关预测，其基础主要源自平时的积累和精心准备，厚积薄发。话题预测在更大程度上是由译员的信息储备和知识结构等综合素养决定的，其所依据的理论基础是图式理论，也就是大脑语义记忆中关于事件一般性顺序的结构，推助理解语篇的全篇性连贯。

五 转换

转换是口译中常用的方法。因为口译中顺句驱动和断句的需要，为确保译文顺畅自然，进行适当的转换是传译过程之必须。转换有多种实现方式：一是词性转换，也是运用最为广泛的转换方法；二是句式的调整和变化,包括主被动句、有主语句和无主语句的转变等;还包含句子内部句序的转换,比如,与顺句驱动相左,在右分支结构方面,尤其是较长较复杂结构的情况下,英汉传译建议进行转换。如此,既可以减缓认知压力,又能确保译文更加符合译入语习俗,更加地道;三是逻辑关系转换,为了便于进行顺句驱动,逻辑关系也需要根据源语语序顺势进行转换。

六 应对策略

即使译员熟练掌握了口译所需的多种技能,内化了传译所要求的内在资质,仍然难以改变实际工作场合依然可能存在多种变数的现状,包括由于译员有限的智力水平和知识水平导致的有限处理能力、工作环境以及设备等其他变数。所以,包括富有经验的译员,在口译工作场合还是会碰到各种问题。因此为了能较好地完成传译任务,译员应具备相应的应对策略以解决实际工作场合中遇到的困难。

第一,重组信息。若不理解某些概念、术语,译员可根据主题或语言知识以及上下文等重新组织、安排信息,及时地传递给听众。在口译传译过程中,译员可以有意识地进行信息重组,如果运用得当,可以帮助译员重获之前丢失的信息。

第二,帮助同伴。在同传场合,译员箱内有 2—3 位译员搭档工作,每位译员传译 20 分钟左右,共同完成任务。当轮值的译员碰到一些诸如数字术语的困难时,可请求身旁的同伴给予帮助,一般来说同伴会将需要的信息写在纸上供当值译员参考。这是一项在同传过程中经常被采用的策略,需要译员发扬较强的团队合作精神。

第三,推迟产出。基于多种原因译员在传译过程中会碰到理解的困难,面临这种情况,译员可以推迟产出,也就是说译员可以稍微停顿进行思考,或等到接收更多后面的信息再进行传译。如此,译员虽然可以解决理解的困难,但是同时也会面临短时记忆信息聚集的窘境。所以,在实操过程中,译员应根据自己的实际情况适度采用推迟产出的策略。

第四,现场查阅资料。译前准备时译员可以将一些术语、名称等写在纸上,或用记号笔将一些重要的词汇在讲话稿上做标记,便于译员传译时快速查阅。同传过程中这些资料可以放在译员比较容易看到的地方，如此可以节省时间和精力进行其他信息的理解、分析和传译。

第五，利用其他信息资料。在一些会议口译中，讲话者除了口头宣讲以外，还会将有关信息以提纲、幻灯片等形式呈现给听众以更好地传递讲话的主题。译员一旦遇到理解困难，可以告诉听众参考相关的资料以便为自己争取有利的处境。

第六，省略信息。由于译员的听力、认知加工、分析处理能力以及现场反应时间的有限性，尤其遇到快速发言或高密度讲话时，难以避免有意无意地丢失信息。虽然从职业道德的角度来说，译员不能随便省略信息，但是在特殊情况下，译员不得不采取省略的策略。

第七，面对错误。无论是母语还是外语发言者，讲演时均会出现如逻辑、语法、发音等多种错误，这无疑导致增加了译员理解的困难和任务处理的难度。遇见这种情况，译员需要根据自己的理解，充分发挥灵活性和自主性，在目的语中连贯前后内容自觉进行错误更正。但是如果译员感觉更正错误有超过自身处理能力之嫌，可以不管错误。

第八，接力同传。有时大会口译涉及三种语言同时使用，那么始终有一位译员只能间接接收源语讲话者的信息，对于该译员来说，理解源语的难度随之增加。因为如果第一位译员丢失了部分的源语信息，造成第二位译员的信息来源和理解在所难免随之打折，最终导致整个传译产出的结果受到影响。因此，在接力同传中，译员之间要协调节奏并互相配合。第二位译员应更加充分地准备主题知识，以便在第一位译员信息传递不明确的情况下可以启动储备进行预测，在自己具备主题知识的前提下进行信息解释，顺利地实现信息的传译。

第八节　译前准备和译后反思

狭义的口译过程仅包括口译现场活动所见的听辨理解、脱离源语语言外壳和译语表达三个阶段，而广义的口译过程不可忽略口译活动之前的译前准备和口译活动之后的译后反思两个阶段，这两个环节处理的优劣对于现场口译活动的效果有着至关重要的影响。

一　译前准备

口译任务是否能够成功完成，不仅取决于译员的双语能力和口译技巧，而且与其言外知识和心理素质有密切关系。其中，基础是良好的心理素质和扎实的双语能力，保障是口译技巧，口译任务达成度的尺度是言外知识。由此可见译员能否成功传译，背景知识，也就是译员对口译主题百科知识的熟悉程度和对专业知识的了解程度发挥着重要作用。

（一）日常背景知识的储备

译员在口译生涯中要两条腿走路：不仅依靠扎实的双语能力完成口译任务，而且有意识地调动背景知识传译好每一场口译。背景知识对口译的作用主要包括：首先是已有的背景知识影响对信息的注意和记忆，感觉存储的信息只有受到注意才能进入记忆。背景知识会让译员对输入的新信息特别敏感，从正确的角度去注意，把听到的新信息与已有的知识联系起来，构建新的认知图式。其次是背景知识的图式影响对接收到信息的推理。认知心理学的研究结果表明，背景知识的图式有助于认知推理，可加速信息的会意和意义的提取。再次是背景知识影响信息的处理速度。学习者多有过这样的经历：无论是阅读还是听解，如果其中的主题和/或者与主题相关的背景知识是较为熟悉的，那么理解会更快更容易。由此可见，相关的背景知识能够降低句子的理解难度，减少处理信息所需要的时间。同理，在口译过程中，译员需要比较了解某些领域的知识，对其了解越深，口译任务就可能完成得越好。要实现这一点是与译前准备所做的功课须臾难离的。总而言之，本部分的知识模块准备可以从两方面进行：一是进行长期的知识储备（诸方面的百科知识和译员熟悉领域的主题知识）；二是以接到的口译任务为导向进行主题知识的准备。

（二）接到口译任务后的准备

接到口译任务后译员可以做以下准备工作：第一要索要相关的会议资料，例如发言主题或题目、会议议程、发言大纲或发言稿、发言人名单及简介等。第二要阅读相关专业资料，注意学习相关的学科专业知识、基础知识以及最新发展动态等，译员应是高效率的学习者，重点做好在学习相关知识的过程中，用双语思考，并做好专业术语的准备。第三要做好身心准备：口译是高强度的脑力活动，为实现任务执行过程中的精力充沛，译员应确保执行任务之前的充足睡眠和休息，同时要调整好心态，在准备过程中举轻若重，细致入微；传译过程中则举重若轻，遇到困难时保持镇定，灵活解决。第四要准备适切装备：译员的装备包括笔记本、笔（最好是按压式、两支以上）、电子词典等。第五要准备得体着装，适合口译现场的场合。第六要熟悉工作设备和场地：由于口译过程中的源语和译语在多数情况下需要通过电子设备进行传递，译员需要事先了解工作设备的操作方法和性能，以免影响现场传译，耽误会议进程；此外，要提前到活动场地熟悉情况，与活动组织者沟通，增加对活动的了解，根据现场情况进行相应的准备。第七要了解听众和发言人：译员在开始任务之前需要了解听众的基本情况和信息，比如听众属于领导人、技术专家、还是普通听众；了解其主要的心理特征，以便更具针对性地选择适切的译语表达风格和方式。在开始任务之前争取与发言人见面，以便了解其口音、语速、语调、语音和讲话风格；了解其在交际活动中的目的；了解其专业领域和在相关问题上的立场；了解其是否有过使用口译服务的经验，以便积累经验，更全面准确地分析讲话人。

二　译后反思

译后反思主要指译员结束传译任务之后，一是进行语言、知识层面的整理和归类，扩充专业知识、百科知识和术语库等，便于为以后口译任务提供便捷的语言知识资料；二是进行心理、文化方面的整理和拓展，常总结常反思，取精华去糟粕，便于提高心理素质、优化职业行为规范。

第 三 章

译员素质

基于上文关于口译的介绍可见，译者不仅要克服语言障碍（Jones, 1998/2008：4），而且一直被认为是文化传递的中介，而不只是语码转换者（Pöchhacker, 2004：56）。这一观点近年来得到卡坦（Katan）（1999）和阿尔－扎哈拉（al-Zahran）（2007）等的强烈支持。正如人们所见，翻译无意间、不可避免地包含着一些认知和文化的传递，具有文化特色的所指，经常或多或少地出现在讲话中。因此，译员必须有意识地进行调整，以便实现大家彼此懂得言下之意，即实现跨文化的交际。

有鉴于此，新手译员需注意以下行为规范：第一，听讲话者发言时不要过度反应；不要热情地点头（至多在开始的时候礼貌性地点头招呼）；不要嘟囔"嗯嗯"以表示同意，摇头或皱眉表示吃惊或不同意；也不要在讲话者讲笑话时大笑。第二，要像讲话者一样，采取第一人称传译。第三，要传递讲话者的语调和精神，但要保持适度原则；不要做得过火、亦步亦趋抢镜头或者表现得胜过讲话者。第四，不要修饰或过度传译；若有不确定的情况，谨慎地等待更多上下文信息进行核定（或者询问讲话者以澄清）。第五，要清清楚楚地传译思想、言之有物；不要盲目传译自己不理解的内容。第六，要完整地传译表意的句子，避免回译。第七，要遵守良好传译的基本规则：发音清晰、目光交流、剔除口头语。

口译作为一种职业，和其他职业相同，对其从业人员有相应的职业素养要求。口译的专业技能始于持续的培养、互动的语言知识与技能三种基本成分的融合，止于第四种成分的形成——职业素养。简而言之，职业素养的核心是基于对职业能力之潜质与不同的把握，对从业实践关键关系、准则和规定的理解，对管控沟通、协调角色道德标准的熟悉而作出的保护依赖于我们关于最佳利益的判断与决定。全面的专业技能随着译员经验和反思的增加而持续发展，而职业素养的方方面面在口译技术能力基础到位之后，继续在训练中培育。

关于职业行为和道德准则的文献都是规范译员行为、处理正确与错误的事情。而职业标准主要是提供实践策略以促进口译质量（Bancroft, 2005：vii）。职业标准和道德准则是该行业的特征。与医药和法律等管理严格的行业不同，口译道德准则既无成文的法律，又不受法律保护，但必须在保护该行业和用户利益的前提下，获得广泛的一致性支持或认可。

第一节　职业化与职业素养

在一些西方国家，像医生和律师这样具有较高地位的从业人员，为了他们的服务对象和整个社会的利益，要发誓遵守职业规定，希波克拉底是其中闻名遐迩的一个。与一份具体的工作不同，职业的一些特点是其从业人员要：拥有并运用通过约定俗成的培训（通常时间较长，需要具备高中以上学历，经历过有组织的实习）习得的特殊知识和技能；获得资格证书证明具备从业能力；提供有价值的服务：具有重要责任、符合公共利益；具有高水平能力；遵守职业道德和从业标准；对管理该职业的机构负责。因而这种职业享有较高的社会地位、较高水平的自主权、责任感和内驱力，维持较高水平的能力标准和道德准则。

会议口译完全职业化的努力始于20世纪50年代。公平地讲，国际会议口译员协会成员所进行的大会口译已基本具备职业化的全部特征，仅差最后一项里程碑行业禁入——通过政府强制许可、惩罚体系禁止业余、不合格从业者进入该行业。比如，在多数国家，没有合法的许可，医药和法律行业不可擅自从业。满足行业禁入相关规定，通常需要具备专业学历、专业机构成员资格和通过考试获得从业许可。

但是截至目前，全球的会议口译都未达到此种规范：虽然也建议进行专业的培训，但不是必需；专业证书的考取依然是基于学校的、碎片式的，缺少统一的标准；专业机构的成员身份，对于道德标准与从业规范的遵守仍是完全自愿的，推助国际规范界定与认可的努力仍然在路上。

国际组织全部认可会议译员的专业身份（如联合国雇用的译员，专业分数需达到 P3 到 P5）。但在国际组织之外的大部分地区并不认为会议口译是一种具有保护头衔的职业。在加拿大的一些省份确实存在保护性的称谓——具备从业资格的会议译员。比如安大略省译者与译员协会是该省唯一一家职业机构，具备合法授予从业人员具备从业资格的会议译员名号的执业机构。为获得该名号，会议译员必须通过国家级的考试或者提供相同水平的资格证书（http://www.atio.on.ca/services/certification.php，2015 年 12 月 13 日），即使是在这些省份，人们也可以以证书并非必需为由，宣称自己是会议译员。

尤其在私人市场，这种情况完全不受控制：在任何国家，会议口译从业许可和资格证书都非必需，任何一个没有经过训练、能力不足、未获得资格证书或不受道德准则约束的人，都可充当会议译员，结果导致自由进入的灰色市场：不合格的从业者损害不知情客户与用户的利益。在一些地区灰色市场中的译员从业者人数远远超过了受过训练、资质合格、接受道德准则约束的职业译员，而多数客户不能也不在意，对鱼目混杂的译员群体进行鉴别雇用。正如吉尔（2009：5）所言："无论从社会还是经济角度，这种情况都不利于高水平职业译员和译者——他们的社会地位和工作环境都将被低水平的从业者拉低。"

会议口译是一种舒适的工作，但是鲜为公众所见。另一种阻碍公众对其职业认可的因素大约是其认知的包罗万象。与律师或医生的技术知识不同，译员的语言、文化和社会知识，尽管十分复杂，却并非优先或独特（而且他们关于主题的知识不及与会代表深入）。译员的技能经常不被看作有特殊之处，相反，尤其在交传中，在外行人看来，译员仅仅是听听说说，所有懂得这门语言的人都可以做到。其他的因素还包括口译职业中女性占比很高——与男性主导的职业相比，女性主导的行业依然被广泛地认为社会地位较低；相对来说训练时间较短，仅两年，甚至在一些学校中仅有一年。

但是，一个行业并非必须得到官方认可成为职业之后方可使用户从专业行为中受益。口译在各个领域的职业化从根本上满足了译员、用户、客户和社会的利益，并且在一些国家的公共服务和社区服务中发展较好（道德准则合同从业标准更加完备），获得了更多小语种权利的认可。这种发展进步只能通过该行业自身推动，学校在选材、训练、保证高质量从业者、发展该行业的理论和研究基础、培养未来成员的职业素养等方面起着重要作用。

职业素养可以被理解成负责任的职业成员所必须具备的技术能力，以及坚持既定的道德规范和从业准则的同时，提供最优传译服务和敬业精神。口译的职业素养包括两个维度：职业技能、职业道德标准和实践。

一 职业技能

与职业同时出现的还有另一历史传统，该传统赋予尽职工匠以职业自豪感和职业技能，事实上，很多会议译员非常看重所持的口译专长。译员的与众不同和口译技能的鹤立鸡群，源自译员的职业技能和调整适应多种现场环境的能力，这两者在很大程度上都取决于工作环境，尤其是可以通过声音、视觉和信息确保优化的信息汲取。

职业素质中的技能指的是对于业内技能的把握，包含对技能工具的理解（主要是心、脑，具体地说是语言、知识和声音）、材料的使用（设备和文件）、环境的影响（会议和布置）、过程的把控（准备、主要口译模式的技能、语际动态沟通）和清楚优缺点。具体地讲，译员的能力主要包括智力因素和非智力因素，前者包括双语语言能力、非语言知识储备和口译技能，智力因素主要通过后天学习和训练进行提升；后者包括心理素质（良好的意志力和记忆力、快速反应能力、处变不惊的心理素质、跨文化意识）、身体素质（能够进行长时间高强度脑力工作）和职业素质（责任心、工作态度和职业道德），虽然后天培训对非智力因素有一定的促进作用，但是主要取决于先天潜质。展开来讲，可以做以下解读。

扎实的双语功底指的是丰富的 A 语和 B 语语言知识，包括语用、语义、语篇、语法、词汇和语音等方面的知识。具体来说，首先，译员应该具备一次性听解的能力，也就是说译员需要既能一次性听解发音标准的话语，也能够听解带浓重口音的语言，适应不同的讲话习惯。其次，译员需掌握远大于普通双语人士的词汇量，不仅要掌握普通传统词汇，还要实时关注新出现的词汇和用法，而且，每次接受口译任务的译前准备期间，需要补充专业术语，以熟悉不同的语域和讲话风格。最后，译员应具备使用合乎目的语语法规范的地道语言流畅传译的能力，即口齿清楚、说话流利、语法正确、表达自然。此外，还需熟悉这些语言所根植的文化背景，顺利理解其中的诙谐、夸张、高雅、委婉和俚俗等修辞特征。与双语知识的重要性相同，广博的非语言知识也是须臾难离的，这包括主题知识、常识性知识、语境/情景知识和文化知识。主题知识是译员每次口译任务所应对的话题，比如，本次任务所涉课题的基本概念、会议讨论的热点问题、相关方面对这些问题的立场态度以及常用的专业词汇等，这些不同领域的主题知识后期可以成为口译任务的广义上的常识性知识。常识性知识包括日常生活中应该了解的一般性信息，也包括译员不知道或新出现的，但是随时可能在口译中碰到的陌生信息。语境知识也叫情景知识，包含语言性语境和非语言性语境，前者指表达某种特定意义所依托的上下文，后者指表达某种特定意义所依托的主客观因素以及非语言符号（体态语、副语言符号和类语言符号等）。基于这些知识的点面结合，传译过程比较容易得心应手。文化知识包罗万象，译员需要积累广博的双文化和多文化知识，培养文化敏感性，长于迅速调动自己的语言和知识积累。扎实的双语知识和广博的非语言知识需要借助娴熟的口译技能方能促成成功的口译活动。口译技能可以拆分为译前准备、公众演讲、意义听辨、注意力分配、综述、记忆、笔记、跨文化交际、数字转换、语言转换、应急处理等。译前准备包括长期译前准备和短期译前准备两种，前者指的是为提高口译技能所做的全部口译技能的学习、培训和提高，后者指的是为参加某次口译活动所做的具体准备。口译是以口头言语为主要媒介的跨语言交流，公众演讲所涉及的语言因素、副语言和非语言因素都是译员需要注意的。意义听辨指的是听和理解，是狭义口译过程的第一步，口译的听是积极的听，是跳出了字词层面的意义辨析，即为了意义听辨而得意忘形。口译中的注意力分配是一项比较大的挑战，因为它违反常规的心智活动，不要一心一意而要一心多用，不同的学者提出过不同的精力分配模式，总而言之，基本原则大同小异：注意力较多地集中在理解和脑记源语信息，较少地用于手头笔记。在语言转换方面，因同属翻译范畴，笔译的语言转换技巧大多适用于口译，例如转换法、拆句法、增译法、省译法、适当调整法、合并法、倒置法、顺句推动法、重组法、包孕法和插入法等。数字转换是译员传译过程中的一大挑战，主要因为短时记忆能力有限，数字信息往往嵌在语言信息中，既无规律可循又与上下文没有必然联系，此外英汉两种语言表达数字的计数单位不尽相同，转换过程中极易出错。综述指的是译员对源语信息进行简明扼要的概括性（一般相当于原文三分之一）传译。一般意义上的跨文化交际技能指的是以多元的视角和开明的胸襟跨越不同文化之间的差异和障碍。

跨文化意识是对文化差异的认识，译员应培养对交际所涉及的文化的意识，熟悉其中的风俗习惯和与不同文化的人打交道的方法，在工作中保持对文化差异的敏感性，主动选取听众和讲话人的角度思考问题和采取行动，减少因文化差异而导致的误会或沟通不畅。与有声语言相同，非语言交际也是文化的载体，同样具有强烈的民族性。非语言交际包括首语、手势语、身体语言和面部表情等，是任何交际不可或缺的部分。美国有研究表明，语言所表达的信息只占交际行为的7%，而非语言交际所传递的信息多达93%。所以文化和环境差异所赋予非语言交际的不同含义以及对其的理解，在跨文化交际中的重要性则不言而喻。口译作为一种跨文化交际过程，译员在其中并非传声筒，而是需要发挥主观能动性的参与者，将一种文化传递到另一种文化，寻求不同文化间的对等表达。应急处理指的是妥善处理口译过程中有关传译本身和传译之外的突发状况。

涉及同声传译的时候还需要注意团队合作。职业化的同声传译通常两三位译员一组，一位译员传译二十分钟后由其他译员接力进行，两三位译员之间轮流进行。因此做好同声传译，不仅要求译员个人素质好、水平高，而且要求译员之间彼此帮助、高效配合，构建和谐的合作团体，确保整个团队实现最佳的工作效能。因个体差异，专业专长、思维方法和语言习惯都会有差别，工作中也会形成各自相对优势，只有相互尊重、取长补短、加强协调方能成就最佳传译效果。

心理素质是由意志、注意力、思维、感觉、知觉等要素组成。在译员的心理素质诸要素中，意志是最重要的。意志指的是顽强抗争、处变不惊的精神，在口译过程中体现在，译员不仅不怯场而且能够快速进入较好的兴奋状态。对于译员来说，怯场和紧张等反应会对传译工作造成负面影响，因而需要具备过硬的心理素质，比如进入工作场地时神色从容不迫、举止自信大方；开口翻译时语速不急不慢、音量不高不低、语调自然流畅；接人待物时有礼有节、不卑不亢、谈吐得体；遇到意外情况时沉着冷静、机智处理、灵活应对。（任文，2014：24）变减法为加法，适度的紧张，以确保思维活跃、反应敏捷、情绪饱满。

良好的职业道德是译员必备素质之一，职业道德包括两方面内容：一是达到职业所要求的业务水平，即前文所提到的智力因素；二是遵循职业所要求的道德品质、道德操守和道德准则，即在实际工作中按照相关组织和行业制定的译员行为准则行事。比如接受任务后应该积极做译前准备，传译过程中要忠实地传递信息，不掺杂个人观点，保持中立立场。口译作为跨文化交际，译员的职业道德还应兼顾通晓外事礼仪、遵守外事纪律、严守国家机密和不做有损国家利益和人格尊严的事情。

评价口译的标准自然而然成为译员必备素质，任文（2014：10）认为可以将完整准确、通顺流畅、及时快捷、适度得体作为衡量交替传译的基本标准。完整准确指的是传译源语信息时量完整质准确；目的语传译要忠实反映源语的语用意义、内涵意义和感情色彩，而未必是所指或者语法层面的意义；注意目的语选词和句法的可接受性和地道性；传译过程应注意遵守合作原则之量的原则，即目的语信息量与源语等值；传译用语之语体风格与源语尽量靠近；量化说来，传译信息准确可占比80%，传译符合目标语表达方式，即表达准确和流畅，逻辑性强，概念清楚，上下文衔接自然，风格、口吻和语气恰当占比10%，满足听众期待占比10%。通顺流畅之通顺指目的语表达的内在内容理解起来比较明白易懂，流畅指的是目的语表达听起来清楚流利，少重复与修正。及时快捷首先是指译员反应及时、快速理解源语意义，即思维跟上讲话人的表述速度，而非传译过程中话语速度越快越好；其次是笔记要快，跟上讲话人节奏；再次是讲话人停止讲话到译员开口传译的时间差，即耳口时间差要短，讲话人结束讲话内容之后3—5秒钟内译员开始传译，否则过长的等待易使听众产生焦虑和怀疑；最后是迅速处理接踵而来的信息，及时调动语言和知识资源，并综合有效处理收敛性思维和发散性思维能力的关系，实时找到与源语信息基本对应的目的语表达方式进行传译。适度得体更多指向译员的副语言素质，如音量适度、语速适中、语调恰切、非传译信息的声音应避开话筒。记忆指的是人脑对信息的存储、加工和提取，包括感官记忆、短时/工作记忆和长时记忆，口译中信息处理的强度较高，在相当大程度上是由译员的记忆能力所左右的。但是口译任务中讲话人连续宣讲几分钟或者更久也较为常见，其中还会经常出现人名、地名和数字等信息，仅仅依靠大脑记忆明显捉襟见肘，无法应对，因而记笔记成为译员尤其是交传译员必备的重要技能，减缓脑记的认知负荷，辅助记忆效果，手脑同步并行，不要顾此失彼，共同优化传译效果。

二　职业道德标准和实践

口译并非在和平安静的工作室内进行，而是与社会紧密相连，因此，只有理解了从业实际的道德标准和服务领域之后，职业技能方可行之有效。

道德标准是道德哲学的一个分支，是对职业行为正确与错误的规定，其应用的目的是设定规则规范从业实践。专业译员遵守道德认知和标准，以其管理行为、指导选择。认知之一直接来自职业技能，意味着服务质量的保障。译员有义务只接受能力所及的任务，尽量确保高水平职业标准的必备条件。如果在外部环境设备不达标的情况下，许诺高标准的传译质量就违背了职业道德标准。

尽管没有主管机构或统一的道德标准管理全部译员，仍有一些广为接受的译员道德信条，包括能力、保密、忠实、诚信、中立、共同掌权和避免利益冲突。合格的译员必须内化这些经典的标准，熟悉它们在实践中的意义，还要悉知具体的标准和规定，以便在目标业务中顺利应用。这些规则和标准的应用并非简易直接，有时需要在快速变化的环境中承受高压进行复杂的判断。也许最棘手和具有争议的是恰如其分地处理译员的角色和其职责范围，其中对译员的中立和忠诚的期望不一，不同的情况也将决定不同的准入标准和设定不同水平的介入和优化调整。

在大部分训练中,会议译员关注的重点是语言、认知过程和技能,但是口译的最终目的是帮助沟通,是典型的社交活动,所提供的令人满意的服务是指促成当事各方授权的高效的人际交流。作为前提,培训期间必须熟悉口译服务市场、生态系统、角色分布,以及如何与雇主、同事和客户沟通。

译员必须掌握职业实践技能,既包括具体的口译技能,又包括通用的自由从业技能,至少要学会职业发展规划。概而言之,即如何健康、开心、成功地工作。对于口译职业素养三方(技能、道德、实践)互动的复杂界定,目的是平衡现实与理想的差距,帮助纠正那些幼稚、英雄主义的看法,认为译员能够或者应该在任何场合传译任何类型的内容。

三 小结

在现实世界中,职业素养是口译专门技能和口译实践的第四重要因素,职业素养规定了译员如何处理、优化或促进为用户提供服务,其中传译质量、多方互信以及工作环境是相互关联的。职业素养在技能、道义和实践层面都是互动的:致力于提高能力、诚实、保密、确保高质量的最佳条件、构建服务所承诺的互信与透明、实践译员角色,满足用户需求和期望。

中立和忠实的界定并非清晰可辨,专业译员的中立在某种意义上可理解为不在传译过程中显示自己的信仰、爱好或同情;忠实地传达讲话者的意图;将误解或曲解降至最低。但让所有译员都能够在提供平等服务的意义上做到完全中立是不现实的。目前在口译实践中存在两种广义范式:一是按照用户协议或雇用条款的要求,中立译员为全部讲话者和听众提供平等、优化的服务。二是附属角色的译员,即由交际一方雇用或附属于交际一方,要为其当事人提供一些额外优化的服务,这可以理解为对于忠实的期望,这种情形多见于外交、军事乃至商务口译。

关于会议口译的角色,同传比交传更加约定俗成;总体上比社区口译更标准化,但是不及正式场合;相较法律口译,其限制性稍逊。在要求不是特别严格的场合,或者参与者实用口译的经验不足,职业译员应保持默认的中立角色，但是要本着优化交际的精神作出最佳安排，积极地向参与者解释角色任务和事务程序，并在必要的地方进行积极的沟通，最佳实践方法也反映了另一条推荐准则——透明，确保沟通在平等的环境中进行，译前译员的角色任务和传译程序对所有参与方越清晰透明，结果将越好。

译员认为，他们并非有意隐形，而是在适当和受邀的时候提供可见的服务帮助。有时参与方会邀请译员提供建议、帮助达成协议甚至在多方之中进行仲裁。这种强力斡旋并非译员默认角色的必备内容，因此译员只在严格、例外的情形才会接受。

译员的工作环境千差万别，职业道德标准要求译员坚持上述原则，但是除了经济因素和其他例如军事征募等特殊因素以外，译员可以自由选择工作环境。工作中自然会遇见竞争、敌对和友善的交际情况，也会面临来自经济和政治强权关于职业与个人道德的挑战，作为职业译员，可以因为工作环境不达标而拒绝接受某种任务，同理，若道德标准不达标，或仅仅是不符合个人喜好，依然可以拒绝接受口译任务。

一项由美国国家卫生保健口译委员会所进行的关于公开行为规范（Bancroft，2005：20-26）的调查表明不同领域的口译对译员角色所看重的方面不尽相同。国际会议口译员协会最不看重像中立或中场等要求。在会议口译的中心跨国组织中，译员的角色是由客户的国际地位所决定的，清晰可辨。但是会议口译技能引申开来使这一行业也深入发展到私人和国家公共机构、地方以及市场中，这在交传模式中尤其如此，不同的标准对于译员角色的界定差别较大。

此外，译员可以影响交际沟通的规则，但是鲜能重新定义。广义而言，译员必须遵守职业实践的客户规定，必须时刻准备着应对角色、中立、忠诚等不明确的环境，并基于道义和物质的原因运用自我判断遵从、建议、调整、沟通或者拒绝相关的工作环境和安排。

第二节　行为准则

为辅助美国国家卫生保健口译委员会制定规则而进行的一项调查发

现了一些普遍行为规则，但是不同行业侧重点有所不同。法院口译的标准重点在于保密、中立、准确以及遵守法院的规章制度。社区和卫生保健口译的行为准则更关注译员的角色、职责范围、文化沟通、客户（患者）的健康以及协商客商关系，确保满足消费者的需求。（Bancroft, 2005: vii）而业已公开的会议口译的职业标准却更加重视后勤保障、合同事宜和工作环境。与法院、医药、社区口译不同（Mikkelson, 2000: 54），国际会议口译员协会并未提供从业标准，规范实操中的普遍道德准则。

与会议口译最相关的重要的普遍准则包括保密、能力（能够提供高标准的传译服务）、诚信、中立和忠实（传译的信息准确和或完整）。前三者清晰明了，适用于所有领域、情境的口译，后两者更加复杂、具有争议性，尤其是忠实——所有翻译中最复杂的一条。

一　保密准则

保密准则是所有领域和环境中的译员所普遍接受的职业道德准则的基石，对于获得当事人的信任有至关重要的作用。在为政治、军事、科学和商务等广泛领域的事件和商榷提供传译服务的时候，译员可能意识不到所谈内容公开后的恶果，但是至少要做到不自以为是，最重要的是要维护客户的信任，译员必须确保不违反规定进行自由裁量，因此译员必须养成习惯，不透露或讨论尚未公布的与会议相关的信息，甚至是类似会议主办方等信息。

在非公共事务中（多数口译任务均属这一类别），保密准则禁止通过媒介、接受方、其他非本会议译员等渠道泄露会议信息。在明确的秘密会议中，保密信息也包括会议举办的地点和参与人。保密准则包括仅与本次会议口译团队成员分享相关信息，确保文件和设备的安全。不再需要的文件要从所有的设备永久删除，硬拷贝归还主办方，如若不可行，则自行粉碎销毁。

职业保密原则可以被法律决议或者更高级别的要务否定，比如汇报犯罪行为或拯救生命的义务。内部译员需依法遵守就业所签合同中的保密条款。客户应该同样信任遵守保密准则的自由职业者，不管他们是否按照常态要求签订保密协议。简而言之，职业大会译员必须严格遵守道德规范中的保密准则，维护行业利益。

二 职业能力

职业能力包含致力维持高标准的传译、拥有必备的技能和知识（包括准备任务），以及拒绝任何自己不能胜任或者没有足够时间准备的任务；确保包含用于准备工作的适当的文件或背景信息等必备的工作条件，以保证工作质量；致力于职业发展，不断提升传译质量。

三 忠实

译员最主要的任务是作为可信桥梁，帮助人们克服语言障碍进行沟通，因此，尽量准确地传译讲话者的意义是核心的职业伦理。这条规则在大多数行为规范中都明文陈述，只是措辞不同，但是国际会议口译员协会的职业伦理规范没有提及，在其看来，这是理所当然的。

忠实是翻译中高度复杂的事情，也是老生常谈的话题：译员和译者何时何处倾向直译或意译，抑或他们何时能够或者应该优化交际。抛开学术和理论的界定，与笔译中的情形一样，用户对译员传译的期望也是众口难调，其中就包括忠实。

口译的忠实包括诚实——避免利益冲突，不利用传译实践所获得的信息谋取私利；责任——守时、可靠、诺必果、不随意取消预订工作；团结——与同事合作、共享知识、帮助新人、提供同事道德帮助；自尊——拒绝所有有损职业尊严和名声的工作与环境。

会议口译忠实性最基本的指导方针是直截了当，遇到困难时有的方案可备选也是不无裨益的。译员默认的任务是尽己所能，最准确地理解与传达讲话者的意图，包括尽量清晰、富有交际功能地传递信息内容、争辩、逻辑、语调和情绪。遇到困难时，只能启用自己的判断，或者若仍不够确定，从预备方案中选取一个解燃眉之急。

遇到困难所需的方案有三种：译员自己的判断、与讲话者沟通、团队（同一译员箱中的译员伙伴）的帮助。三者之中译员自己的判断随时可用，也是最后的备选方案（如同传时，传译伙伴恰巧出去了，或者没有时间可以交流）。需要注意的是，译员的判断是与其语言、技能和知识同等重要的工具。显而易见的是：译员越是懂得讲话者的交际意图和关切，就越能够更好地作出重要决定。

最后，有时不可能实现上述默认的忠实，原因可能是以下几种情况：突发声音干扰；讲话者口音浓重、快速朗读高密度信息材料；大量数字、名字、文献引语的迅速出现等。面对这些情形，不要猜测或糊弄，将忠实降到最低，或仅保持基本的忠实。传译自己所理解的，无论多么简单，避免任何误解或曲解讲话者基本的交际意图。从道理上讲，如果遇到客户干扰，译员可以选择不译，但是本着对客户负责的态度，不能接受任何曲解或误译讲话者意图的指令。重要的是，如果译员不确定但又必须说些什么（像同传中的情形），最安全的选择是不表示明确意义，比如，不要冒险传译讲话者是支持或反对，不要详细解释或过度传译自己不确定的信息。

四　中立

译员的中立性原则非常重要，在多数公开的译员道德准则中占据重要地位。普遍接受的译员中立性的意思是译员要有意识地避免个人观点或偏好影响传译。在国际组织的准则中，完全中立要求译员为交流各方提供严格意义上的平等的传译服务。此规范并非放之四海而皆准，因为在很多场合（如外交、商务、军事等）中，译员通常由一方雇用，在某些方面是被该方期望提供优待服务的。

虽然在法院或卫生保健口译中，译员的角色定义更加清楚，但是在很多场合，译员不得不自己灵活判断。显而易见，因为基本的语言和文化原因，仅仅进行言语传译并非有效的解决方案，因此，在文献和网络论坛中就译员角色的积极性，以及是否或何时缓和进攻性话语展开了热烈的辩论，修正明显的错误、解释潜在的误解、调节或干预事件的推动等。

现代译员通常属于两种界定清晰、多方接受的准则框架。其一，共享译员：译员受雇于政府间组织或其他以相似准则为基础的国际或多边实体，在其赞助下，为与会各方提供中立传译服务。其二，附属或隶属译员：在外交、商务、企业自带译员以及军事口译中各方雇用自己的译员（团队）。

五 道德与良知

无论工作环境规定的角色如何，都要具备职业素养，不能像雇佣兵那样不顾缘由和方法地出租服务。译员能够且应该拒绝的理由不仅包括技术条件，也要包括伦理道德。他们有理由拒绝违反伦理道德的任务，即使任务已经开始，也完全可以中途叫停。

在良知方面，译员应该拒绝所有在他看来可能涉及犯罪、危及生命的任务。有时译员会被问到会为极端主义者（恐怖主义者、独裁者、杀人犯或狂热分子等）提供服务吗？对此，透明原则或可参考，即只有像法庭诉讼那样，控辩双方均在场时方可接受。20 世纪中期，传奇式译员安德雷·卡明卡（André Kaminker）在 1934 年为法国无线广播现场传译了希特勒首场重要演讲（Signoret, 1976: 15; Gaiba, 1998: 30），因此帮助整个国家认清了希特勒魔鬼的真面目。最后，一些富有争议的情景可能严重地影响译员工作的伦理性，因此，译员在决定是否接受任务时要保持足够的警惕和良知。

六 优化选择与强力斡旋

译员的工作绝不仅仅是从一种语言到另一种语言的词汇转换。无论是完全独立的共享译员，还是一方雇用的译员，译员的任务是帮助听众尽量完整地知晓讲话者的意思。这通常意味着推断讲话者的意图，自由选择当时情境中能够最好达意的词汇和表达方式，这一过程远非词对等或词组对等的直译。

为了确保交际的充分性，译员通常需要更进一步努力以推进交际信息尽可能舒适地被理解或克服文化障碍。这就需要采取超越严格意义上翻译的方法来优化交际：解释、释义、澄清、改述乃至慎重地调整语调、语体或者例子的选择。这些选择具有风险和责任，因而译员要谨慎选用。

译员通常被看作语言甚至文化的斡旋者，但是有时也被期望在此之外，帮助交际方达成协议或找到解决问题的方法。这是更加积极或强力的斡旋，其中译员部分地扮演了顾问乃至仲裁人的角色。虽然在某种情况下译员将作出更大贡献，但这并非传统情形中译员的角色，而且这还伴有风险和责任，所以在偶尔接受这种角色之前，译员必须搞清楚以下事宜：这是确定必需的、没有合格的专业斡旋人员可用；各方都明确地邀请，他们都同意你承担此角色（但是他们未必采纳你的建议）；你感觉有能力胜任（你了解各方的立场和利益吗？你掌握了足够的信息评价局势进行斡旋吗？）；期望是现实可行的，你被赋予了做好这个角色的自由空间和回旋余地，比如，如果你同时还要进行传译，你是否有额外的时间去处理。

第三节 译员角色

一 早期关于译员的记录

与古代汉语中综合的术语译泛指口笔译行为和译者与译员，与此不同，欧洲语言中对口笔译行为的区分较为细致，正如波赫哈克（Pöchhacker）（2004：9）所言："在很多欧洲语言中表达口译概念的词汇，其词源很大程度上自动来自笔译。"

在日耳曼语、斯拉夫语中，表示从事口译的人的表达可追溯到公元前1900年的术语 targumanu，这也是阿拉伯术语 tarjumān ترجمان 或土耳其语 Turciiman 的来源。在古代，不同语言文化间借用术语指示译员似乎是司空见惯的（Behr，2004：192），只是现存证据不足以说明借出与借入的方向。热扎克（Rezhake）（1994：9）记录了借用词汇的案例：tərjimə、kilmak 和 tərjiman 都是来自阿拉伯语，在维吾尔语中指译者。但是除了术语名称以外，现有记录鲜有提及译员的个人经历，直到16世纪和17世纪，关于译员介绍举例的文献方有记录。同样 dragoman 在讲英语的世界里用于指译员。在古埃及，外国人被看作邪恶的野蛮人，译员也被有些贬损地看作讲奇怪话的人。（Hermann，1956/2002：15）其他冠给译员和译者的称呼有拉丁文的 interpres，意思是中间人、调解人、商务媒介人和解释者。

二 译员的可见性

译员的可见性一直是备受争议的话题。有的行为规范提倡译员谨慎与保守的角色,比如加利福尼亚法律译员的职业标准和道德规范规定译员应该帮助……保持中立、不引人注目。ASTM 2007 年的专业行为标准之 13.3 条规定译员要避免吸引不必要的注意力……但是译员绝非一个传话筒、完全的中立者、被动消极的隐身人,或者口译过程中传递语言信息的工具,而是一个协调者,能够见机行事、察言观色、具体情况具体分析和促进交际顺利进行。当然,这并不等同于译员可以忽略自己准确完整传译话语的义务而喧宾夺主。恰恰相反,译员要明了自己的义务,即不仅要专注源语信息的接收、理解和阐释,而且还需要充分关注现场听众,了解他们的接受方式、审美价值取向和接受能力等。杰出的译员应该既能够成功地完成传译语言,又能够出色地完成谈话参与者的任务。由于听众在受教育程度、职业、年龄和个人爱好等方面存在差异,所以译员的策略也应有针对性地进行调整。

需要注意的是:译员的隐身与被动不可混为一谈。众所周知的是,口译包含高度积极的信息加工、持续的分析、对环境的敏感、对人际知识的调用和判断。阿尔-扎哈拉(al-Zahran)(2007:155)在一定程度上捕捉到了这种矛盾:"译员作为文化传递者,在某种程度上与交际双方的基本利益并无瓜葛,故而成就其中立演员的角色。这在本质上有些自相矛盾,因为在理解双方言语意图的时候,译员是个不折不扣的'两面派'。"

译员的默认角色应该像歌舞剧院中身着黑衣的舞台工作人员一样,他们同演员一起上台、移动道具、更换场景,但通常被认为是隐形的。译员的隐身不能等同于胆怯的声音或动作,而是准确传译源语发布中的信息。这种积极的隐身可以通过动作、措辞以及语调来实现。比如,译员可以通过词语的选择和象征性的义愤的语调来传达生气或义愤,但不能向讲话者那般声嘶力竭、手舞足蹈。

另外,译员应该随时准备着或多或少积极参与于无形中地促进沟通。安杰莱利(Angelelli)2003 年在三个国家针对会议口译、法庭口译、医疗/社区口译、电话远程口译等不同领域的译员进行过如何看待自身角色的调查。调查发现,他们"不认为自己的角色,在任意场合是隐形的",而且他们觉得"他们在建立相互信任、促进相互尊重、优化交际效果和信息沟通、弥补文化差距、控制交流节奏以及与交际一方保持一致等方面起着重要作用"。(Angelelli,2004:26)

在某些情景中,译员可能需要更加直接可见,向用户展示他们是如何帮助提高交际效果,比如,当参与方使用口译服务的经验不足时。(Donovan,2008)但是在某种程度上,译员角色的拓展必须得到用户明确的认可。

遭到质疑,该如何处理?无论是交传还是同传,参与者有时会直接质疑译员译文的忠实性。这有时是真诚的,有时却是图谋不轨的,以此作为谈判手段或试图回到之前讨论的话题。若是真诚的、有关语言或事实的纠正,译员致歉并接受。若是遇到不公、错误或者有明显意图,且对意义并无重要影响的情况,最好表示异议,相信观众的洞察力即可。但是如果是错误的纠正扭曲了信息的话,译员就有必要坚持立场,尤其是其他参与者不理解交际所涉及的语言的情形。

译员应该对自己的角色要求保持清醒的认识。译员作为跨文化交际的积极协调者,应灵活机动地处理口译中出现的各种情况,排除交际困难,协调参与方的关系,促使谈话有序进行,实现成功的跨文化交流。

第四章

口译研究

第一节 研究问题

口译，作为一种翻译形式，可以界定为"译员作为中介进行的跨语言和跨文化的交际行为和活动，在这种行为和活动中，译员听取讲话人的源语话语，并即时用目标语以口语或手语的方式向听众传达讲话人的意思，通过译员的传译，异语双方之间得以进行交际沟通"。（王斌华，2019）截至 21 世纪初，作为翻译学子学科，口译研究的地位基本确立：专门的研究群体出版了学科基础著作，发表了学科相关论文，形成了若干研究领域和主线，呈现了研究主题多元化、研究路径跨学科的趋势。

口译现象可从多个维度的视角来进行认识：口译是双语转换加工过程；口译是认知操作和处理过程；口译是信息处理行为；口译是话语理解和产出行为；口译是人际互动和跨文化交际行为；口译是社会—文化活动；口译是专业技能。口译过程的即时性特征与口译源语和目标语发布的单次性特征是口译的双语加工过程研究、认知操作处理过程研究的认识论基础，口译过程的即时性特征与口译源语、目标语发布的单次性特征和口语性特征是口译的信息处理过程研究和话语理解产出过程研究以及口译产品研究的认识论基础，口译的交际在场性特征是口译交际行为研究的认识论基础。对口译区别性特征的认识使得我们能够清晰厘定口译研究的对象，构成口译研究的认识论基础。（王斌华，2019）口译现象的核心内容及其相互关系可以概括为以下几个方面，见图 4-1。（王斌华，2019）

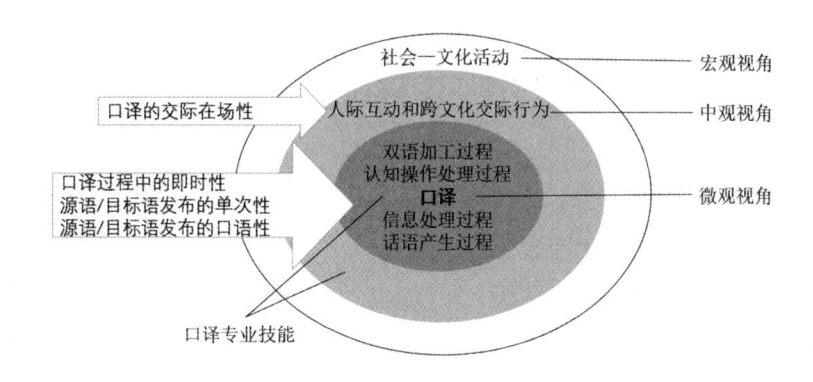

图 4-1 口译研究的多维认识论

以此为基础，口译研究从宏观到微观可以从五个层面进行较为系统的理论建构：第一，口译的社会—文化活动论，对应图 4-1 的宏观视角，即视口译为社会—文化活动的视角。在该视角下，口译理论重点关注译员的角色伦理分析、社会—文化语境中的口译活动中意识形态和权力分析、口译活动的场域、口译规范描写、惯习和资本分析等。第二，口译的交际中介协调论，对应图 4-1 的中观视角，是视口译为人际互动和跨文化交际行为的视角。从该视角出发，口译理论重点关注译员对会话双方的文化差异和权力的协调分析、与会话双方的交际互动协调分析、其中介角色分析以及口译的话语协调分析等。第三，口译的专业技能论，对应图 4-1 中的口译专业技能，此乃视口译为专业技巧和能力的视角，其口译理论重点关注口译能力及其发展研究、口译课程、教材和教学法研究、口译技术研究以及口译技巧研究等。第四，口译的即时双语认知处理理论，对应图 4-1 微观视角中两个方面的研究，即视口译为认知操作处理过程和双语加工过程的两个方面。该层面的口译理论重点关注口译的认知处理过程、认知操作机制，以及双语转换加工的原理等。第五，口译的即时双语信息处理理论，也是对应图 4-1 微观视角中两个方面的研究，即视口译为信息处理过程以及话语产出过程两个方面。该视角下的口译理论重点关注口译的信息处理过程和机制、口译信息处理的操作规范和策略，以及口译产品的评估。下文对国内外口译研究的发展脉络和动态进行爬梳。

第二节　国外研究综述

多萝西娅·弗莱伊（Dorothea Fry）于 1925 年 6 月在 *Quarterly Journal of Speech* 上发表题为 "Learning Material for Oral Interpretation" 的文章被视为国际口译研究的破冰之作。之后，口译研究界代表人物以波赫哈克（Pöchhacker）（2006）为例曾做以下总结：从国际范围来看，口译研究自 20 世纪 50 年代肇始以来，经历了五个发展阶段：第一阶段是开拓阶段（20 世纪 60 年代），该阶段的研究主要集中在一批试验心理学家对口译的探索；20 世纪 70 年代到 80 年代中期是第二阶段，被称作奠基阶段，其间的主要成果是巴黎学派释意理论的形成；第三阶段指的是 20 世纪 80 年代末到 90 年代中期的新兴和国际化阶段，该阶段中的主流事件是新一代口译研究代表人物的出现以及口译研究在欧洲之外的其他地区包括在中国的兴起；整合及多元化阶段是第四阶段，包含 20 世纪 90 年代后期到 21 世纪头几年，其间的主要研究成果指向这一时期学科基础著作出版，出现了大量的研究成果，也形成了若干研究主线；从 2005 年至今属于第五阶段，即巩固阶段。

第一阶段是开拓阶段。20 世纪 50 年代，让·艾赫贝尔（Jean Herbert）、让-弗朗索瓦·罗赞（Jean-Francois Rozan）等一批日内瓦职业译员因为培训新一代译员的需要，总结了各自从业的口译职业经验和技巧并著书出版。发展到 60 年代和 70 年代，口译现象已然成为试验心理学的一个研究对象，其代表性研究者包括亨利·巴瑞克（Henri Barik）、皮埃尔·奥莱龙（Pierre Oleron）、休伯特·南（Hubert Nanpon）、大卫·杰弗（David Gerver）等。

第二阶段是 20 世纪 70 年代到 80 年代中期的奠基阶段。口译研究推进至形成了以释意理论为标志、以巴黎高等翻译学校的达妮卡·塞莱斯科维奇（Danica Seleskovitch）和玛丽亚娜·勒代雷（Marianne Lederer）为代表的巴黎学派，该学派秉持其释意理论一度处于西方口译教学和研究的主导地位，通过推助口译研究脱离当时结构主义语言学的藩篱，在一定程度上奠定并成就了口译研究的地位。在该时期的 1977 年 9 月，意大利威尼斯承办了主题为"语言传译与交际"的口译界第一次国际性的研讨会。本次研讨会属于北大西洋公约组织的人类因素研讨会系列，也是国际口译界的第一次跨学科的会议，有来自 16 个国家和 6 个国际组织的 96 位代表前来参与，这些会议代表包括会议口译员、手语译员、口译教师，以及来自心理学、语言学、翻译研究、人类学、社会学和精神病学的代表。

第三阶段是 20 世纪 80 年代末到 90 年代中期的新兴和国际化阶段。在此阶段中，口译研究以 1986 年的特里雅斯特口译研究大会为转折点开始进入新兴期，主要体现为：丹尼尔·吉尔（Daniel Gile）、西维尔·朗贝尔（Sylvie Lambert）、芭芭拉·莫泽-默瑟（Barbara Moser-Mercer）等新一代口译研究者的出现，对口译研究方法科学性和跨学科研究的提倡以及口译认知操作和处理过程研究的兴起等。此外，1989 年，特里雅斯特大学翻译学院创办了第一份口译研究期刊《口译员通讯》（*The Interpreters Newsletter*）。

第四阶段是 20 世纪 90 年代后期到 21 世纪头 10 年的整合及多元化阶段。该阶段的研究出现多元化和整合齐头并进的特点：弗朗茨·波赫哈克（Franz Pöchhacker）、玛利亚姆·施勒西格（Mariam Shlesinger）、塞西莉亚（Cecilia）、辛西娅·罗伊（Cynthia Roy）等多位口译研究者出现，口译研究主题多样化至呈现一定的领域线索，即除了会议口译研究以外，社区口译研究也开始进入口译研究的视野。在此一时期的 1994 年 8 月，芬兰图尔库主办了国际口译界大型研讨会，有多达 130 多名代表参会，且会后选辑出版的会议论文集收录了 10 篇论文，除一篇为元理论研究以外，其他 9 篇均为实证性论文，彰显了口译研究从理论到实证的多元化趋势。此外，由甘比尔（Gambier），吉尔和泰勒（Gile & Taylor）以该次研讨会为基础编辑的论文集《会议口译：当前研究趋势》为本雅明翻译学系列中的第一部口译研究著作，其中包括多篇采用心理学路径的论文，显示了这一时期的研究者对口译认知心理过程的重点关注。（王斌华，2019）1995 年，加拿大多伦多举行了第一届关键链接社区口译研究大会，标志着社区口译也正式成为口译研究领域的对象。1994 年，本雅明公司出版了创刊的国际期刊《口译》（*Interpreting*）。

最后是从 2005 年至今的巩固阶段。口译研究的学科基础著作陆续出版，中国、日本和韩国等欧洲之外国家的口译研究也开始步入国际口译研究界的视野，出现了桑德拉·黑尔（Sandra Hale）、拉米纳·内皮尔（Jamina Napier）、克劳迪奥·安杰莱利（Claudio Angelelli）等口译研究者，且研究主题进一步多样化。2000 年 11 月，意大利的福尔利召开了口译界的国际口译研究大会，来自 20 多个国家的 130 多名代表前来参会，会后选辑出版了题为《21 世纪的口译：机会与挑战》的论文集，收录 24 篇论文。

从 21 世纪开始，向外宏观拓展和向内微观探索两条主线并行是西方口译研究所呈现的发展趋势。关于前者向外宏观拓展，可以从两个视角进行阐释：一是以口译语篇为媒介，考量口译行为在社会、文化活动和交际活动等层面的作用；二是超越口译语篇，采用更加宏观的切入点观测口译活动在文化、历史和社会等范畴中的作用。关于后者所谓向内微观探索，可以理解为利用其他学科（如认知心理学和神经生理学等）近年发展较为成熟的新技术（如智能笔、眼动仪、事件相关电位、脑功能成像等）对口译的内部认知处理过程进行探索和揭秘。

第三节　前期理论成果

以前文国际口译研究脉络的梳理为基础，可以将国内外口译研究的理论成果归纳如下：

第一，在社会—文化宏观视角下的口译活动研究的主要切入点和成果包括：（1）史学方面的口译活动研究：伦格（Lung）（2011）的《中国古代的译语人》、黎难秋（2002）的《中国口译史》、竹田（Takeda）（2010）的《东京战犯法庭口译：社会—政治分析》、鸟饲（Torikai）（2009）的《隐身者的声音：二战后日本的外交口译员》、拜戈里-贾龙（Baigorri-Jalón）（2004）的《从巴黎到纽伦堡：会议口译的诞生》以及盖伊巴（Gaiba）（1998）的《同声传译的开端：纽伦堡审判》等。（2）社会学方面的口译活动研究的代表人物包括王和冯

(Wang & Feng)（2014/2018）、任文和徐寒（2013）、任文和伊安·梅森（2011）、任文（2010）以及因吉莱里（Inghilleri）（2003；2005；2006）等。（3）口译角色伦理研究的代表人物有安杰莱利（Angelelli）（2004）、施勒西格（Shlesinger）（1991）和安德森（Anderson）（1976）等。（4）口译规范研究的代表人物王斌华（2009）和吉尔（Gile）（1999）等。

第二，人际互动和跨文化交际行为的中观视角下口译的交际协调研究涵盖了社区口译研究、医疗口译研究、法庭口译研究、手语传译研究等几个领域。辛西娅·罗伊（Cynthia Roy）（2000）出版的《口译即话语过程》和塞西莉亚（Cecilia）（1998）出版的《口译即互动》可以称作社区口译研究的奠基之作；国内学者苏伟于 2009 年在《上海翻译》发表题为"社区口译在中国"的文章，开启社区口译在中国的研究之路，进入下一个 10 年之后社区口译在中国的研究逐渐拓展开来，比如刘建军于 2012 年在《外语教学理论与实践》发表"国外社区口译研究文献计量分析"。国外关于医疗口译的研究始于 2004 年克劳迪奥·安杰莱利（Claudia Angelelli）出版的《重识口译员的角色：一项加拿大、墨西哥和美国会议、法庭和医疗口译员的研究》。国内学者侯阗于 2011 年在《中国科技翻译》发表论文"美国医疗口译的发展及对中国的借鉴"，开启国内对于医疗口译研究的关注，后续学者如刘宇波 2021 年在《上海翻译》发表题为"新世纪以来的医疗口译研究：回顾与展望"的论文。国外早期法庭口译研究的代表性成果包括苏珊·伯克-瑟里格森（Susan Berk-Seligson）（1990）专著《双语法庭：司法过程中的法庭口译员》、桑德拉·黑尔（Sandra Hale）（2004）的专著《法庭口译的话语》和玛利亚姆·施勒西格（Mariam Shlesinger）和弗朗茨·波赫哈克（Franz Pöchhacker）（2008）主编的 Interpreting 专刊《法庭口译》；国内学者刘淑颖于 2006 在《宁夏社会科学》发表题为"美国的法庭口译"的论文，引介了法庭口译；之后的学者陆续拓展了该方面的研究，例如赵军峰于 2020 年在《中国翻译》发表论文"西方修辞学视角下的法庭口译研究"。西方手语传译研究始于 1999 年梅兰妮·梅茨格（Melanie Metzger）所著的《手语传译：解构中立的神话》，后来 2015 年辛西娅·罗伊（Cynthia Roy）和拉米纳·纳皮尔（Jemina Napier）主编了《手语传译研究读本》；相对而言手语传译研究在中国起步较晚，肖晓燕2011年在《中国翻译》发表论文"媒体传译的质量评估"可以看作开山之作，后来肖晓燕2018年于《中国翻译》发表论文"中国大陆手语传译调查：现状、问题与前景"、王斌华于2019年在《外语教学》发表题为"口译的交际协调论——兼论口译只是认知处理技能吗？"的论文等拓展了该方面的研究。

第三，关于口译的专业技能研究，在西方，学徒式的培训是早期常见的方式，其主要依据的教学理念是以译员的经验和直觉为基础的。随着1957年巴黎高级翻译学院等专业口译教学机构的成立，从20世纪六七十年代开始，口译教学逐渐转向主要以释意理论为基础的系统性有所改良的教学理念，其影响力逐渐扩大，进而发展成为西方主流的口译教学理念，并且被采用为国际会议口译员协会（AIIC）所倡导的口译教学院校政策的主要原则。后来在西方口译届开始注重研究的科学范式，在其影响下口译教学也尝试探究科学理念，截至20世纪90年代，构建了以口译分解技能和口译认知处理过程为主要基础的教学理念框架，在其推助之下形成了口译技能研究的科学化特色，其代表人物有以新手/专家比较范式著称的莫泽-默瑟（Moser-Mercer）（1997）和埃里克森（Ericsson）（2001）等。21世纪以来，受到专业口译教学在世界各地蓬勃兴起的浪潮推动，中国口译研究者也着手系统建构口译教学的理念基础。代表人物之一刘和平（2001；2002）所倡导的口译教学法原则就是基于释意理论的技能化，近年又系统探讨和总结了例如口译教学体系（2008）、翻译能力发展的阶段性教学（2009；2011）、翻译教学模式（2013）、口译教育理念（2016）等诸多方面。其他代表人物诸如王斌华（2007；2012）所提倡的口译教学的理念基础优化了口译能力培养和译员能力发展。仲伟合及其广东外语外贸大学的口译团队在2016年前后推出了一系列的口译专业教学体系的构建——广外口译专业教学体系理论与实践等成果，不仅界定了口译能力和译员能力的内涵，而且分析了口译能力和译员能力的构成因子，并且以此为基础，设计了以译员能力为导向和目标的专业口译教学诸多阶段，为课程设置和教学进阶提供了理念基础和理论指导，指导口译教学从翻译本科阶段到翻译硕士阶段再到职业化阶段等不同层次的口译教学、职业化和专业化水平发展。

第四，微观视角之中有关认知操作和处理过程研究可以从20世纪60—70年代提出的释意论对口译的基本程序进行经典阐释开始计算。采用70年代的试验心理学和90年代的认知心理学路径的口译研究均提出了包含诸多认知处理步骤的口译全过程模型（详见前面章节）。90年代中期提出的口译认知负荷模型对口译中的多重任务处理进行了理论阐释。近年来，心理语言学和认知心理学等路径的研究开始揭示口译中的信息加工与处理和双语转换加工机制。李明远于1998年在《四川外语学院学报》发表题为"认知心理学与口译课"的文章，开始了此一方面的探讨，近年郭亚玲等2021年于《外语电化教学》发表文章"语言知觉双加工：桥接虚拟与现实的认知机制"，进行新技术融入理论的探究。

第五，微观视角之中有关信息处理研究主要包括信息处理的机制研究——同传的信息处理机制（Chernov, 1979；2004；杨承淑, 2007）、交传的信息处理机制（杨承淑, 2007；Wu & Wang, 2008）等；信息处理的策略研究——应对策略（Gile, 1995；江晓梅, 2007；覃慧等, 2021）；过程和产品策略（Pöchhacker, 2004；杨晓华, 2003；谌莉文, 2020）等；理解和产出诸策略（Kalina, 1998；芮敏, 2000；谢庆立, 2011）；信息处理的产品评估研究（Bühler, 1986；Kurz, 1989, 1993；Moser/AIIC, 1995；Pöchhacker, 2001, 2007；Viezzi, 2003；Chiaro & Nocella, 2004；王巍巍, 2017；陈瑜, 2017）等；口译信息处理的操作规范研究——口译法则（Gile, 1995；原蓉洁、柴明熲, 2021）；口译的源语—目标语关系规范（Wang, 2012）；汉英口译的句法操作规范（胡开宝、陶庆, 2012）等。

第四节 国内研究综述

唐笙和周珏良于1958年在《西方语文》第二卷第三期发表的《口译工作及口译工作者的培养》一文是国内口译研究的开山鼻祖。

一 研究阶段划分

此后，中国的口译研究发展大致可归纳为四个发展阶段：第一阶段可以包括 20 世纪 70 年代末到 80 年代末的 10 年，是为萌芽期；第二阶段指的是 20 世纪最后 10 年，可以看作初步发展期；第三阶段是 21 世纪最初 10 年，可以被称为新兴期；第四阶段指的是最近 10 年的研究，可以归其为多元发展期。此阶段口译研究的成果主要表现在以下方面：口译理论和方法论建构的不断优化，带来了口译教学的研究效果日益提高，此外国际化学者和新生代引入诸如口译语料库等新的研究路径与方法，促成了期刊口译论文质量的不断提升。各阶段的发展成就和特点概述如图 4-2（王斌华，2018）所示。近几年来，随着跨学科的多路径、多层次、多方法的介入，尤其是认知学、神经学等学科的参与，出现了更多和眼动仪、事件相关电位（ERP）、功能性磁共振成像（fMRI）、脑电波（EEG）等相关的口译认知研究。

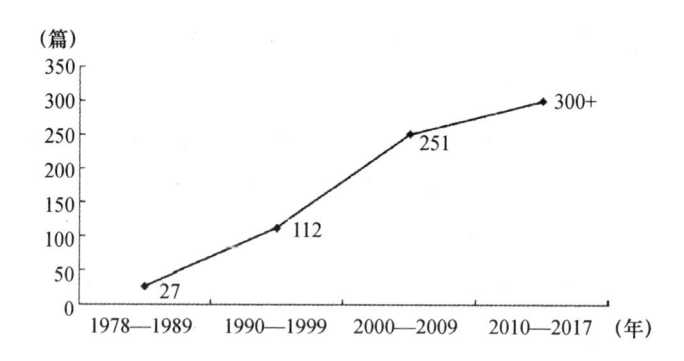

图 4-2 1978—2017 年中国外语类核心期刊发表口译论文数量分布

第一阶段的萌芽阶段，多数相关研究关注的是浅表层面的经验介绍，大部分研究的焦点聚集于现象和问题，尚未广泛开展关于深层理论的探讨。在第二阶段的初步发展期，可喜的是多数研究者研究内容的关切转向针对口译技巧的经验总结和教学方法规定性的探讨，代表性的学者有如鲍刚、刘和平等，开始探讨口译教学理念，尝试理论与实践相结合，但是总体趋势的缺点在于大部分研究的理论指导仍然缺位，已然开展的探索性研究也是主要以释意理论为基础，切入点比较单一。第三阶段新兴期的研究开始批判传统视角，转而注重借鉴其他学科的研究成果，进而尝试探究口译方法背后的理念、习得的内在规律以及可操作性较强的教学原则。进入多元发展期之后，口译研究的质量显著提高，研究主题呈多元化态势，研究方法亦更加多样化。（王斌华，2018）口译研究的日渐进步主要由两方面原因促成：一是国内相继设立翻译本科专业和翻译硕士专业学位（MTI）；二是国内口译研究界开始注重并切实加强了与国际业界和学界的交流。故而，近年来口译研究方向出现了一批著作、学术期刊论文和硕博士学位论文等，其相关研究者成为中国口译研究的新生代。加之一些比较成熟的国内口译研究者开始放眼国际，走向更高端的研究平台：在国际重要译学期刊发表相关研究论文，或应聘国际知名院校，加强了国内外联动互通。综合上述因素，合力促成了中国口译研究主题多元化、路径跨学科、方法科学化和实证化、内容具体化、研究交流国际化的最新发展趋势。

二 研究情况分析

截至 2021 年 7 月，在中国知网（CNKI）进行了口译研究成果的粗略统计，第一种是以"口译"为"主题"在总库、期刊文章和学位论文中的统计；第二种是以"口译"为"关键词"在总库、期刊文章和学位论文中的统计；第三种是以"英语口译"为"关键词"在总库、期刊文章和学位论文中的统计，针对全部搜索结果采用知网自动生成的可视化分析和对比，分析和对比详情如下：

通过"主题"为"口译"在"总库"中进行搜索，共找到 21494 条结果，其发表年度趋势、主要主题分布与比较、来源分布与比较，如图 4-3—图 4-6 所示。

图 4-3 表明：相关文献数量在经历了最初 20 年的低速增长之后，从 21 世纪开始呈现快速增长的趋势，尤其近 10 年增长势头迅猛，到 2018 年首次达到顶峰，而且从 2014—2019 年六年间保持了高势头的增长态势，虽然 2020 年有所减少，但是截至目前的数量已然呈现增长趋势。

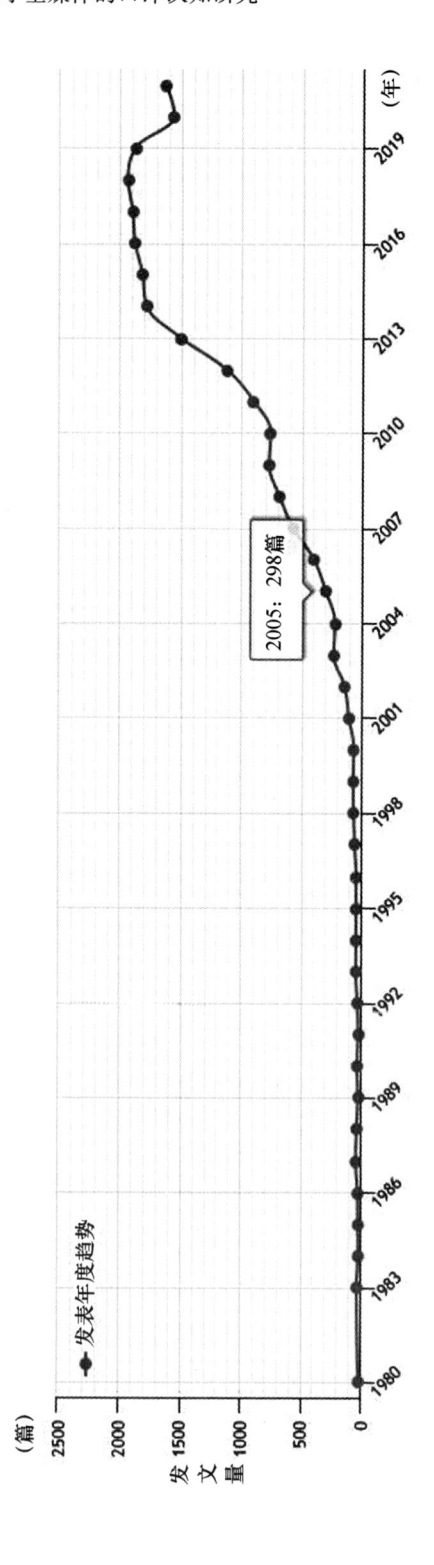

图4-3 总库发表年度趋势

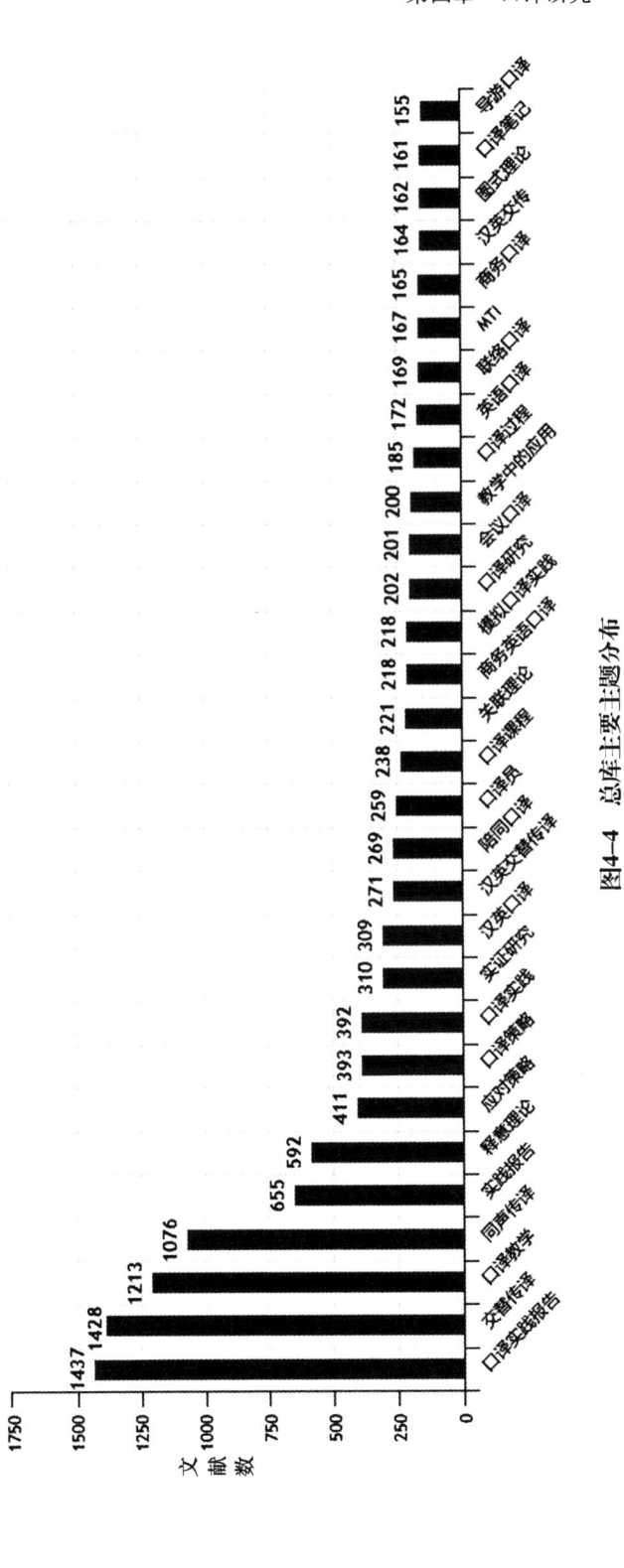

图4-4 总库主要主题分布

主题	文献数(篇)
口译实践报告	1437
交替传译	1428
口译教学	1213
同声传译	1076
实践报告	655
释意理论	592
应对策略	411
口译策略	393
口译实践	392
实证研究	310
汉英口译	309
汉英交替传译	271
陪同口译	269
口译员	259
口译课程	238
关联理论	221
商务英语口译	218
模拟口译实践	218
口译研究	202
会议口译	201
教学中的应用	200
口译过程	185
英语口译	172
联络口译	169
MTI	167
商务口译	165
汉英交传	164
图式理论	162
口译理论	161
导游口译	155
口译笔记	155

由图4-4可见，研究主要主题分布较广泛，共包含30个方面，按照文献数量从多到少所涉主题分别是口译实践报告、交替传译、口译教学、同声传译、实践报告、释意理论、应对策略、口译策略、口译实践、实证研究、汉英口译、汉英交替传译、陪同口译、口译员、口译课程、关联理论、商务英语口译、模拟口译实践、口译研究、会议口译、教学中的应用、口译过程、英语口译、联络口译、MTI、商务口译、汉英交传、图式理论、口译笔记和导游口译。

根据主要主题分布的前四位可见，口译实践报告、交替传译、口译教学、同声传译各自的文献量超过1000篇，属于研究焦点。年发文量可见图4-5：主要主题为"同声传译"的文献始于1977年，在随后的15年间一直增长缓慢，从2003年开始增势明显，但是相较"交替传译"和"口译实践报告"为主要主题的研究成果数量较少。主要主题为"口译教学"的文献始于1994年，在最初7年间一直增长缓慢，从2003年开始长势抬头，但是相较"交替传译"和"口译实践报告"为主要主题的研究成果数量较少，与"同声传译"为主要主题的发文量趋势相仿。主要主题为"交替传译"的文献始于2001年，之后一直保持增长的势头，到2019年达到顶峰，2020年回退至2015年的水平，但是自2021年截至目前，已然回升至接近2019年的顶峰值。主要主题为"口译实践报告"的文献出现最晚，始于2012年，且保持了7年的强势增长，这大多与口译硕士（MI）毕业论文数量的增加不无关系，2020年虽然跌至起点的数量，但是自2021年截至目前，已然回升到了接近2014年的数量。

全部文献的来源分布于30个单位，按照所占比例从高到低包括上海外国语大学、广东外语外贸大学、北京外国语大学、中国翻译、海外英语、校园英语、黑龙江大学、吉林大学、外交学院、内蒙古大学、成才与就业、上海翻译、考试周刊、福建师范大学、西安外国语大学、河北师范大学、吉林外国语大学、辽宁大学、南京师范大学、中国科技翻译、苏州大学、辽宁师范大学、河北大学、四川外国语大学、湖南大学、英语广场、厦门大学、华中师范大学、河南大学、佳木斯职业学院学报，其中高校所占比例为73.33%，其他是各种期刊，可见高校作为人才培养的摇篮，是口译研究的主阵地。

图4-5 总库主要主题分布比较

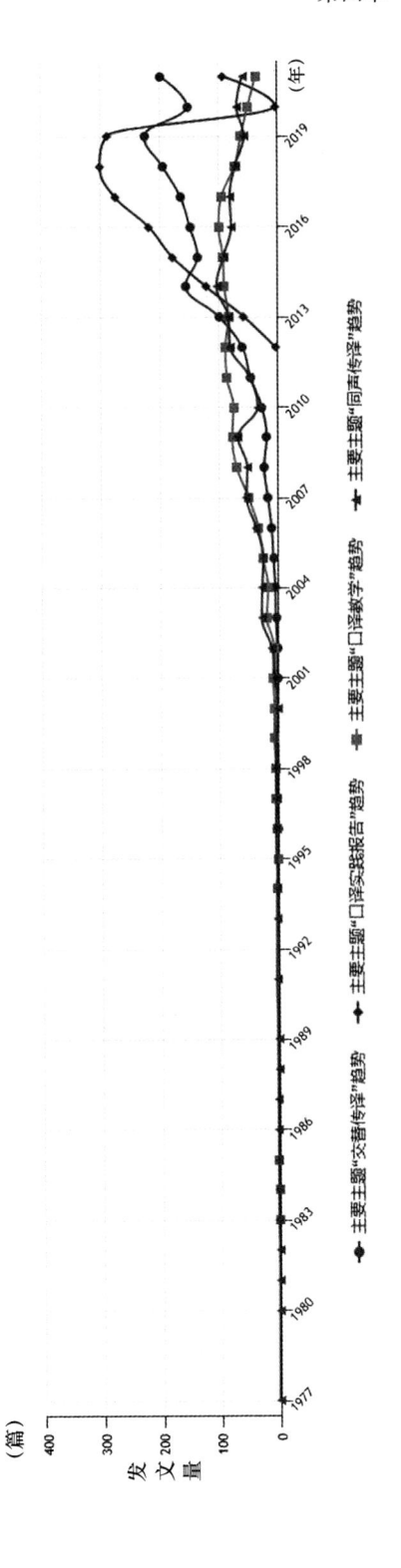

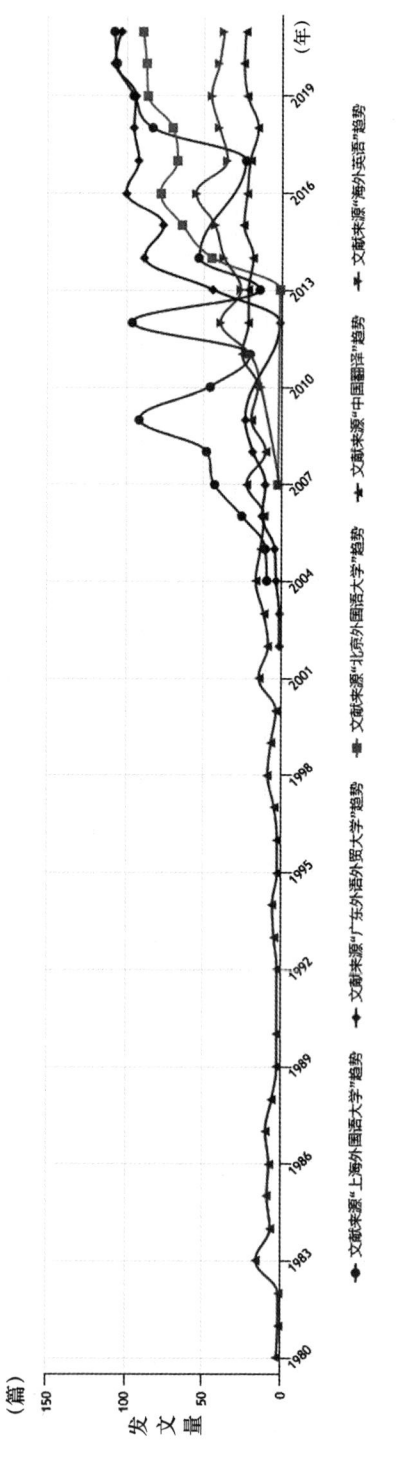

图4-6 总库来源分布比较

取来源分布比例超过 5% 排位前五为例（图 4-6），由图可见：作为国内翻译界最权威的刊物，《中国翻译》杂志既是文献来源的创始者，又是文献来源的佼佼者：从 1980 年开始刊发口译类研究成果，到 1983 年出现一次小高潮，接着从进入 21 世纪开始，发文量保持了稳定持续增长的趋势。此外外语类院校的领头军高校在发文数量方面依然保持了领头军的态势：广东外语外贸大学是其中发文最早的高校，始于 2002 年，10 年之后，发文量猛增，自 2014 年至今，保持了发文量持续冠军的趋势；起步稍晚于广东外语外贸大学的是上海外国语大学，始于 2004 年，虽然发文量数量增减不定，但是在 2009 年、2012 年达到两次峰值数量，而且从 2018 年至今，发文量数量居高不下，与广东外语外贸大学并驾齐驱于榜首；相对而言，北京外国语大学起步最晚，始于 2007 年，且最初 6 年发文量一直较少，但是从 2013 年开始，发文量激增，增长态势居高不下，从 2014—2018 年发文量超过上外，此后依旧保持增长势头直逼广外和上外。

通过"主题"为"口译"在"学术期刊"中搜索，共找到 9142 条结果，接近全部文献的一半，其发表年度趋势、主要主题分布与比较、来源分布与比较如图 4-7—图 4-10 所示。

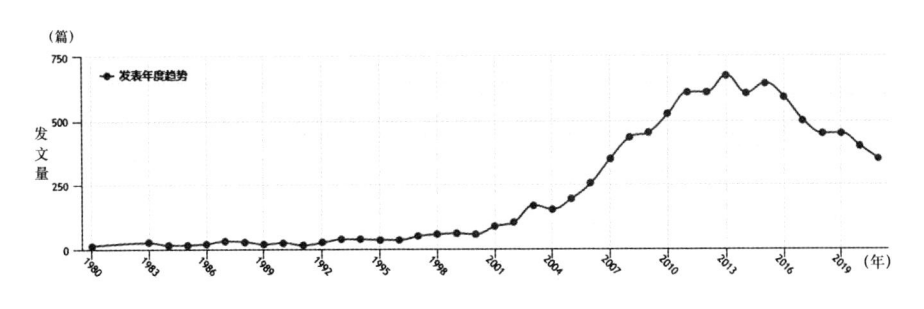

图 4-7　学术期刊文章发表年度趋势

图 4-7 显示，在最初的 20 年间，相关期刊发文数量一直是低速缓慢增长，进入了 21 世纪之后快速大幅增长，到 2013 年前后达到顶峰，之后至今基本保持了递减趋势。

图 4-8 的数据证明，研究主要主题涵盖了 30 个方向，按照文献数量

从多到少所涉主题分别是口译教学、同声传译、交替传译、口译课程、释意理论、商务英语口译、教学中的应用、实证研究、汉英口译、口译研究、口译策略、口译人才培养、翻译教学、口译过程、口译能力、口译员、商务英语、英语口译、oral interpretation、口译教学模式、口译笔记、MTI、大学英语、口译课、翻译专业、教学模式、英语专业、应对策略、高级口译和商务口译。

根据主要主题分布的前五位可见，口译教学、同声传译、交替传译、口译课程、释意理论属于研究焦点。年发文量可见图4-9：主要主题为"同声传译"的文献起步最早，始于1980年，在随后的20年间一直增长缓慢，从2001年开始增势明显，其增长势头基本保持到2012年，其间发文量仅次于主要主题为"口译教学"的数量，但是自2012年至今，发文量稳步减少。起步第二早的是主要主题为"口译教学"的文献，始于1982年，在最初15年间也是增长缓慢，从1999年开始增势明显，到2008年进入为期6年的高发文量期，发文数量位居榜首，但是自2015年至今，虽然发文量持续走低，但总量依然保持位居榜首。主要主题为"口译课程"的文献始于1996年，之后7年间发文量持续走低，从2005年开始发文量有所增长，但是总量基本处于这五个主题的最少。主要主题为"交替传译"的文献始于2001年，前6年发文量增长缓慢，自2007年开始增长较快，到2011年和2016年出现两次峰值，2016年至今发文量逐年减少。主要主题为"释意理论"的研究在五者之中开始最晚，始于2006年，之后一直保持温和增长趋势，总发文量保持在五个主要主题的最低。

全部文章的来源分布于20种期刊，按照所占比例从高到低包括《中国翻译》《上海翻译》《外语电化教学》《外语界》《外语教学》《中国外语》《外语教学与研究》《外语与外语教学》《外语研究》《外国语》《解放军外国语学院学报》《外语学刊》《天津外国语大学学报》《现代外语》《西南民族大学学报》《现代教育技术》《中国教育学刊》《中国电化教育》《重庆理工大学学报》（社会科学版）、*Quarterly Journal*，其中核心期刊所占比例为80%，是为刊发口译研究的主力军。

以来源分布比例超过5%排位前四为例（图4-10），由图可见：均

第四章　口译研究　165

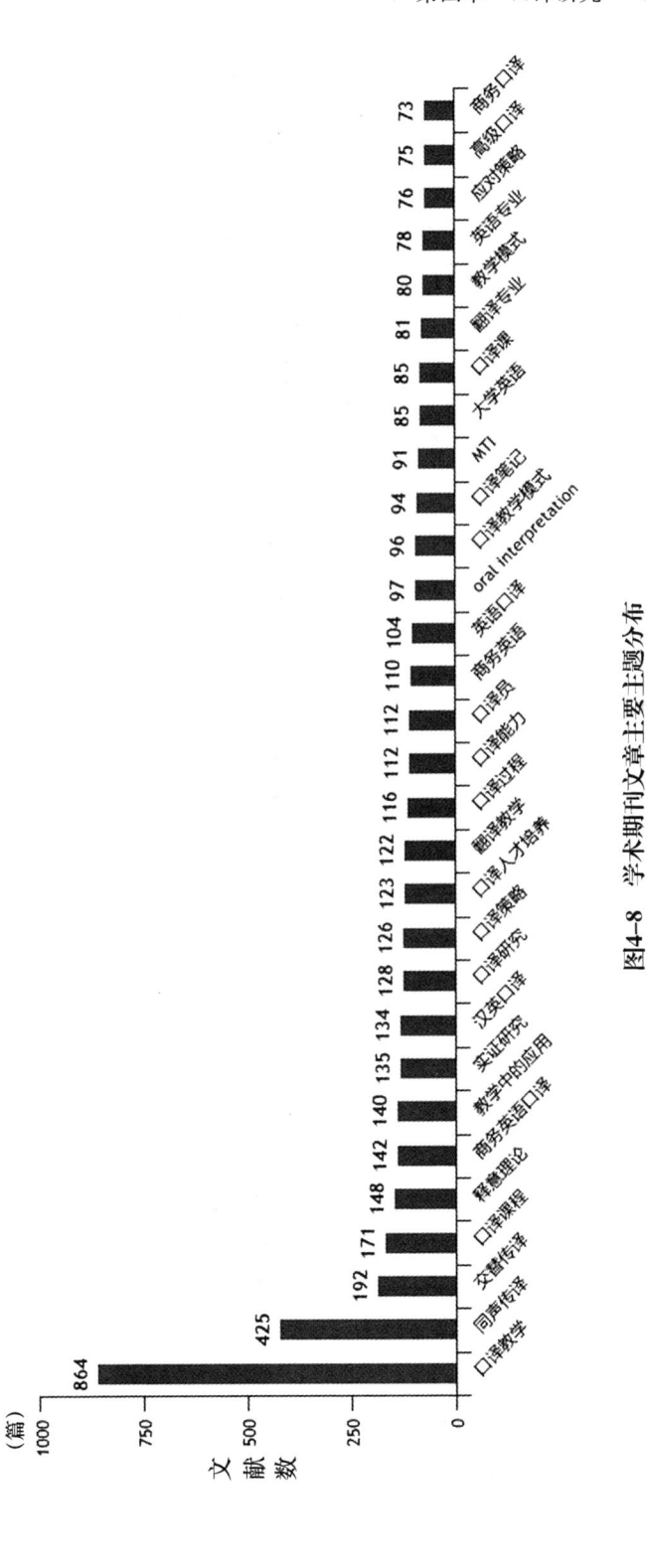

图4-8　学术期刊文章主要主题分布

主题	文献数（篇）
口译教学	864
同声传译	425
交替传译	192
口译课程	171
释意理论	148
商务英语口译	142
教学中的应用	140
实证研究	135
汉英口译	134
口译研究	128
口译策略	126
口译人才培养	123
翻译教学	122
口译过程	116
口译能力	112
口译员	112
商务英语	110
英语口译	104
oral interpretation	97
口译教学模式	96
口译笔记	94
MTI	91
大学英语	85
口译课	85
翻译专业	81
教学模式	80
英语专业	78
应对策略	76
高级口译	75
商务口译	73

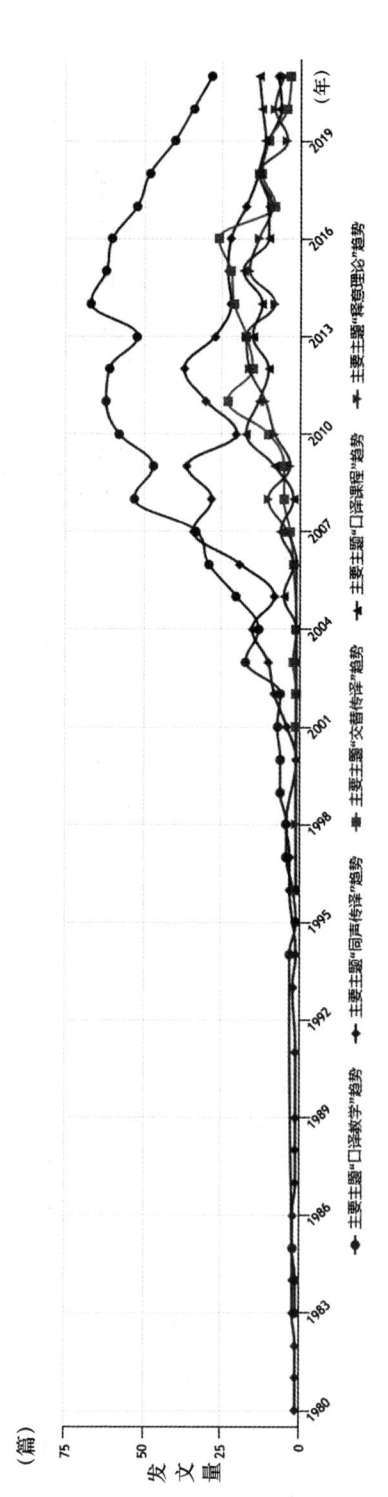

图4-9 学术期刊文章主要主题分布比较

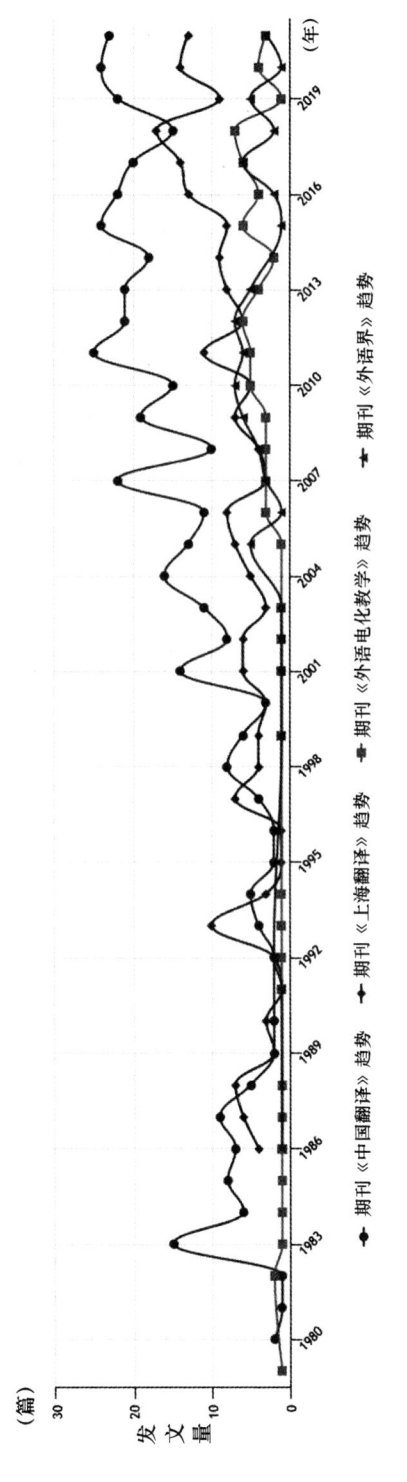

图4-10 学术期刊文章来源分布比较

是本次 CSSCI 来源期刊，其中《外语电化教学》发文最早，1979 年首次刊发相关论文，之后的 27 年间发文量走低，是为四个期刊中最低，直至 2006 年开始增长，到 2012 年出现小高峰，之后发文量起伏不定，基本保持四个期刊中最低。起步第二早的是期刊《中国翻译》，始于 1980 年，仅晚于《外语电化教学》一年，于 1983 年达到首次峰值，之后发文量陡降且数量起伏不定，直至 2001 年方再次达到 1983 年的峰值水准，之后虽发文量数量起伏不定，但保持了所有期刊发文量的榜首，且近三年来发文量持续走高。期刊《上海翻译》首次发文始于 1986 年，两年后达到小高峰，并于 1993 年达到超过第一次数量的第二次峰值，此后发文量高低起伏至 2011 年，此后基本保持增长态势且发文总量居期刊榜亚军。《外语界》首次发文年份与上海翻译相同，都是 1986 年，但是其发文量持续走低，在 2005 年出现第一次峰值，之后发文量起伏不定。

另外，通过"主题"为"口译"在"学位论文"中搜索，共找到 9225 条结果，占全部文献的四成多，其发表年度趋势、主要主题分布与比较、学科分布与比较，如图 4-11—图 4-14 所示。

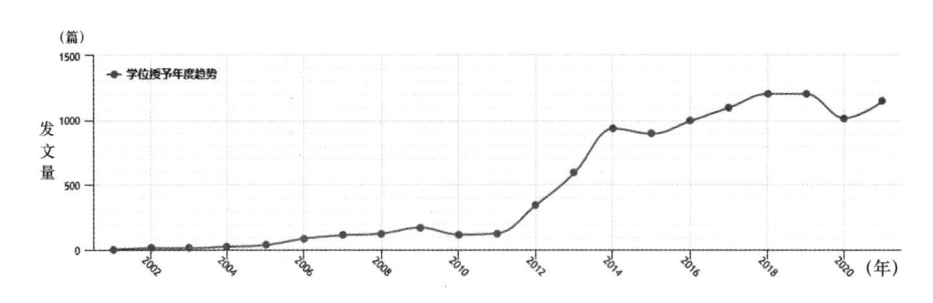

图 4-11　学位授予论文发表年度趋势

由图 4-11 可见，学位论文发表始于 2001 年，相关文献数量在经历了最初 10 年的低速增长之后，从 2012 年开始呈现快速增长趋势，除却 2020 年有少量减少之外，一直保持增长势头至今。

由图 4-12 可见，研究主要主题包含 30 个方面，按照文献数量从多到少所涉主题分别是口译实践报告、交替传译、实践报告、同声传译、释意理论、口译实践、应对策略、陪同口译、口译策略、模拟口译实践、

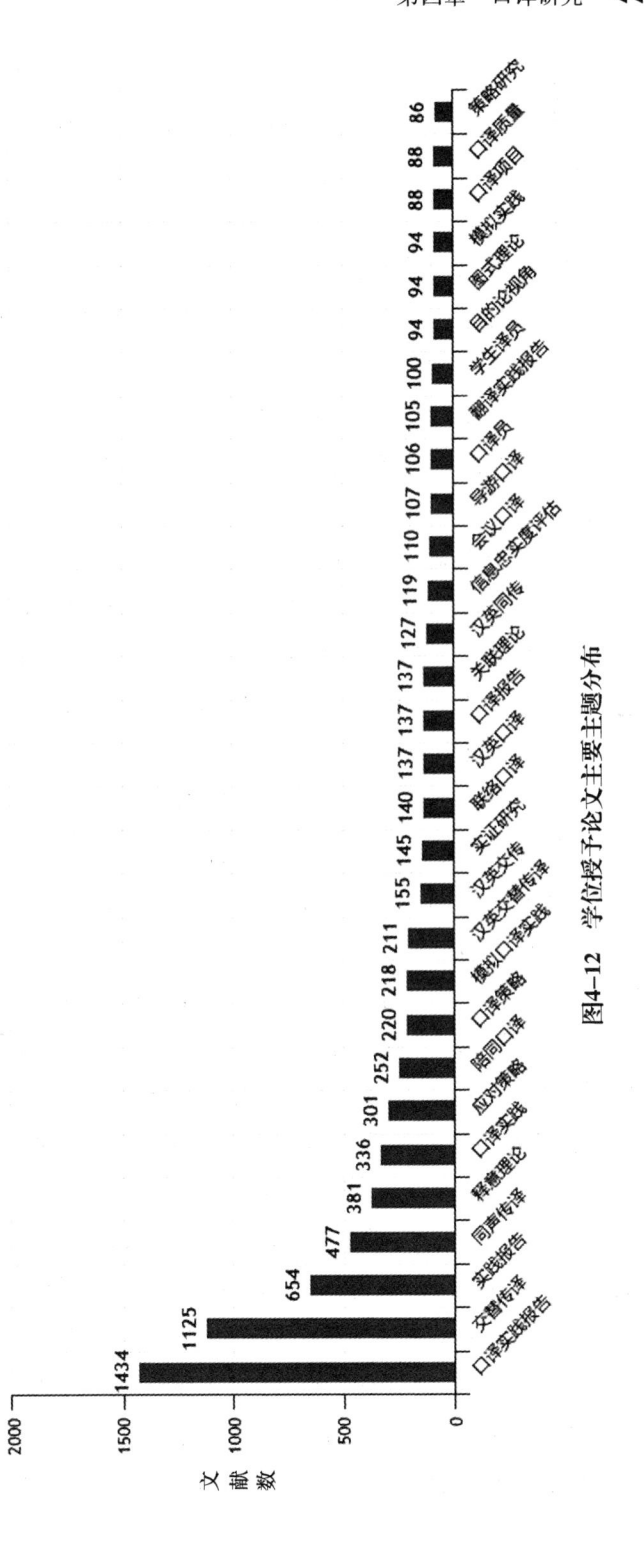

图4-12 学位授予论文主要主题分布

主题	文献数(篇)
口译实践报告	1434
交替传译	1125
实践报告	654
同声传译	477
释意理论	381
口译实践	336
应对策略	301
陪同口译	252
口译策略	220
模拟口译实践	218
汉英交替传译	211
汉英交传	155
实证研究	145
联络口译	140
汉英口译	137
口译报告	137
关联理论	137
汉英同传	127
信息忠实度评估	119
会议口译	110
导游口译	107
口译员	106
翻译实践报告	105
学生译员	100
目的论视角	94
图式理论	94
模拟实践	94
口译项目	88
口译质量	88
策略研究	86

汉英交替传译、汉英交传、实证研究、联络口译、汉英口译、口译报告、关联理论、汉英同传、信息忠实度评估、会议口译、导游口译、口译员、翻译实践报告、学生译员、目的论视角、图式理论、模拟实践、口译项目、口译质量和策略研究。

　　根据主要主题分布的前五位可见，口译实践报告、交替传译、实践报告、同声传译和释意理论属于研究焦点，年发文量可见图 4-13。主要主题为"同声传译"的文献最早，始于 2002 年，在随后的 10 年间一直增长缓慢，从 2011 年开始增势明显，但是相较另外四个主要主题的研究成果数量较少。主要主题为"交替传译"的文献始于 2003 年，在最初 9 年间一直增长缓慢，从 2011 年开始增势迅猛，发文量居第二。主要主题为"释意理论"的文献始于 2006 年，之后 6 年年发文量一直走低，从 2011 年开始缓慢增长，发文量总量较低与主要主题为"同声传译"的情况相仿。主要主题为"口译实践报告"和"实践报告"的文献都始于 2012 年，此后除 2020 年主要主题为"口译实践报告"数量锐减以外都保持增长态势，且主要主题为"口译实践报告"的文献数量在 2020 年以前荣居榜首。

　　全部论文的学科分布于 30 个学科，按照所占比例从高到低包括外国语言文学、中国语言文学、高等教育、文艺理论、教育理论与教育管理、计算机软件及计算机应用、体育、新闻与传媒、诉讼法与司法制度、中国教育、中国近代史、市场研究与信息、企业经济、贸易经济、戏剧电影与电视艺术、法理法史、中国文学、物理学、中国古代史、服务业经济、心理学、电信技术、音乐舞蹈、人才学与劳动科学、气象学、文化、数学、图书情报与数字图书馆、金融、宏观经济管理与可持续发展，所占比例最高为 84.63%，最低仅为百分之零点几，差异显著。外国语言文学一个学科占比 80%，中国语言文学占比 10%，其他 28 个学科占比不足 3%。由此可见，外国语言文学学科是口译学位论文的绝对阵地。

　　以来源分布比例排位前三为例（图 4-14），由图可见：外国语言文学和中国语言文学的论文都始于 2001 年，之后的 5 年都是增长缓慢，从 2006 年开始，增长稍快，从 2012 年开始，外国语言文学学科增势迅猛，保持该领域领军至今，而中国语言文学学科在 2012 年达到小峰值之后呈逐年递减，至今降至初始的发文量水平。在高等教育学科发文始于 2009

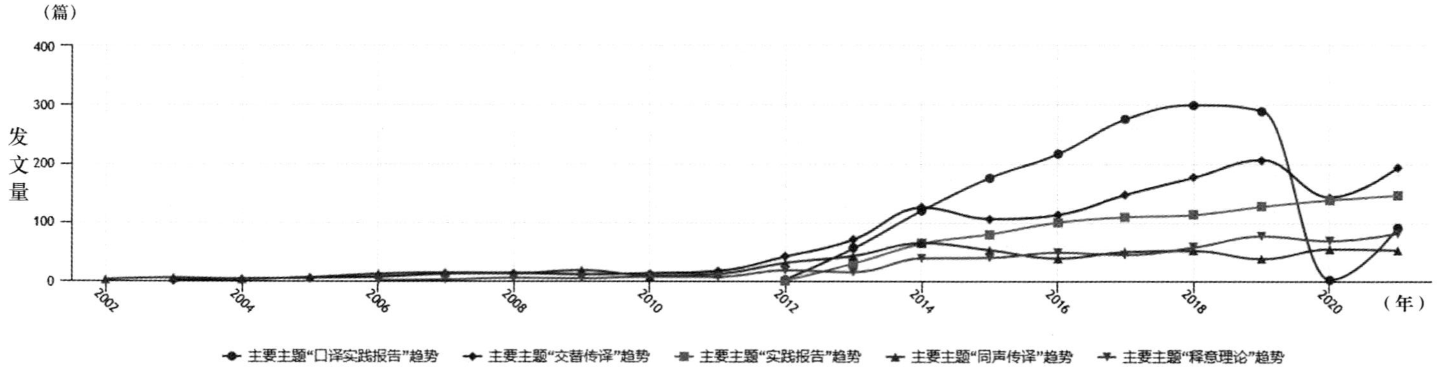

第四章 口译研究 171

图4-13 学位授予论文主要主题分布比较

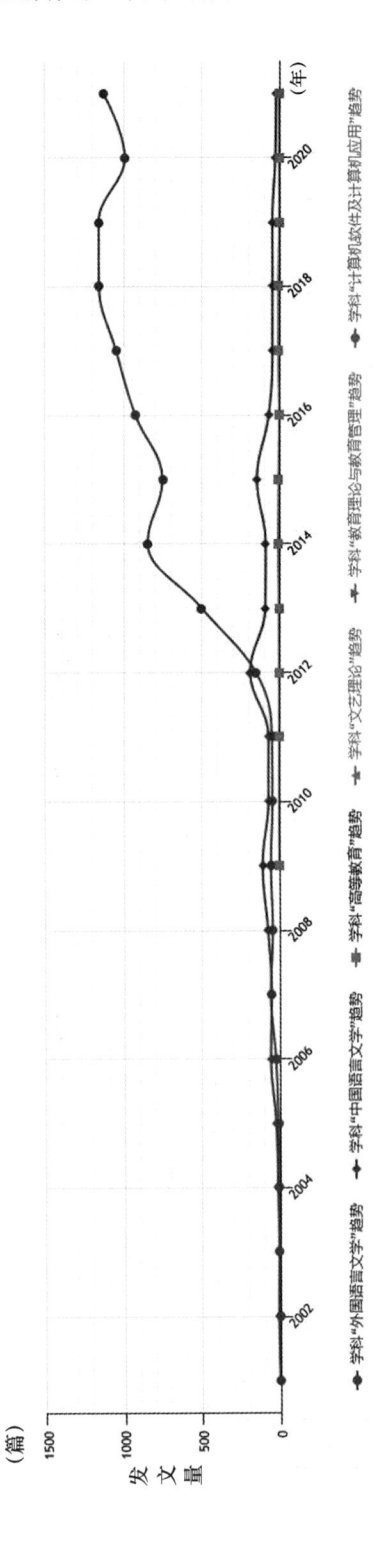

图4-14 学位授予论文学科分布比较

年，之后一直是走低的发文量至今。

综上，有关口译过程的认知研究并未进入口译研究的核心，也没有成为研究的焦点，而过程性研究实为口译认知不可或缺的关注点。

通过"关键词"为"口译"在"总库"中进行搜索，共找到3042条结果，其发表年度趋势、主要主题分布与比较、来源分布与比较如图4-15—图4-18所示。

由图4-15可见，相关文献始于1989年，发文数量在经历了最初12年的低速增长之后，从21世纪开始呈现持续快速增长趋势，到2013年达到顶峰，从2014年至今发文量持续下降，目前已降到2006年的水平。

图4-16表明，研究主要主题涵盖30个方面，按照文献数量从多到少所涉主题分别是口译教学、口译实践报告、口译过程、释意理论、关联理论、交替传译、汉英口译、口译策略、应对策略、口译员、商务英语、口译笔记、商务英语口译、口译课程、跨文化意识、跨文化交际、图式理论、实践报告、口译能力、口译研究、口译实践、同声传译、语用失误、教学中的应用、记者招待会、翻译策略、口译人才培养、文化差异、口译记忆、口译技能。

发文量占主要主题分布前五位的方面包括口译教学、口译实践报告、口译过程、释意理论、关联理论。发文量情况可见图4-17：主要主题为"口译教学"的文献始于1998年，到2003年达到第一次峰值，之后经过两年的回落，到2006年出现第二次峰值，此后一直保持增长态势到2010年，2011年回落之后，次年达到第三次峰值，从2013年至今发文量持续走低，目前回落到低谷数量。主要主题为"口译过程"的文献始于1999年，在最初五年间一直增长缓慢，从2005年开始长势抬头，到2008年和2012年分别达到峰值，此后发文量持续走低，目前回落到低谷数量，情形与主要主题为"口译教学"的发文量相似。主要主题为"释意理论"的文献始于2003年，最初四年增势缓慢，到2008年达到第一次峰值，经过两年回落之后，再次增长，到2013年达到第二次峰值，后来一路走低，除了2019年发文量稍有反弹之外，基本回落到初始发文数量的水平。主要主题为"关联理论"的文献始于2005年，此后整体处于增长状态，在2008年、2010年和2014年分别达到三次峰值且一次比一次发文量大，自

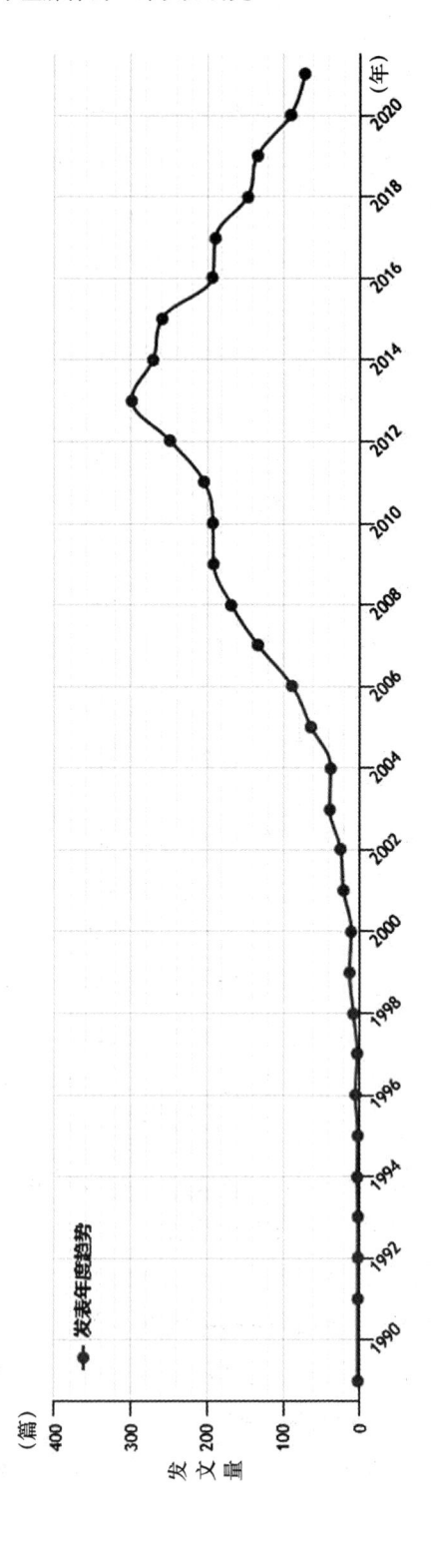

图4-15 关键词为口译的总库发表年度增势

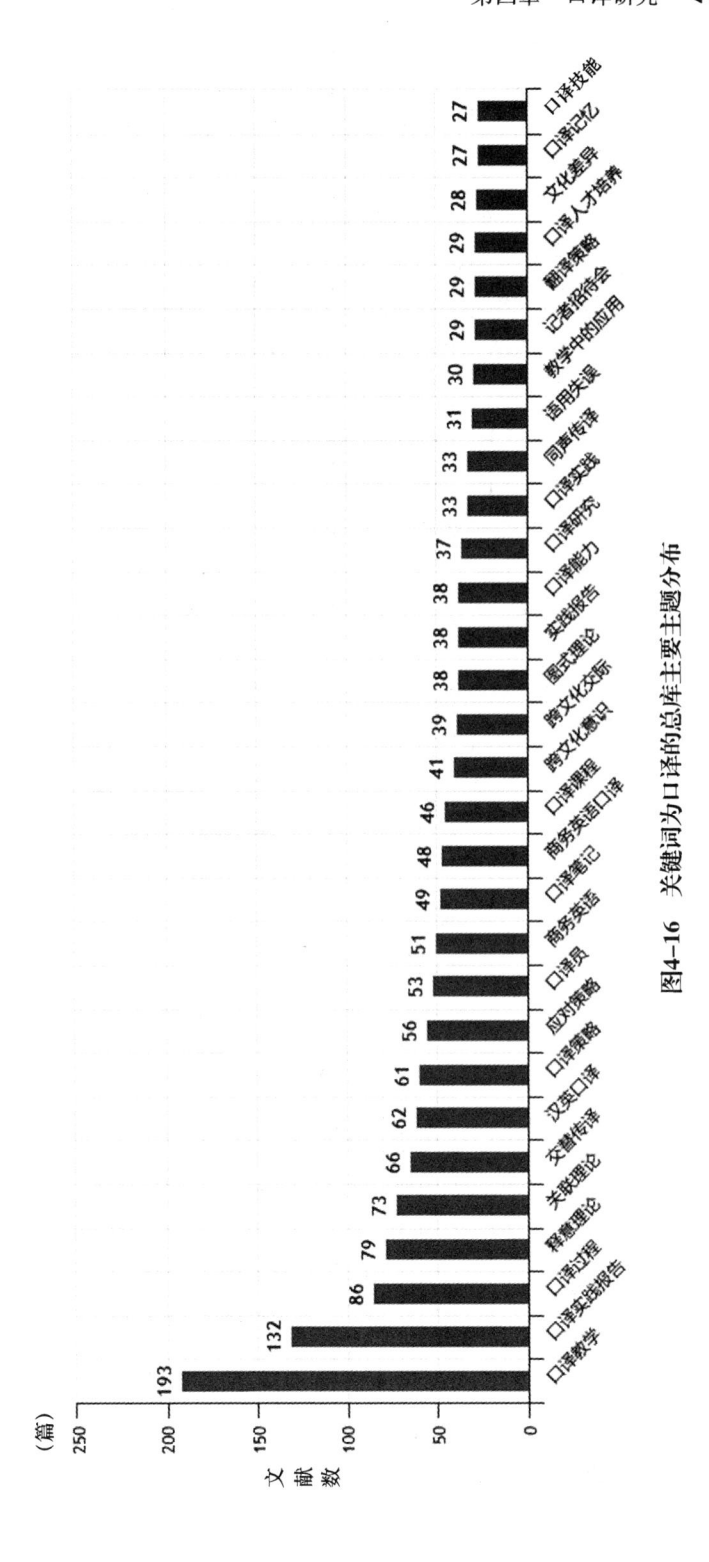

图4-16 关键词为口译的总库主要主题分布

主题	文献数(篇)
口译教学	193
口译实践报告	132
口译过程	86
释意理论	79
关联理论	73
交替传译	66
汉英口译	62
口译策略	61
应对策略	56
口译员	53
商务英语	51
口译笔记	49
商务英语口译	48
口译课程	46
跨文化意识	41
跨文化交际	39
图式理论	38
实践报告	38
口译能力	38
口译研究	37
口译实践	33
同声传译	33
语用失误	31
教学中的应用	30
记者招待会	29
翻译策略	29
口译人才培养	29
文化差异	28
口译记忆	27
口译技能	27

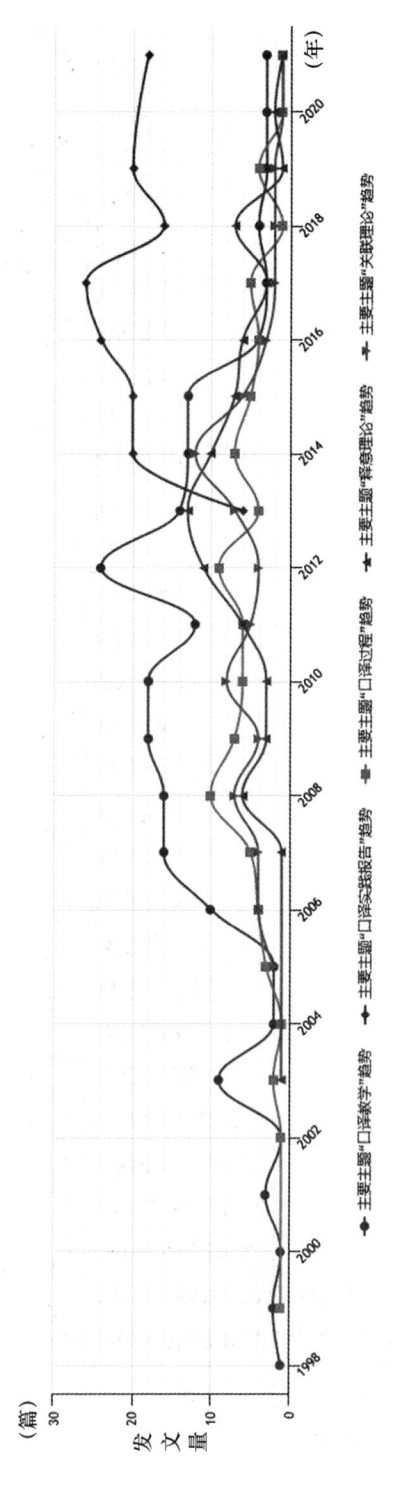

图4-17 关键词为口译的总库主要主题分布比较

2015年至今也是发文量一路走低，基本回落到初始发文数量的水平。主要主题为"口译实践报告"的文献出现最晚，始于2013年，但是首次发文量相较其他主要主题更高，而且一路保持激增态势，到2017年达到顶峰，次年有所回落，2019年至今又见回升，发文量一直高于其他主要主题文献的同期水平。

全部文献来自30个单位和期刊，按照所占比例从高到低包括上海外国语大学、海外英语、校园英语、广东外语外贸大学、考试周刊、外交学院、中国科技翻译、英语广场、科技信息、佳木斯职业学院学报、吉林大学、语文学刊、上海翻译、辽宁大学、中国翻译、四川外国语大学、北京外国语大学、文教资料、福建师范大学、才智、青年文学家、现代交际、湖北开放职业学院学报、河北师范大学、安徽文学（下半月）、山东大学、河北大学、河南大学、中国海洋大学、中国石油大学（华东），所占比例区间从百分之一点几到百分之十几，其中高校和各种期刊所占比例基本是一半一半。

以来源分布比例超过5%排位前四为例（图4-18），由图可见：上海外国语大学和广东外语外贸大学作为外语类重点院校依然是领军院校，二者的发文都是最早的，于2004年开始，之后都保持增长态势，且到2009年达到峰值，只是上海外国语大学的发文量总体更大一些，从2010年至今在总体发文量走低的趋势下，上外有2012年和2018年两次回升，广外有2016年一次回升。海外英语的发文始于2010年，之后发文量起伏不定，分别于2012年和2016年达到两次峰值，之后基本处于回落状态。相较而言，校园英语首次发文最晚，是2012年，之后一直保持较高增长速度并于2015年和2017年达到两次峰值，之后发文量逐年减少至首发水平。

通过"关键词"为"口译"在"学术期刊"中进行搜索，共找到1731条结果，约占全部文献的57%，其发表年度趋势、主要主题分布与比较、来源分布与比较如图4-19—图4-22所示。

图4-19显示，首次发文时间是1989年，之后近10年相关文献数量增长缓慢，从1998年开始增长加速，尤其从2004年之后的10年间增长迅猛并于2013年达到峰值，之后发文量逐年减少。

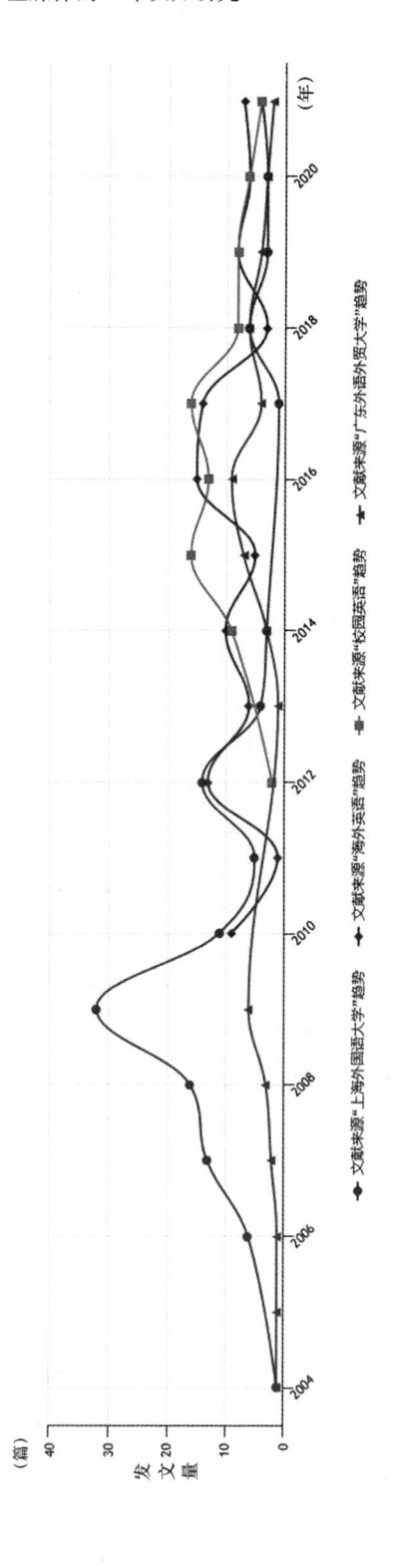

图4-18 关键词为口译的总库文献来源分布比较

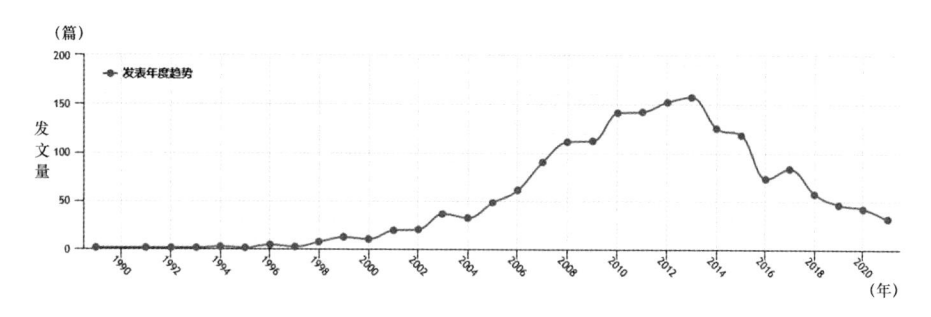

图 4-19 关键词为口译的期刊文章发表年度趋势

图 4-20 展示的主要主题分布于 30 个方面，按照文献数量从多到少所涉主题分别是口译教学、口译过程、商务英语、商务英语口译、释意理论、关联理论、汉英口译、口译课程、口译员、口译能力、跨文化意识、口译笔记、口译策略、口译人才培养、跨文化交际、口译研究、语料库、应对策略、教学中的应用、口译记忆、口译技巧、同声传译、语用失误、交替传译、口译实践、文化差异、口译人员、教学模式、口译教学模式、口译课。

根据主要主题分布（图 4-20）的前五位可见，口译教学、口译过程、商务英语、商务英语口译、释意理论属于研究焦点。年发文量可见图 4-21：主要主题为"口译教学"的文献始于 1998 年，到 2003 年达到第一次峰值，随后两年有所回落，之后开始增势明显，到 2010 年、2012 年和 2014 年分别达到三次峰值，且自 2005 年至 2015 年间总发文量远远高于其他主要主题而荣居榜首，但是自 2015 年至今发文量迅速降低，目前已被其他四个主要主题超越。主要主题为"口译过程"的文献始于 1999 年，在最初五年间一直增长缓慢，从 2005 年开始长势抬头，至 2008 年首次达到顶峰，之后除了 2012 年有所回升以外基本处于减少状态。主要主题为"释意理论"的文献始于 2003 年，2008 年和 2013 年分别达到两次峰值，之后的发文量基本逐年降低至初始水平。主要主题为"商务英语口译"和"商务英语"的文献出现最晚，始于 2006 年，主要主题为"商务英语口译"的发文量分别于 2009 年、2013 年、2015 年和 2017 年达到峰值，2017 年之后持续减少至初始水平。主要主题为"商务英语"

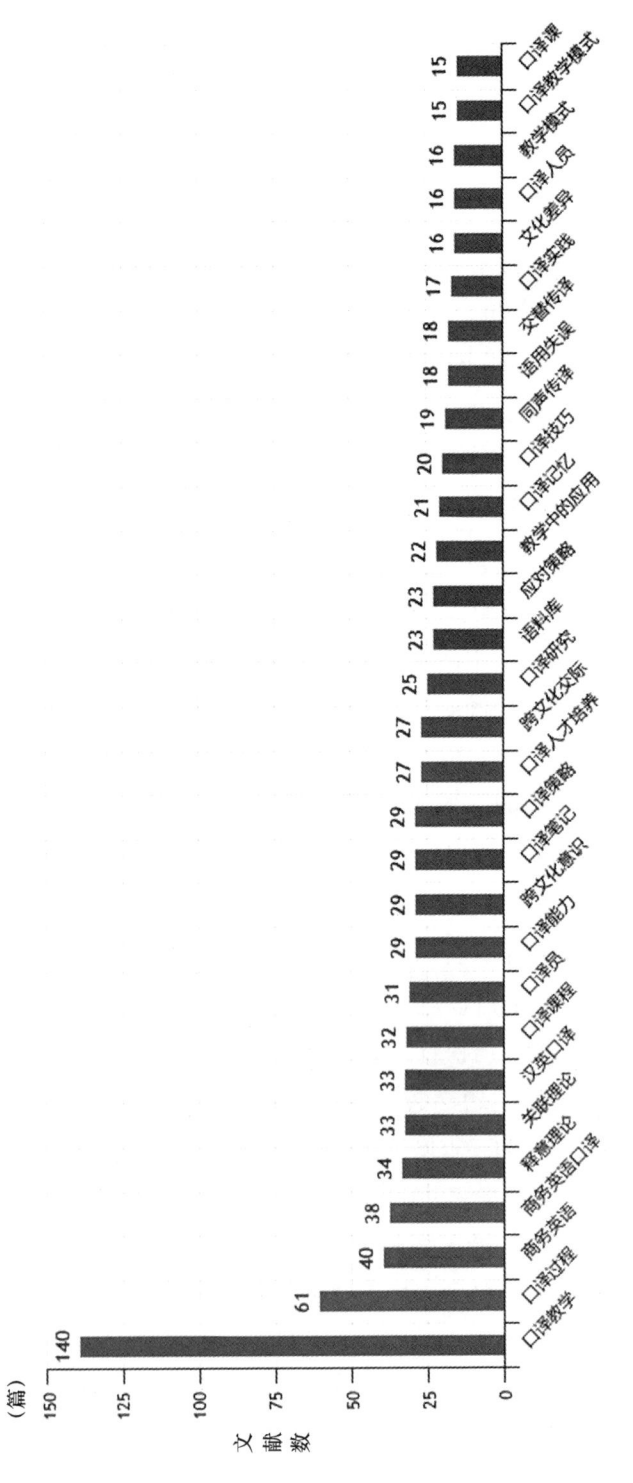

主题	文献数（篇）
口译教学	140
口译过程	61
商务英语	40
商务英语口译	38
释意理论	34
关联理论	33
汉英口译	33
口译课程	32
口译员	31
口译能力	29
跨文化意识	29
口译笔记	29
口译策略	29
口译人才培养	27
跨文化交际	27
口译研究	25
语料库	23
应对策略	23
教学中的应用	22
口译记忆	21
口译技巧	20
同声传译	19
语用失误	18
交替传译	18
口译实践	17
文化差异	16
口译人员	16
教学模式	16
口译教学模式	15
口译课	15

图4-20　关键词为口译的期刊文章主要主题分布

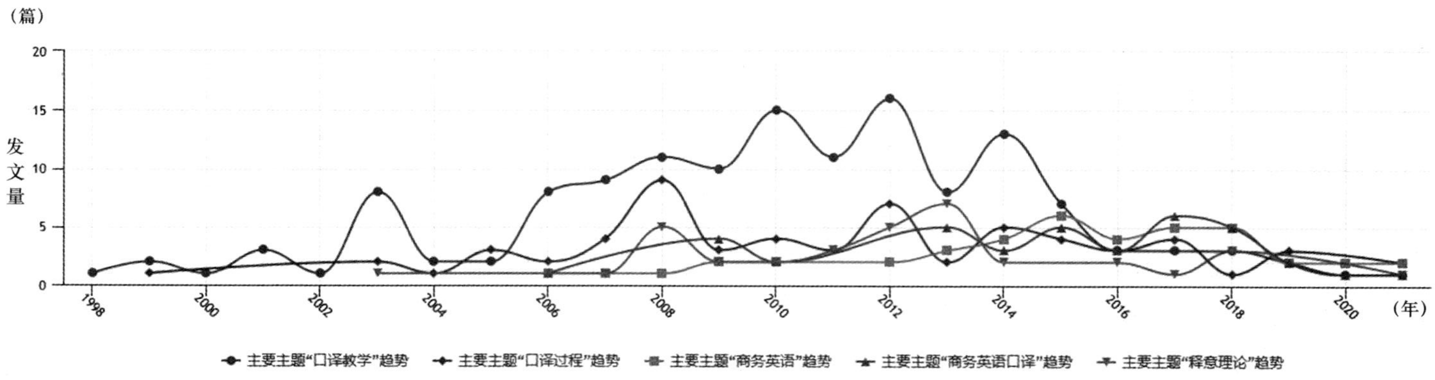

图4-21 关键词为口译的期刊文章主要主题分布比较

的文献自首发以来基本保持增长势头,到 2015 年达到顶峰,之后有所回落,截至目前已和初始水平相当。

全部文献来自 20 个期刊,按照所占比例从高到低包括《上海翻译》《中国翻译》《外语教学》《外国语文》《外语电化教学》《北京第二外国语学院学报》《外语研究》《西南民族大学学报》《外语学刊》《外语界》《解放军外国语学院学报》《外语与外语教学》《现代外语》《现代教育技术》《上海大学学报》《外语教学与研究》《外交评论》《东北师大学报》《西安外国语大学学报》《山东外语教学》,所占比例由百分之一点几到不到 20%。

取来源分布比例超过 5% 排位前六为例(图 4-22),由图可见:约八成是 CSSCI 来源期刊,其中《外国语文》发文最早(1996 年),之后发文量基本保持不变至今。发文第二早的是《北京第二外国语学院学报》(1998 年),首发之后保持稳定增长,到 2003 年达到首次峰值,之后发文量开始回落,到 2006 年回落至初始水平并持续了 7 年,于 2014 年再次开始持续增长,至今达到第二次峰值。《上海翻译》首次发文时间是 2000 年,两年后达到首次峰值,之后发文量回落至低于首发,除却 2007 年有所回升以外,低谷发文量一直持续到 2013 年,之后 2014 年和 2017 年分别达到两次峰值,后者为最高峰,2018 年再次回落,之后再次回升至今。《中国翻译》首次发文时间是 2001 年,两年后达到首次峰值,之后开始回落,其间仅 2009 年有所回升,到 2013 年达到第二次峰值,此后再度回落至首发量。《外语教学》在六者之中首发最晚(2005 年),次年即达到峰值,之后回落到初始发文量至今。

通过"关键词"为"口译"在"学位论文"中搜索,共找到 868 条结果,约占全部文献的三成,其发表年度趋势、主要主题分布与比较、学科分布与比较如图 4-23—图 4-26 所示。

由图 4-23 可见,相关文献自 2001 年首发,之后 13 年间基本保持了增长态势,其中 2009 年达到第一次小高峰,经过两年回落,2012 年再次恢复增势,增长迅速并于 2014 年达到最高峰,此后逐年减少至今。

图 4-24 表明研究主要主题共包含 30 个方面,按照文献数量降幂排列所涉主题分别是口译实践报告、交替传译、实践报告、释意理论、关

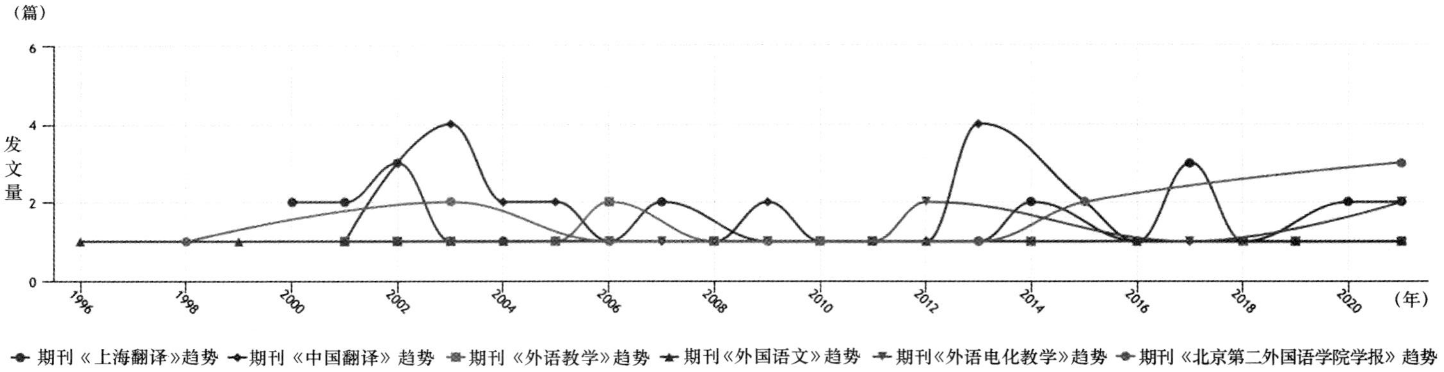

图4-22 关键词为口译的期刊文章期刊分布比较

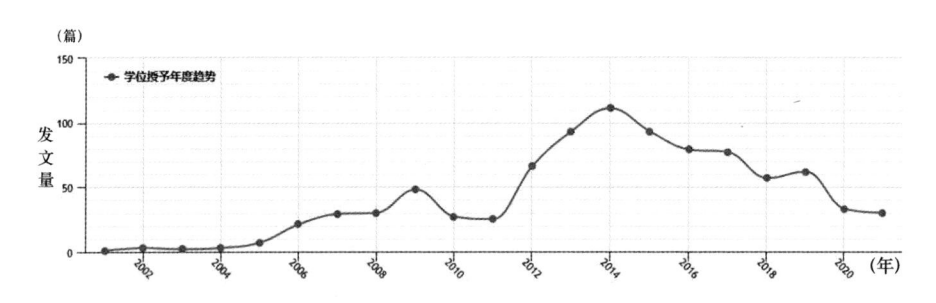

图4-23　关键词为口译的学位论文发表年度趋势

联理论、应对策略、图式理论、口译策略、汉英口译、理论视角、口译报告、口译实践、口译过程、记者招待会、模拟口译实践、顺应论、口译员、口译教学、实习报告、文化负载词、汉英交替传译、目的论视角、翻译实践报告、译前准备、实证研究、合作原则、同声传译、语用失误、翻译策略、新闻发布。

根据图4-25主要主题分布的前五位可见，口译实践报告、交替传译、实践报告、释意理论、关联理论属于研究焦点。各自首发年代和年发文量可见图4-25：主要主题为"口译实践报告"和"实践报告"的首发最晚，都是2013年，且首次发文量居五个主题之首，直逼其他三个主题的峰值，而且主要主题为"口译实践报告"的发文量后来基本保持了增长的趋势，而且一直保持荣居榜首，这多半是随着MTI招生和论文数量的增长而产生的。主要主题为"关联理论"的文献首发最早，始于2005年，之后虽然增长缓慢，但基本保持增势，到2014年达到峰值，此后逐年减少到初始水平至今，尤其近11年发文量持续低迷，可能受到主要主题为（口译）实践报告的影响，研究方向偏实践轻理论，此种发展模式与主要主题为"释意理论"的发展模式相似，后者首发时间稍晚（2008年）。主要主题为"交替传译"的研究介于理论和实践之间，属于偏传统的研究主题，首发时间是2007年，之后基本保持了增长趋势，并于2013年、2018年和2021年达到三次峰值。

全部文献的学科分布共7个，按照所占比例从高到低包括外国语言文学、中国语言文学、文艺理论、戏剧电影与电视艺术、高等教育、中

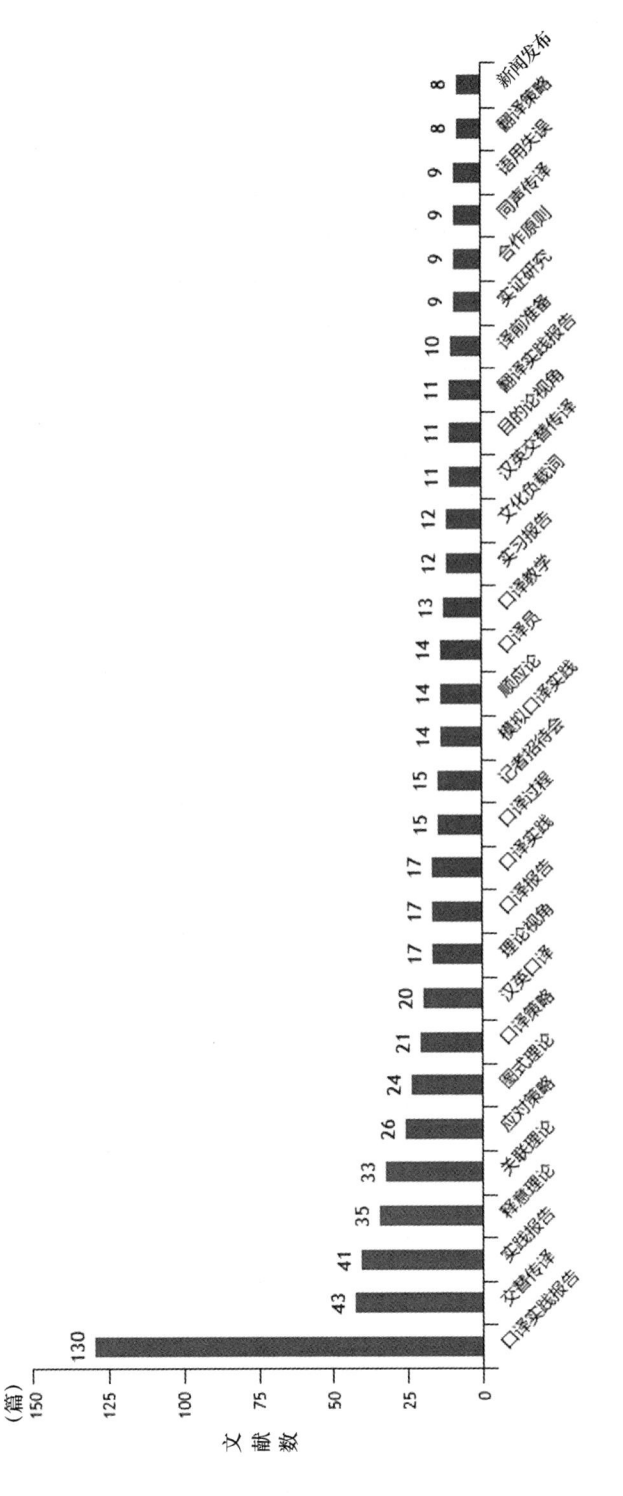

图4-24 关键词为口译的学位论文主要主题分布

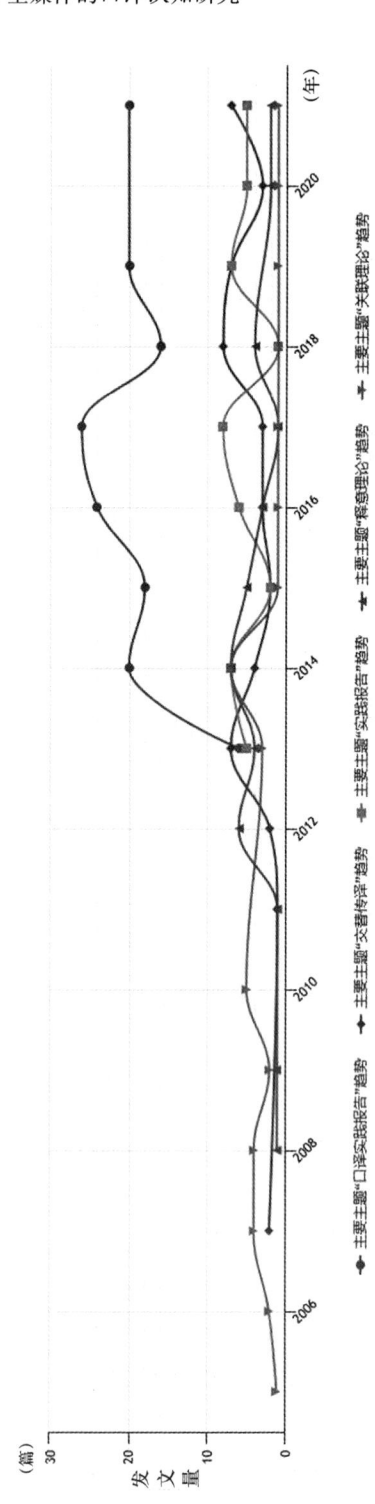

图4-25 关键词为口译的学位论文主要主题分布比较

医学、新闻与传媒,所占比例区间为百分之零点几到近半,其中外国语言文字学科是研究的主力军。

图4-26所展示的学科分布中,中国语言文字起步最早,首发年代是2001年,之后保持增势11年,与2009年和2012年达到两次峰值,自2013年起逐年减少至初始数量。外国语言文字起步较中国语言文字晚1年,之后保持了12年的增势,并于2014年达到峰值,其后发文量降低,自2013年起,其发文量远远超过其他学科,保持最大量至今。文艺理论等三个学科的首发时间都在21世纪第二个10年期间,而且发文量一直很少。

综上,口译过程中的认知研究虽然受到了研究关注,但仍然不属于研究最聚焦的视角。

通过"关键词"为"英语口译"在"总库"中搜索,共找到439条结果,其发表年度趋势、主要主题分布与比较、来源分布与比较如图4-27—图4-30所示。

图4-27的数据显示,文献始发于2001年,之后五年数量增长缓慢,从2006年开始呈现快速增长趋势,到2013年和2014年达到顶峰,之后逐年回落至今,大约降至2012年的发文量。

由图4-28可见,研究主要主题分布于30个方面:英语口译、口译教学、口译实践报告、交替传译、商务英语口译、释意理论、口译实践、口译课程、数字口译、同声传译、实践报告、口译策略、口译能力、科技英语口译、实验报告、学生译员、翻译策略、翻转课堂、实证研究、关联理论、口译教学模式、高校英语、口译课堂、方法和技巧、口译技巧、口译人才培养、模拟口译实践、策略研究、模因论和错误分析。

根据图4-29所示主要主题分布的前五位可见,英语口译、口译教学、口译实践报告、交替传译、商务英语口译属于研究焦点。年发文量可见图4-29:主要主题为"英语口译"的文献首发最早,始于2002年,之后基本保持了增长的态势,到2011年初次出现小高峰,2013年再次出现一次高峰,到2017年达到顶峰,此后逐年减少,但是自首发之时起,该主要主题的发文量一直保持最高至今。主要主题为"口译教学"的文献首发次之,始于2005年,此后除了2013年有所减少之外,一直保持增

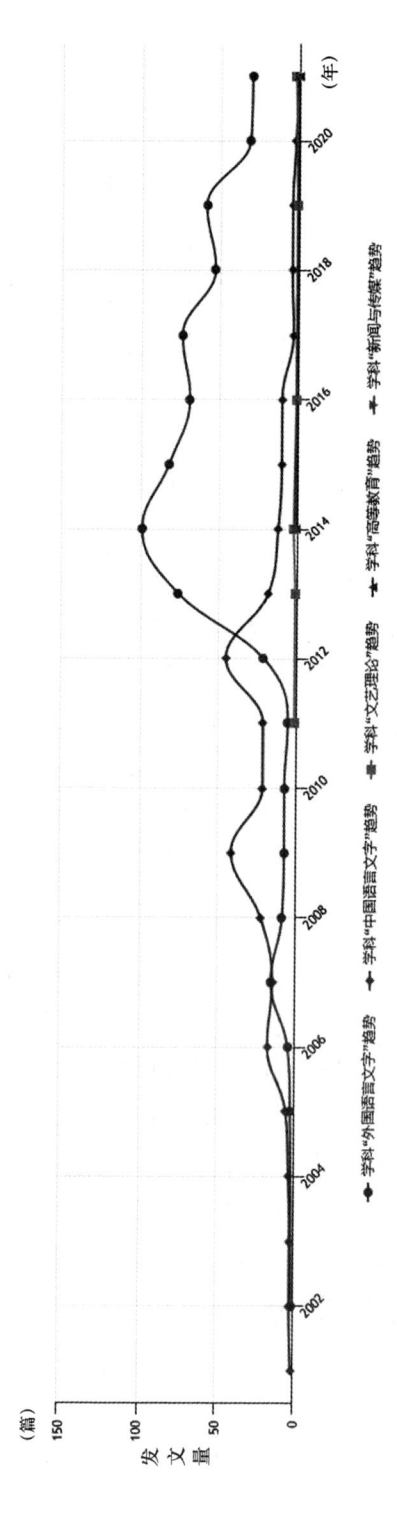

图4-26 关键词为口译的学位论文学科分布比较

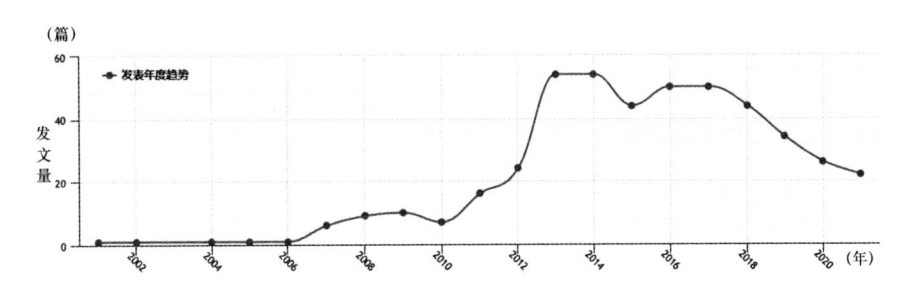

图 4-27　关键词为英语口译的总库发表年度趋势

长 10 年，并于 2015 年达到顶峰，之后发文量开始回落至今。主要主题为"商务英语口译"的文献始发于 2007 年，之后缓慢增长，至 2015 年达到峰值，然后回落。主要主题为"交替传译"的文献首发于 2012 年，之后增长和减少趋势与主要主题为"商务英语口译"的文献相似。主要主题为"口译实践报告"的文献始于 2013 年，之后发文量起伏不定，2017 年达到峰值，之后回落，2021 年再次增长。

全部文献的来源分布于 30 个单位，按照所占比例从高到低包括黑龙江大学、福建师范大学、校园英语、内蒙古大学、吉林大学、广东外语外贸大学、外交学院、海外英语、河北师范大学、辽宁大学、北京外国语大学、四川外国语大学、上海外国语大学、哈尔滨理工大学、天津理工大学、科技致富向导、西安外国语大学、《湖北开放职业学院学报》、英语广场、产业与科技论坛、教育教学论坛、华中师范大学、河北大学、考试周刊、湖南大学、《黑河学院学报》、成都理工大学、青年文学家、湖南师范大学、辽宁师范大学，所占比例区间为 1%—10%，其中高校所占比例为 2/3，其他是各种期刊，可见高校作为人才培养的摇篮，是英语口译研究的主阵地。

取来源分布比例超过 5% 排位前五为例（图 4-30），由图可见：福建师范大学和吉林大学起步最早，都是 2012 年，黑龙江大学和内蒙古大学次之（2013 年），最后是校园英语（2014 年）。关于年发文量的走势，福建师范大学自首发起逐年减少，至 2015 年跌至谷底，次年又增至顶峰，之后逐年缓减至今。吉林大学自 2014 年登顶之后马上回落，且一直保持

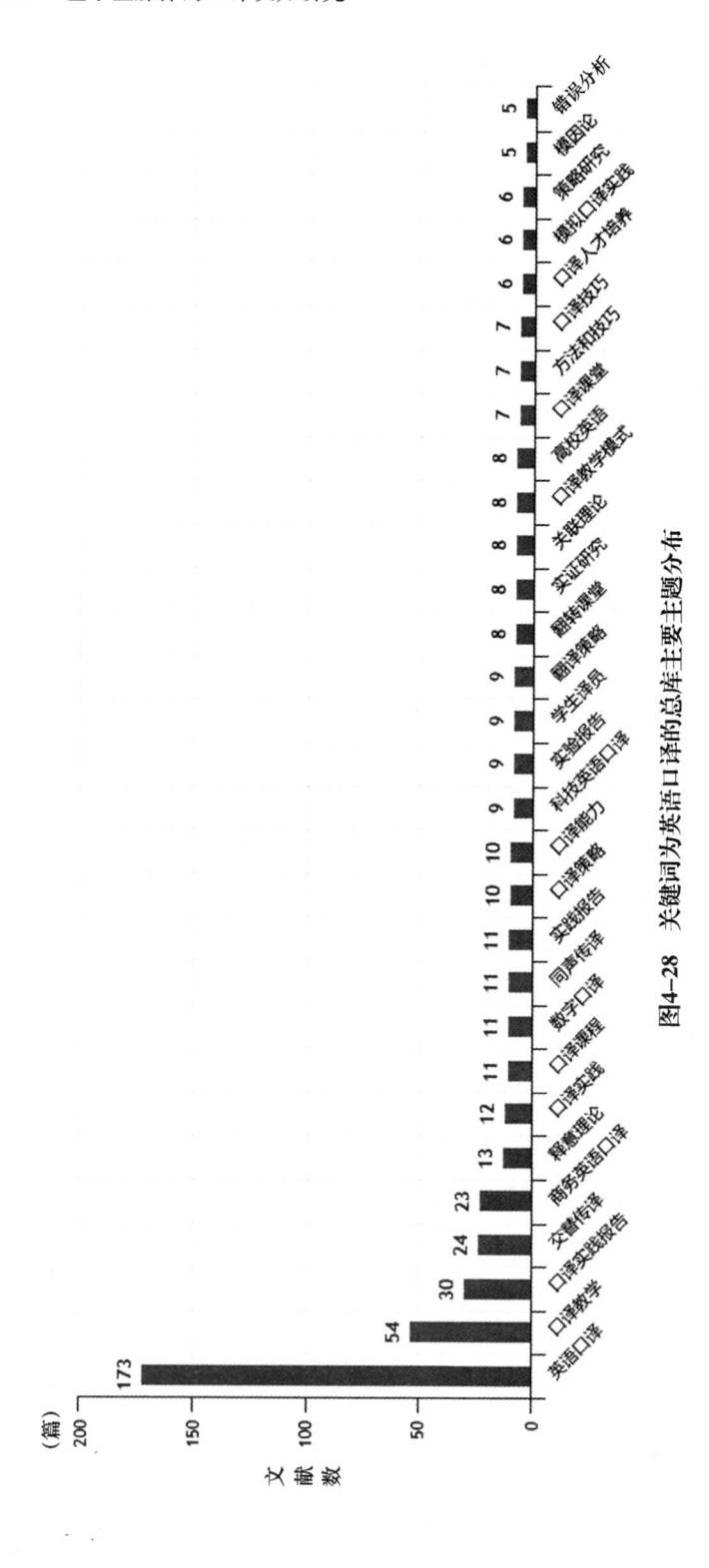

图4-28 关键词为英语口译的总库主要主题分布

主题	文献数(篇)
英语口译	173
口译教学	54
口译实践报告	30
交替传译	24
商务英语口译	23
释意理论	13
口译实践	12
口译课程	11
数字口译	11
同声传译	11
实践报告	10
口译策略	10
口译能力	9
科技英语口译	9
实验报告	9
学生译员	9
翻译策略	8
翻转课堂	8
实证研究	8
关联理论	8
口译教学模式	8
高校英语	7
口译课堂	7
方法和技巧	7
口译技巧	6
口译人才培养	6
模拟口译实践	6
策略研究	5
模因论	5
错误分析	5

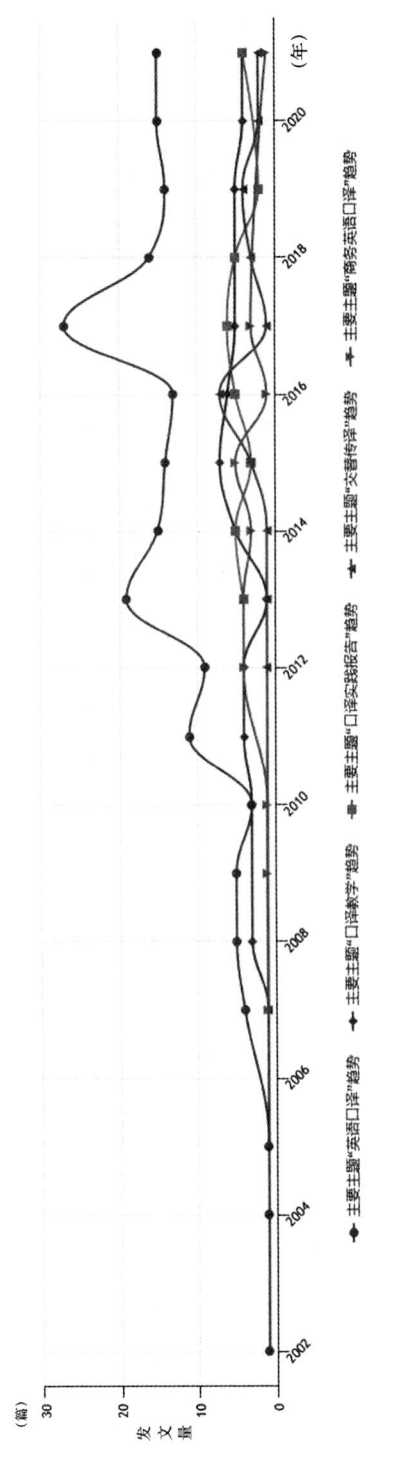

图4-29 关键词为英语口译的总库主要主题分布比较

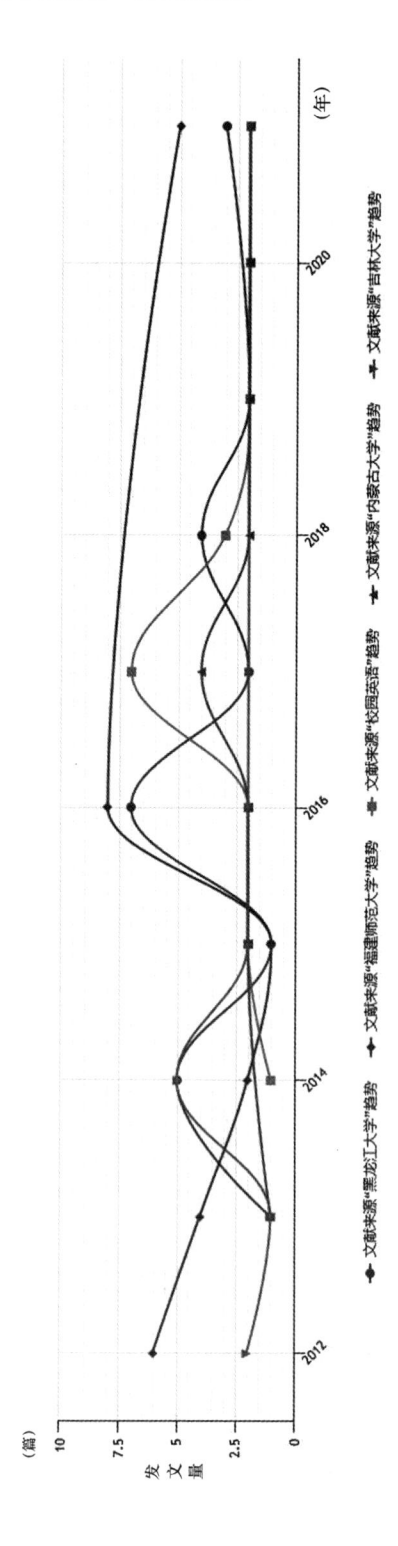

图4—30 关键词为英语口译的总库文献来源分布比较

较低年发文量至今。黑龙江大学年发文量多见起伏趋势，2014年达到峰值，之后依然起伏不断，今年略有增长。校园英语自首发起缓慢增长，2017年达到顶峰，之后逐年回落至今。

通过关键词为"英语口译"在"学术期刊"中进行搜索，共找到129条结果，占全部文献近三成，其发表年度趋势、主要主题分布与比较、来源分布与比较如图4-31—图4-34所示。

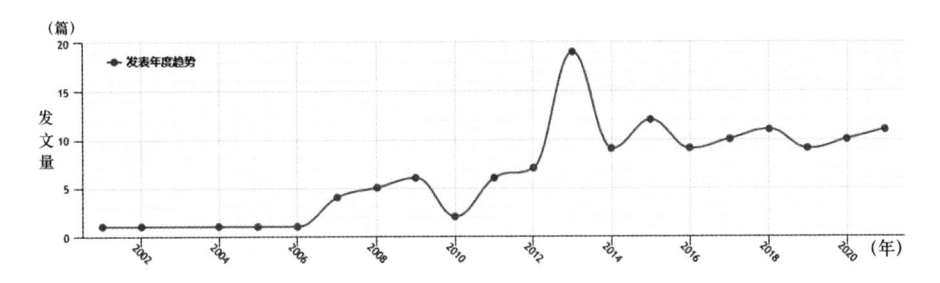

图4-31 关键词为英语口译的期刊文章发表年度趋势

图4-31的数据显示，首次发文时间是2001年，之后五年发文量没有变化，自2007年开始有所增长，到2009年达到小高峰，次年回落后继续增长，到2013年达到顶峰，之后整体回落，其间高低起伏，自2019年至今逐年上升。

由图4-32可见，研究主要主题分布在30个方面：英语口译、口译教学、口译课程、翻转课堂、口译教学模式、口译能力、口译人才培养、口译课堂、大学英语、模因论、高校英语、教学改革、《英语口译》、商务英语口译、教学中的应用、教学模式、高职高专英语、教学方法、高职英语、跨文化意识、口译技巧、建构主义、元语用意识、东盟博览会、课程思政、方法和技巧、移动学习、高职高专、独立学院和语用价值。

根据图4-32主要主题分布的前六位可见，英语口译、口译教学、口译课程、翻转课堂、口译教学模式、口译能力属于研究焦点。各自年发文量可见图4-33：主要主题为"英语口译"的文献出现最早，始于2002年，之后基本保持增长态势，到2013年达到顶峰，之后整体回落，期间起伏不定，2021年较2020年有所增长，从2010年开始年发文量远

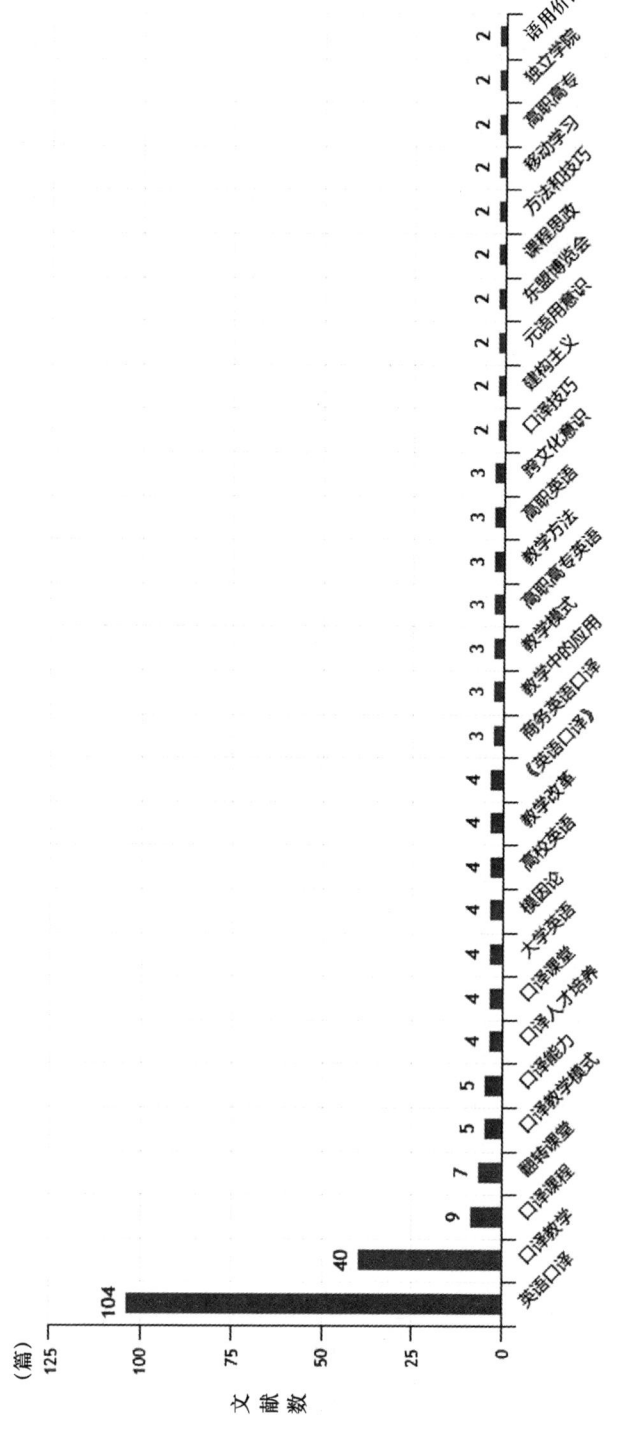

图4-32 关键词为英语口译的期刊文章主要主题分布

(横向条形图数据，按条形从下到上)
- 英语口译: 104
- 口译教学: 40
- 口译课程: 9
- 翻转课堂: 7
- 口译教学模式: 5
- 口译能力: 5
- 口译人才培养: 4
- 口译课堂: 4
- 大学英语: 4
- 模因论: 4
- 高校英语: 4
- 教学改革: 4
- 《英语口译》: 3
- 商务英语口译: 3
- 教学中的应用: 3
- 教学模式: 3
- 高职高专英语: 3
- 教学方法: 3
- 高职英语: 3
- 跨文化意识: 3
- 口译技巧: 2
- 建构主义: 2
- 元语用意识: 2
- 东盟博览会: 2
- 课程思政: 2
- 方法和技巧: 2
- 移动学习: 2
- 高职高专: 2
- 独立学院: 2
- 语用价值: 2

文献数（篇）

第四章 口译研究 ◀◀ 195

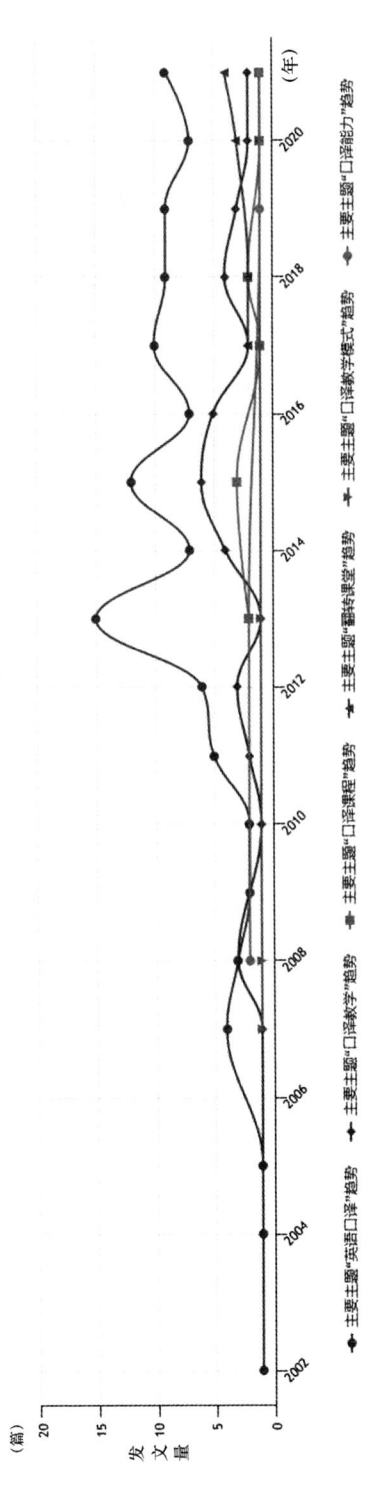

图4-33 关键词为英语口译的期刊文章主要主题分布比较

远超过其他主要主题荣居榜首。主要主题为"口译教学"的文献始于2005年，一直保持缓慢增长，到2015年达到顶峰，之后除却2018年有所回升，一直回落至今。主要主题为"口译教学模式"的文献始于2007年，之后发文量一直保持不变至今。主要主题为"口译能力"的文献始于2008年，之后五年发文量一直保持不变，自2013年至今有所减少。主要主题为"翻转课堂"的文献出现最晚，始于2017年，之后一直保持增长趋势，2021年达到高峰，这是现代教育技术融入口译认知过程的表现，随着科技日新月异的发展，更多的现代技术因素将日臻成熟地融入口译过程认知之中，本研究将在后面章节通过试验进行详细说明。

全部文献来源于20个期刊，按照所占比例从高到低包括《海外英语》《湖北开放职业学院学报》《英语广场》《产业与科技论坛》《教育教学论坛》《现代交际》《海南热带海洋学院学报》《佳木斯职业学院学报》《才智》《黑河学院学报》《新西部》《教育观察》《太原城市职业技术学院学报》《福建茶叶》《中国外资》《吉林省教育学院学报》《亚太教育》《计算机工程》《情报探索》《黑龙江教育学院学报》，所占比例区间为百分之一点几到百分之十几。

取来源分布比例超过5%排位前六为例（图4-34），由图可见：《产业与科技论坛》发文最早（2012年），其次是《现代交际》（2013年），《海外英语》和《湖北开放职业学院学报》次之（2014年），最后是《教育教学论坛》（2017年）。就年发文量来说，《产业与科技论坛》和《现代交际》一直保持不变。《海外英语》和《湖北开放职业学院学报》呈波浪状发展，前者2015年、2016年和2018年出现三次峰值，后者2016年和今年出现两次峰值。《教育教学论坛》首年发文量超过其他期刊，此后一路降低，2021年尚无发文。

通过关键词为"英语口译"在"学位论文"中进行搜索，共找到238条结果，约占全部文献的一半，其发表年度趋势、主要主题分布与比较、学科分布与比较如图4-35—图4-38所示。

图4-35表明：相关文献首发于2007年，发文数量在经历了最初四年的低速增长之后，从2012年开始呈现快速增长趋势，到2014年达到顶峰，之后除了2016年和2018年有所回升之外，一路走低至今，已然回落

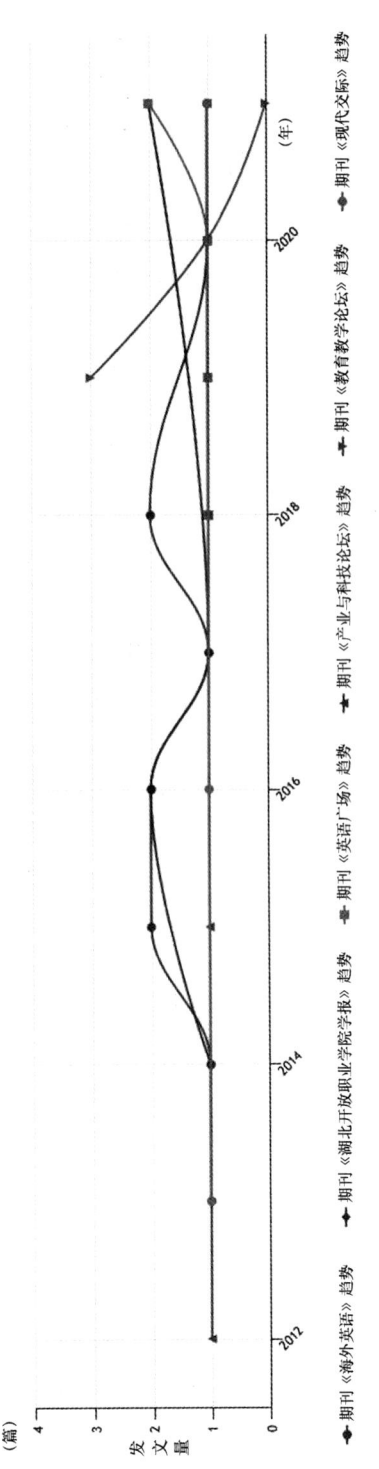

图4-34 关键词为英语口译的期刊文章期刊分布比较

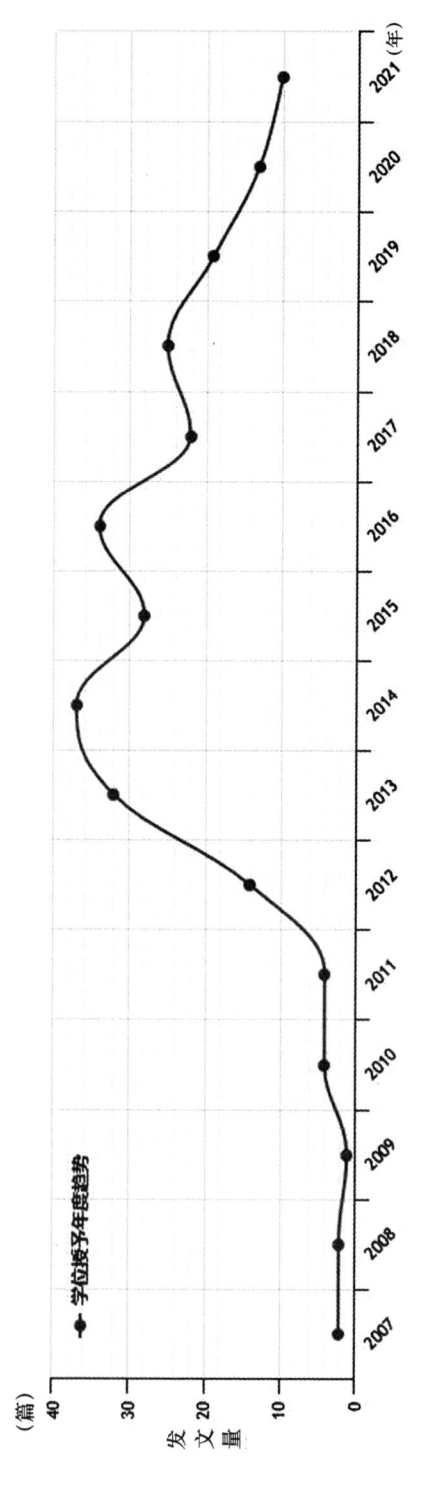

图4-35 关键词为英语口译的学位论文发表年度趋势

到2012年的水平。

图4-36表明，硕博士论文关注的方面有30个：口译实践报告、交替传译、商务英语口译、释意理论、口译实践、同声传译、实践报告、实验报告、实证研究、翻译策略、口译策略、科技英语口译、学生译员、关联理论、模拟口译实践、应对策略、英语口译、口译笔记、MTI、实习报告、图式理论、理论视角、商务口译、会议口译、汉英交替传译、顺应论、策略研究、口译技巧、口译教学和口译质量。

根据图4-36，主要主题分布的前五位是口译实践报告、交替传译、商务英语口译、释意理论、口译实践。年发文量可见图4-37：主要主题为"交替传译"的文献始于2007年，在随后的7年间发文量一直保持不变，从2014年开始增势明显，并于2016年达到顶峰，之后开始回落，2019年有所回升，此后再次减少。主要主题为"商务英语口译"的文献始于2010年，之后发文量快速增长，在2014年大幅减少之后，次年达到顶峰，之后逐年减少，今年尚无发文。主要主题为"释意理论"的文献始于2010年，之后发文量有所减少并保持了三年，2016年达到顶峰，后来持续减少至今。主要主题为"口译实践报告"的文献出现最晚，始于2013年，之后发文量呈波浪状起伏，年发文量一直保持较高数量，于2017年达到顶峰。

关键词为英语口译的学位论文分布于13个学科，按照所占比例从高到低包括外国语言文字、中国语言文字、金融、自然科学理论方法、贸易经济、文艺理论、证券、市场研究与信息、社会学及统计学、投资、教育理论与教育管理、高等教育、计算机软件及计算机应用，所占比例区间从百分之零点几到近90%，差异显著。

取来源分布比例排位前五为例（图4-38），由图可见：外国语言文字最早（2007年），中国语言文字次之（2008年），然后是金融（2017年），贸易经济和自然科学理论与方法的顺序有变，前者较早（2018年）后者较晚（2019年）。也就是说，无论从首发时间还是年发文量，外国语言文字都处于领先地位，是其他学科所无法企及的数量。

综上所述，英语口译过程中的认知研究依然处于研究焦点之外，尚未引起足够的重视，是为前期研究的一个缺憾。

基于全媒体的口译认知研究

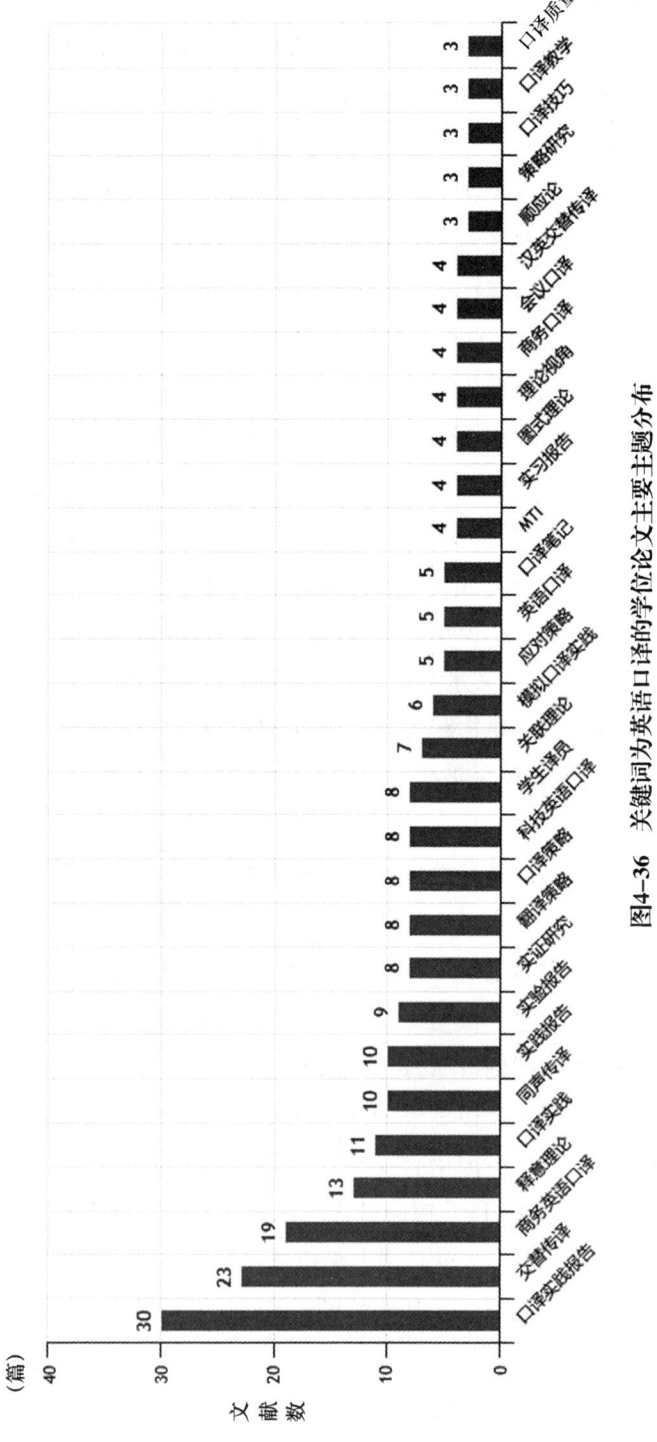

图4-36 关键词为英语口译的学位论文主要主题分布

主题	文献数（篇）
口译实践报告	30
交替传译	23
商务英语口译	19
释意理论	13
口译实践	11
同声传译	10
实践报告	10
实验报告	9
实证研究	8
翻译策略	8
口译策略	8
科技英语口译	8
学生译员	7
关联理论	6
模拟口译实践	5
应对策略	5
英语口译	5
口译笔记	4
MTI	4
实习报告	4
图式理论	4
理论理论	4
商务口译	4
会议口译	4
汉英交替传译	4
顺应论	3
策略研究	3
口译技巧	3
口译教学	3
口译质量	3

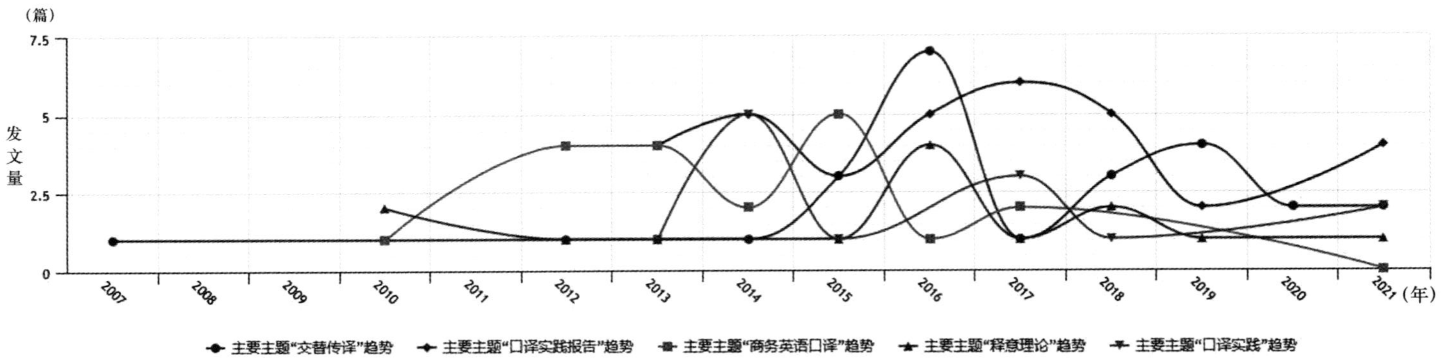

图4-37 关键词为英语口译的学位论文主要主题分布比较

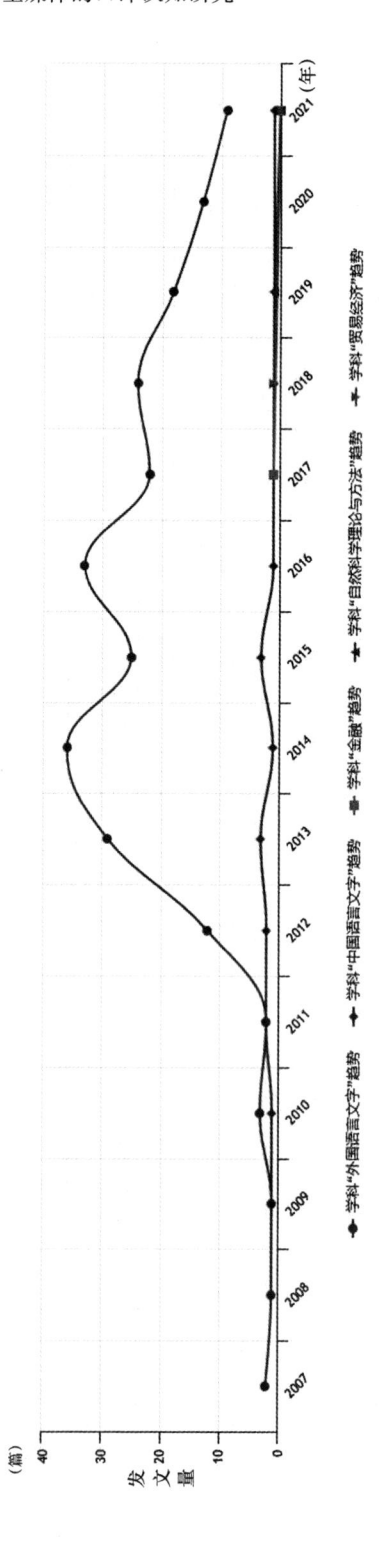

图4-38 关键词为英语口译的学位论文学科分布比较

第五节　国内研究小结

由上述统计可见中国口译研究的发展呈现些许趋势：研究主题多元化、研究内容具体化、研究方法科学化和实证化、研究路径跨学科、研究交流国际化。具体可总结如下。

（一）国内专著

进入21世纪之后，国内学界和业界专家陆续出版了数量可观的口译论著，相关主题可归纳如下。

在口译教学研究方面包括：第一，口译技巧：《思维科学与口译推理教学法》（刘和平，2001）、《口译理论与教学》（刘和平，2005）、《口译教学研究：理论与实践》（杨承淑，2005）、《口译教学：从理论到课堂》（陈菁、肖晓燕，2014）、《以市场为导向的应用型翻译人才培养研究》（许明，2016）和《职业口译教学与研究》（刘和平，2017）等。第二，口译学科理论研究：《口译研究方法论》（仲伟合等，2012）等。第三，口译理论探索：《口笔译理论研究》（刘宓庆，2004）、《口译理论与教学》（刘和平，2005）、《口译理论概述》（鲍刚，2005）、《口译：交际、语用与认知》（赖伟华，2014）、《翻译学：口译理论和口译教育》（刘和平，2017）等。第四，口译理论史和研究史研究：《巴黎释意学派口译理论研究》（张吉良，2010）、《法国释意理论：译介、批评及应用》（刘和平，2011）、《同声传译理论研究与教学应用》（高彬，2016）等。第五，口译的认知处理机制研究：《口译认知研究：同声传译与工作记忆的关系》（张威，2011）、《认知心理视阈下的口译研究》（康志峰，2012）、《口译认知研究》（王建华，2015）、《口译认知过程心理模型构建》（吴文梅，2015）、《口译认知理论研究》（王建华，2019）等。第六，口译的信息处理过程研究：《口译的信息处理过程研究》（杨承淑，2010）等。第七，译员角色研究：《联络口译过程中译员的主体性意识研究》（任文，2010）、《政治场域中口译员的调控角色》（詹成，2013）等。第八，口译规范研究：《口译规范的描写研究——基于现场口译较大规模语料的分析》（王斌华，2013）等。第九，口译评估研究：《口译评估》（蔡小红，

2007）等。第十，语料库口译研究：《口译语料库建设与应用：理论、方法与实践》（张威，2013）、《基于语料库的记者招待会汉英口译研究》（胡开宝，2015）等。第十一，社区口译研究：《全球视域下的社区口译研究》（刘建军，2014）等。第十二，口译语体研究：《口语—书面语连续统：基于语料库的口译体研究》（肖晓燕，2015）等。第十三，口译史：《中国口译史》（黎难秋，2002）等。

（二）国内论文

国内论文按照主题、方法、研究者等可以简要归纳如下：

首先，从研究主题视角来看，近年有关论文的相关主题可分为宏观议题、中观议题和微观议题。宏观议题讨论的关键词多半是口译培训、口译训练、口译教学、口译人才培养和口译办学等。中观议题多见以口译测试、口译课程、口译能力等为关键词。相比之下，关键词为教学方法、译入外语学生、教材、笔记等的微观议题有些捉襟见肘，故而后面章节将选取笔记和教学方法为切入点进行试验与探讨。

其次，研究方法包括试验法、观察法和调查法在内的实证性口译研究、理论建构和思辨类论文、口译技巧和经验总结、结合理论的应用型分析、文献分析和综述、基于语料库的研究、计量研究等。近年跨学科的研究方法日渐流行，尤其是结合认知学、心理学、计算机科学与神经学的研究方法，诸如结合采用智能笔、眼动仪、Translog、相关事件电位（ERP）、脑电图（EEG）、功能性核磁共振（fMRI）等。

最后，主要的代表性研究者：在约40年外语类核心期刊口译论文数据库中的检索与统计发现：中国口译研究发表论文数量较多的作者包括张威、刘和平、王斌华、仲伟合、张吉良、高彬、任文、蔡小红、胡开宝、董燕萍、肖晓燕、唐芳、穆雷、李德超、康志峰、王建华、王巍巍等。其中在口译理论和方法论建构方面发文较多的研究者包括仲伟合、穆雷、王斌华、康志峰、张吉良、高彬、柴明颎、许明、张威、李德超、唐芳、余静等。在口译教学方面发文较多的研究者有仲伟合、刘和平、王斌华、陈菁、肖晓燕、王丹等。在语料库口译研究方面发文较多的研究者包括张威、胡开宝、陶庆、王斌华、叶亮、李德超、王克非、秦洪武等。在跨学科研究方法方面发文较多的研究者包括康志峰、连小英、李德凤、马星城和万宏瑜等。在涉及计算机技术与口译笔记方面的研究者有杨柳燕和孙杰。

第六节　小结

综上国内外口译研究前期成果可见，口译研究成果以实证性成果为主。这主要体现在西方口译研究自20世纪90年代的实证转向以及国内口译研究近十年来发表的大量论文中。根据口译研究界代表人物丹尼尔·吉尔教授2015年在其《口译研究信息通讯》对国际范围内口译研究成果的统计，2000—2009年期间，以数据为基础的实证研究占口译研究博士论文的57%，占期刊和论集论文的33%；2010—2014年期间，实证研究占博士论文的88%，占期刊和论集论文的80%。无论是采用试验法、观察法、调查法或者系统的语料分析法，口译论文多以数据为基础。本研究相信，实证研究的优点在于，首先，可以帮助口译研究构建以充分描写为基础的学科基础。其次，在学科基础上可以使得理念、模式乃至理论得到可操作性较强的实验检验，进而推助提高口译研究的科学性。通过此研究视角，虽然不像翻译研究等相邻学科，理论思辨式研究居多，口译研究的特点或许就存在于实证研究，故而未来研究可以考虑从多方视角、多个层面、多重路径和跨学科开展口译的过程性试验研究。

有鉴于此，本书采用微观视角，基于口译过程即时性的层面，聚焦口译专业技能之信息处理过程和话语产出过程，分别从交传笔记、同传右分支结构等复杂句式等方面通过智能笔与眼动仪辅助进行试验，探讨口译认知新路径，提高口译教学与培训绩效。

第 五 章

云端翻转课堂与全媒体翻译硕士口译认知

经由上文关于口译的分析和译员素质的探讨，可以推断 MI 口译认知需要全媒体的辅助，其辅助功能的最大化需要构建优化的立体教学模式做支撑，以保障认知过程的零死角和全覆盖，基于 5G 网络以及云存储的低成本与便利性，鉴于前期试验中师生的友好体验和认知效果的提升，云端翻转课堂是为不二选择。

第一节　全媒体概述

一　定义

全媒体（omnimedia）的概念并没有在学界被正式提出。它来自传媒界的应用层面。由人民出版社出版的《童子问易》给出的全媒体定义是："所谓全媒体，就是数和象在天、地、人之间变动和周流而建立的备包有无的媒体形式。"（任国杰，2013：273）

在广义的意义上，全媒体指的是由传统的局域电视网、国际互联网、移动互联网以及纸质媒介等传输渠道构成，同时包含听、视、触觉和形象等人们用于接受信息的各种感官的全部传播形态之和，根据不同的受众需求，选取最合适的媒体管道和形式，提供超细分的服务，深度融合，以确保全面覆盖受众和传播的最佳效果。在具体的层面上，全媒体则是指媒介信息传播采用动画、图片、网页、影像、声音、文字等多种媒体手段（多媒体），使用电视、电影、音像、报纸、网站、杂志、广播、出版等不同形态的媒介（业务融合），通过三网融合，即融合互联网络、广电网络和电信网络进行传播，最终实现多屏合一，即用户借助手机、电视、平板和电脑等各种终端都可完成的融合接收信息，实现任何地点、任何时间、任何人、使用任何终端均可获得任何需要的信息（5A：Anywhere，Anytime，Anyone，Any－device，Any－information）。近年来，全媒体的概念发展迅速，吸引了越来越多人的注意，并开始广泛应用于远程教育和新闻传播等领域。

二　起源

在国外，全媒体这一概念源自一家美国生活全媒体公司（Martha Stewart Living Omnimedia）。该公司于1999年成立，拥有且管理电视节目、广播节目、报纸专栏、书籍、网站、杂志等多种媒体，借助旗下所谓全媒体传播本公司的产品和家政服务，彼时的全媒体仅停留在扩张阶段，目的是拓展新的媒介形态。20多年来，基于科技的迅猛发展，传播手段的更新也日新月异，新旧媒体之间的融合也日益优化，全媒体在传播领域的实践中日复一日丰富发展着它的内涵。

在国内，1999—2007年，人们对全媒体的解读偏向直观且片面，各个行业所提及的全媒体多见文章中的点到为止，同国外一样，那时国内的全媒体也囿于技术限制，没有得到正确解读。自2007年开始，文章中出现全媒体的频率与日俱增，人们对于全媒体的认识有所突破，将其视为统一通信平台具有全媒体通信，支持视频、图片、音频、文本、应用共享、手机短信、即时消息等各种媒体功能和形式，对全媒体认识上的进步与信息技术和通信技术的发展须臾难离。

三　特点

全媒体的特点包括全时在线、动静结合、即时传输、交互联动、深浅互补、实时终端等。具体说来，首先，全媒体是人类目前所能掌控的最大化的信息流手段之集成者，其传播内容需要依靠包括声像、纸质，基于电讯和互联网络的CDMA、WAP、3G、GSM、4G、GPRS、5G及流媒体技术等的技术平台；传播载体工具则包括电视、电影、音像、广播、网络、电信、卫星通信、杂志、出版、报纸等。其次，全媒体不仅不否定单一表现形式的传统媒体，而且在整合运用多种媒体表现形式的过程中依然对之器重有加，并视之为组成全的重要部分。再次，在传媒市场领域里全媒体是具有双面性的，即宏观层面上整体全而大的表现和微观层面上针对受众个体超细分服务的表现，即在全媒体平台中，同一条信息的表现形式纷繁多样，也就是说根据信息表现的侧重点以及个体受众的个性化需求调整所采用的媒体形式。全媒体不仅仅是大而全，而且是根据经济性和需求融合采用多种传播渠道和表现形式，通过更经济的方式综合运用多种媒体，以确保传播最优、投入最小和效果最大。最后，全媒体所体现的是全方位融合而非跨媒体的简单媒体间连接，其全方位融合指的是网络媒体之间的全面互补、网络媒体自身的全面互融、网络媒体与传统媒体乃至通信的全面互动，言而总之，全媒体的受众传播面最全、媒介载体最全、技术手段最全、覆盖面最全。

　　针对全媒体作为媒体发展的时代趋势，习近平在中共中央政治局第十二次集体学习时指出，全媒体不断发展，出现了全程媒体、全息媒体、全员媒体、全效媒体，信息无处不在、无所不及、无人不用。这"四全媒体"高度概括了全媒体的特征和内容。首先，全程媒体的全程是指媒体的无界化。其中的信息传播日益不受时空界限的羁绊，随时随地发生，表现出零时差、白加黑、五加二、齐直播、同进度、全球化的鲜明特点。曾经的众多媒体具有地域性传播的特点，全媒体时代的信息传播已然突破地理与时间限制，呈现全程性。人们获取信息的方式从未像今天这样便捷与迅速，在任何地点、任何时间、任何人都可以与他人通过任何形式进行任何形态的信息沟通和交流，信息无时无刻不处于传播链条，随时都可以变成公众信息。

　　其次，全息媒体的全息说的是媒体的数字化。信息传播日益突破物理限制，趋向数据化，并在电脑、平板、手机等不同电子设备同步呈现，日益一体化。新媒体必须重视跨屏传播，数字技术破除了技术壁垒，信息可以在各种介质间高效率传输与处理，内容发布以及生产实现了一次生产、多次加工、多载体传播、多功能服务、多屏共存，手机一屏统之，在物联网、人工智能、云技术等新技术推动下,万物皆媒的趋势与日俱增。

再次,全员媒体的全员是指媒体的互动化。信息传播日益突破主体限制,从一对多的单向传播,转变成多对多的互动式传播,人们参与的广度拓展深度加深。在传统的媒体时代,因为技术的限制,媒体组织得以垄断新闻信息的采集、制作和发布的全过程,对于公众来说获取新闻信息的主要来源缺乏自主性和互动性,仅仅是媒体单向传播式的新闻发布。新媒体时代,公众可以选择自由地主动地参与新闻生产和传播的过程,与新闻的生产者直接互动,媒体双向互动,受众和媒体的关系变成双向和多向,信息接收的主动权也越来越多地向受众方面转移。

最后,全效媒体的全效指的是媒体的多功能化。移动互联网颠覆了传统媒体的传播模式,信息传播日益突破传统的功能界限,由传统的视频、声音、图片、文字等单一传播转而成为当下日渐全效能的传播,功能、内容、领域和服务等融为一体:功能差异化、内容多元化、领域细分化、服务个性化成为新媒体发展主调。新媒体实现了多种媒体在功能上的大融合,包括基础功能(广播、电视、电报)和阅读功能(报刊、书籍)等。借助智能手机,用户可以全方位接收信息,实时进行网络社交、信息传播和自我表达。

四 架构

全媒体架构主要包括三个方面:第一方面是全媒体采编:以不同的媒体渠道特征为基础进行内容梳理,既包括普通的新闻信息,又包含自发内容和自采内容等丰富、互动和实用信息为主体的新闻信息,重新搭建媒体采编流程,传统媒体采编仅是全媒体平台的内容供应方之一,以便实现结构本质和信息形式的变化,从而满足不同收视或阅读习惯的受众的需求。第二方面是全媒体传播,即通过技术手段架构媒体通路:以全媒体为渠道,重新架构传媒形式,进行多渠道、多平台、多媒体的内容发布,实现更广泛地覆盖跨界人群。第三方面是全媒体运营:以全媒体特质为依据,重新整合架构进行媒体运营,媒体的平台开放向应用型转移,整合资讯内容将使全媒体效益得以彰显。

如此，全媒体的架构流程中四个阶段的推进可以简约总结为渠道变革、内容变革、资讯整合和运营整合。

五　发展模式

作为新生事物，全媒体的发展模式主要包括：第一，全媒体新闻中心模式，即将主要报纸的采访部门合并组建全媒体新闻中心。第二，"报网合一"模式，即同一批采编人员，同时运行网即是报、报即是网模式的两种媒体形态，增加网络采编流程，并行使用网络和报纸两套流程。第三，台网互动模式，即网上同步直播广播信号，尝试了平面媒体、广播频率、手机广播电视、有线数字广播电视、门户网站五大终端的融合，实现了音视频同步和图文并茂多点互动直播报道新模式的创新。该模式已经成为目前广电部门发展新媒体的普遍做法，电视台与互联网的结合更是如虎添翼。第四，移动多媒体广播电视模式，以国家广电总局成立的中广卫星移动广播有限公司为例，负责全国范围内移动多媒体广播传输覆盖网络的建设，统一进行业务运营，并且在各省市分别设立分公司和子公司，形成一个全国范围内运营机制的规范，统一调度全国CMMB的节目体系、资费、价格。

六　未来趋势

综合分析国内的全媒体目前的发展经验，总结参照国外媒体的先进做法，未来全媒体的发展将呈现以下趋势：首先，互联网的重要作用必然是与日俱增。其次，数字视频新媒体将拥有日益广阔的发展空间和前景：从传统媒体转向新媒体的重要方向之一就是户外显示、网络视频、数字电视、触屏手机等各种视频媒体的拓展。未来视频新媒体的发展将带动更多信息服务形式和内容提供方式的变革，推助整个传媒业全媒体发展的进程。再次，媒介融合由浅入深地从物理变化转向化学变化：从注重并列应用多种传播手段的全媒体新闻转变为有机结合多种媒体的融合新闻；从简单组合、叠加各种媒体机构转变为新型机构组织以便能够真正地有利于融合运作媒介，从而在新的市场格局中寻找自身新的定位和业务模式，打造适应全媒体需要的产品体系和传播平台。最后，与不断推进的全媒体进程同步，各种媒介一边融合一边实现更加专业细分的形态、终端及生产。媒介形态的分化主要表现在：例如，传统的单一印刷报纸已然分化成了手机报纸、数字报纸、印刷报纸多种产品形态；传统的广播电视分化成更丰富的网络电视和手机电视等产品形态。多样化媒体终端也带来了分别依赖不同传输网络的分化，如网络电视、数字电视、手机媒体、电子阅读器等。媒介生产流程的专业化细分表现在提高生产复杂度所带来的产业流程过程中的专业分工和再造，促成平台提供者和信息包装专业化的趋向，该趋向已在手机媒体、数字报纸、电子杂志等领域显现。

第二节 云端翻转课堂

本书所探讨的云端翻转课堂指的是基于云端的、以 QQ 或微信班级群等社交媒体为辅助的线上与线下混合教学的模式。

一 云端平台功能

云端软件平台是基于应用虚拟化技术的软件，云端将虚拟化的应用，引入个人用户领域，实现了软件使用的崭新方式：无垃圾、不重装、不安装。云端软件平台集软件管理、使用、下载、搜索为一体，为网民搭建服务平台、应用平台和软件资源平台，改善当下的软件获取和使用方式。本书所探讨的云端主要有两种形式：第一种是互联网教育运营平台；第二种是云存储网盘。前者是随着 2020 年应对疫情而盛行的网络教学所应运而生，后者是有着更加长久的历史和更具针对性与灵活性的云端平台，二者均可免费使用、泛在使用、共同管理、实时共享等，在云端平台的存储、共享与互动等功能方面大同小异。

（一）互联网教育运营平台

技术推动教育进步，教育推动社会进步。通过优质教育资源的共享，促进改革教学方法，进而提升人才的教育质量。要服务学习型社会，提供给社会各界学习的机会，推助国际优质教育资源的交流，既吸收世界文明，又弘扬中华文化。本研究平台的探讨以智慧树为例。智慧树是辐射全球规模较大的学分课程运营服务平台。旗下所服务的会员学校将近3000所,通过智慧树网跨校修读并获得学分的大学生已超2000万人次。智慧树网帮助实现会员高校间跨校学分互认、课程共享和选课修读。

智慧树网的发展目标在于成为中国领先的互联网教育运营商和教育信息化制造商。通过其独特的"三位一体"(平台+内容+服务)的业务模式,帮助高等院校引进优质课程和落实服务配套;通过分享和观摩名师名校的优质课程设计,帮助培训和完成教师的教学发展,辅助教师建设新课程、改革教学方法,催生校内教学内生动力。在几年的运营和服务过程中,智慧树网已经积累了丰富的服务经验,可以基于完善的服务基础设施,建立服务全国的专业团队,实现应对大规模教学服务所产生的挑战。

具体来说,以 MI 口译课程为例,除了共享同类课程的相关资料以外,师生除了线下传统模式的教学以外,还可以共建线上课程。教师前期创建课程,根据教学大纲和目标设置课程线上线下运行模式、分数匹配、内容分配等,分门别类创建档案袋以存储相关全媒体资料(指令、作业、反馈等),比如推送课前全媒体指令、课中文字图片音视频等全媒体记录、课后全媒体作业和点评反馈至相关档案袋。学生上传至各自档案袋中课前准备全媒体资料、课中训练全媒体记录和课后反思与全媒体作业。如此便于师生和所聘请/邀请的第三方专业译员共建共享共创认知共同体,为师生和第三方的互动构筑基础:师生和聘请/邀请的第三方专业译员等可利用碎片时间 4A(Anyone, Anytime, Anyway, Anywhere)式上传下载资料,进行师生、生生评价与反馈,上传或下载反馈意见,导航后续认知方向,优化后期认知效果。

(二)云盘

云盘是一种专业的互联网存储工具,是互联网云技术日臻完善的产物,是云存储系统下的一项应用。与传统的存储产品有别,云盘乃应时代而生,其基础是云计算技术的云数据中心,作为网络云存储平台,还能够提供文件的分享、备份和同步等服务。用户可以通过 PC 客户端、移动客户端和网页等多终端随时随地轻松管理、下载、上传、分享保存视频、音乐、文档、照片等到网络,安全稳定。云存储的核心是数据的存储与管理，它在云计算系统的基础上配置了海量的存储空间。在集群系统、网格技术、分布式文件系统等技术的支持下，云存储系统可以实现跨地域的大规模存储设备的协同工作，共同对外提供服务。云存储系统各种应用程序接口（API）的存在，使得开发者可以通过开发不同的应用，不断扩展云存储系统能提供的服务种类。目前，云存储系统主要能提供的业务包括云盘、空间租赁服务和远程备份与容灾三大类。其中与普通网民关系最密切的就是云盘应用。（王诚翊，2016：39）

云盘的特点可简要总结如下：第一，超大的存储空间——相较云盘而言，U盘的存储空间是固定且有限的。第二，视频和图片等资料可通过云盘实现共享——用户只需通过提取码即可与其他用户分享自己云盘中的海量资料。第三，相较其他实体磁盘，云盘更便捷——用户不需时刻随身携带存储的重要资料，而是通过互联网随时随地从云端下载使用。第四，云盘是一种新型、专业的网络存储工具——提供功能按需、灵活性较好的存储服务，可以有效防止成本失控的问题。第五，云盘既支持文件或文件夹的直接上传，又支持将其压缩再上传。（李艳，2016）

云盘功能较多，几乎所有功能均与口译认知相关，加以开发和利用，这些功能可以推助全媒体MI口译认知的更高效率。第一，初始空间大，且可无限扩容，因此可随时随地任性上传，不需担心内存不足。第二，支持超大文件上传，单个文件支持高达以G计数：（1）用户可通过PC客户端、移动客户端、网页进行不限制文件格式的超大文件传输，且随时随地均可自由转换。（2）用户可以设定任一本地文件夹为同步文件夹，如果用户在此本地文件夹内修改、删除、新建、粘贴或复制文件的话，系统会自动同步更新变更的文件，始终保持本地文件与云端文件的一致。第三，跨平台同步，支持Android、iOS、Windows、iPhone客户端，支持平板、电脑、手机、电视统一存储，多端使用，更换手机、电脑，电脑换平板，电脑换电视，均可零压力转移文件。第四，支持外链分享，无时间大小限制。可与邮箱相连，实现终端互传。邮箱也可把大附件文件转移到云盘保留。第五，可云解码，支持云端视频在线播放：（1）用户可以借助云转码功能，在通过移动客户端访问多媒体文件时，实时转码合适的格式，方便快捷阅读文件。（2）云盘在线媒体库既能识别又能筛选视频、音乐、图片、文档等多媒体格式的文件。而且还可以同时在线预览及播放如视频、音乐、图片、文档等指定媒体格式的文件。(3) 各种资源可离线下载后播放，也可以云端在线播放，变换自由，离线也可自由观看视频，无须担心有无网络。第六，超大群空间免费建立工作群、班级群、资源群，一起共享资料，随意自由沟通。第七，可通过加密私密空间的重要文件确保用户使用云盘时的私密空间。用户通过绑定手机与私密空间，确保更高的安全性、隐私性和安全性，在每次访问私密空间时，都要凭系统以短信方式发送到绑定手机中的动态密码访问私密空间的文件。

在 MI 口译课程运作过程中，云盘由师生共建，分门别类创建资料、作业、反馈等档案袋，每个学生也有属于自己的档案袋，有针对性地存储多种媒体信息。教师推送课前全媒体指令、课中文字图片音视频等全媒体记录、课后全媒体作业和点评反馈；学生上传至各自档案袋中课前准备全媒体资料、课中训练全媒体记录和课后反思与全媒体作业。师生和聘请/邀请的第三方专业译员等多方可 4A（Anyone, Anytime, Anyway, Anywhere）式上传下载云盘资料，进行师生、生生评价与反馈，上传或下载反馈意见，导航后续认知方向，提高后期认知效果。同时，为弥补云盘实时方面的欠缺，师生可以借助 QQ 或微信班级群等社交媒体，24/7 进行沟通和交流，实时优化认知绩效。

二 翻转课堂

翻转课堂的历史可以追溯到 2000 年，美国学者莫林拉赫、格伦·普拉特和迈克尔·特雷利亚（Maureen Lage, Glenn Platt and Michael Treglia）在论文 "Inverting the Classroom: A Gateway to Creating an Inclusive Learning Environment" 中介绍了他们在迈阿密大学教授《经济学入门》时采用翻转教学的模式，以及取得的成绩。当时并未提出翻转课堂或翻转教学的术语（Lage et al, 2000）。2000 年，韦斯利·贝克（Wesley Baker）在第 11 届大学教学国际会议上发表了论文 "The Classroom Flip: Using Web Course Management Tools to Become the Guide by the Side"。2007 年，乔纳森·伯格曼和亚伦·山姆（Jonathan Bergmann and Aaron Sams），科罗拉

多州伍德兰公园中学（Woodland Park High School）的化学老师，开始使用附上讲解声音的视频软件录制 PPT，将该视频上传到网络，方便缺席的学生补课。之后不久，他们开启了更具创新性的尝试——渐渐将教学基础转至学生在家听讲解、看视频，起辅导作用的却是课堂上老师的问题讲解，或者帮助做实验过程中有困难的学生，同时，他们推助美国中小学教育逐渐广泛地使用该模式。基于互联网的日渐普及和迅速发展，翻转课堂的教学方法在美国逐渐流行起来。国内曾有过的类似的教学方法被冠名高效课堂。其中比较典型的案例有如 1998 年山东杜郎口中学所尝试的杜郎口教学模式。彼时的教学模式与当下的翻转课堂不同，在那些模式中，学生使用的是习题册、课本和导学案，而非在线做题或使用微视频。

（一）内涵

翻转课堂（Flipped Classroom）也可叫作颠倒课堂（Inverted Classroom），指的是转移学习的决定权到学生，且重新调整课堂内外的时空。该教学模式下的课堂时间使得学生基于项目的学习更主动、专注，共同研究解决全球化或本地化的挑战以及其他现实问题，从而能够从更深的层次进行理解。相较传统教学模式，教师讲授信息不再占用课堂时间，而是由学生课前完成这些信息的自主学习；学生不再单纯地依赖于授课老师教授知识，而是可以在任何时候查阅所需材料，比如通过看视频讲座、听播客、阅读功能增强的电子书，或者在网络上与别的同学讨论以积极主动地完成所要求的信息的学习。因此教师和课堂的角色发生了变化：教师更多的责任是去理解学生的问题和引导学生运用知识；课堂变成了老师学生之间和学生与学生之间互动的场所，师生、生生之间拥有更多的时间进行深入、高效交流：答疑解惑、合作探究、完成学业等，从而达到更好的教育效果。课后，学生自主规划学习节奏、呈现知识的方式、学习风格和学习内容，为满足学生的个性化需求提高他们个性化认知与习得的效果，教师采用协作法确保最终实现目标，也就是让学生通过践行实践实现更真实的认知。作为大教育运动的一部分，翻转课堂模式与混合式学习、探究性学习等教学方法的内涵有所交叉，目的均为强化学生学习的主动性和灵活性，优化学生的参与度，最终提高学生的参与效果。互联网时代,尤其是移动互联网催生翻转课堂式教学模式,实现了除了传统的线下面对面校园师生面授课程以外,学生可以通过互联网学习丰富的在线课程。翻转课堂彻底颠覆了以印刷术的传统课堂为基础的教学流程和教学结构,并将引发诸如管理模式、课程模式和教师角色等的一系列变革。

(二) 特点

翻转课堂利用视频实施教学并非开创先河之举,多年以前就进行过类似的探索,比如20世纪50年代,多国进行的广播电视教育就是例子。之所以那些探索并未对传统教学模式带来较大影响,而翻转课堂却备受关注是因为后者的几个鲜明特点。

首先,教学信息清晰明确。以萨尔曼·汗的教学视频为例:该视频的一个显著特点是视频中唯一能够看到的就是他的手在不断地书写数学符号,并缓慢填满整个屏幕。唯一能听到的就是配合书写同时进行的画外音讲解。与此翻转课堂教学视频不同,传统教学录像中出现的教室里物品摆设、教师头像等,都会对干扰学生的注意力,对于自主学习的学生来说尤其如此。

其次,重新构建学习流程。传统教学模式中,学生的学习过程通常包括两个阶段:第一阶段是信息传递阶段,主要通过师生、生生课堂上彼此之间的互动实现;第二个阶段是吸收内化阶段,主要由学生课后独立完成。在吸收内化阶段由于学生缺少同伴的帮助和教师的支持,时常会有挫败感,甚至丧失成就感和学习动机。这个问题在翻转课堂模式下得到了解决,具体来说,翻转课堂模式重构了学生的学习过程:学生课前自主完成信息传递阶段的任务,在此期间学生不仅可以观看教师提供的教学视频,还可以借助教师提供在线辅导解惑;课堂则变身为通过师生、生生互动而完成的吸收内化阶段。翻转课堂模式所重构的学习流程中,教师能够根据课前信息传递阶段的情况提前了解学生的学习困难,并以此为依据提高课堂上给予有效辅导的针对性,而且生生之间的相互交流也将提高其知识吸收内化过程的效果。

再次,教学视频短小精练。多数教学视频的时长短短几分钟,相对较长的视频也就十几分钟。每一个视频专注于一个特定问题,既查找方便又有较强的针对性；控制教学视频的长度在学生注意力保持集中的时长范围之内，符合学生认知发展需求；学生可以自我控制通过网络发布的视频，能够进行回放、暂停等多种操作，更加便于其自主学习。除此之外，教学视频的第二个优点在于方便学生学习之后一段时间的巩固和复习。再者，实时跟进的评价技术，助力学生能够得到学习相关环节的实证性资料，助力教师了解学生认知的全过程。

最后，复习检测快捷方便。设置几个小问题紧跟视频之后，以便及时检测学生是否理解观看过的教学视频中的学习内容。云平台能够及时进行学生回答问题情况的汇总处理，既可以帮助教师跟进学生的学习状况，也能够帮助学生实时客观地判断自己的学习情况，如若发现问题回答情况不佳，可以回放几遍视频，自我反思，寻找问题出现的原因。

（三）实质

翻转课堂打破了传统方式中流行的教师对学生学习状况进行评价的机制，建立新型的评价机制，对这种新型的评价机制进行优化又可以提高其普及度。学生在线观看教学视频学习的过程中，除了可以观看自己任课教师的教学视频，还可以观看其他教师的教学视频，无论观看哪种教学视频，如果能够顺利通过学习，都应该计入学分，如此，有利于共享优质教育资源，在实现教育均衡发展方面也有重要意义。

一般意义上的翻转课堂中，传统线下的面对面授课被视频代替，由此，在课堂上学生便可以支配更多自主时间与教师参与关键的学习活动。翻转课堂所翻转的是将过去传统的线下课堂上的讲课翻转为由学生通过授课视频在家里完成，此外，过去传统的课后家庭作业则被翻转到课堂上完成。若要实现成功的翻转课堂，上述界定尚不足以涵盖翻转课堂的全部内涵。翻转课堂的实质还应体现在学生自主学习的环境；教师由台上圣人转为指导学生学习的导师；增加学生和教师互动和个性化沟通的方法；融合建议式学习和直接指导；确保因事或因病缺席的学生可以跟得上功课；翻转课堂的内容可被查阅、修正和永久保存；所有学生都有机会获得个性化教育；所有学生都能够参与到学习中。

基于丰富的信息化资源，翻转课堂赋予了学生学习的掌控权，助其逐渐成为学习的主角，更加突出学习的主体性和必要的主动性，否则，翻转课堂的学习无法推进，学生必须要主动操作和主动思考，若善于提问和主动性学习则将加强翻转课堂的效果。另外，翻转课堂很重要的一点是学生的学习效果是通过教师的答疑和引导进行检查的，如此一来，教师的角色从另一个侧面有所加强而非被淡化：这种模式要求教师能够通过学生之间的讨论、设问、项目和完成作业的情况等了解、分析和掌握学生的学习效果，与传统的教学模式相比，教师由主导转为引导，从主动变为被动，对其职业素质提出了更高的要求。翻转课堂所强调的是高效结合课堂教学和课前学习，与充分发挥现代信息技术优势同步，对教师提出更高的要求，而并非降低了教师的作用。

三 云端翻转课堂与社交媒体结合

（一）社交媒体

社交媒体，也叫社会化媒体（Social Media），指的是互联网上基于用户关系的内容生产与交换平台，也是允许人们分享、撰写、讨论、评价、相互沟通的网站和技术，是彼此之间用来分享见解、意见、经验的工具和平台。目前的基本形式主要包括微信、微博、QQ、论坛、社交网站、博客、播客、内容社区等。

社交媒体的特点是大批网民自发贡献、提取、创造新闻资讯，然后传播的过程。其两大构成要素是人数众多和自发传播，缺少两个因素的任何一点就构不成社交媒体的范畴，无数的信息被网络中的节点（人）过滤并传播着，有价值的消息会被迅速传遍全球，无价值的信息则会被人们遗忘或者只能得到小范围的传播。社交媒体基于 Web 2.0 的发展而产生，若缺少网络赋予网民更多的主动权，社交媒体就失去了技术支持，成为无源之水。如果没有技术支撑下的多种互动模式和互动产品，网民的需求无法释放，社交媒体就失去了群众基础，成为无本之木。社交媒体正是基于群众基础和技术支持搭建的平台才得以迅速发展。此外，社会化媒体有较强的参与性和公开性，大部分服务可免费参与，模糊了受众和媒体之间的界限，鼓励人们评论、反馈和分享信息，可以激发感兴趣的人主动地反馈和贡献，可以几乎无障碍地参与和利用受保护的内容除外的社会化媒体内容。社会化媒体具有较强的社区化和连通性，在社会化媒体中，人们可以很快地形成一个社区，就共同感兴趣的内容进行有效的沟通，并且通过链接和整合，将多种媒体融合到一起。

社会化媒体的基本功能可以从以下几个方面进行探讨。第一，形成越来越模糊的组织边界：当下的社交网络开始广泛出现以共同的爱好形成社区组织，包容不同的年龄、性别、地理位置甚至是价值观和信仰，成员通过分享这种双向沟通机制相互联系、互通有无。第二，低成本的沟通：沟通的低成本和高效率，降低了社群建立的成本，虚拟空间建立社群或是社区只需点击鼠标，用户既可以在网络建立主题不同的群组，还可以加入他人组建的群组。第三，社会化媒体可以进行极度细分，并以小规模的核心人群影响大规模的非核心人群，这主要体现在用户点评功能上。第四，社会化媒体更低的社交成本和更大的社交圈子，降低了个人影响力的门槛，每个人都可以成为中心，可以通过各种技术工具在虚拟空间展示自己，并以此影响身边的群体。第五，社会化媒体让人力资源更合理、更有效地发挥作用：要让个体组成大规模的协作型组织，就必须将自己做成一个社区，在这个社区中让所有的成员都减小相互之间的沟通成本，最为重要的是让他们能够形成一个共同的理念和价值观，如此大家才有可能不计报酬地为某个事业奉献出自己的智慧和能力。第六，社会化媒体开启了具备更高研究效率的现代社会调查的研究方法。诸如电话访谈和问卷调查等传统的研究方法不仅需要耗费大把的时间和精力，而且所得的资料也无法跳出时空的藩篱。相较传统的研究方法，在网上社区进行调研即可突破瓶颈，实现相对轻松自如的调查研究。第七，有些社交媒体，如微信等，具有较强的教育功能：其相关公众号的海量信息可以满足多层次多目的的学习者需求，省却其搜索所耗精力；其推送功能还省却了学习者用户甄别跟进的精力，可以坐享其成；其保存功能省却了用户下载保存等的时间、精力和财力的投入，便于随时挑选所需的过往信息；其可收藏功能便于学习者随时云保存所爱信息，便于日后轻松提取，成就高效认知路径；其信息的多媒体和与时俱进确保了信息的吸引力和实时性，便于吸引学习者始终保持学习热情。

传统的社会大众媒体主要包含报纸、广播、电视、电影等，内容由业主全权编辑，追求大量生产与销售。新兴的社交媒体，多出现在网络，内容可由用户选择或编辑，生产分众化或小众化，重视同好朋友的集结，可自行形成某种社群。新兴社交媒体的服务和功能更先进和多元，且费用相对便宜或免费，近用权相对普及和便利，广受现代人青睐和使用。简单来说现代社交媒体和传统社会媒体的差别包括以下内容。一是传播结构：社交媒体和传统媒体，均可向全球传播。但是，传统媒体多属中央集权的组织结构、生产、销售。而社交媒体多见无阶层、扁平化、依照多元生产或使用的需求，具有不同型态。二是近用能力：能近用传统媒体的，绝大多数只有该媒体的政府或私人业主，由政府和民间金主决定。而社交媒体可让社会大众便宜或免费使用，人人可免费申请、任意编辑其中的部分内容。三是专业要求：因为传统媒体的市场竞争激烈、营利压力较大，进入传统媒体的专业门槛较高，对专业能力的要求较多元，除了一定的资讯素养之外，还需要其他学科的专业素养，才能经得起市场的检验。而社交媒体的专业门槛相对较低，通常只要中等的资讯素养即可，加上社交媒体为争取更大的注意力经济，倾向于将社交媒体的使用界面设计的用户友好，即更方便更简单。四是即时程度：一般而言，根据节目内容的规模，传统媒体常需要几天、几周、几个月甚至几年的制作时间。而社交媒体因为偏好短小的图文发布，所以制作时间相对减少很多，甚至有些媒体能够达到随时实时发布信息。五是不变与多变：传统媒体的内容一旦发布，几乎很难修改，例如新闻报纸、广播、电视、电影等，如需答复、修正，往往要等到下一个版本，牵涉的人力和时间较多。而社交媒体便于编辑，经常随时随地进行更新变化。

（二）云端翻转课堂与社交媒体结合

云端翻转课堂创建了低成本、高效率的资源平台，但是教学过程中的实时交流、评估和互动等功能尚不能满足实际教学的需要，而这恰恰是社交媒体无出其右的强项。

QQ群、微信群、TIM、钉钉、腾讯会议等社交媒体可以轻松便捷地进行多模态、多媒体的沟通，进行实时的文字留言、语音留言、分享屏幕、语音聊天、视频聊天等，利用5G网络的技术支持，构建了社交媒体+教师+学生"三位一体"的网络学习共同体环境，拓展了师生、生生进行白加黑、课前后、线上下进行文本、图片、音频、视频等多媒体、多模态沟通的渠道，实现了全方位、全时空、零死角、零盲区的教学沟通，便于提高认知绩效。该模式恰好符合口译认知和从业特点，为口译学习者延伸了分享和沟通的时空，构建了分享和沟通的360°高架。

在社交媒体构建的网络学习共同体中，教师随时推送消息和任务，学生实时完成；学生随时发帖提问，教师实时回复反馈，学生也可实时发表自己的不同意见和看法，大容量、高速率地探讨可以激发新思想、促发新思路、引发新观点，既便于教师实时了解学生认知情况，随时调整教学活动和教学设计，保障了过程性评估和总结性评估结合的可行性及其信度与效度，又便于学生实时复习反思改进，随时优化认知路径。而且学习群创建简单易行，便于有不同需求的群体进行小众沟通，在不打扰无关人员的情况下满足多样化需求，提高教学和认知的效率。

云端翻转课堂创建了大容量、易存储的存储平台，但是其信息的更新比较缓慢，面对当下信息万变的现实，实在有捉襟见肘的难以企及之处，相对而言，除却强力沟通功能之外，社交媒体的教育功能则令人青睐，如上文提到的微信公众号的诸多功能，可以保存、编辑、分享和实时更新相关信息，符合当下快节奏的认知现状。口译学习过程中，师生可以随时实时共享优质链接和资源，互相取长补短，提高资源利用的绩效，并择优上传云盘档案袋备份。长此以往，助力语料的优选和语料库的创建，为后续学习提供基于数据统计的反拨和导航，优化长期口译认知效果。

第三节　翻译硕士口译认知

口译理论与现代认知科学关系也很密切。认知（简约地说就是 knowing）与语言（简约地说就是 expressing）之间的关系是深层机制与表层表现（形态）的关系，二者互为表里。前者重思维，后者重形式，也就是思维运作与形式表现的关系。研究口译中的种种问题通常与思维关系极为密切。（刘宓庆，2006：46）认知主义哲学把现象（一切自然现象、社会现象、言语现象等）的意义视为认知者的重构，认为对现象的理解和阐释都离不开认知者的加工。言语的明示信息和它所激活的隐含信息之间的关系就是借代影射关系，故言语在交际中发挥以显代隐的借代功能。这源于认知者由此及彼的推理能力。"实际上，除语法练习外，任何语言、任何作品都绝不仅仅是语言能力的再现；作品离不开百科知识，这些知识构成特定的认知背景，无论是文学作品，还是科技文章，如果不了解其内容，任何译者都不会相信能完成这类翻译。"（塞莱丝柯维奇、勒代雷，1990：48）认知语言学的核心思想是强调意义的整体大于部分之和，即话语的意义不仅仅是话语的各组成部分之和，话语的释义需要进行认知推理和补充语境信息；语义是显性信息和隐性信息的复合。

一　认知简介

认知指的是人获得知识或学习的过程，是心理过程的一部分，是与情感、动机、意志等心理活动相对应的大脑理智地认识事物和获取知识的行为和能力。随着人们对认知研究的逐步深入及哲学、语言学、心理学、脑科学和计算机科学的快速发展，认知科学作为一门新兴的综合学科逐渐形成。"认知科学是研究人类的认知和智力的本质和规律、人脑思维过程中信息处理机制的科学"，它"以认知过程作为研究对象，研究人脑的感觉、知觉，构词造句、归纳整理、分析综合，以实现对客观世界的认识"，研究内容包括"人的意识、知觉、记忆、思维等过程；人的记忆中外界信息的储存、选择、分类、强化、唤起、联络的机制与过程；教育和训练对认知过程中思维程序的改变和改良机制"等。（卢信朝，2013：1）

（一）定义

认知（cognition）一词也称为认识，源自拉丁语 cognitio（the action or faculty of knowing or learning），是心理学研究的重要领域之一，指通过如知觉、感觉、想象、思维、语言和记忆等心理活动按照某种关系组成具有一定功能的系统，认识外界事物的过程，也可以说是信息加工外界事物作用于人的感觉器官的过程，就是个体对感觉信号接收、检测、简约、合成、编码、转换、储存、提取、重建、概念形成、判断和问题解决的加工信息和处理过程，从而实现调节个体的认识活动。认知过程由浅入深、从前到后主要包括感觉、知觉、记忆、思维等一系列心理现象，可以是自然的或人造的、有意识或无意识，习惯上将认知与情感、意志相对应。

具体来说，人们获得知识的过程始于感觉与知觉。感觉是对客观人/物个性化特性和属性的认识，比如感觉到光线明暗、声调高低、味道香臭、物体粗细、质地软硬等。知觉是对客观人/物的整体及其联系与关系的认识，比如看到一群年轻的观众、听到一阵爽朗的笑声、摸到一块冰凉的石板等。通常来说，刺激物停止刺激之后，通过感知觉获得的知识经验不会马上消失，仍然存留在人们的头脑中，在需要时再现，此种积累和保存个体经验的心理过程就是记忆。人脑不仅能够直接感知个别具体人/物，认识其中的表面联系与关系，而且能够运用已有经验和知识间接概括认识人/物，揭露其本质和其内在联系与规律，形成概念，进行推理判断，解决问题，此乃思维。在此基础之上，人们利用语言把思维活动的结果、认识活动的成果与别人进行交流，互通有无，形成语言活动。

（二）认知过程

认知过程也叫作认知历程，是个体认知活动的信息加工过程。传统观点认为是认识过程，指人脑以感知、记忆、思维、语言等形式反映客观人/物特性及其关系的心理过程。认知心理学将其看作由信息的获得、编码、储存、提取和使用等由一系列连续的认知操作阶段组成的、按一定程序进行信息加工的系统：信息的获得即接受直接作用于感官的刺激信息；信息的编码指的是将信息由一种形式转换为另一种形式，个体在知觉、表象、想象、记忆、思维等认知活动中均有各自相应的信息编码方式，以利于储存、提取和使用；信息的储存简称信息记忆，即信息以多种形式在大脑中的保持。信息的提取就是依据一定的线索从记忆中寻找所需信息并读取。信息的使用即为利用所提取的信息进行对新信息的认知加工。在认知加工过程中，外部客体的特性能够通过信息的编码转换为具体形象、命题或语义等形式的信息，经由储存，保持在大脑中。这些具体形象、命题和语义实际就是客观现实在大脑中的反映，即外部客体的特性在个体心理上的多种表现形式。认知心理学将在大脑中反映客观事物特性的具体形象、语义或命题称为外部客体的心理表征，其简称表征，还包括将外部客体以一定的形式表现在大脑中的信息加工过程。

结构主义认知心理学，以皮亚杰学派为例，将认知过程看作通过对原有的认知结构（图式）对刺激物进行同化和顺应达到平衡的过程。从信息加工认知心理学的视角来看，认知过程指的是个体接收、编码、储存、提取和使用信息的过程，包括感知系统接收信息，记忆系统编码、储存和提取信息，控制系统监督执行决定，反应系统控制信息输出四个环节。简而言之，人类认知可以总结为三种基本过程：采用启发式、手段—目的分析和计划过程法解决问题；在认识人/物各元素之间关系的基础上，根据元素间关系构建模式，提高识别能力；基于辨别学习、阅读、理解、范例学习等不同形式的学习获取、储存信息，以备后续使用。

（三）认知风格

认知风格又称认知方式，是个体在长期认知活动中形成的、习惯化的、具有稳定心理倾向的信息加工方式，表现为偏爱某些或某种信息加工方式。认知加工方式主要包括场独立性和场依存性、冲动和沉思、同时性和继时性。

（四）认知能力和策略

认知能力是指人脑加工、存储和提取信息的能力，即通常所说的智力，如观察力、记忆力、想象力等。是人们认识客观世界和获取知识的主要抓手。

认知策略可以理解为指导认知活动的方案、计划、技巧。囿于有限的信息加工能力，人脑无法瞬间进行多种操作，为顺利进行大量信息的加工，只能选择一定的策略按照不同时刻操作特定选择的信息，并协调组织操作整个认知过程的全部步骤。因此，在提高认知活动的效率方面认知策略是十分重要的。

（五）元认知

元认知一词最早由美国儿童心理学家弗拉威尔（J. H. Flavell）在1976年出版的《认知发展》一书中提出。简单来说，元认知就是对自己思考过程的认知与理解，即对认知的认知。具体地说，元认知是个体对自己认知活动过程的认知以及调节这些过程的能力，对思维和学习活动知识的控制。也就是说，一方面，元认知是一个知识实体，它包含关于静态的认知能力、动态的认知活动等知识；另一方面，元认知也是一种过程，即对当前认知活动的意识过程、调节过程。（陈会昌等，1994：111）作为认知的认知，元认知被认为是认知活动的核心，在认知活动中起着重要作用。

关于元认知的内容，有些众说纷纭，但是主要集中在三种心理成分：元认知知识、元认知体验、元认知监控。

元认知知识就是有关认知的知识，由个体对他人/自己认知活动的过程、结果等方面的知识、这些因素是如何起作用的、它们之间又是怎样相互作用的等问题的认识组成。具体说来，主要包括以下三方面的内容：一是个体元认知知识，即个体关于自己或他人作为学习者或思维者在认知方面的某些特征的知识。这种知识又包括关于个体内差异的认识（正确地认识自己的兴趣爱好、习惯能力及其限度、如何克服自己在认知方面存在的困难等）、关于个体间差异的认知（知晓人与人之间在认知及其他方面存在的差异）以及关于主体认知水平和可能影响认知活动的多种主体因素的认识，诸如明白认知能力能够改变、注意在认知活动中的具有重要作用、理解和记忆有不同的水平等。二是任务元认知知识，也就是关于认知任务已然能够提供的有关任务的要求、任务的目的以及信息的性质的知识。在认知材料方面，主体应认识到，材料的长度（如一篇长文或一段短文）、材料的性质（如文字材料或图形材料）、材料的结构特点（如叙述文或论述文）、材料的逻辑性（如无组织的材料或有组织的材料）、材料的熟悉性（如熟悉的材料或不熟悉的材料）、材料的呈现方式（如视觉呈现或文字呈现）等因素都对认知活动的进行和结果造成影响；在认知目标和任务方面，主体应该知道不同认知活动的目的和任务可能是不同的，部分认知活动可能有更多、更高、更难的要求。三是策略元认知知识，即关于元认知策略及其有效运用的知识。此一方面涉及的内容很多，例如，哪些策略匹配哪些认知活动、各种认知策略的优缺点分别是什么、其应用的条件、情境以及效果如何，等等。这三类知识交互作用，不同个体会基于个体元认知知识，依据特定的认知任务，对策略作出优劣的判断、选择和优化。

元认知体验，指的是在伴随和从属于认知活动过程中产生的有意识的认知体验和情感体验，为数不少的元认知体验是有关在认知活动中将取得的进展或已取得的进展的信息。元认知知识和元认知体验是相互作用的。一方面，元认知体验能够增加、修改或删除元认知知识，进而帮助个体在认知活动中发现目标、策略、元认知体验和任务之间的关系，之后同化这些发现至现有的元认知知识系统；另一方面，元认知知识能够助力个体理解元认知体验的意义和元认知体验对于认知行为的暗示。二者之间有时会有部分重叠，也就是一些元认知体验可以被看作进入意识的元认知知识片断。

元认知监控，即认知主体以自己的认知活动为对象，在认知过程中，进行自觉地监督、控制和调节，即在认知活动的全过程中，主体以自己工作记忆中当下进行的认知活动为意识对象，对其不断地进行自觉、积极的监视、控制和调节。作为元认知心理成分中最重要的一部分，元认知监控包括检查理解与否、对结果进行预测、对某个尝试的有效性进行评价、规划下一步动作、进行策略测查，以便确定当下时机和努力、变换或修改策略从而解决所遇到的困难等。概括起来，主要包括确定认知目标、选择认知策略、控制认知操作、评价认知活动并据此调整认知目标、认知策略和认知操作等环节。其中的计划相当于以认知活动的特定目标为依据，在认知活动开启之前制订各种活动的计划，选择策略、预测结果，预设解决问题的各种方法，并预估其有效性。监控即在认知活动进行的过程中，根据认知目标给予及时评价，并反馈认知活动的结果以及不足，对认知目标所达到的水平和程度进行正确预估，进而可以依较行之有效的标准对种种认知行动以及策略效果进行评价。调节就是以检查认知活动的结果为依据，采取相应的改进措施，对认知策略进行及时的修正和调整。一般来说，元认知控制与认知课题、认知情境和认知目标等因素关联密切。

此三方面既相对独立又紧密关联：其一，元认知知识是元认知监控的基础，元认知体验激发并指引元认知监控；其二，每一步元认知监控都会促发个体产生新的元认知体验，个体的元认知知识也就得到同步丰富和发展。三者相互作用、循环往复，动态有机地结合构成元认知。（谢弗，2008：103）

元认知在认知过程中的作用可以总结为：控制输入——注意力决定

了接收的信息，接收的信息决定大脑注意的内容；控制大脑——启动元认知，根据信息的种类，丢弃无用信息，储存有益信息，处理问题或任务；输出控制——缺少元认知，无从知晓该做的事情或者无法做好该做的事情。

元认知与认知都属于人的认识和思维活动，认知既是元认知的对象，又是元认知的基础，元认知通过调控认知来促进认知的发展。二者共同作用，确保认知主体实现认知目标、完成认知任务。在本质上，与认知不同，元认知是另一种现象，它所反映的是主体对自己"认知"的认知。元认知和认知的区别主要表现在：第一，不同的活动内容。认知活动的内容是将认识对象进行智力操作，例如，将一列数字相乘，就是按照有关的乘法运算法则将一列数字相乘。元认知活动的内容是调节和监控认知活动，比如在阅读中元认知活动通过明确的阅读目的，不断调节当下阅读活动，不断进行自我提问以跟进检查阅读的效果并据此随时优化策略等。第二，不同的对象。认知活动的对象多见具体的外在事物，例如记忆的对象是具体的事件、阅读的对象是具体的文本资料。元认知的对象属抽象的、内在的、由主体自身进行的认知结果或过程等。第三，不同的作用方式。在认知活动中，认知主体通过直接的方式推动活动的进展，比如，个体通过直接阅读文章，即可了然其主题和思想。元认知则是通过间接的方式推进主体的认知活动，即调控认知活动，以阅读为例，可以理解为主体通过自我检查核验确认是否达到预期的目标。第四，不同的发展速度。从起源的角度来看，个体认知的发展先于元认知。研究表明，认知能力始于婴儿的出生，但是元认知能力一直到学前期方有肤浅的、零星的开始。从个体能力方面看，成人的元认知能力之间有较大差异，在加强学习和培养元认知的基础上，能够迅速发展和提高元认知能力。第五，不同的近期活动目的。认知活动的目的是推进认知主体认知活动的进展，以前文第一中的一列数字相乘为例，其认知活动的目的是得到这列数字的积。元认知的目的是基于给主体提供的信息，监测并间接促进其认知活动的进展，比如为了核验前面例子中所得到的积是否正确的，主体重新做一遍乘法。毋庸置疑的是，元认知和认知活动的最终目标是一致的，就是帮助认知主体实现认知目标、完成认知任务。

　　元认知的上述内涵、作用以及和认知的差异与口译活动对译员的素质要求契合度很高，在译员口译认知与实践的过程中起着不可替代的重要作用，深刻认识并充分利用元认知在口译认知过程中须臾难离的作用，将为译员事半功倍的口译认知带来意想不到的积极推助。

二　认知心理学

　　认知心理学作为心理学的分支学科之一，是认知科学的主要组成部分，于20世纪50年代中期在西方兴起。作为人类行为基础的心理机制，认知心理学的核心是在输入和输出之间所发生的内部心理过程。认知心理学的主要特点是强调知识的作用，即将知识看作决定人类行为的主要因素。认知心理学的研究焦点指向知识表征、感知、注意、推理、记忆、问题解决及创造力的运作。认知心理学亦有广义和狭义之分。广义的认知心理学指的是"对人的认知或认知过程的心理学研究"；狭义的认知心理学指的是"采纳信息加工的立场和观点对人的认知过程的心理学研究，这也被称为信息加工心理学。认知心理学把人的认知过程看作接受、加工、储存、运用和传递信息的历程"（卢信朝，2013：1）。本书选取后者作为认知心理研究的视角，即信息加工心理学，也就是将把人的认知作为信息加工系统，选择信息加工理论的观点和方法为切入点，探讨人脑认知的工作机能和工作方式，尝试总结此一过程中信息的获得、储存、加工及使用的心理机制，分析感知觉、想象、注意、表象、记忆和思维等心理过程或认知过程，进而揭示人类获取和利用知识的认识活动规律。

　　（一）基本简介

　　认知心理学是最新的心理学分支之一，发轫于20世纪50—60年代间，经过了十几年发展成为西方心理学的主要流派。在其产生和发展的过程中，1956年是不容小觑的重要年份，因为认知心理学的信息加工观点得到了诸如西蒙（Simon）和纽厄尔（Newell）的通用问题解决者模型和乔姆斯基（Chomsky）的语言理论等多项心理学研究的证明。1967年乌尔里希·内塞尔（Ulrich Neisser）的新书首次将认知心理学作为一个术语刊登。1958年出版的唐纳德·布罗德本特的《知觉与传播》一书则奠定了认知心理学取向的重要基础。从此，唐纳德·布罗德本特所指的认知的信息处理模式便成为认知心理取向的重点，即思考与推理的模式是通过心智处理进行的。此间，思考与推理在人脑的运作与电脑软件在电脑里运作大同小异，所以，输入、表征、处理/计算，以及输出等计算机常见概念也是认知心理学常见的概念。

(二) 发展历史

认知心理学对于知识作用的强调，以及将其视为决定人类行为的主要因素的思想可以从诸多西方哲学家的思想体系追根溯源：英国经验主义哲学家（培根、洛克等）；认知心理学所重视的假设演绎法可以从法国笛卡儿所强调的演绎法的作用窥见一斑；认知心理学的主要概念图式源自德国康德的图式概念。由此毋庸置疑的是，认知心理学与西方传统哲学不可忽视的关联。

认知心理学虽然反对行为主义，但是也受到一定的影响，表现在接受了行为主义严格的操作主义和实验方法等。认知心理学既专注于研究内部心理过程，又注意研究行为。一般意义上，人们将从环境得来的信息与记忆存储的模块相结合，对未来的行为进行指导。

认知心理学主要由心理学发展而来。首先是认知心理学继承了早期实验心理学的传统。认知心理学家已广泛采用19世纪赫尔姆霍茨和东德斯提出的反应时研究法，并将之进行了发展和创新。现代实验心理学的奠基人冯特认为心理学的研究对象是经验、意识内容，方法是控制条件下的内省。认知心理学的研究对象和方法与之很相像，以至于有些心理学家认为认知心理学返回到冯特的意识心理学，只不过方法更可靠、更精巧。此外，詹姆斯关于初级记忆和次级记忆这两种记忆的提法，已成为认知心理学记忆研究的基础。

格式塔心理学对认知心理学的影响比较明显。格式塔心理学研究的主要内容是知觉以及高级心理过程，反对视人为被动的刺激反应器的行为主义心理学，强调格式塔的结构、组织等原则。格式塔心理学的观点给认知心理学带来了重大影响，后者定义知觉为组织和解释感觉信息，强调主动加工信息等。在研究方法的层面，格式塔心理学倾向研究直接的生活经验，并与实验资料结合，例如注重观察者直接描述自己的知觉内容，并将之称为现象学方法。此种观点，既与行为主义只重视实验室实验的做法不同，也与冯特只承认经过严格训练的内省法不同，但是与认知心理学的基本观点却有着异曲同工之妙。

（三）主要观点

认知心理学的狭义视角可理解为信息加工心理学，就是使用信息加工的观点等探究人接受、储存和使用信息的认知过程，针对该过程的研究包括知觉、注意、表象/心象、记忆、思维和语言等。认知心理学的广义视角则由信息加工心理学、心理主义心理学和以皮亚杰为代表的构造主义认知心理学构成，其主要研究方法包括计算机模拟法、观察法和实验法。

认知心理学可圈可点的主要代表人物包括美国科学家、人工智能开创者之一西蒙和美国计算机科学家、心理学家纽厄尔等。他们坚持如下的主要理论观点：首先，视人脑为与计算机的信息加工系统相类似。人脑的信息加工系统是由感受器、记忆、控制系统/处理器和反应器四部分组成。环境向感受器输入信息是为该加工系统工作的伊始，信息在感受器中进行转换，控制系统对转换的信息进行符号重构、辨别和比较，然后信息进入长时记忆，作为记忆系统所储存并可提取的符号结构，最后通过反应器作出对外界的反应。其次，强调人脑储存的知识及结构决定其当前认识活动和行为。认知理论认为，知觉是确定人们接受到刺激物之意义的过程，该过程对来自知觉者自身和环境的信息/知识有所依赖。完整的认知过程是定向、抽取特征、与记忆储存知识相比较等一系列循环过程。其间通过图式这一渠道实现知识的作用。图式是一种心理结构，可以用来表示人们已经内化了的外部世界之知识模块。在图式渠道中，当接受到的适切的外部信息激活图式时，就会刺激人产生内部的知觉期望，从而指导感觉器官有目的地搜索特殊形式的信息。再次，强调认知过程的整体性。根据现代认知心理学的观点，人的认知活动是共同体，其中的认知要素相互作用、彼此关联，任何一种认知活动的完成都离不开与其相联系的其他认知活动的配合。在此认知过程中前后关系举足轻重，这不仅包括人脑原本储存的知识之间、当前认知对象和原有知识间之的关系，还包括人们接触到的客观事物的先后、左右、上下关系以及语言材料的上下文关系等。最后，产生式系统。产生式系统这一概念可溯源于数学与计算机科学，从 1970 年开始广泛应用于心理学，主要用于说明解决问题的程序，即条件—活动，也就是说在一个产生式系统中，一个事件系列产生一个活动系列。其中，条件会涉及某些内部目的和内部知识。条件也是概括性的，同一个条件可以产生同一类的活动。简而言之，产生式的条件既包括记忆储存的信息又包括外部刺激，反映了现代认知心理学的内在性和概括性。

（四）认知心理机制

刘和平（2005b：73）认为，"对口译过程的研究实际上就是运用信息论以及计算机的类比、模拟、验证等方法来研究信息是如何获得、如何存储、如何交换、如何提取和使用的"，认知心理学的核心即信息是如何获得、储存、加工与使用的，多与口译过程研究有关：信息、信息加工系统（感觉记忆、短时记忆与长时记忆）、信息加工过程（知觉、注意等）与信息加工方法（系列加工与并行加工、自动加工与控制加工以及自上而下加工与自下而上加工等）。

口译过程中的信息加工是源语理解与译语输出的过程，"理解和产生语言的行为是在我们的信息加工系统的制约下进行的"。（卡罗尔，2012：44）信息加工系统由感觉记忆、短时记忆和长时记忆组成，同时伴有控制过程支配系统的信息流，具体来说即六种成分：感觉接受器、感觉登记、长时记忆、模式识别过程、注意和工作记忆，见图 5-1。（乐国安、韩振华，2011：4 有删节）

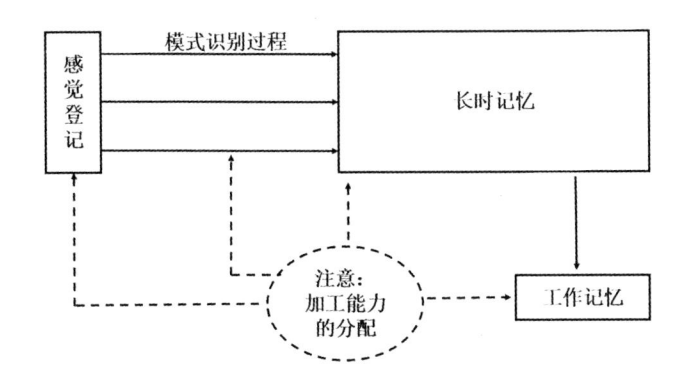

图 5-1 "人的信息加工系统"的构成模式

在口译理解过程中的运行可以如此理解：听到句子时，语音短暂存储于译员的听觉储存器，提供时间以识别听觉模式，直到感觉储存器中的语音信息和从长时记忆中提取的信息相吻合方才发生模式识别。为了识别语音，须辨认当前言语信号的声音线索，识别之后将其组织成音节，音节再组织成单词，单词再经过工作记忆的加工组块成语法成分（如短语），语义记忆包含言语与单词的信息，译员通过模式识别进行提取。与此同时，伴随该过程的持续进行，译员建立情景记忆表征。简而言之，译员完成给定信息的加工，即为提取要点并将其存储于情景记忆中。

信息加工过程可以理解为：首先认知系统对输入该系统中的符号进行选择、接收、编码、储存、处理提取、输出与传达等操作，而后利用处理完毕的信息进行计划、决策和指导行为的过程。知觉被看作最初级的认知，为更高级的认知提供原材料。其基本过程是阐释如何赋予接收到的信息以意义。知觉信息较抽象、一般，故而直接性质和间接性质兼而有之。信息加工观点在注意研究中占据统治地位，关于注意的研究是为认知心理学的重要领域，认知心理学将注意理解为信息加工的有限容量，是心理活动或者意识对其关注信息的指向与集中，包括方向（注意的选择性）与强度（注意的努力程度）。丁锦红等（2010：35）认为，"没有注意的参加，信息的编码、存储和提取都将无法实现"。注意是信息加工的重要机制，强调主动性。当注意因个体的目标驱动而涉及自上而下加工时，是主动的；当注意因外部刺激引起自下而上加工时，是被动的。

莫拉伊（Moray）（1969：55-56）总结了注意的六个特征，斯腾伯格（Sternberg）（1969）总结了注意的四个功能（表5-1），认知心理学主要强调注意的选择性，视注意为内部机制。借此实现控制刺激选择，调节行为，即丢弃部分信息以更有效加工重要信息。关于注意的作用过程和机制，研究者们提出了一些模型进行说明，大致包括过滤→衰减→反应→分配的注意模型。具体包括：

表 5-1　　　　　　　　　　　注意的特征和功能

特征	选择性	选择一部分信息
	搜寻	从一些对象中寻找某一部分
	激活	应对一切可能出现的刺激
	定势	对特定的刺激予以接受并作出反应
	集中性	排除无关刺激
	警觉	保持较久的注意
功能	分配性注意	按需要转换注意资源以谨慎分配
	警觉与信号检测	通过警觉注意检测信号，启动检测到信号时快速应对的状态
	搜索	积极搜索特定的刺激
	选择性注意	不断对所关注/忽视的刺激进行选择，加强操控刺激的能力

过滤器模型（Filter Model）（Broadbent, 1958: 75）见图 5-2（吴文梅, 2015: 49），又称单通道模型，其过滤器的选择作用并非随机，而是有一定制约，较强的、新异的刺激等易于受到注意并通过过滤器。

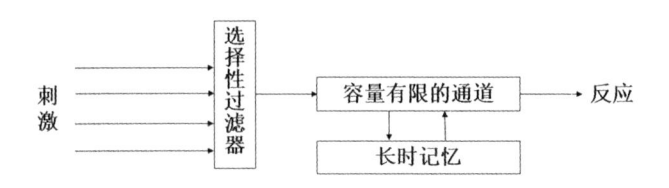

图 5-2　过滤器模型

对过滤器模型加以改进，如图 5-3（吴文梅, 2015: 49）所示，特雷斯曼（Treisman）（1964）提出衰减模型（Attention Model），对刺激的加工分层次进行，始于基于物理线索的分析，继而是符号模式与特定单词分析，后来是基于各单词、语法结构和语义的分析。该模型认为，已经储存的信息如字词（图中的圆圈）在高级分析水平（意义分析）有不同的兴奋阈限。影响记忆中各项目阈限的因素除长期作用因素如个性倾向、项目意义与熟悉程度等之外，还有上下文、指示语等情境因素。衰减模型与过滤器模型的主要区别在于将过滤器的全/无的方式改为衰减，从而将单通道模型改成双/多通道模型。衰减模型比过滤器模型更有弹性的原因在于承认注意在通道间的分配。

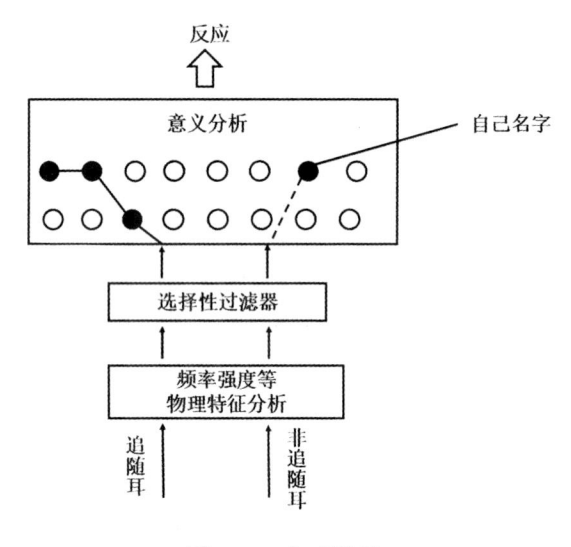

图 5-3　衰减模型

对于非追随耳的信息可得到高级分析的结果，除了衰减模型，多伊奇和多伊奇（Deutsch & Deutsch）（1963）提出了反应选择模型（Response Selection Model），又称晚期选择模型，见图 5-4。该模型认为所有信息都未衰减而得到了完全加工，注意是对反应的选择，故而也称为反应选择模型。该模型认为加工过程中存在过滤器/瓶颈，注意的机制位于识别与反应之间，意味着多个输入通道的信息均可被识别，但不是所有信息可引起反应，也就是说过滤器在知觉刺激经过了言语内容的分析之后方才起作用。

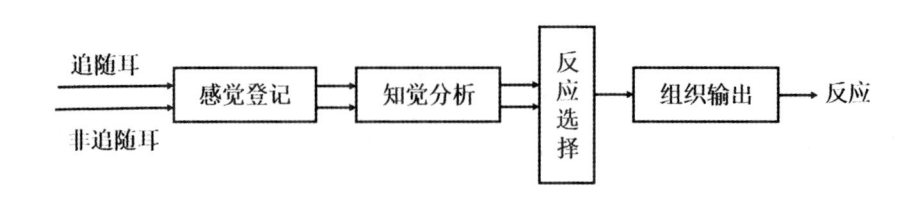

图 5-4　注意的反应选择模型

认知心理学家提出中枢能量理论，该理论不设想一个瓶颈结构存在于某个位置的过滤器，而视注意为可用于执行任务的数量有限的能量/资源，用其分配以解释注意。卡内曼（Kahneman）（1973：78）提出的能量分配模型比较适切地体现了中枢能量理论。该模型认为，注意是一系列对刺激进行辨认和分类的过程，其间，刺激越复杂，加工越困难，占用的资源也越多。但是，大脑对将心理资源指向何处具有一定控制力，可以选择需要关注的事物并为之付出心理努力。决定注意的关键是资源分配方案，其本身受到诸如唤醒因素可能的能量、当时的意愿、对完成任务所需能量的评价与长期倾向等因素的制约。

信息加工系统处理言语信息的方法包括系列加工与并行加工、自动加工与控制加工、自上而下加工与自下而上加工。系列加工指的是一组加工一次只发生一个。并行加工指的是两个或者多个加工同时发生。系列加工模型将过程分为组成句子的短语结构、提取词汇将其插入该结构和确定词汇的正确发音方法。一方面，阶段逐个出现，没有重叠；另一方面，如果并行加工，所有阶段同时出现。处理信息的总能量有限，处理复杂任务时，部分任务占用有限资源中的大部分，导致其他任务资源不足并影响整体表现，该占用有限资源大部分的任务称为控制任务，该过程称为控制加工。与之相左，不需要大量资源的任务则称为自动任务，处理该任务的过程称为自动加工。自下而上加工指的是从最低层次到最高层次进行加工，而且低层次操作不受高层次操作的影响，在言语信息加工中可以理解为较低层次的语音识别不受较高层次的词汇、句法、语篇等的影响。反之，自上而下加工指的是高层次信息对低层次加工产生影响。在言语信息加工中可以理解为语篇影响句中单词的识别。在口译中，译员听到源语语音信息，理解其所传递内容的过程可视为译员言语加工的多层次运作，即在最低层次的语音层，识别发言人的音位和音节，在高一级层次的词汇层，根据识别的音位和音节提取语义记忆中的词条，在更高一级层次的句法层，组织单词构成成分并形成短语结构，在最高层次的语篇层，连接当下句意与之前的句子合并组织成更高级别的单元。以此为基础，译员根据经验或者事先了解发言人的背景、经历、兴趣等产生对后续内容的预判。

这些模型与口译的结合可以考虑以下模式：其一，眼动研究通过注视次数、注视时长、瞳扩、回视等实现；其二，事件相关电位研究（ERP, Event-related Potentials）通过 P1、P2 和 N1 等外源性成分，N2、P3 等内源性成分，P300 等重要关注成分，主要研究潜伏期、波形、波幅变化，其刺激非单一内容，包含两个以上刺激范畴，最高时间分辨率小于一毫秒（1ms）；其三，功能性核磁共振（fMRI）是众多模式中非常有效研究脑功能的非介入技术，是最广泛使用的脑功能研究手段，时间方面实时进行，分辨率达一秒（1s），空间方面定位准确可靠，分辨区达一毫米（1mm），可反复扫描。对衰减信号的测量通过磁场不均匀进行，基于横纵向净磁场，使用自旋和梯度回波测试 T2 和 T2* 信号。此外，正电子发射断层扫描、PET、脑电、脑磁、红外光谱仪均可，但空间定位准确性相对较差。

（五）研究对象

认知心理学作为一门心理科学，主要研究人类认知与行为背后的心智处理。在西方认知心理学于 20 世纪 50 年代中期兴起，自 20 世纪 70 年代起成为西方心理学的主要研究方向之一，涵盖了广泛的研究领域，认知心理学家所关注的是肉眼难以企及的内部过程和机制，即人的高级心理过程，比如认知过程中的表象、知觉、注意、记忆加工、记忆存储、记忆提取、决定、思维、推理、动机、情感、语言、创造力和问题解决的运作等。

现代认知心理学的主流是从信息加工的角度研究认知过程，若说认知心理学相当于信息加工心理学也不为过，这种角度恰好与口译的研究重点相契合：将人看作信息加工系统，视认知为信息加工，覆盖感觉输入的编码、储存以及提取的整个过程。根据这一角度，可分解认知为系列阶段，每个阶段都是特定操作输入信息的单元，而反应则是该系列阶段与操作的产物。信息加工系统的组成部分之间都通过某种方式彼此联系。但是随着认知心理学的不断发展，认知神经心理学和平行加工理论等相关理论对序列加工观提出了越来越大的挑战。

（六）研究方法

认知心理学家所关切的是人类行为基础的心理机制，其中输入和输出之间发生的内部心理过程是核心。因为人们无法直接观察到此过程，所以只能基于可见的输入和输出的现象进行推测，故而有人将认知心理学领域以观察到的现象为依据推测观察不到的心理过程的方法称为会聚性证明法，即汇聚不同性质的数据以得出结论。以此种研究方法为基础的认知心理学研究一般需要多方面的交叉证据共同支持，比如实验、计算机模拟、认知神经心理学和认知神经科学等，该交叉互证的研究方法也越来越受到研究者的青睐。认知心理学家不满足于仅仅推测人脑认知活动的过程，期望能够基于对人脑本身的研究来揭示认知活动的本质过程，为此多种具体模式进入了研究范畴，详情如下。

为了将从刺激输入到反应的信息加工全过程分解为一些阶段，认知心理学家通常使用反应时研究法。反应时研究法也是一种会聚性证明法，指的是通过测量一个过程所需要的时间，确定此过程的性质和与其他过程的关系。认知心理学家采用较多的是选择反应时，而非简单反应时，因为选择反应时可提供更多有关内部状态的信息。以听觉为例，在口译笔记过程中，讲话者源语开始与译员笔记开始、讲话者源语结束与译员笔记结束、讲话者源语结束与译员传译开始之间的反应时差均可作为探究译员口译认知的切入点，这一过程可以通过智能笔或者眼动仪等设备读取输入与输出的现象，之后基于分析数据，探讨其所反映的认知过程的特点。以视觉为例，假如看屏幕上投射的字母 D，如果投射时间很短就看不到什么，说明知觉不是瞬时的，若投射时间稍长，会看到某种东西，但不知是什么，说明知觉产生了，但辨别尚未产生，如果投射时间足够长能使人看出是个字母但看不出是 D，那就产生了部分辨别。由此可见，知觉是基于几个阶段累积的。

计算机模拟和类比是认知心理学家所采用的特殊方法。计算机若要模拟人类的思维，其程序则需符合人类的认知活动机制，也就是符合某种认知模型或理论，所谓计算机模拟即为将认知理论表现为计算机程序。计算机模拟能够进行理论检验，发现不足并进行改进。计算机模拟所产生的输出可与人类行为相较，若理论正确，所产生的输出就应与人类解决同样课题的输出相类似；若程序所产生的输出与人的相异，则需寻找差别并以之为依据进行改进。除此之外，计算机模拟还能够预测更加复杂的行为，一些认知心理学家倾向采用信息系列的流程图对计算机程序的主要特点进行描述，只是此种流程图并不包含计算机实际运算的细节，仅仅为编制程序提供了框架轮廓，需要经过计算机软件专家进一步将其转化为计算机程序。与此相对，口译研究所借助的先进技术如智能笔和眼动仪等都涉及了这部分信息的处理，但是不够充分，后续需要结合Translog、功能性核磁共振（fMRI）和事件相关电位研究（ERP）等进一步更精确探讨认知的大脑神经数据，以及如何多方法、多角度、多层次、多参数说明口译过程的认知行为。

口语记录/出声思考也是认知心理学方法，特别是研究思维的认知心理学家的常用方法。该方法与其他客观方法相结合，可以产生良好的结果。口译认知研究过程中所采用的智能笔和眼动仪等研究工具都可与之相结合，进行三角互证，提高研究信度和效度。后面章节将通过试验进行详细说明。

（七）相关科学

认知心理学的出现说明心理学家对诸如心理学的方法和对象等基本问题的观点有了变化。虽然行为主义统治美国心理学领域四十多年且影响根深蒂固，认知心理学却不认可行为主义的基本观点。首先，在研究对象方面，行为主义忽略内部心理过程，注重可观察的外显行为；与之相反，认知心理学则是重点研究内部心理过程。其次，在研究方法方面，行为主义排斥一切主观经验报告，主张采用严格的实验室方法；而认知心理学既重视主观经验报告，又重视实验室实验。根据认知心理学的观点，外部条件的改变不是揭示知识结构的目的而是辅助手段。如此，认知心理学不仅延续了被行为主义割断近半个世纪之久的早期实验心理学的心理主义方向，同时也保持了新行为主义严格的假设演绎法，并且增加了机器模拟法等，扩大了分析认识过程方面的研究课题。

认知心理学的兴起是西方心理学发展史上的巨大变化，是一种新的研究范式，库恩把科学中新旧范式的更替称为科学革命，有基于此，认知心理学的出现被认为是美国心理学发展中的第二次革命。认知心理学是心理学与邻近学科交叉渗透的产物，控制论、信息论、计算机科学等对认知心理学的发展均有深远影响。

采用计算机类比人类内部心理过程是认知心理学的基本观点之一。人类对于信息的接收、编码、记忆、变换内部认知状态、决策和输出行为的认知过程赋予到计算机中则表现为对符号输入的接收、编码、存储、决策和输出符号程序过程。计算机与认知过程只是水平层面的类比，即在计算机程序中水平描述内部心理过程，主要涉及加工信息的过程，属于性能的类比，而非人脑和计算机硬件和操作方法的类比。计算机科学与心理学相结合所产生的边缘学科人工智能与认知心理学关系极为密切，成为分析人类内部心理过程和状态的新途径。

20世纪30年代图灵发表的被后人称之为图灵机的数学系统，也影响了心理学。人类的认知系统也可以被看作符号运用系统，其中的观念由符号代表，也能够经由确定的符号运算过程进行变换。这些思想无论在具体研究还是理论层面都对认知心理学有着重要影响。

不容小觑的是语言学对认知心理学发展的重大影响。乔姆斯基结合语言学和心理学创立的心理语言学，可谓认知心理学的重要分支，其与偏向认知方面的认知语言学乃是认知科学不可或缺的重要领域。

认知心理学注重全部认知的统一过程，认为知觉、注意、记忆、思维等认知现象彼此交互，对于一组现象的了解有助于对另一组现象进行说明，此种交互关系能够推助人类发现认知过程的统一加工模式。认知心理学不仅关切认识的统一过程，而且关注综合普通心理学的全部领域，即用认知观点说明和研究个性、动机和情绪等方面。认知心理学强调心理过程间的彼此联系和相互制约，注重心理学研究中的综合观点，无论在研究具体问题方面，还是扩大心理学研究方法方面均作出了一定的贡献。认知心理学的观点还拓展到了生理心理学、发展心理学、工程心理学和社会心理学等领域。

（八）小结

认知科学家在认知心理学范畴的研究成绩斐然，不容译学忽视。1980年著名的美国认知心理学家安德森（J. R. Anderson）根据20世纪六七十年代语言心理学家和认知语言学家对乔姆斯基转换生成语法的评估性实验分析和研究，提出了从思维到话语的三段式认知程序模式，简约显示了人类言语生成的三个阶段，如图5-5。（刘宓庆，2006：47）

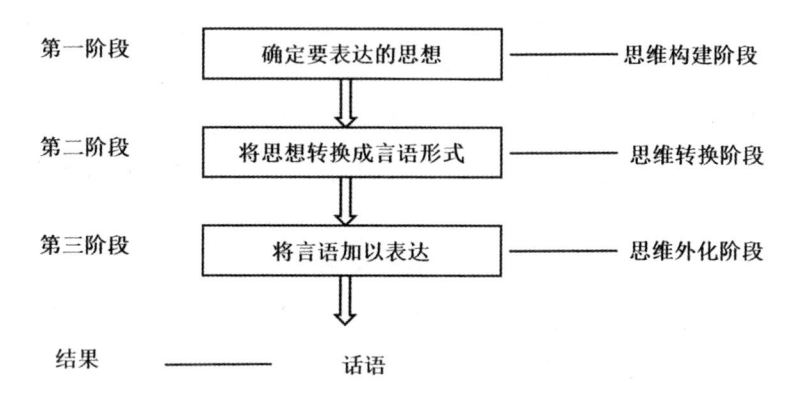

```
第一阶段 ──→ 确定要表达的思想 ──── 思维构建阶段
              ↓
第二阶段 ──→ 将思想转换成言语形式 ──── 思维转换阶段
              ↓
第三阶段 ──→ 将言语加以表达 ──── 思维外化阶段
              ↓
结果 ──────── 话语
```

图 5-5　安德森语言生成的三段式认知程序模式

安德森语言生成的三段式认知程序模式可以作为口译言语生成程序的认知依据，如图 5-6（刘宓庆，2006：47）所示。由图可见，认知语言学与口译的关系也很密切。认知语言学是当代语言学研究的新领域，从功能主义基本思想出发对语言进行认知描写，既摆脱了乔姆斯基由于忽视语义及其复杂的历共时演变而提出所谓天生的语言习得机制等具有浓厚唯心主义色彩和形式主义句法理论语言观的片面性，又摆脱了 19 世纪和 20 世纪心性论对语言的唯心主义阐释。

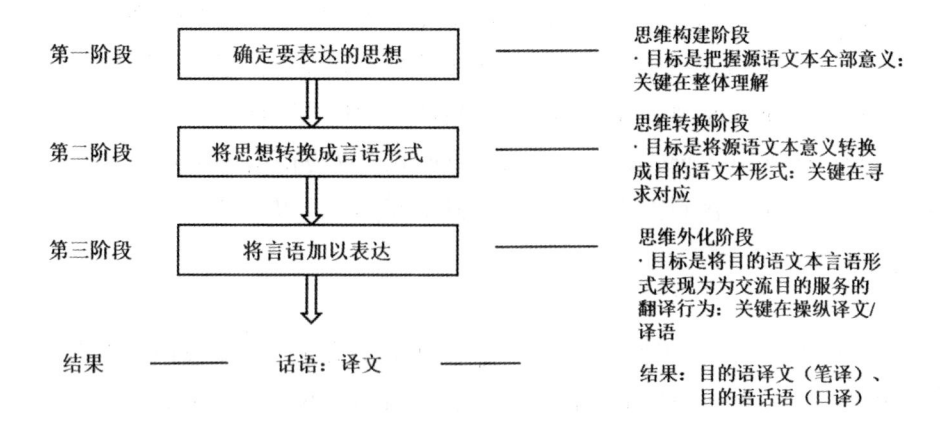

```
第一阶段 ──→ 确定要表达的思想 ──── 思维构建阶段
                                    ·目标是把握源语文本全部意义；
                                     关键在整体理解
              ↓
第二阶段 ──→ 将思想转换成言语形式 ──── 思维转换阶段
                                    ·目标是将源语文本意义转换
                                     成目的语文本形式；关键在
                                     寻求对应
              ↓
第三阶段 ──→ 将言语加以表达 ──── 思维外化阶段
                                    ·目标是将目的语文本言语形
                                     式表现为为交流目的服务的
                                     翻译行为；关键在操纵译文/
                                     译语
              ↓
结果 ──────── 话语：译文           结果：目的语译文（笔译）、
                                         目的话语语（口译）
```

图 5-6　安德森模式在口译中的应用

三 认知语言学

以第二代认知科学和体验哲学为理论背景，认知语言学的产生是基于反对主流语言学转换生成语法的，于 20 世纪 80 年代后期至 90 年代逐渐发展成为语言学的分支学科。与此同时，认知语言学也是认知科学这一综合科学的一部分，认知科学是由人类学、人工智能、哲学、系统论、语言学和心理学等多学科交叉构成，多角度揭秘人类思维。语言是人类体验、文化、社会、风俗、环境等因素相互作用的结果，是人类思维的结晶，是人类表达观念和思想的方式之一，是认知系统的一部分。认知语言学认为认知能力是人类知识的根本，一方面运用认知科学的理论和方法来探讨语言现象，针对生成语言学天赋观，提出基本可以通过认知解释语言的创建、学习和运用。另一方面又透过语言现象揭示人类认知能力，将语言认知当作人类认知整体过程的一部分进行解读。

（一）基本简介

认知语言学代表一种研究范式，不是单一语言理论，而是多种认知语言理论的统称。其特点是将日常经验看作使用语言的基础，重点诠释一般认知能力和语言之间的密切关系。虽然这些语言理论不尽相同，但其所持的基本假设却是大同小异，其差异仅存在于关注和讨论的具体语言现象方面。认知语言学的主要理论方法包括神经认知语言学（Neurocognitive Linguistics）、认知语义学（Cognitive Semantics）、认知语法（Cognitive Grammar）和构式语法（Construction Grammar）等。

依据哲学承诺和信念，莱考夫和约翰逊（Lakoff & Johnson）划分认知科学为两个流派，即第一代认知科学和第二代认知科学。第一代认知科学于 20 世纪 50 年代产生，客观主义的认知观可以看作其基本观念的代表，可大致理解为理性思维全部牵涉对抽象符号的操作，意义的获得只有通过抽象符号与外界事物的规约方可产生，在此期间，抽象符号仅由思维进行机械运作，并不受制于人体的运动/感知系统，人类心智可以视为对自然做出镜像、客观反映的镜子，是对外部世界的内部表征。乔姆斯基的生成语言学可以被视为第一代认知科学在语言学领域的典型理论形态。20 世纪 70 年代以体验哲学为基础的第二代认知科学产生了，它坚决反对第一代认知科学的基本观点,信奉非客观主义的哲学,认为客观主义认知观忽视了人类认知中最重要的特征,也就是在形成语言和概念的过程中人的生理基础发挥着不可替代的重要作用。体验主义认知观坚持思维无法脱离形体,概念、范畴、心智均来自身体经验,否则均为运用隐喻、转喻和心理意象等的结果。这一观点与认知语言学的基本观点一致。认知语言学家认为,语言能力从属于人的一般认知能力,语法、句法不能够独立于语义、词汇之外,其描写必须参照认知过程,它们是密不可分的。语义不仅是外部世界的客观反映,还与人的主观认识息息相关,因为隐喻、转喻和心理意象都是以经验为基础的,需要通过身体和不能脱离形体的想象力获得,这与客观主义语义学形成了鲜明的对比。体验哲学成了第一代认知科学和第二代认知科学的分水岭,此一划分意义深远,厘清了不同流派的差别。

框架语义学是研究词义和句法结构意义的方法,是认知语言学的重要组成部分。根据菲尔莫尔(Fillmore)的观点,框架语义学既能够提供特别的方式观察词语,又可以描写产生的新词和已有词语增加的新意义,或将文章各部分的意义进行整合以形成整篇文章的意义所要遵循的原则。根据框架语义学,框架可以描写词义,是一种认知结构或概念系统,是描写语言意义过程中起作用的概念,是结构化的、与某种激活性语境一致的范畴系统,因而理解词语的意义,需先具备概念结构,即语义框架的知识。认知语法属于兰盖克(Langacker)的语言学理论及其研究方法,最初被称为空间语法,其所提供的认知语言学的理论和描述框架被视为迄今最详尽最全面的。认知语法从新的角度诠释了语法和语言意义的本质:语言能力是人类一般认知能力的一部分,所以,语言不是自足系统,对其描写需要参照人类一般认知规律;句法或语法结构不是自足形式表征层次,而是语义结构的象征系统,对其分析不能脱离语义;语义不仅是客观真值条件,还与人类主观认识密切相关,因而用基本真值的形式逻辑描写语义是不够的。

认知语法认为语言包含语音单位、语义单位和象征单位。语音单位和语义单位是构成象征单位的两极,二者之间的联系是象征联系。各种语法范畴和语法结构式,无论具体还是抽象,都是象征单位,语法研究不可脱离语义。由此认知语法打破词汇和词法、句法的界限，视之为连续体，可借用象征关系对其进行穷尽性描述。简而言之，象征关系的高度概括性为认知语法对语言不同层次作出统一性解释提供了基础。认知语义学的主要代表人物莱考夫和约翰逊（Lakoff & Johnson）着重研究隐喻在语义学和认知过程中的重要作用。作为认知语言学的一部分，认知语义学否定传统形式语言学的语音、句法及语用模式，视语义学为有意义结构的认知表示法。

认知语言学的基本原则包括典型范畴、语法性判断、概念语义、百科语义、语言与其他认知、句法的非自主性等。第一，典型范畴中的范畴并非由标准属性模型定义，亦非由必要和充分特征定义，而是围绕典型、家族成员相似性及其之间的主观关系组织而成。第二，语法性判断涉及范畴化。话语语法性的可接受性并非二分（可接受或不可接受），而是渐进，并且同语境、语义以及语法规则密切相关。正因语法性判断具有渐进性、可变性和语境依赖性，认知语言学家无法将语法看作生成一种语言所有并且是唯一合乎语法的句子那样的语法。第三，认知语言学关注的是概念内容和它在语言中的组织方式。概念内容包含的体验内容包括感知、情感和意念内容等。意义结构是概念化的，即词语的意义与信息接收者大脑中被激活的概念相等，概念又与世界经验和感知经验相联系，相同经验的概念化可由不同的信息发出者通过不同的方式实现。意义并非完全主观的，也非完全客观，是词语和大脑间的关系，而非直接的词语与客观世界间的关系。简而言之，意义等同于概念化，即心理经验的各种结构或过程，而非客观世界的真值条件，也就是说表达式的意义等同于其在信息发出者或信息接收者大脑里激活的概念，更为具体地说，意义存在于人类对世界的解释中。意义反映了具体文化的交往方式、主导文化的内涵和世界的特征，体现的是人类作为宇宙中心这一思想的主观性。第四，对于语言表达式意义的全面理解或解释一般需要考虑非视觉与视觉的隐喻、心理模型、意象和对世界的理解等。所以，词和更大的语言单位是无限知识网络的入口，词的意义不可单靠孤立的词典进行理解或诠释，须依靠百科知识方可达到目的。第五，认知语言学为了从一般的认知寻找语言现象的类似物而积极汲取心理学关于人类范畴化、注意以及记忆等的研究成果以丰实理论增加活力,所以语言与其他认知机制有着密不可分的关联。第六,句法的非自主性指的是句法是约定俗成的符号模式,不需要特殊的元素和理论结构。该模式是信息发出者通过实际话语获得的,声音/符号通过这种模式传达意义,要获得语法知识只有通过这样的符号模式才能实现。纵然认知范式有多种理论方法,但是以上六条基本原则足以将这些理论方法相关联,界定认知语言学的内涵和范围,与其他认知学科相区别。

(二) 发展历史

汉语的认知语言学对应英语的有两种说法:首字母小写的 cognitive linguistics 和首字母大写的 Cognitive Linguistics,简写为 CL。Taylor(2002:5-8)视前者为一切把自然语言作为心智现象进行研究的语言学理论和研究方法,但是并非所有关于认知的语言研究都属于后者的范畴。英语术语 cognitive linguistics 最先出现于 1971 年,指真正对大脑中的语言进行的研究,现在主要指广义的认知语言学,而 Cognitive Linguistics 是狭义的认知语言学,所指不同,它不是语言学分支而是认知科学分支,代表语言研究新兴学派/思潮,属于语言学内部的研究范式,着重阐释语言和其他认知能力之间密不可分的联系。本书所采取的视角即是这种认知科学分支的认知语言学。作为自然语言分析方法,认知语言学源自荣·兰格科、伦恩·塔尔密和乔治·雷科夫 20 世纪 70 年代后期和 80 年代前期的研究,其代表人物兰格科、塔尔密、雷科夫、福柯尼艾尔、菲尔莫尔和约翰逊等所讨论和关注的具体语言现象有所差别,但对语言所持的基本假设大同小异。

截至目前认知语言学尚未形成统一的语言理论体系和完整的系统学科,主要是指持相互兼容理论观点的语言研究方法。综合知名认知语言学家所研究的基本内容、方法和观点,王寅(2007:11)尝试定义认知语言学为:认知语言学是一门坚持体验哲学观,以身体经验和认知为出发点,以概念结构和意义研究为中心,着力寻求语言事实背后的认知方式,并通过认知方式和知识系统对语言作出一致性解释的、新兴的、跨领域的学科。语言是纷繁庞杂的系统,是方方面面的因素互相作用的综合结果,根据上述定义的解释性可以理解认知语言学是为从认知方面充分解释各种语言现象,但是无法做到完全预测。

在研究方向方面,认知语言学主要涉及五个方面:以认知语法和构式语法等为例的基于格式塔心理学的研究,以认知体验性、概念隐喻和转喻等为例的基于现象的研究,以心智空间和概念整合理论等为例的认知语篇研究,以词汇语义的变异和文化模式等为例的认知社会语言学研究,比喻语言加工的心理语言学以及以用法为基础的语言习得的研究。

(三)哲学基础

依据哲学承诺和信念莱考夫和约翰逊(Lakoff & Johnson)划分认知科学为两个流派,即第一代认知科学和第二代认知科学。第一代认知科学于20世纪50年代产生,客观主义的认知观可以看作其基本观念的代表,可大致理解为理性思维全部牵涉对抽象符号的操作,意义的获得只有通过抽象符号与外界事物的规约方可产生,在此期间,抽象符号仅由思维进行机械运作,并不受制于人体的运动/感知系统,人类心智可以视为对自然作出镜像、客观反映的镜子,是对外部世界的内部表征。乔姆斯基的生成语言学可以被视为第一代认知科学在语言学领域的典型理论形态。20世纪70年代以体验哲学为基础的第二代认知科学产生了,它反对第一代认知科学的基本观点,认为客观主义认知观忽视了人类认知中最重要的特征——人类生理基础在形成概念和语言过程中的重要作用。第二代认知科学坚持以体验哲学为基础,信奉非客观主义的哲学,其体验主义认知观主要是思维无法脱离形体,也就是说心智、范畴、概念等都源自身体经验,是运用心理意象、隐喻和转喻的结果,而非来自经验的概念。第二代认知科学与认知语言学的基本观点保持一致,即语言能力是人的一般认知能力的一部分,语言能力的描写有赖于参照认知过程。语法和句法均与语义和词汇有着密切的联系,而非独立于它们之外。语义不仅仅是外部世界的客观反映,而且还与人类通过想象力和身体所获的主观认识密不可分,因为转喻、隐喻和心理意象均以经验为基础,所以这种想象力也无法脱离形体,此种观点与客观主义语义学形成了鲜明对比。

体验哲学作为第一代认知科学与第二代认知科学的分水岭,不是凭空出现的。彼时认知科学已然得到普遍重视，而且同期哲学、心理学、语言学等学科所取得的成果与日俱增，在此基础之上新的哲学理论——体验哲学理论由雷科夫和约翰逊在其1999年出版的《体验哲学》中提出，他们将体验哲学的基本观点总结为三条基本原则：心智的体验性、认知的无意识性和思维的隐喻性。人的概念、范畴、推理和心智既非先天固有亦非外部现实客观镜像的反映，而是基于对客观世界的感知和体验，经过认知加工而成，体验哲学是对整个西方哲学的反思和发展。认知的无意识性指的是人类对自己心智中的思想或思维运作没有直接知觉。莱考夫和约翰逊（Lakoff & Johnson）（1999：13）认为，有意识运作仅是巨大冰山露出水面之一角，在这一角之下的无意识思维形成和建构了所有有意识思维，如果没有这种无意识思维所起的这种形成作用，就没有有意识思维。此种无意识思维和认知主导着人类将已有的经验概念化。他们还认为隐喻是自动无意识的思维模式，具有体验性，人类日常体验所获基本概念是为隐喻的基础，隐喻推理成就了多数抽象思维，使用隐喻的能力是人类语言活动所具的认知能力。

（四）心理学基础

认知语言学的发生和发展与心理学的发展密切相关。西方心理学主要经历内省法、行为主义和认知心理学三个研究阶段，认知心理学是西方心理学的第二次革命，把人看作信息加工系统，即人与其他认知主体以及环境之间不断进行信息交流；视人心智为信息加工过程，可用信息加工方法研究内在认知活动，其工作原理可用计算机模拟或其他实验方法研究。

20世纪70年代以后，认知科学的发展带来了心理学界以及其他领域的许多学者对传统的哲学观、信息加工理论、生成语法等的质疑。语言学家雷科夫罗斯、麦考来等对生成语法发起挑战；哲学家德雷福思坚决反对将人脑等同于电脑；心理学家谢帕德和考斯林的研究表明，人脑数字加工的类比加工方式与电脑不同；诺曼等学者批评认知心理学的研究过于依赖电脑，无视人的能动性、生物性、社会性、文化背景等电脑所不具备的特征。这些学者批判传统哲学中的先验论、二元论、客观主义、形式主义，主张放弃认知心理学的信息加工理论，重新倡导研究心智和感知体验与认知的关系,采用主客观结合、经验与理性并重的研究方法,促成了第二次认知革命,催生了第二代认知科学,莱考夫和约翰逊(Lakoff & Johnson)(1999:10)称为真正的认知科学。

儒姆哈特和马克里兰提出了连通论,认为心智现象可以用相互连通、简单又同一的单位构成的网络加以描述,这些单位和连通的形式随模型的不同而不同。建构论是认知心理学派中的一个分支,其重要概念之一是图式,指的是个体对世界的知觉理解和思考的方式,抑或是心理活动的框架或组织结构。图式是认知结构的起点和核心,也可以说是人类认识事物的基础。图式的形成和变化是认知发展的实质,认知发展受三个过程的影响:同化、顺应和平衡。建构论认为知识不是对现实纯粹客观的反映,传载知识的符号系统也不是绝对真实的表征,只是人们对客观世界的解释或假设,而非问题的最终答案,知识必将随着人们认识程度的深入而不断优化直至出现新的解释和假设。认知语言学的心理学基础主要是体验性的心智主义、建构论、互动论和连通论。

(五)基本观点

认知语言学的核心思想是,人的语言能力不是独立的,而是整体认知能力的一部分。语言的主要目的不是描述客观世界,而是交流、分享经验。认知语言学的总特征之一是视自然语言为组织、加工、表达信息的工具,视之为组织、加工、表达信息的手段。该特征衍生了认知语言学的三个根本特征:语言分析中的语义第一性、意义的百科知识性、语义的视角性。

言而总之,认知语言学在语言问题上的基本理论观点可以总结为现实—认知—语言三者依次决定的顺序关系,即认知是现实和语言的中介,语言反作用于现实和认知。现实、认知、语言和文化彼此之间存在着相互辩证的关系。(王晓农,2011:16)

(六)小结

认知语言学在其不久的发展历史中对语言本质和人类理解问题作出了全新解释。口译过程涉及多重认知过程:源语信息的接收、理解、诠释和传译的结果均属心智体验认知的过程,听众的信息接收也是以体验认知为基础。此一过程和感知、知识表征、理解、记忆、思维、决策、解决问题等心理表征都关系密切，是复杂的认知、心理过程。认知语言学坚持体验哲学观，注重以身体经验和认知为出发点，以概念结构和意义研究为中心，寻求语言事实背后的认知方式和知识系统，尝试对语言做出一致性解释。由于认知语言学将认知、语言和世界相联系，相较其他语言学理论更加关注语言的认知基础、强调语言活动的体验性基础，与口译的相关性也应该更大，应该具有更充分和强大的解释力。一般而言，人们多把口译认知研究与以认知心理学为基础的口译研究看作一回事，但是综上所述表明认知语言学与认知心理学不尽相同。

四 口译认知解读

从听源语到传译为目的语的口译行为，是人类所最独特的言语行为，其中的现象在以往的研究中多见简单的刺激—反应（S-R）行为主义机制进行解释，自20世纪七八十年代开始，认知科学有了长足发展，尝试探析人类大脑的"黑匣子"，揭开人类语言生成之谜。1999年，奥布拉等人在《语言和大脑》一书中揭秘"黑匣子"，为揭示语言产生的生理依据和语言产生的认知描写提供科学依据。

20世纪末，以英语为语料认知科学家凯瑟琳·博克（Kathryn Bock）创建了人类语言产生的认知结构图，如图5-7（刘宓庆，2006：90）所示。

巴克氏图式可以看作对安德逊程序模式第二阶段将思想转换成言语形式的具体阐释见图5-8。（刘宓庆，2006：94）

（一）口译理解理论

从认知科学的视角来看，理解是对意义的心智感应能力，故而理解力也可以叫作认识能力，这与口译意义获得的理论特征契合度很高。口译理解独特的理论特征包括重视听觉感应、重关联能力、重逻辑推理、重整体把握与意义——意向整合、重应变/应策能力。认知科学中的理解集中于两点：语法（理解的结构依据）和意义—意向（理解的结果）（Eysenck，2001：335），认知心理学称为认知活动的指向，这也与译学相契合。

理解源自对语言的感应，语言感应力在口译中尤为重要。20世纪70

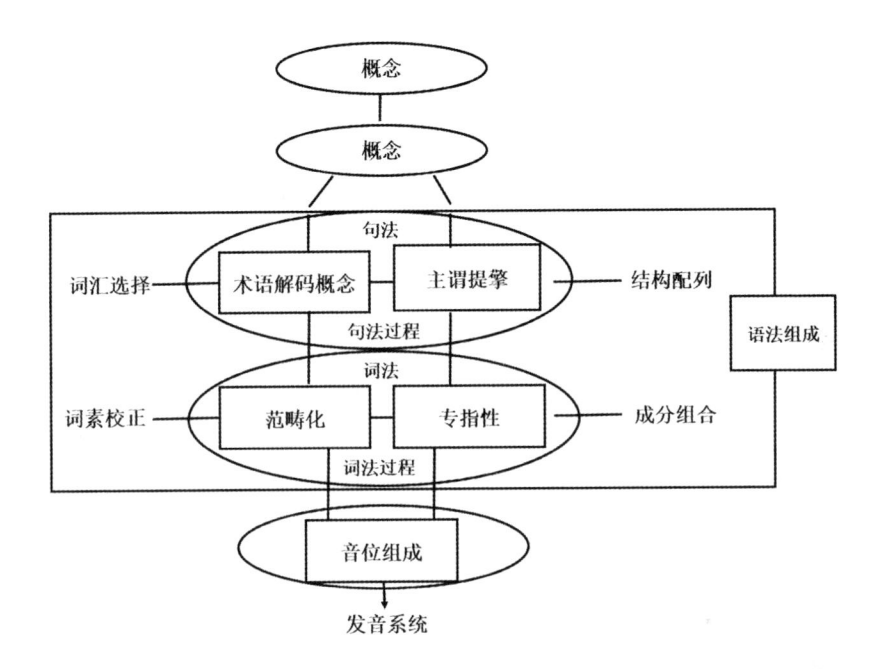

图 5-7 巴克氏图式：语言产生的认知结构

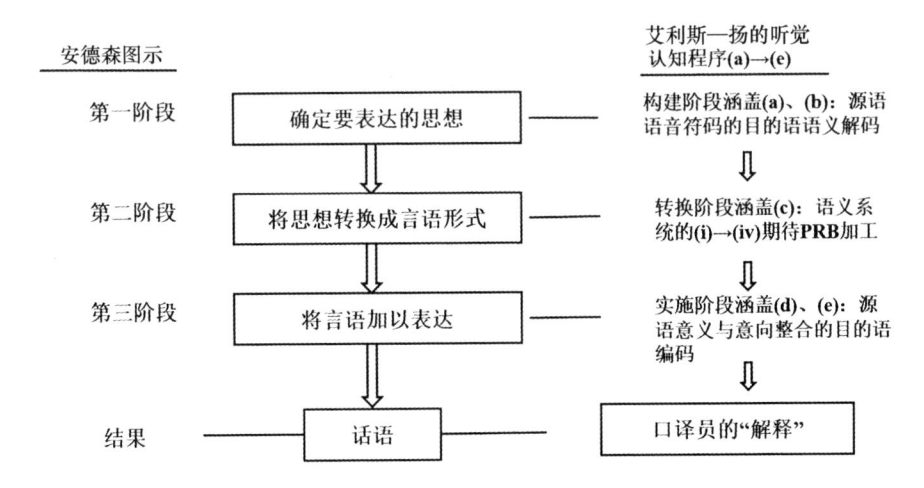

图 5-8 口译言语生成的认知图式：安德森图式与艾利斯—扬氏图式比较

年代末认知科学就人类语言感应的理解行为进行了深入讨论，形成两种学派：一派认为人类语言视听感应既是自下而上的，又是自上而下的；另一派主张人类语言感应是自下而上的。

关联能力的功能和目的主要是意义把握。认知科学认为说和写有明显区别，简而言之是：理解书写的篇章重结构分析；理解语流的语篇因缺少可视性材料而主要凭借耳听语音符号和目察行为符号，如此便凸显对听者话语多方位关联会意之能力的要求。从最广意义来说，使用语言本身就是一种文化行为，与何种语言无关，有关的是语言文化的共性，文化行为不能基于抽象的语言或者超语言的语言，只能依靠某种具体的语言，即文化的相对性。口译的通则之一就是语义信息解码的理解伴随文化信息和审美信息的解码，其间不可忽略文化因素。狭义一点的关联即符号与语境的关联。语境大抵相当于语言环境，后者属于泛指的宏观概念，前者既可以指历史沿革、时代背景、社会文化等宏观意义，又可以指微观的上下文、联结与搭配字词。在口译中语境关联主要指译员在源语理解过程中迅速匹配目标词语和语境挂钩，基于特定语境格局固定游移的词义达到认知，并做出切合语境的词义调整，以提高目标语传译的效果。与口译理解关系密切的多种语境因素可总结如图5-9。（刘宓庆，2006：153）为语境关联提供的环境也叫认知语境，认知语言学认为，这是人在获得外部世界特征产生相应概念时的环境和条件，侧重于认知。以上理解均基于符号与意义的关联，语符在符号学中叫语形，所承载的意义叫语旨，意义取决于语形和语旨之间的关联方式，该关联方式在传统符号学家看来存在于"奥格登—瑞恰兹意义三角"之中，见图5-10。（Stephen W. L.，1999：62）在该意义三角中，三者的关系基本处于静态，即物态，概念貌似可以脱离人以物态存在。关于人在其中的作用，美国的符号学家皮尔士首个试图进行探索，提出还符号以生命，提出SOI符号三分法：符号（语符本身）、对象（和语符关联的意义）、解释项/者（人的思维、认知，或者对对象的解释）。如图5-11（刘宓庆，2006：146）所示，该SOI符号三分法是译学重要的认识论和方法论依据。口译思维程序大致遵循皮尔士的三性（性即人的认知发展平台）发展：第一性是独立符号的存在形态，即讲话者的话语；第二性是基于关联第一性符号获得存在形态的意义,即译员迅速关联讲话者的话语和其所传递的意义;第三性将第一性及第二性融入相互关系的存在形态,即译员对所解读到的意义的认知加工,是认知的高级形态,是由源语语符将解释项引入认知(意义转换)这个高级平台的符号行为,实现三性互动。可见此种模式与口译思维中意义获得程序是吻合的,对于译员来说,实现准确理解,关键是第三性,也就是把握第一性的符号认知功能,短时间内实现意义关联、语境关联和文化关联。

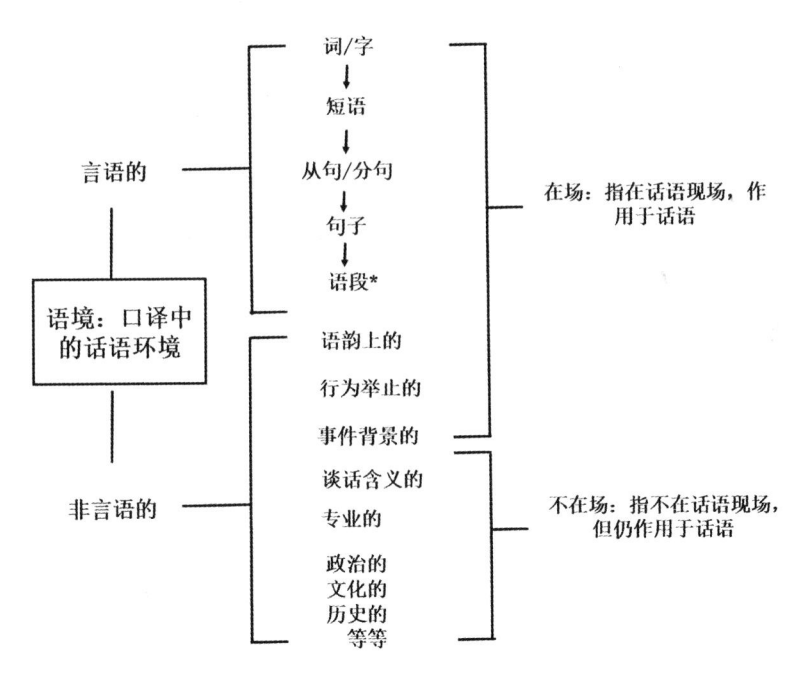

```
                      ┌─ 词/字
                      │   ↓
                      │   短语
          ┌ 言语的 ───┤   ↓                ┌─ 在场:指在话语现场,
          │           │   从句/分句        │   作用于话语
          │           │   ↓
          │           │   句子
┌─────────┤           └─ 语段*
│语境:口译│
│中的话语 │           ┌─ 语韵上的
│环境     │           │   行为举止的
└─────────┤           │   事件背景的      ┌─ 不在场:指不在话语现场,
          └ 非言语的 ─┤   谈话含义的      │   但仍作用于话语
                      │   专业的
                      │   政治的
                      │   文化的
                      │   历史的
                      └─  等等
```

图 5-9 口译语境的界定

概念、判断、推理是三种相互联系的思维形式,基于掌握概念的基础,通过推理获得准确的判断,由此推理是手段,判断是目的。口译推理的目的是准确进行话语理解,包括从词到句再到段的意义、意向以及顺畅的思维表达,其基本特征包括跨文化性和语言性,此二者又聚焦于语境化,据此,口译推理可以理解为基于语境化的推理。语言文化学家克莱尔·克拉姆挈(Claire Kramsch)(1998:27)的观点可以说明以语境

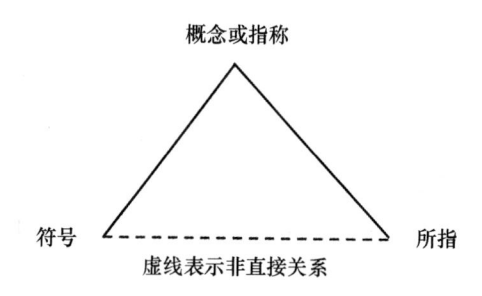

```
                概念或指称
                    ▲
                   ╱ ╲
                  ╱   ╲
                 ╱     ╲
        符号  ╱- - - - -╲  所指
              虚线表示非直接关系
```

图 5 - 10　概念的物态化：奥格登—瑞恰兹意义三角

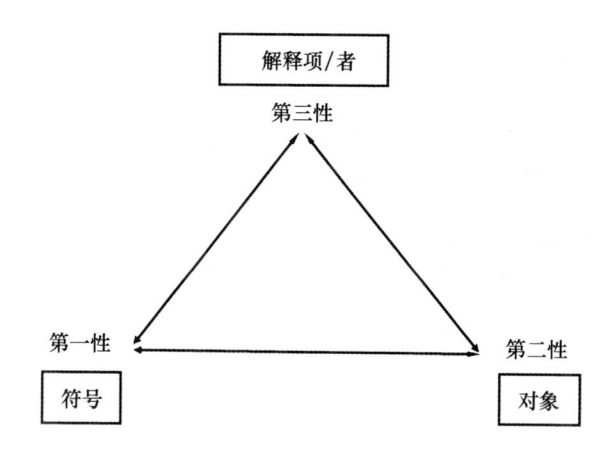

```
            解释项/者
             第三性
               ▲
              ╱ ╲
             ╱   ╲
            ╱     ╲
    第一性 ╱───────╲ 第二性
    ┌──┐             ┌──┐
    │符号│             │对象│
    └──┘             └──┘
```

图 5 - 11　概念动态化：皮尔士的 SOI 符号三分法图示

化为依据的语言文化意义推理（图 5 - 12）。克拉姆契（Kramsch）认为语境化推理需要依据三个参照系：语言符号、超语言符号和非语言符号，在其整合性参照下，讲话者为听众构建受三维制约的语义随机性情景化、稳定化机制，基于此，听众进行情景化推理，为完成推理—理解提供必要手段。皮尔士的 SOI 符号三分法也支持口译中的推理：解释项的能动功能的充分发挥实际上就是推理。

言而总之，合理的推理所依据的前提条件就是百科知识。认知科学家认为推理能力的发挥的先导和后备均为知识系统，特定语境下的意义推断需要依据各种知识构建的知识系统，如图 5 - 13 所示（何兆熊，

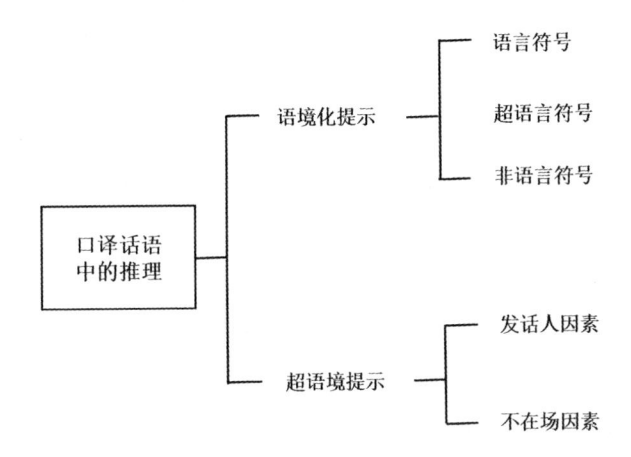

```
                    ┌── 语言符号
        ┌── 语境化提示 ──┼── 超语言符号
        │               └── 非语言符号
口译话语 ──┤
中的推理    │
        │               ┌── 发话人因素
        └── 超语境提示 ──┤
                        └── 不在场因素
```

图 5-12　口译中意义推理的依据

1989:25)。需要注意的是，知识并非静止不变，知识系统是一个永远开放的系统，所以语境也一个恒动概念。有鉴于此，理解中的推理也是永无止境的，这也是口译认知终身性的渊源。

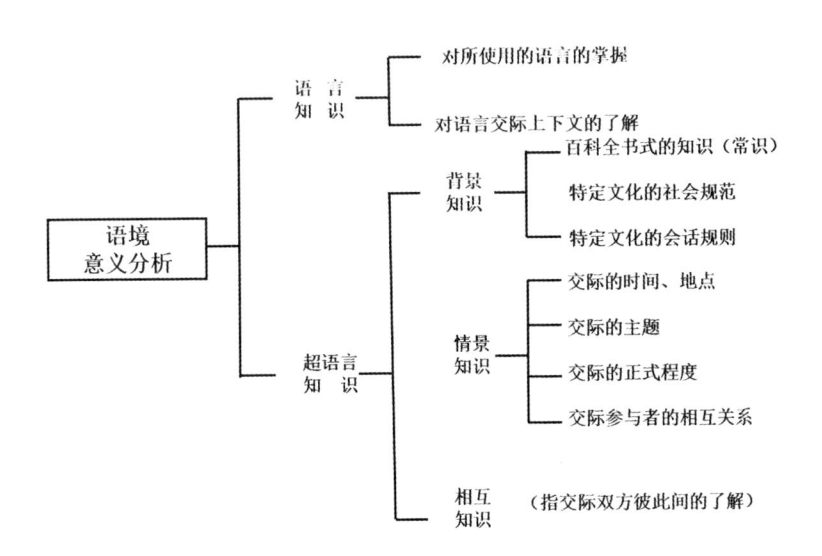

```
            ┌── 语言   ┌── 对所使用的语言的掌握
            │   知识   └── 对语言交际上下文的了解
            │
            │           ┌── 背景   ┌── 百科全书式的知识（常识）
            │           │   知识   ├── 特定文化的社会规范
            │           │           └── 特定文化的会话规则
语境    ────┤           │
意义分析    │           │           ┌── 交际的时间、地点
            │           │   情景   ├── 交际的主题
            └── 超语言 ─┤   知识   ├── 交际的正式程度
                知识    │           └── 交际参与者的相互关系
                        │
                        └── 相互   （指交际双方彼此间的了解）
                            知识
```

图 5-13　莱昂式语境意义分析的知识系统

除却敏捷感应、准确关联、正确推断，理解还表现为具有关键意义的对话语内容的整体把握。任何语言的话语都由话语单元组成，口译理解的关键是对某个话语单元的把握以及相关几个话语单元的整体意义的把握。

应变侧重于行为和措施方面，应策则侧重方略和对策。译员的应变能力在传译过程中起着关键性作用，这是指译员必须擅长对源语、外在条件、客观环境、听众等作出刻不容缓、随机应变、当机立断的调整。

（二）口译听解

口译理解的前沿感知是听觉，关键是听觉解码。实验证明，口译的理解始于听觉感知接收语音符码，之后进行解码并进入理解过程。认知心理学家艾利斯和扬（1988）的实验提出了听觉认知模式，如图 5 – 14 所示。（刘宓庆，2006：91）由图可见：首先，听觉分析系统从讲话者的语音符码中提取并分辨有意义及有意义变化的音位，同时分辨没有意义的其他声音。其次，听觉输入词库所发挥的作用是通过被激活的字词单位识别类似的字词，进而扩大存储量。再次，音位反应缓冲机制可以区分、选择语音符码。复次，言语输出词库能够提供话语中用来表达的字词。最后，语义系统中储存的词义随时被激活。这五个组成单位可以以不同的方式进行组合，形成三种不同的从听到说的路线，即图中的路线（route）。将口译中的听与译机械分隔开来的论断是不符合口译的认知实际的。

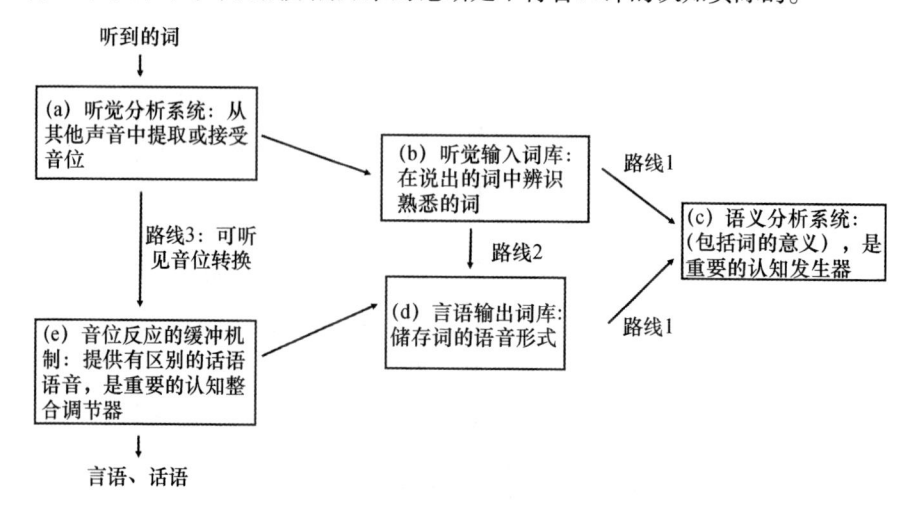

图 5 – 14　艾利斯和扬氏听觉认知图式

依据上述分析，可以将口译听觉理解——译语表达的认知过程大体作如下阐释，其中项号（a）、（b）、（c）、（d）、（e）与艾利斯和扬氏听觉认知图式中的项号一一对应。

在听觉理解阶段，（a）口译全程中，听觉分析系统是认知关键，译员应该能够抵御噪声干扰，听清听准讲话者语音符码中有意义的音位及其意义，进行意义接收和提取。（b）口译词库越大越好。词库越大，输入的信息就越容易与已知信息匹配，并不断扩大储存量，备而待用。（c）在口译中，虽然听觉分析系统是关键，但是语义分析系统功能发挥的效果却是决定一切的因素。其核心任务包括源语和目的语字词对应转换的匹配运筹、源语和目的语句法转换、审美和逻辑校正，以及构建目的语意义和意向整合的雏形。

在译语表达阶段，（d）言语（话语输出）是表达过程，需要从词库提取话语形式。（e）在译语表达阶段，音位反应缓冲机制的作用在于实现意义和意向整合的字词话语形式雏形的终端化。

（三）口译反应

一直以来反应都是口译水平、技能和能力的一项重要指标和口译理论的研究焦点。前文涉及的当下性即为口译十分突出的特征，讨论的即是口译反应的问题，下文将就反应时间和习惯性反应两方面对当下性等与反应有关的问题展开认知讨论。

口译异常需要及时敏捷的反应，即反应时间越短越好。反应时间是指从接受刺激到作出反应之间的时距。在口译中，反应时间是指从听到源语到译出目的语之间的时距，即为上文所涉的当下性。

口译涉及的反应不同于直觉反应，而是思维的复杂反应（需要考虑个人差异、反应时间与优选的矛盾、没有恒定的反应时间等因素）。

自 20 世纪八九十年代开始，西方认知科学对智力的研究主要借鉴信息论的发展，认为智力是信息加工、处理和发展的能力（Sternberg, 1977; Gardner, 1995）；智能则是解决问题的能力，包括对信息化、自动化的适应力以及创造力（Shel, 1990, MIT, P. 409 - 410）（转引自刘宓庆, 2006: 102 - 103）；等等。值得注意的是，20 世纪 70 年代末认知心理学家吉尔福特提出了著名的智力三维结构形态图（图 5 - 15）（刘爱伦，2002：303）。该模型虽然繁杂，但是强调了加工过程和知识结构，尤其适用于培养个人创造力方面的测验。除右上角标有 * 的以外，其他均与口译有着密切的联系，而且即便是带 * 的项目，也并非与口译完全无关。由此可见，口译是一种对智力全方位挑战的复杂反应。

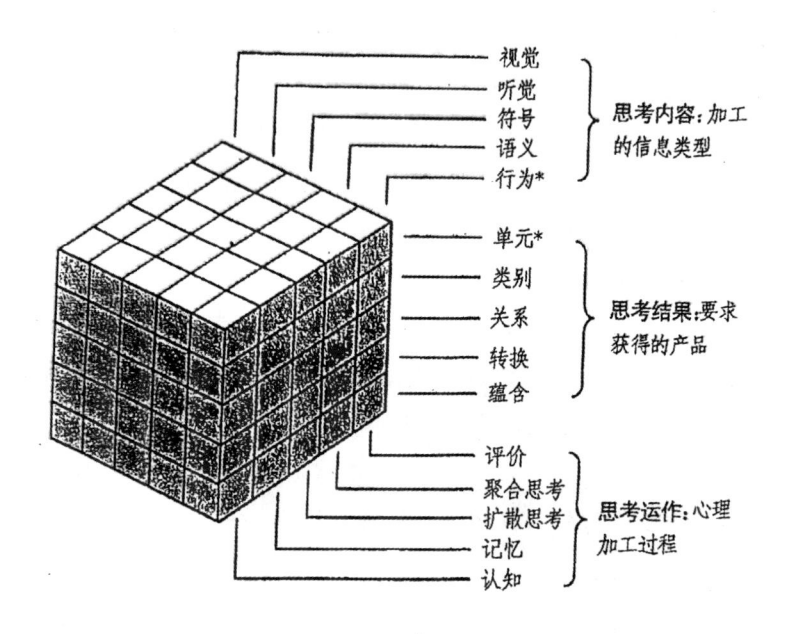

图 5-15　吉尔福特的智力三维结构形态图

复杂反应中有一个选择性问题，这个问题在口译中指的是表达式选择，表达式选择项目越多，为了优化选择，反应时间自然越长，二者成正比。加涅和弗莱什曼（Gagne & Fleishman）（1959：227）做过实验说明反应时间与选择项目数的关系问题（图 5-16），译员的要务是在无法两全其美的矛盾中寻求最优平衡，实现有效的口译传译行为在最短的反应时间内启动，如在不影响传译质量的前提下，口译笔记的尽早开始、尽早结束，译语传递的尽早开始，以及同声传译中尽量保持与讲话者同步的反应时间进行传译等，后面章节将通过试验进行详细说明。

值得注意的是，虽然通常情况下反应时间越短越好，但若要保持恒定不变的反应时间也是不现实的，可以尝试以译员主体的相对稳定因素

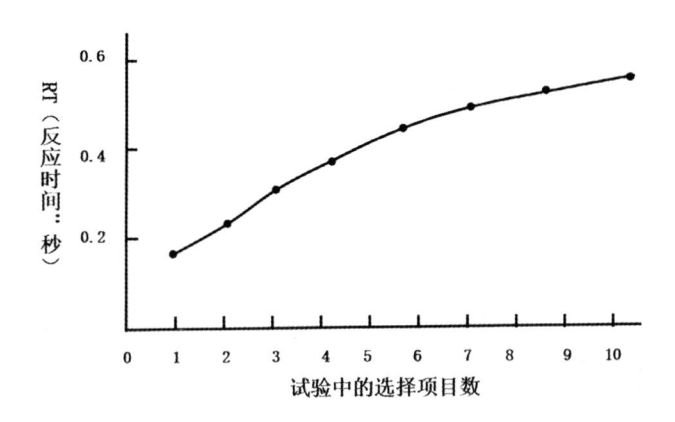

图 5-16　反应时间与选择项目数的关系

应对客体的绝对不稳定因素，寻求动态平衡，确保传译质量的效果。

一般来说，口译的快速反应也包括习惯性反应，即反复的认知过程所形成的程序化反应，可以视之为人类认知过程中积累的经验成果，这可以从图 5-17（Robinson，1997：97）皮尔士的反应论三角中窥见一斑。与三角相对应，皮尔士提出了延展，即认知的直观性跳跃（猜测、推测、猜想）、归纳，即模式构建（字词组成的语义和句法结构）和演绎，即法则构建的认知程序论和方法论，如图 5-18（Robinson，1997：100）所示。

罗宾逊（Robinson）如此解读皮尔士的反应论：口译是基于持续不断学习的循环运动，即持续不断地从本能到经验再到习惯，周而复始，渐行渐优化；译员在延展—归纳—演绎的认知过程中持续升华认知，优化复杂的心智运作加工，进而在其生而有之的本性（FIRST）的基础之上获得潜在的第二本性（SECOND），此第二本性使其表现出自经验升华的具有创造力的演绎和习惯（THIRD）。最终习惯的形成恰是借助周而复始、逐步上升的经验为之持续提供现实世界的智慧，这一切均是其第一本性无从具备的。鉴于本能—经验—习惯是为持续不断的循环运动，罗宾逊（Robinson）引入卡尔·韦克（Karl Weick）的经验之轮理论，修正和补充皮尔士反应论的基本模式，见图 5-19。（Robinson，1997：104）韦克

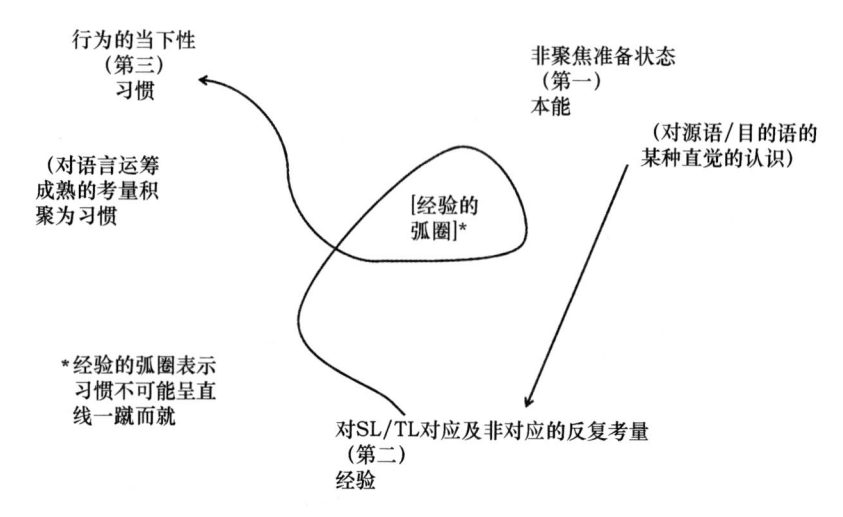

图 5-17　皮尔士的反应论三角

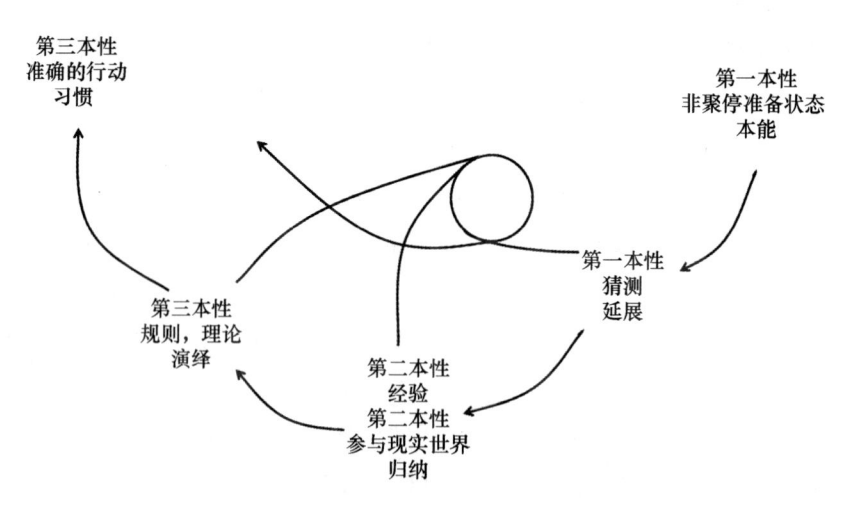

图 5-18　皮尔士反应论三角的哲学视角

(Weick)经验之轮的积极意义在于既指出了习惯的认知特征——非机械性重复,具有潜在自动导向性;又指出了经验的深化和提升是非直线式而是循环式的。如此罗宾逊和韦克(Robinson & Weick)的研究有助于对口译中习惯性反应的正确评估。

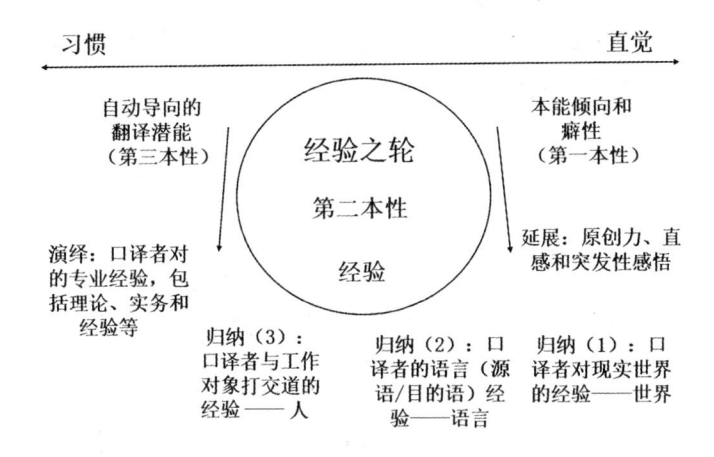

```
        习惯                                      直觉
 ←─────────────────────────────────────────────────→
        自动导向的                              本能倾向和
         翻译潜能                                癖性
        （第三本性）        经验之轮           （第一本性）
                          第二本性
         演绎：口译者对                          延展：原创力、直
         的专业经验，包         经验             感和突发性感悟
         括理论、实务和
         经验等
                     归纳（3）： 归纳（2）：口  归纳（1）：口
                     口译者与工作 译者的语言（源 译者对现实世界
                     对象打交道的 语/目的语）经 的经验——世界
                     经验——人   验——语言
```

图 5-19　Weick 的"经验之轮"与翻译

（四）非言语意义解码

因为口译中的非言语形态更多样、更复杂，所以口译中言语与非言语的意义解码较笔译更复杂。详细见表 5-2（刘宓庆，2006：112）：

表 5-2　　　　　　口笔译言语与非言语形态对比

	言语形态	非言语形态	手段
笔译	源语文本	源语暗含意义	视觉
口译	源语话语	（i）源语暗含意义	听觉
		（ii）源语语音变式	听觉
		（iii）面部表情	视觉
		（iv）体态表情	视觉

译员传译过程中不能只埋头听、记笔记，需要随时关注说话人的表情和动作，必须耳眼手（笔记）脑口并用，尤其是收集源语信息的耳眼并用，全力把握说话人的语义（明示意义和暗含意义）和情态。口译中的非言语意义解码可参照认知心理学家伯顿和布鲁斯（A. M. Burton & V. Bruce）的研究。如图 5-20（M. Eysenck 等，2000：106）所示，译员

手记笔记辅助耳眼并用,这种各有分工的认知系统的整合具有极其重要的作用,它的任务包括含语流中语用重音的语音符号的语义解码;暗含语义解码;面部表情和举止、行为的语义解码。

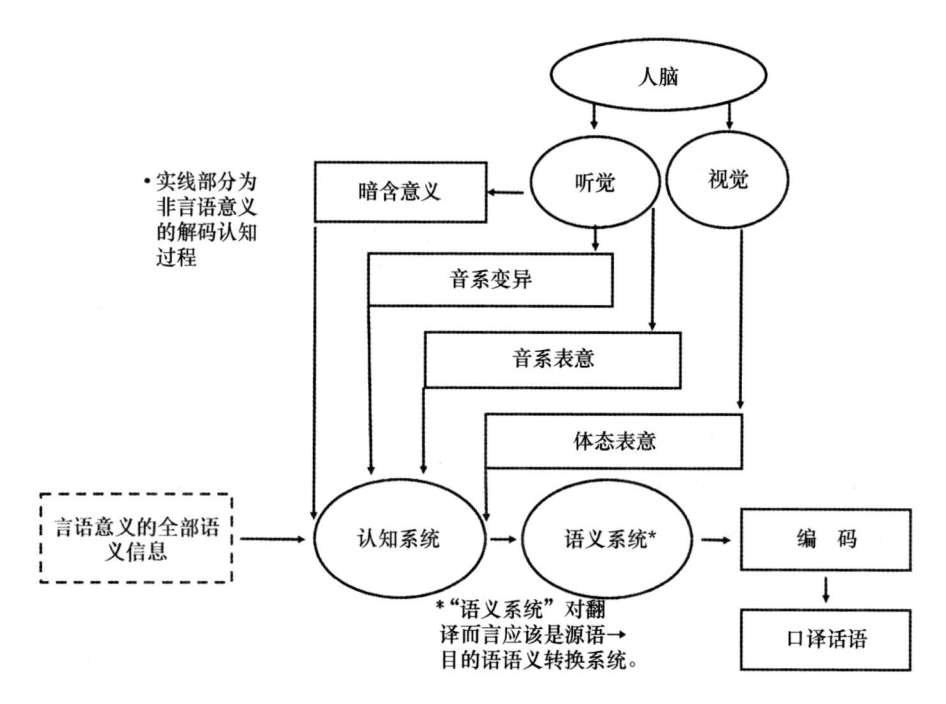

图 5-20 口译中非言语意义

（图示说明：
- 实线部分为非言语意义的解码认知过程
- 人脑 → 听觉、视觉
- 听觉 → 暗含意义、音系变异、音系表意
- 视觉 → 体态表意
- 言语意义的全部语义信息 → 认知系统 → 语义系统* → 编码 → 口译话语
- *"语义系统"对翻译而言应该是源语→目的语语义转换系统。）

社会语言学家（Friesen, 1972; Ekman, 1983; Levinson, 1990）等人概括了含有意义的五类非言语表意行为：第一，标记性行为，通常多指手势。例如，在英语母语国家，伸出食指和中指两根手指且手心向外表示胜利。第二，图解性行为，即伴随言语表达的行为或表情，可以随声音强度而变化。第三，调节因素，指的是调节言语沟通进程的微妙行为或表情，如连续变换坐姿表示不安、点头表认定等。第四，情感流露。第五，适应因素，即释放身心不适的行为或表情。

（五）同声传译

同声传译的目的语与源语时差（time discrepancy, TD）一般为 2—3 秒。印欧语系内部各语言间同声传译的时差可短至 1.5—2 秒，汉外同声传译的时差可长达 4 秒。

  同声传译作为特殊形式高难度翻译语言游戏包含一些基本游戏规则。语言游戏源自维根斯坦对语言与活动交织而成的整体的称谓。翻译也是语言与活动交织而形成的整体形式，是语言游戏这个大家族中的次家族，口译和笔译均是次家族中的次次家族，以同声传译为例的各种口译模型都属于这个次家族。同声传译的游戏规则包括后起跟踪（刘宓庆，2006：125）、化整为零、一心三用。后起跟踪即俗话说的慢半拍，也就是基本同步，详见图 5-21。（刘宓庆，2006：131）实现后起跟踪的关键是化整为零，也可以叫作口译的解构法，是同声传译的第二项重要游戏规则，可以决定能否继续同声传译这个游戏。欧洲人将同声传译比作吃比萨，即因为无法一口吞一个比萨，就得切成小块，化整为零地吃。与此相似，语言中的句子可以化整为零，世界上的语言亦可以化整为零。因此在口译中将句子或句段或语段解构的目的就是要用化整为零的方式各个击破，完成口译信息传递的任务。事实上，大部分人类自然语言也大概率按照 SV-SVO-SVC 等顺序线性扩展，如图 5-22（刘宓庆，2006：129）所示。由图可见，主谓（SV）间切分符合自然语流的事实，而且切分不仅仅局限于主谓之间，只要便于释意、易于表达、利于效果，译员可酌情按照线性拓展的常态进行多种切分。从认知科学的角度来看，一心三用是同声传译的认知基础，是其特征和最基本的游戏规则。一心三用的一心是用心听，听准听全。在听的环节上，译员几乎没有自由。全神贯注是必须，若听不准、听不全则失之殆半。二心是边听边想。其认知过程始于启动词库，吸收、筛选、匹配并提取视听觉获取的非言语和言语信息，供语义系统备用，然后启动语义系统，词构句、句表意，次之启动逻辑思维系统，整合理解素材进行加工以构建内部言语雏形，最后启动音位反应缓冲机制，整合音义两个系统的整体加工进行外化传译前的调节，为内部言语的外化表达做好准备。三心指的是想好就说。只要用心想了就可以用心说。想好就说包含两种含义，其一，想好是指意思明确清晰；其二，就说指的是不犹豫有信心。一心三用的认知运作程式可由图 5-23（刘宓庆，2006：134）展示说明。

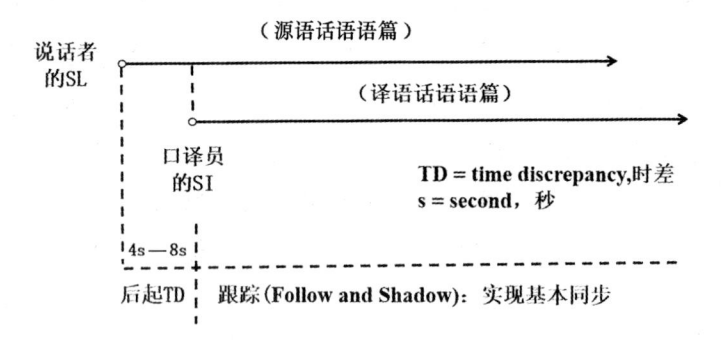

图 5-21　同声传译中译员的"后起跟踪"

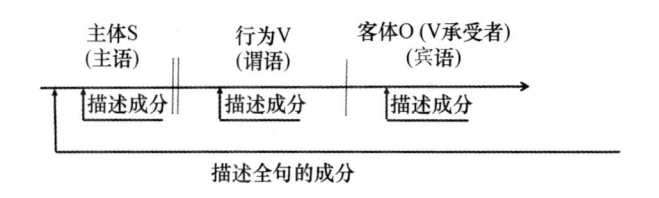

图 5-22　自然语言的线性扩展：SI 切分的依据

由图可见，从认知科学的角度看来，经过训练做到一心三用是完全可能的，关键是训练记忆、反应和理解。

同声传译的实现是基于两方面的认知条件：一方面，其与听、说、读、写这四种人类基本功能密不可分。它们是认知过程密切相联的四种方式，也是四个维度，艾森克曾借艾利斯和扬的研究用图 5-24 (M. Eysenck 等, 2000: 382) 表示人类多种认知能力（集中于词的认知过程）在以听觉为初始运动时如何参与 (Eysenck, 2001: 382) 认知过程。认知心理学家通常借助对词的感知描写展开对语言的认知分析，与口译相通，但口译关注的焦点是意义。另一方面，人的短时记忆可以持续一分钟，叫作一分钟记忆持续，其间同声传译译员对源语话语作语形和语旨关联启动源语效应的积极方面，进行与源语大致同步的传译，详见下一小节。

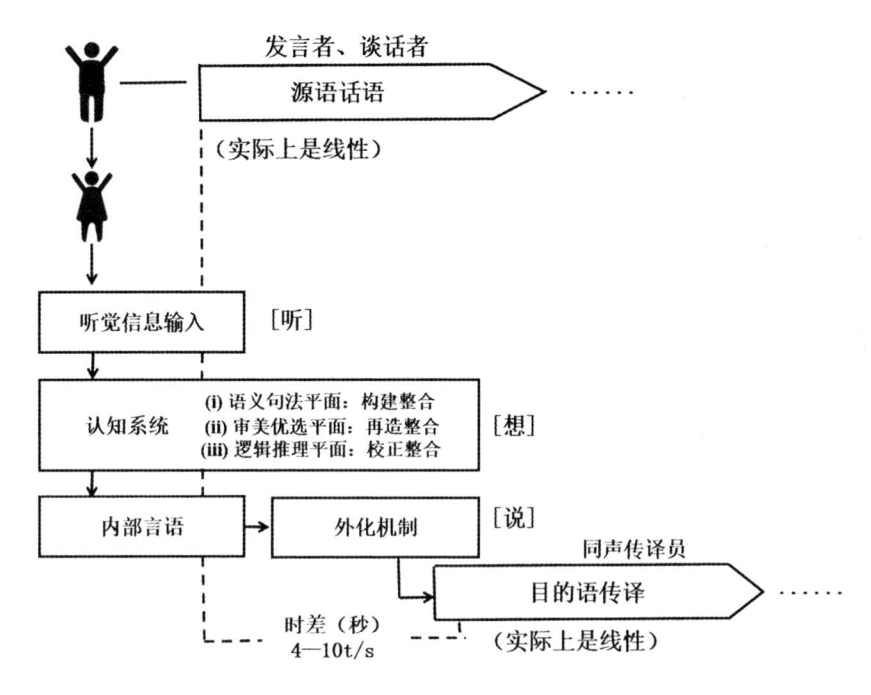

第五章 云端翻转课堂与全媒体翻译硕士口译认知 ◀◀ 263

发言者、谈话者
源语话语
（实际上是线性）

听觉信息输入 [听]

认知系统
(i) 语义句法平面：构建整合
(ii) 审美优选平面：再造整合
(iii) 逻辑推理平面：校正整合
[想]

内部言语 → 外化机制 [说]

同声传译员
目的语传译
（实际上是线性）

时差（秒）
4—10t/s

图 5-23 同声传译"一心三用"（听—想—说）认知运作模式

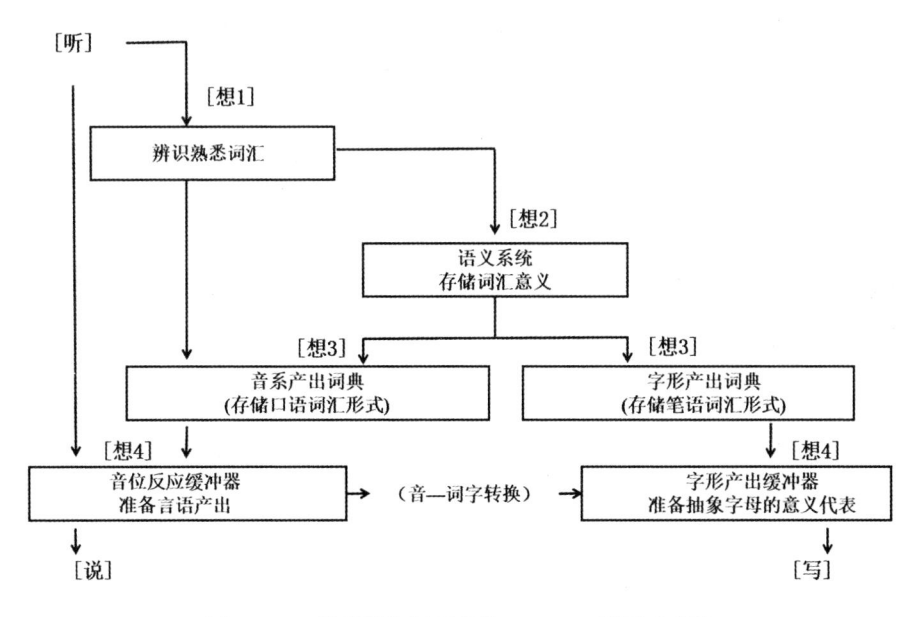

[听]

[想1]
辨识熟悉词汇

[想2]
语义系统
存储词汇意义

[想3] 音系产出词典
(存储口语词汇形式)

[想3] 字形产出词典
(存储笔语词汇形式)

[想4] 音位反应缓冲器
准备言语产出

（音—词字转换）

[想4] 字形产出缓冲器
准备抽象字母的意义代表

[说]　　　　　　　　　　　　　　　　　　　　　　[写]

图 5-24 艾利斯和扬氏理论（1988）的图式表述

（六）口译记忆

记忆作为心理学课题，在口译中具有特殊意义。记忆是感知、思维、判断等系列认知经历的保持，是关联成果的形成与保持，其言语表现形式是有意义的复述，故而记忆与口译关系密切。

首先是记忆的类型和功能。认知科学家认为记忆有三个系统，即人脑中有三种经验信息的储存机制：感觉存储、短时记忆和长时记忆。感觉存储（感觉储存）也叫瞬时记忆，是在非常短暂的时间储存感官前沿所获大量感性信息，人脑对其进行为期一两秒钟的速选，筛选值得注意的信息并迅速转入短时记忆，短时记忆是人类对记忆认知的重要标志。短时记忆（短时储存），也被称为工作记忆，储存一分钟之内 7 ± 2 个有意义的信息单元。长时记忆（长时储存）的信息储存量估计达 10^{15} bit，长时记忆的职能集中于语义的范畴化编码，是经验知识的宝库。人的记忆即为上述三个系统、三种机制的整体性运作，是人类认知活动的重要部分，其运作程序如图 5-25（Esyenck，2008：263）所示。就记忆而言，在口译中，感觉记忆是前提，短时记忆是关键，长时记忆是基础。对口译而言，三个系统、三种机制都很重要，特别是短时记忆。

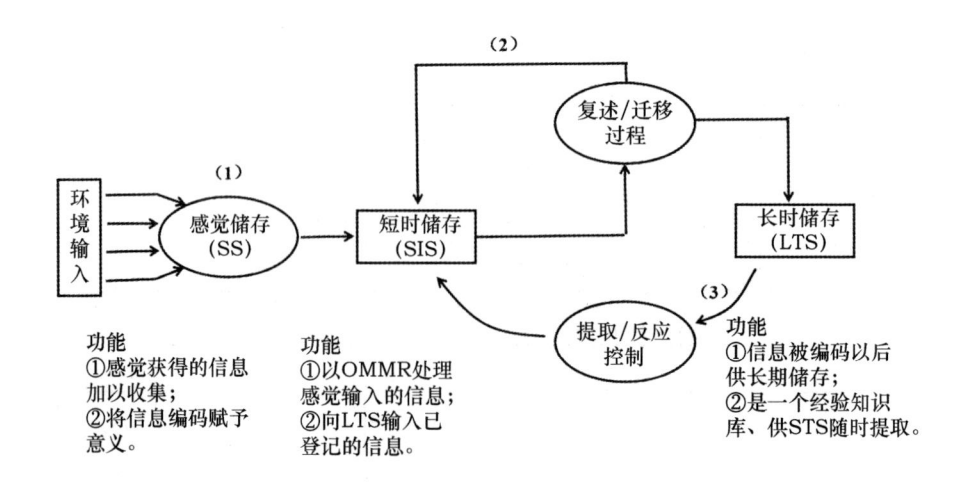

图 5-25 人的记忆运作程序示意图

短时记忆对口译来说至关重要的原因是口译涉及的高强度脑力活动，

对源语的语法结构和语义结构进行关联和双语对应转换，这恰是短时记忆源语效应中积极诱因所起的作用，短时记忆对口译的重要性表现在如下诸方面：首先基于保持在一分钟之内的记忆，译员对源语话语记忆十分清晰，在此弥足珍贵的一分钟之内，记忆犹新促使译员将感觉存储收集到的信息迅速进行各种关联，使之成为可持续的保持并实现源语到目的语的语义转码，通过言语和非言语进行传译，发之于外。短时记忆不仅关注当下进行的沟通，还可诱发置于长时记忆中的信息并激活之。此外，短时记忆还可为译者提供语句意义的参照线索，尤其是现场的紧张气氛给译员造成一定的心理压力时，保持在一分钟之内的记忆为译员提供的源语复现对译员的目的语言语信息连贯传译进行很好的提示。总之，短时记忆是人类记忆机制三大系统中承上启下的关键，是从心理过去时抵达心理现在时的必经之路。

记忆的前提是感觉存储，感觉存储又始于注意，注意指的是感官对客观事物的指向，是感知的聚焦，是认知行为的起点。美国哲学家和心理学家詹姆士将注意分为被动注意和主动注意，前者是自下而上由客体到主体的由客观事物（刺激者）到主体感受（被刺激者），后者是自上而下由主体到客体。在口译活动中讲话者发出的言语和非言语信息是刺激者，属于自下而上的，因此口译活动在一般意义上属于被动注意。记忆的条件是理解。意义把握是记忆的关键。

记忆不可能与原型完全对等，记忆保持也并非恒常的不变数。译员听过源语话语以后的即时复述，也不可能与原型源语话语完全对等，与原型匹配达到80%—90%已属上乘，而且时间消退记忆，正如艾宾浩斯（Ebbinghous）试验结果所示，详见图5-26（Esyenck，2008：296），时间间隔越久，记忆消退越厉害。

记忆受制于心理压抑，口译行为的临场表现受心理状态影响较大：因为心理压力会干扰甚至阻断有意识的回想，所以，心理压力越大记忆效果越差，传译效果也越差。心理压力对人工作能力发挥有着负面影响。首先是干扰注意，心理压力导致神经紧张、缺乏信心等对注意产生严重干扰如图5-27（刘宓庆，2006：246）所示：图A运作失常显示出不同于图B运作正常的脑电图示波，即所谓呆化。其次是干扰注意的稳定性。

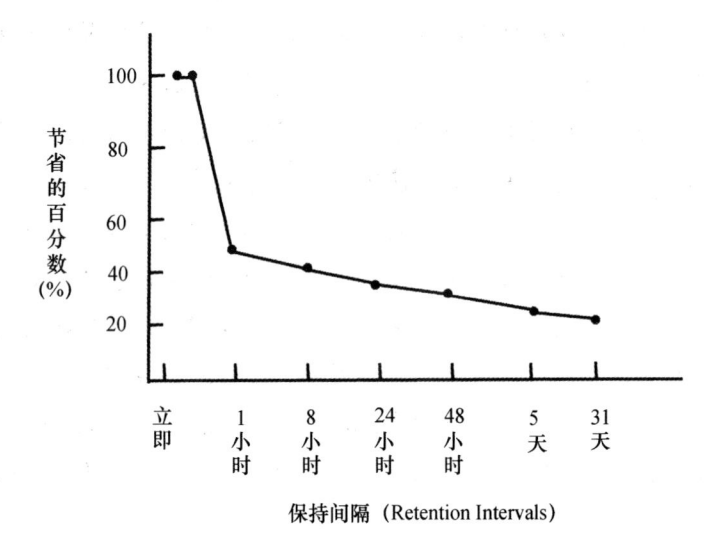

图 5-26　遗忘过程随保持间隔的加大而变化

心理学认为注意越紧张，范围就越小，长时间高度紧张的注意会引起疲劳，导致注意分散，记忆衰退。

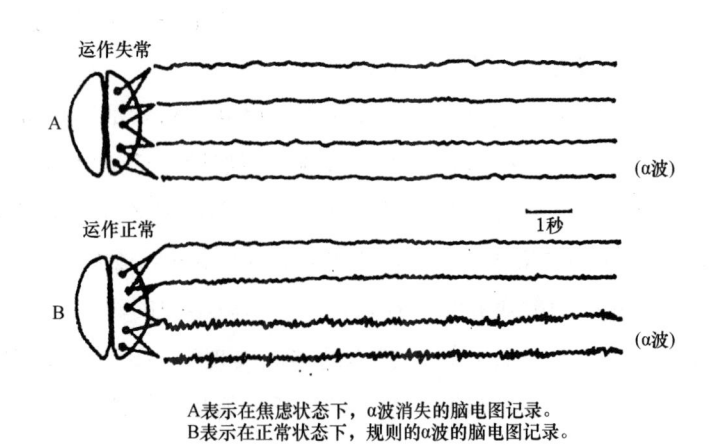

A表示在焦虑状态下，α波消失的脑电图记录。
B表示在正常状态下，规则的α波的脑电图记录。

图 5-27　焦虑状态下的脑电图记录

五 MI 口译的特殊性

改革开放助推中国翻译事业蔚为壮观，从规模、范围、质量、水平等方面对中国社会的发展作出了史无前例的贡献。随着我国国际地位的持续高升，作为与世界沟通的桥梁，翻译的作用与日俱突出。然而翻译人才尤其是高级翻译人才尚不能从数量和质量上满足经济和社会发展需要，为促进中外交流，培养高层次、应用型高级翻译专门人才，国务院学位委员会2007年1月23日第23次会议审议通过设置翻译硕士专业学位（MTI）。翻译硕士专业学位是我国第18个硕士层次的专业学位，其设立无疑是继2006年教育部批准试办翻译本科专业后我国翻译学科建设取得的又一里程碑式的成果，为我国培养高层次、应用型、职业化的翻译人才提供了重要途径，为我国翻译学的学科发展奠定了基础。（仲伟合、王斌华，2014：Ⅰ）

翻译硕士专业学位口译方向（MI）培养德、智、体全面发展，能适应全球经济一体化及提高国家国际竞争力的需要，适应国家经济、文化、社会建设需要的高层次、应用型、专业性口译人才。该方向教育在培养目标、师资要求、教学内容、教学方法和手段等方面都与传统的翻译方向研究生教育有所差异。首先，翻译硕士专业学位口译方向注重培养学生实践能力，训练学生口译实操能力、跨文化交际能力以及为满足口译实践积累所需要的百科知识。这有别于传统的翻译方向所侧重的外国语言文学理论、学术研究能力以及就业导向的教学能力。其次，培养目标对学生实践能力要求的高标准和应用型导向，使得任课教师具有丰富的口译实践经验并了解翻译教学的原则成为必须。再次，翻译硕士专业学位口译方向教育中的翻译教学内容有别于外语教学中的教学翻译。于后者，翻译训练是检测学生语言能力和水平的手段；于前者，翻译训练是建立在学生双语交际能力基础之上的职业技能训练，包括译前准备、笔记方法、分析方法、记忆方法、表达方法、术语库的建立等，专门训练学生借助语言知识、主题知识和百科知识对源语信息进行逻辑分析，并用另一种语言将理解的信息进行传译。（任文，2014：Ⅱ）最后，在教学方法和手段方面，专业化的口译教学需要双语交际环境、特定的交际对象和主题、用人单位的需求等，这就要求学生具备扎实的双语知识、广博的其他学科知识、口译实践操作技能以及忠实地表达讲话人的想法/信息。由此可见，口译是为专业化、应用性和操作性均很强的职业。

职业化的口译教育也因此需要专门针对其人才知识结构所要求的双语知识、百科知识、翻译技能知识这三个模块进行设计。其间，认知理论和认知模式的客观性与规律性须当融合到各个模块的习得、评估、改进过程中，如此方可优化口译训练的技能化，包括译前准备、记忆、笔记、数字口译、语篇分析、预测、语义识别、应对策略等技能。口译训练的实战性，涉及人类社会所包含的方方面面。口译训练的专业化，涉及上文所述的口译技能职业化和专业化的各种要求。口译理论的指导性在于掌握相关口译基础理论，树立正确的翻译观。通识教育的融通化，即熟练掌握双语语言知识、跨文化交际知识以及各种通识类知识，以拓宽学生的知识面、提高其跨文化交际的意识和能力，最终提高口译实践效果。

MI职业化人才培养的教学理念和面向实践的教学导向在目前的口译教学界尚不成熟，还需对其进行持续探讨、丰富，职业化口译人才的培养需要译界和学界筚路蓝缕，以启山林。关于口译硕士认知的探讨还需在前人研究的基础之上，不断尝试新的教学理念和方法，充分借力现代媒体、科技与网络等先进技术，尽量将认知的内隐因素外显化，优化认知理论，改进认知模式，从而更加有力地提高口译硕士认知方面的习得绩效。

第六章

基于云端的智能笔辅助交传笔记教学探究

研究以英语专业 MI 一年级生为被试,以云端为存储和互动平台,采用智能笔、问卷调查和即时反省相结合的交叉互证法,探究如何进一步提高交传笔记教学效益。研究结果表明:相较传统笔纸训练方法,智能笔辅助交传笔记能够显著降低笔记难度和提高交传成绩。其效用主要体现在:提升信息加工时效,改善听记启动、结束和听译时间差,提高译文启动即时性;优化符码类型选择,改进信息存储的质量,提高译文内容完整性、准确性和行文流畅性。实验组后测证明符码使用最多成绩最低,符码类型与成绩之间没有高度相关性,汉译英的时间差多与成绩正相关。

第一节 引言

口译笔记可加速默会信息向明示信息转化、推助启动速度和优化译文质量,在交替传译的两个阶段起着至关重要的作用(Gile, 2009: 175)。但口译源语信息输入时,命题块接踵而至加大信息记存难度(Christoffels & Kroll, 2006),造成听记此消彼长,影响交传效果。因此,如何高效进行笔记训练成为诸多研究者关注的焦点。

对于口译笔记的探讨多见基于 ACT - R、思维导图、格式塔和图式等的思辨与经验讨论(戴炜栋、徐海铭,2007),为数不多的实证研究尝试了一些方法和手段，如录音录像和提示回忆（戴炜栋、徐海铭，2007）、即时反省（肖丽，2018）、笔记手稿（高彬，2019）等，但均属基于笔记文本的静态研究，难以揭示笔记过程的动态推进，无法更有针对性地提供有效反馈和改进方法。为弥补上述不足，学界进一步开展了系列探索，例如运用投影胶片（OHPs）和透明纸现场观察比对原文与笔记，但源语录音与笔记记录时间上不能同步，对比难考；录像笔记和源语，在原文、笔记和译文进行时间标识并置于同一张纸，关联视觉化信息，便于评比，但耗时斥资，生态效度较差（Andres，2002）；提出可视化教学又对软硬件要求和成本投入较高，且仅限于试验室由教师一人操作，不便于学生课下自主训练（丁桢杰，2014）。为优化效度，引入智能笔技术，例如Orlando（2010）采用数字笔技术开展了记录笔记过程的教学研究，操作便捷易于评估，但未揭示用笔的纵向发展趋势；杨柳燕（2017）采用智能笔展示了用笔并通过 ELAN 软件对数字化的笔记进行标注和分析，可惜缺少涉及教学的实效探讨；陈思佳（Chen Sijia）（2018）采用描笔式记录系统（包含 Wacom Cintiq 13HD 和 Wacom Pro Pen）提高试验精度，但缺少三角互证的研究方法且尚属模型建构。

有鉴于此，本研究探讨基于云端的智能笔辅助交传笔记教学，使用 Elan、SPSS 软件，采用问卷调查和即时反省相结合的交叉互证法，试降低交传笔记难度、提高交传教学效益。

第二节　试验设计

一　研究问题

（1）基于云端的智能笔辅助交传笔记能否降低交传笔记难度？
（2）基于云端的智能笔辅助交传笔记能否提高交传成绩？
（3）基于云端的智能笔辅助交传笔记的效果体现在哪些笔记特征中？

二　研究参与者

本研究以 12 名英语专业 MTI 一年级学生为被试，其中约 3/4 有过 1—2 学期的口译学习经历，约 1/4 有过非正式陪同口译经验（2—3 次），但均未经历过系统的笔记训练。试验前，采用欧盟口译语料库中等难度语料，对被试进行诊断性测试，按测试成绩并结合学习背景将其分为高、中、低三个层次各 4 人，每层次随机抽取 2 人组成试验组，其余 6 人组成控制组。研究人员包括资深译员 1 名和具有多年口译实践背景授课教师 1 名，主要负责对学生云端档案袋上传的笔记和译文进行评估，授课教师兼顾课堂随机访谈，实时收集笔记个性化信息。

三 研究条件

研究条件包括 Echo 笔和相关软件、数据共享平台和试验室。

Echo 笔外形与晨光 K35 按动笔相似，使用舒适。性能包括同步录像笔记过程和录音源语；录音译文；通过 Echo Desktop 用户端，实时本地和云端音视频备份、回放和共享。其功能为记录笔记过程，实现云端线上下课内外教学、小组和个人碎片式基于元认知策略（Choi, 2006）的多模态自主习得提供了生态效度较高的实操平台。配套使用点纸，其点阵具有录音、暂停、停止等录音像功能，也有实时进退和位置、速度、音量选择等回放功能，还可使用 600dpi 激光打印机自制。相较之前的训练方法，Echo 笔的外形和功能具有经济便捷、数据记录完整，且生态效度高的优点，可助力优化笔记练习的准确、速度和专注力。（Lindstrom, 2007）

通过配套软件 Echo Desktop，实现上传音视频和回放，运用 Elan 软件对音视频进行多层次、交互式标注，借助 SPSS 软件进行统计分析。软件搭配便于数据存储、分享、加工和分析，提高形成性研究信度和效度。

注册云盘，创建学习者个人档案袋，存储智能笔录制的音视频、软件统计和后续分析的数据、反思和评估等，便于多方远程 24/7 共享和沟通。为笔记习得过程中自主学习、自我反思、多方评估提供操作实时、便宜的平台。

备小型同传试验室一个，供模拟仿真，最大限度达到口译现场生态效度要求。为试验原始数据的信度和效度提供保障。

四 问卷和反省

采用 Orlando（2010）的问卷，前测调查口译学习背景、对智能笔的了解以及对交传笔记难度的认定情况（详见表 6-1）。两组被试熟悉用笔后进行交传前测，由资深译员和教师评分并按照成绩均衡原则划分实验组和控制组，结果为基于云端的 Echo 笔教学模型设计提供依据。后测为试验效果提供支持。前测问卷包括三个问题：（1）我已接受系统的交传笔记训练；（2）我了解智能笔用于交传笔记；（3）我认为交传笔记比较容易。问卷采用"非常同意""同意""一般""不同意""非常不同意"5 级量表，后测问卷仅含问题（3）。

本试验采取相对滞后的即时反省法：任务结束后，被试边看笔记过程视频听译文音频边口头回顾笔记过程所想所做，尤其是有关笔记符码是语言还是符号、是完整字词还是缩略语、选择笔记符码的原因等，以便为对比组间组内试验前后效果提供辅证、多方校验。

五 研究材料

前后测各包括两组音频，每组含英译汉和汉译英各 1 篇。英译汉取自欧盟口译语料库中等难度语料，是美国高等教育的一般性简介，各自时长约 2 分 40 秒、400 词、150wpm。汉译英是中国高等教育的一般性简介，各自时长约 2 分 47 秒、500 字、180wpm，正常语速。（孟国，2006）材料题材和内容被试较熟，较少听解或百科知识压力。材料均为描述型、逻辑清晰、语言较正式、信息较密集、冗余程度较低，业界生态信效度较高。采用 CPIDR 软件对两组材料的逻辑结构和信息密度进行难易度评估，相关值分别为 0.969 和 0.971，难度基本一致。

六 实操程序

实操程序包括课上实操程序和课下实操程序。

课上实操程序：采用被试甲、乙/教师"二元组合"，各持一支笔（笔甲、笔乙）。第一步，播放源语，笔甲录音并在点纸笔记本上记笔记（笔甲录像）。第二步，笔甲参阅笔记进行交传（笔乙录音），笔乙依据其表现在点纸笔记本上记录评估（笔乙录像）。第三步，笔甲乙的录音像上传电脑，通过大屏幕轮流播放供集体评估：首先，观看笔甲录像，评估笔记过程。其次，播放笔甲译文，同步观看笔乙评估笔记，进行现场评估。资深译员通过 Echo Desktop 和云盘 24/7 给予录音像评估反馈。

课下实操程序：试验三个组合各被试配笔一支，进行小组/自主练习、录音像，通过 Elan 软件标注分析笔记特征，结合译文转写评估报告和自我反思。导出音像，与评估报告和自我反思一并上传云端课程各自档案袋，供同学、教师和资深译员多方下载评估、将评估意见上传云端档案袋，推助笔记习得。

七　试验步骤

试验步骤包括：(1) 试验前发布问卷，调查学习背景和认定交传笔记难度。(2) 被试熟悉用笔并进行交传前测，由资深译员和教师评分并按照成绩均衡原则划分试验组和控制组。(3) 试验为时六周，实验组课上下使用 Echo 笔记录笔记，通过 Echo Desktop 回放、Elan 标注和 SPSS 分析进行评估和反思，并将系列结果上传云端档案袋，供多方下载评估和上传意见。控制组除采用传统笔纸记录笔记外，其他同。(4) 试验后进行问卷和即时反省，调查对交传笔记难度的认定，并对笔记结构、符码使用和选择的原因进行录音访谈，为对比分析两组试验前后教学结果提供依据。

第三节　结果与讨论

一　笔记难度认定比对

两组问卷前后测以及组间差异值（Sig. 值）结果如表 6-1 所示。

表 6-1　　　　　　　　问卷前后测与组间差异比对结果

问题序号	问卷时间	问卷被试	问卷选项人数					Sig. 值
			非常同意	同意	一般	不同意	非常不同意	
(1)	前测	实验组	0	0	0	1	5	0.97
		控制组	0	0	0	2	4	
(2)	前测	实验组	0	0	0	0	6	1.00
		控制组	0	0	0	0	6	
(3)	前测	实验组	0	0	0	1	5	0.97
		控制组	0	0	0	2	4	
	后测	实验组	0	2	4	0	0	0.01**
		控制组	0	0	0	3	3	

注：** 表示差异非常显著，p≤0.01。

问卷前测结果显示两组各项差异均未达到显著程度（p = 0.97/1.00，p>0.05），说明两组水平相当，符合试验要求。为验证基于云端的智能笔辅助在降低交传笔记难度中的作用，对被试进行问卷后测，问题序号（3）结果显示：虽然控制组"非常不同意"的选项人数略有减少（3＜4），即认为笔记难度有所降低，但相较实验组的结果差异非常显著（p = 0.01，p≤0.01），证明智能笔辅助可非常显著降低笔记难度。

二　交传成绩比对

参照王斌华（2011）的标准，按照信息内容 60%（准确性、完整性）、目标语表达 30%（语言规范、交际功能）和口译技巧和仪态 10%（技巧娴熟、仪态大方），由资深译员和口译教师对前后测各被试进行评分，取二者平均分为最终成绩。被试各组平均成绩以及组间组内差异的统计与比对结果如表 6-2 所示。

表 6-2　　　　　　　交传成绩组间组内统计与比对结果

交传方向	前测		后测		控制组		实验组	
	控制组	实验组	控制组	实验组	前测	后测	前测	后测
英译汉	64	64	66.7	76.3	64	66.7	64	76.3
差异（Sig. 值）	1		0.03*		0.06		0**	
汉译英	65.2	64.7	69.7	79.8	65.2	69.7	64.7	79.8
差异（Sig. 值）	0.85		0.03*		0.01**		0**	

注：* 表示差异显著，p≤0.05；** 表示差异非常显著，p≤0.01。

由表可见，两组前测英译汉和汉译英成绩的差异均未达到显著性水平（p=1/0.85，p>0.05），水平相当，符合试验要求。后测英译汉和汉译英结果显示，实验组的平均成绩均高于控制组（76.3>66.7；79.8>69.7），且差异均达到显著性水平（p=0.03，p<0.05），证明相较传统笔纸训练方式，智能笔辅助能够显著提高交传成绩。

为交叉验证基于云端的智能笔辅助在提高交传成绩方面的作用，试验还对实验组和控制组各自的前后测成绩进行组内比对：不论英译汉还是汉译英，两组的后测成绩均比各自的前测成绩高，说明笔记训练，无论采用何种训练方法，均可提高交传成绩。控制组的汉译英后测成绩非常显著高于前测（p=0.01，p≤0.01），但英译汉差异尚未达到显著性水平（p=0.06，p>0.05）。而实验组的汉译英和英译汉后测成绩均非常显著高于前测（p=0，p<0.01），说明相较传统笔纸训练方式，智能笔辅助能够非常显著提高交传成绩，英译汉的效用更加明显。

三　智能笔辅助交传笔记的效用特征比对

为验证效用体现在哪些笔记特征中，前后测使用 Echo 笔采集每位被试 4 份有效笔记，结合问卷和反省，进行数据统计与分析。鉴于 Echo 笔可呈现笔记全过程的动态和静态特征，本研究将最终笔记文本呈现的特征归为静态特征，笔记过程可动态考量的特征归为动态特征。因为所有被试使用 Echo 笔的感觉与普通笔相同，所以，控制组在前后测中也使用 Echo 笔，便于研究者观测其笔记的动态特征、比对实验组的结果。

（一）动态笔记效用特征比对

本研究的动态特征关注反映口译技巧的时间差。使用 ELAN 标注回放的源语音频与笔记视频同步的视频文件以及后续的译文音频，对源语开始与笔记开始的时间差（时间差 1）、源语结束与笔记结束的时间差（时间差 2），以及源语结束与译文开始的时间差（时间差 3）三个方面，分别对两组组间组内英译汉、汉译英前后测的均值进行了统计与比对，计量单位为秒，结果见表 6-3。

表 6-3　　　　　　　　时间差组间组内统计与比对结果

时间差	交传方向	前测		后测		控制组		实验组	
		控制组	实验组	控制组	实验组	前测	后测	前测	后测
时间差 1	英译汉	4	4.9	2.8	2.9	4	2.8	4.9	2.9
	差异（Sig. 值）	0.06		0.64		0.11		0*	
	汉译英	1.7	1.5	2.3	1.7	1.7	2.3	1.5	1.7
	差异（Sig. 值）	0.52		0.65		0.76		0.29	
时间差 2	英译汉	2.8	2.8	4.1	2.5	2.8	4.1	2.8	2.5
	差异（Sig. 值）	1		0.34		0.39		0.29	
	汉译英	7.8	5	6.6	3.7	7.8	6.6	5	3.7
	差异（Sig. 值）	0.29		0.34		0.13		0.04*	
时间差 3	英译汉	6.4	7.2	8.5	5.8	6.4	8.5	7.2	5.8
	差异（Sig. 值）	0.06		0.01**		0.01**		0.64	
	汉译英	11.5	7.9	11.3	4.1	11.5	11.3	7.9	4.1
	差异（Sig. 值）	0.19		0.04*		0.8		0*	

注：*表示差异显著，$p \leq 0.05$；**表示差异非常显著，$p \leq 0.01$。

前测时间差的组间对比结果显示：不论汉译英还是英译汉，控制组与实验组的各项时间差差异未达到显著性水平（$p > 0.05$），两组水平相当，符合试验要求。

对于口译时间差 1，当母语为汉语时英译汉稍短、汉译英稍长较好；时间差 2 和时间差 3 要求译员的 EVS 尽可能短。（王炎强，2018）表 6-3 显示，对于时间差 1，相较前测，后测两组英译汉均缩短（4 > 2.8 和

4.9>2.9），汉译英增长（1.7<2.3 和 1.5<1.7），说明两种训练方式都有促进作用。对于时间差 2 和时间差 3，相较前测，后测中控制组汉译英时间差均缩短（7.8>6.6 和 11.5>11.3），英译汉均增长（2.8<4.1 和 6.4<8.5），而实验组全部缩短（英译汉 2.8>2.5 和 7.2>5.8；汉译英 5>3.7 和 7.9>4.1），证实了智能笔辅助的优化效用。后测组间对比结果显示，实验组时间差的增减趋势完全符合该技能的要求且全部优于控制组，其中时间差 3 的英译汉差异非常显著（$p=0.01$，$p\leqslant0.01$）、汉译英差异显著（$p=0.04$，$p<0.05$），证明了 Echo 笔辅助有利于优化笔记时间差技能，无论交传方向在缩短听译时间差方面作用显著。

为交叉验证基于云端的智能笔辅助在提高口译技巧方面的作用，试验还对两组各自的前后测进行组内对比，结果显示相较前测，控制组英译汉的时间差 2 和时间差 3 都增加，与技能要求相左，且英译汉时间差 3 增幅非常显著（$p=0.01$，$p\leqslant0.01$），与技能要求差异非常显著；实验组时间差的增减趋势完全符合技能要求，且英译汉的时间差 1 和汉译英的时间差 3 优化非常显著（$p=0$，$p\leqslant0.01$），汉译英的时间差 2 优化显著（$p=0.04$，$p<0.05$）。证明了智能笔辅助有利于优化笔记时间差技能，在缩短英译汉听记启动和汉译英听译时间差方面作用非常显著、汉译英听记结束时间差方面作用显著。即时反省的结果辅证了智能笔的回放功能对于优化信息加工和提高时间差技能的重要作用。

（二）静态笔记效用特征比对

本研究探讨的静态特征为可优化信息存储完整与准确的符码类型，分为完整字词、缩略语和符号三种：完整字词指完整的汉字和英文，如"问题""problem（s）"；缩略语指英语单词缩略成一/几个字母和汉语词语缩写成某个汉字，如"problem（s）"缩略成"prob./prblm""ladies and gentlemen"缩略成"L&G""问题"缩略成"问""女士们先生们"缩略成"女 & 先"；符号包括标点符号和其他图形，如"："表示陈述的内容，"心形图案"表示喜欢、满意等（Chen Sijia, 2017）。按照上述标准，将笔记录像转存为 .eaf 文件导入 Elan 进行符码类型的标注与数量统计。按照交传方向统计前后测两组笔记符码类型占比均值（%），比对组间组内前后测差异，结果见表 6-4。

表 6-4　　　　　　　　符码类型组间组内统计与比对结果

符码类型	交传方向	前测		后测		控制组		实验组	
		控制组	实验组	控制组	实验组	前测	后测	前测	后测
完整字词	英译汉	52.7	50.4	37.9	40.5	52.7	37.9	50.4	40.5
	差异（Sig. 值）	0.06		0.41		0.03 *		0.75	
	汉译英	64.8	46.9	41.7	36.3	64.8	41.9	46.9	36.3
	差异（Sig. 值）	0.35		0.99		0 **		0.58	
缩略语	英译汉	32.2	31.8	51.7	31.5	32.2	51.7	31.8	31.5
	差异（Sig. 值）	0.48		0.02 *		0.02 *		0.69	
	汉译英	25.3	42.2	54.1	43	25.3	54.1	42.2	43
	差异（Sig. 值）	0.29		0.28		0.01 **		0.72	
符号	英译汉	15.1	17.8	10.4	28	15.1	10.4	17.8	28
	差异（Sig. 值）	0.09		0.02 *		0.05 *		0.01 **	
	汉译英	9.9	10.9	4.2	20.7	9.9	4.2	10.9	20.7
	差异（Sig. 值）	0.54		0 **		0.25		0.05 *	

注：* 表示差异显著，$p \leq 0.05$；** 表示差异非常显著，$p \leq 0.01$。

由表 6-4 可见：前测中，不分交传方向，两组的符码类型使用占比由高到低全部都是完整字词、缩略语和符号，且差异均未达到显著水平，即两组水平基本相当，符合试验要求。

为验证基于云端的智能笔辅助在优化笔记符码选择方面的作用，试验对后测进行了组间比对：不论交传方向，实验组的符号使用显著多于控制组（$p = 0.02/0$，$p < 0.05$），这与前人关于符号这种笔记形式与成绩呈显著正相关的研究结果相一致（戴炜栋，2007；刘建军，2010）。实验组英译汉的缩略语显著少于控制组（$p = 0.02$，$p < 0.05$），根据即时反省，控制组因时间不足和理解困难等导致过多低效笔记，大多数缩略语在表达环节无法提供有效信息。证明了智能笔辅助有利于优化符码类型选择、改善信息存储的质和量。

为交叉验证基于云端的智能笔辅助在优化笔记符码选择方面的作用，试验还对两组各自的前后测进行组内对比：不分交传方向，控制组后测符码类型使用比例由高到低全部都是缩略语、完整字词和符号，且较前测完整字词显著较少（$p = 0.03/0$，$p < 0.05$）、缩略语显著增加（$p = 0.01/0.02$，$p < 0.05$），而实验组没有类似的规律，这与前人关于缩略语使用倾向的结果不一致相吻合（Lung，2003；Dam，2007；王文宇，2010）。实验组符号较前测有显著增加（$p = 0.01/0.05$，$p \leq 0.05$），而控制组符号使用减少且英译汉显著减少（$p = 0.05$，$p \leq 0.05$），再次证明智能笔辅助可显著增加符号的使用。即时反省的结果辅证了使用符号可节约精力、优化笔记信息数量和质量，提高译文流畅性、信息完整和准确性。

（三）技术辅助笔记特征与交传成绩

技术辅助笔记特征与交传成绩的关系从符码数量、符码类型和时间差三个方面，依据实验组后测的双向交传数据展开。

1. 符码数量与成绩

按照后测成绩由高到低排序，将实验组被试分为高、中、低三组，每组两人，其后测符码数量统计如表6-5所示：不论交传方向，低分组的符码均值均最多。

表6-5　　　　　　　　　实验组后测符码数量统计

成绩分组 口译方向	高分组		中等组		低分组	
	被试1	被试2	被试3	被试4	被试5	被试6
汉译英符码/分钟	25.5	24.2	27.7	18.5	49.3	57.5
汉译英均值	24.85		23.1		53.4	
英译汉符码/分钟	23.9	19.7	30.5	18	22.1	29.8
英译汉均值	21.8		24.25		25.95	

汉译英交传中符码数量的影响显著（表6-6），$F(2, 3) = 22.612$，$p < 0.05$（$p = 0.016$）。

表 6-6　　　　　　　　汉译英交传被试间效应检验

因变量：VAR000031157.503[a]

数据源	Ⅲ型平方和	自由度	方差	F 值	Sig. 值
校正模型	1157.503[a]	2	578.752	22.612	0.016
截距	6847.882	1	6847.882	267.548	0
变量00001	1157.503	2	578.752	22.612	0.016
误差	76.785	3	25.595		
合计	8082.17	6			
校正合计	1234.288	5			

a. $R^2 = 0.938$（调整 $R^2 = 0.896$）

表 6-7 所示的 Tukey-HSD 事后检验表明，同低分组（3）相比，高分组和中等组（1 和 2）的符码都少，且差异显著（$p < 0.05$），前者 $p = 0.022$，后者 $p = 0.019$。高分组和中等组符码均值有差异，但是不显著（$p > 0.05$，$p = 0.938$）。也就是说，汉译英的笔记符码过多将导致成绩走低。

表 6-7　　　　　　　汉译英交传 Tukey-HSD 事后检验

(I) 变量00001	(J) 变量00001	平均差 (I-J)	标准误	Sig. 值	95% 置信区间	
					下界	上界
1	2	1.75	5.05915	0.938	-19.3908	22.8908
	3	-28.55*	5.05915	0.022	-49.6908	-7.4092
2	1	-1.75	5.05915	0.938	-22.8908	19.3908
	3	-30.3*	5.05915	0.019	-51.4408	-9.1592
3	1	28.55*	5.05915	0.022	7.4092	49.6908
	2	30.3*	5.05915	0.019	9.1592	51.4408

表6-8　　　　　　　　英译汉交传被试间效应检验

因变量：VAR00003[a]

数据源	Ⅲ型平方和	自由度	方差	F 值	Sig. 值
校正模型	17.41[a]	2	8.705	0.224	0.812
截距	3456	1	3456	88.927	0.003
变量00001	17.41	2	8.705	0.224	0.812
误差	116.59	3	38.863		
合计	359	6			
校正合计	134	5			

a. $R^2 = 0.130$（调整 $R^2 = -0.450$）

表6-8显示，英译汉交传中符码数量的影响不显著，$F(2, 3) = 0.224$，$p > 0.05$（$p = 0.812$）。

表6-9　　　　　　　英译汉交传 Tukey – HSD 事后检验

(I) 变量00001	(J) 变量00001	平均差 (I-J)	标准误	Sig. 值	95% 置信区间	
					下界	上界
1	2	-2.45	6.23405	0.921	-28.5003	23.6003
	3	-4.15	6.23405	0.798	-30.2003	21.9003
2	1	2.45	6.23405	0.921	-23.6003	28.5003
	3	-1.7	6.23405	0.96	-27.7503	24.3503
3	1	4.15	6.23405	0.798	-21.9003	30.2003
	2	1.7	6.23405	0.96	-24.3503	27.7503

表6-9表明，高分组和中等组（1和2）差异不显著（$p > 0.05$，$p = 0.921$）；中等组和低分组（2和3）差异不显著（$p > 0.05$，$p = 0.96$）；高分组和低分组（1和3）差异不显著（$p > 0.05$，$p = 0.798$）。结合表6-6，似乎可以推断，英译汉笔记的符码越多，成绩越低。

表6-10　　汉译英符码数量与成绩的皮尔逊相关系数

		变量00001	变量00002
变量00001	皮尔逊相关系数（r）	1	-0.753
	Sig.（2-tailed）值		0.084
	样本离差阵	1234.288	-503.3
	样本协差阵	246.858	-100.66
	N值	6	6
变量00002	皮尔逊相关系数（r）	-0.753	1
	Sig.（2-tailed）值	0.084	
	样本离差阵	-503.3	362
	样本协差阵	-100.66	72.4
	N值	6	6

表6-11　　英译汉符码数量与成绩的皮尔逊相关系数

		变量00001	变量00002
变量00001	皮尔逊相关系数（r）	1	-0.253
	Sig.（2-tailed）值		0.629
	样本离差阵	134	-49.2
	样本协差阵	26.8	-9.84
	N值	6	6
变量00002	皮尔逊相关系数（r）	-0.253	1
	Sig.（2-tailed）值	0.629	
	样本离差阵	-49.2	282.833
	样本协差阵	-9.84	56.567
	N值	6	6

试验组后测，汉译英和英译汉符码数量与成绩的皮尔逊相关系数分别是 $r = -0.753$、$r = -0.253$（表6-10、表6-11），证明符码数量与交传成绩负相关，即数量越大成绩越低；汉译英中度相关，英译汉低度相关，说明被试笔记数量存在冗余现象，效度不高。这一结果与访谈相吻合，被试表示因为担心遗漏，笔记会尽量多地不加筛选记录听到的信息。

2. 符码类型与成绩

试验组后测符码类型与成绩相关的皮尔逊系数统计见表6-12。

表6-12　　　　　符码类型与成绩相关皮尔逊系数

笔记特征 相关度	完整字词		缩略语		符号	
	汉译英	英译汉	汉译英	英译汉	汉译英	英译汉
高度相关（|r|≥0.8）						
中度相关（0.5≤|r|≤0.8）		r=-0.767		r=0.778		
低度相关（0.3≤|r|≤0.5）	r=-0.379				r=0.426	
基本不相关（0≤|r|≤0.3）			r=0.218			r=0.06

由表6-12可见，完整字词与交传成绩呈负相关，即数量越大成绩越低；汉译英低度相关，英译汉中度相关；缩略语和符号与交传成绩呈正相关，即数量越大成绩越高；汉译英缩略语和符号分别基本不相关和低度相关，英译汉缩略语和符号分别中度相关和基本不相关。这也从另一侧面说明：符码类型的使用与成绩并不高度相关；缩略语和符号的使用效度有待提高，多居基本不相关和低度相关。

3. 时间差与成绩

试验组后测各种时间差与成绩相关的皮尔逊系数统计见表6-13。

表6-13　　　　　时间差与成绩相关皮尔逊系数

笔记特征 相关度	时间差1		时间差2		时间差3	
	汉译英	英译汉	汉译英	英译汉	汉译英	英译汉
高度相关（|r|≥0.8）						
中度相关（0.5≤|r|≤0.8）			r=0.641		r=0.776	
低度相关（0.3≤|r|≤0.5）	r=0.36					r=-0.409
基本不相关（0≤|r|≤0.3）		r=0.129		r=-0.16		

表6-13显示，汉译英的时间差与成绩均呈正相关，且时间差2和时间差3中度相关，即时间差越大成绩越好。访谈表明，母语听解效果相

对更好，记忆更持久有效，记忆信息越多，需要结束笔记的时间越久，开始口译的时间顺延越长。英译汉的时间差的三分之二与成绩基本不相关，三分之一低度相关是为负相关，说明英译汉笔记效度较低，尚无有效规律可循，与成绩相关性较差。

第四节 启示

云端翻转课堂模式下的技术辅助交传笔记在口译教学上有其独特优势。首先，云盘分门别类存储教学资源和学生电子档案袋，便于4A式管理、编辑、发布和共享资源，助力一生一空间，生生有特色的信息化管理，结合翻转课堂拓展教学时空，搭建媒体+学习者+助学者"三位一体"虚拟网络学习共同体平台。其次，动态笔记更形象地展示笔记文本产生的过程，学生在观摩职业译员的笔记记录过程的视频时更容易产生代入感，从职业译员的角度评判和思考笔记。再次，实时记录和重现笔记书写过程为课堂即时形成性评估（杨华、文秋芳，2013）提供了更为鲜活和宝贵的评估依据，使教师和充当评估者的学生能更全面地考量被评估者对笔记技能的掌握程度。最后，数字化的笔记也更利于培养学生的自主学习能力和合作学习能力。学生可借助ELAN等工具对本人或他人的笔记进行标注，利用SPSS统计分析数据，对笔记的效率和效果进行自我/同伴评估和反思，互相取长补短。

第五节 结语

笔记，作为帮助译员记忆的工具，扮演了非常重要的角色。为探究高效笔记教学模式，本研究以云盘为存储和互动平台，采用智能笔、问卷和即时反省的交叉互证法进行探究，研究结果表明，相较传统笔纸训练方式，智能笔辅助交传笔记更能主观上降低笔记难度、客观上优化职业素质和提高交传成绩。其效果主要体现在通过有效推进笔记竖向记录和逐行缩进、减少笔记符码数量、增加符号使用的比例、缩短笔记和听译时间差优化交传过程中时间和精力在听解、记忆、读取笔记和译文产出等环节的分配，提高协调绩效产出更优译文。其效用主要体现在通过提高信息加工效率，优化听记启动、结束和听译时间差，提升译文启动速度；通过优化笔记符码类型，改善信息存储的质和量，实现译文更流畅、信息更准确更完整。实验组后测结果证明：汉译英的成绩与时间差多见中度正相关、与符码数量中度负相关；英译汉的成绩与时间差多见基本不相关、与符码数量多属低度负相关；成绩与符码类型的相关表现为与完整字词负相关，缩略语和符号正相关，中度和基本不相关各半，未见高度相关。

虽然智能笔辅助交传笔记模式的优势已然显现，但是根据本研究所收集的数据与分析结果得出严格意义上的结论尚为时过早。未来可考虑延长试验周期、收集更多学生和专业译员笔记，创建笔记语料库大样本的大数据平台，纵横比对，推助甄别高效笔记训练模型，为后续教学和24/7 的 4A 泛在自主学习提供针对性更强的反拨与导航，提高笔记教学绩效。

第 七 章

英汉带稿传译认知的眼动研究

英汉分支结构差异是为同声传译一大难点。为探讨英汉带稿右分支结构传译的认知特征，以 MI 一年级生为被试，采用青研 EyeControl 遥测式眼动仪收集定量数据、有声思维和即时访谈收集定性信息，通过青研 EyeControl 眼动分析软件 V 2.0 和 SPSS 20.0 统计分析数据。定量结果表明：总体倾向调序，随着长度越长、结构越复杂，认知加工深度更深、努力更大，调序面临困难越大，调序比例越低。认知努力越大加工深度越深，成绩越高，其中加工深度起显著性作用。调序比例与成绩呈极强负相关，与进入次数呈极强正相关。定性研究表明传译困难主要来自处理能力需求增加导致的问题和记忆与协调认知负荷过饱和。

此外，英汉复杂句式句法差异也是同声传译的难点之一，为探讨英汉带稿复杂句传译的认知特征，以 MI 一年级生为被试，采用青研 EyeControl 遥测式眼动仪收集定量数据、有声思维和即时访谈收集定性信息，通过青研 EyeControl 眼动分析软件 V 2.0 和 SPSS 20.0 统计分析数据。结果表明：眼跳多发生在短词；多次注视集中于动词、名词、数字和专有名词；关系连词所需的认知努力从多到少分别是表示转折关系、并列关系和承接关系的关系连词；句式越复杂，注视时间越长、区内注视时间最大值越大、注视点个数比率越高、回视比率也越高。

第一节 英汉带稿右分支结构
传译认知的眼动研究

一 引言

近年来，眼动技术的成熟为翻译研究提供了全新途径，其较高的生态效度和时间分辨率确保研究者可以在翻译过程不受外界干扰的情况下忠实记录译者的眼动行为，反映译者的认知负荷（Gile, 2015；Seeber, 2015）。该技术能将翻译中隐性的认知活动转化为可供观察和测量的数据（Pavlovic & Jensen, 2009），亦可最大限度减少被试在认知活动中所受的干扰。这种非侵入性的实时记录手段非常有助于翻译中认知负荷的研究（Gile, 2008）。早期口译研究（Tommola, J. & P. Niemi, 1986；Hyönä, J. et al, 1995）以瞳孔直径的变化来衡量译者的认知负荷，近年转向复杂句和简单句（Shreve, Lacruz & Angelone, 2010；Chmiel & Mazur, 2013）以及视译的研究（Jakobsen & Jensen, 2008；Lee, 2012；马星城, 2017）。国内研究归纳了眼动法在翻译研究过程中涉及的主要内容和相关眼动指标（刘艳梅, 2013），介绍了眼动技术的缘起及其在翻译协同过程中的应用（冯佳、王克非, 2016）。但目前还鲜有将眼动技术和同声传译相结合的实证研究。

语言是一套有层级结构的符号系统，英语的句法层面呈现出典型的右分支偏向（韩百敬, 2012），右分支指的是修饰、限制成分出现在中心词/句的右边。英汉两种语言都有左、右分支结构，主要体现在定语和状语，但是汉语习惯使用左分支，少见定语从句（连淑能, 1993：9），这种差异性造成了同声传译中的一大难点。当母语为一种分支优势的学生学习另一种分支优势的语言时，母语将起干扰作用。前人研究（Jacquelyn Schachter, 1996）表明，由于母语干扰，母语左分支占优势的中国学生在掌握右分支结构方面存在困难，而且定语从句越出现在层级的右边就越难掌握。苏珊、杰奎琳（2006：65）认为，母语的语言习惯会对译员的翻译产生巨大干扰，表现在汉英交替传译当中，左右分支差异成为中国译员的一大障碍。塔拉洛和米希尔（Tarallo & Myhill）（1983）认为，定语从句的难度可以通过中心词和空范畴之间的直线距离来预测，即被限制的中心词和空范畴之间的直线距离越大，从句越难加工。因为在理解过程中，被限制的中心词将存储在短时记忆中，直到所指确定。

据此本研究将右分支结构进行了难度分类，基于被试英汉带稿同传的成绩，结合眼动特征进行定量分析，有声思维回顾和即时回溯访谈进行定性分析和原因归位，为优化右分支结构带稿同传绩效提供理据参考。

二 理论依据

贾斯特和卡彭特（Just & Carpenter）（1980）首次提出眼脑一致假说，认为只要读者在大脑中对所读内容进行加工，那么眼睛就会注视正在加工的内容，即所看＝所想。眼脑一致假说将眼动行为和认知加工联系起来，是为眼动技术与翻译过程研究结合的理论基石。

吉尔（1995：172）提出的问题诱因用于解释同传中经常出现的问题。该理论主要包括处理能力需求增加导致的问题和信号脆弱性。导致前者的因素之一即是源语和目的语句法结构差异大，需要花费更多精力进行处理。依据该理论诊断传译中问题出现的原因。

根据吉尔的同传认知负荷模型，同传过程精力负荷包括听解、记忆、译语产出和协调。处理源译语句法结构差异的过程中会出现某一和/或几甚至全部过程的精力饱和，导致所需精力超过可用精力，出现传译问题。依据该理论核定认知负荷过饱和的阶段。

三 研究设计

（一）研究问题

1. 反映带稿同传右分支结构传译认知的眼动指标有哪些？呈现的认知特点及其出现的原因是什么？

2. 右分支结构调序传译与上述眼动指标以及成绩的关系如何？

（二）研究对象

被试来自985院校MI一年级五位学生，经过一学年系列口译训练，已经通过带稿同传学期考试。平时每周口译自主练习两小时以上，通过各种英语水平测试（TEM8、CATTI中级交传、上海中级口译等）。

（三）实验材料

材料取自欧盟口译司口译语料库，中级难度，不涉及专有名词或术语等百科困难。679字，时长5分12秒，每分钟约131词，均句长19.9，均词长4.8，易读指数54.9，属大多数标准文档难度，约等同于《时代》杂志。

（四）实验设计

根据塔拉洛和米希尔（Tarallo and Myhill）（1983）右分支结构的难度可以通过中心词（head）和空范畴（empty category）之间的直线距离（linear distance）来预测，即被限制的中心词和空范畴之间的直线距离越大，从句越难加工。材料中的右分支结构大致分为两类：右分支定语从句（右分支3）和右分支短语，后者可细分为小于等于3个词（前期文献研究说明不构成认知负担）（右分支1）和大于等于4个词（右分支2）两类。兴趣区（AOI）的划分依据是包含至少一个右分支结构；嵌套式右分支结构，计入较复杂结构的AOI。通过统计分析AOI内眼动指标探讨右分支结构带稿同传的认知特点及其与成绩的相关性。

（五）实验仪器

实验采用青研EyeControl遥测式R2-60眼动仪记录被试眼动轨迹，采样频率为60Hz。实验材料在23英寸LCD显示器上呈现，屏幕分辨率为1920×1080像素。被试眼睛与屏幕之间的距离50—80厘米。实验材料采用Times New Roman字体，小四加粗，双倍行距，白底黑字呈现，每一屏幕呈现一张文稿截图，共11张。

（六）实验程序

按照眼动仪使用的光线要求布置试验室。每个被试单独进行测试：进入试验室，落座位置距离眼动仪约60厘米，调节座椅高度进行眼睛校准，通过的被试方可进入试验环节，最终取样五位被试。试验人员发放给被试阅读材料（有关测试内容的简短介绍），通读之后收回。介绍设备操作步骤和意外情况处理方式，通知被试为确保试验结果精度，在试验进行的过程中，头部尽量不要移动，确保被试对试验程序理解正确。正式试验开始之前，为熟悉试验的要求和过程，被试自主进行模拟练习，练习内容与测试无关，练习结果没有保存。待被试结束练习之后，开始正式试验，正式试验主要包含四个步骤：第一步是试听，测试材料最开始的 1 分钟左右作为热身，不进行任何记录，被试可以选择边听边译或者静听熟悉节奏和发音。第二步是带稿同传，眼动仪记录眼动轨迹，原译文进行双轨录音，这一过程约 5 分钟。第三步是被试边回听译文边回看眼动轨迹，同时进行有声思维汇报。第四部分是即时回溯访谈，第三部分过程中和结束后，研究人员针对视听输入信息的处理模式及有声思维汇报未尽之处，就跟右分支结构成为难点的原因、在认知负荷模型之中的位置以及处理策略相关的其他问题进行访谈。第三、第四部分延续时长因有声思维汇报长短不等而不等，大约 10—20 分钟。每位被试的整个试验大约持续 20—30 分钟。

四 数据解析

试验过程中，两位被试因设备操作问题导致数据完整性和准确性打折，故而删除相关样本，最终取样三位被试，详情如下。

（一）AOI 内注视点平均时间

霍尔姆奎斯特（Holmqvist）等（2011：39）认为注视时长反映了认知加工的深度，即注视时长越长加工深度越深。AOI 内注视点平均时间大于所有注视点平均持续时间说明 AOI 内任务加工深度大于全部刺激材料的平均加工深度，即 AOI 任务所需认知努力更多。AOI 内注视点平均时间大于所有注视点平均持续时间（大注）的兴趣区个数和占比的统计分析见表 7-1。

表 7-1　　　　　　AOI 内注视点平均时间大于
所有注视点平均持续时间的统计分析

被试参数		被试 1	被试 2	被试 3
成绩（分）		85	76	62
分数差异 Sig. 值		0.001**		
右分支结构 1	百分比（%）	50	0	0
	差异 Sig. 值	0.003**		
	百分比均值（%）	16.67		

续表

被试参数		被试1	被试2	被试3
右分支结构2	百分比（%）	37.5	18.75	37.5
	差异 Sig. 值	0**		
	百分比均值（%）	31.25		
右分支结构3	百分比（%）	75	37.5	37.5
	差异 Sig. 值	0**		
	百分比均值（%）	50		
每位被试百分比差异 Sig. 值		0**	0**	0**
百分比合计（%）		50	23.08	34.62
百分比合计差异 Sig. 值		0**		
百分比合计与成绩相关系数（r）		0.463		

注：** 表示差异非常显著，$p \leqslant 0.01$。

首先，被试间成绩差异非常显著（$p = 0.001$，$p < 0.01$）。参照安德鲁·杜蕴德（Andrew Dawrant）同传评分标准（准确30%、连贯25%、技巧15%、词汇10%、发音10%、语法10%）为全部 AOI 译文打分，因本研究是英译汉，前三个指标最为重要，后三个与研究相关性不大，将其分值转移至前三个指标，分配比例遵循前三个指标在总分中所占权重。各指标以百分制打分，按权重调整，相加得出总分。

其次，横向来看，成绩最高的被试一（Subject 1），其单个右分支和合计的占比均为最大，成绩最低的被试三（Subject 3）其次，成绩中等的被试二（Subject 2）最小。差异全部非常显著（$p = 0/0.003$，$p < 0.01$）。访谈表明：成绩最高的被试一采用先听音频，核对文本，以文本为笔记进行传译，更多的精力用于读取文本，加工深度最深，成绩最好。成绩中等的被试二偏向听译，象征性看文本，其视觉加工虽浅，但所余精力转至产出，成绩中等。成绩最低的被试三认为材料语言内容较难，视听信息输入协调更加困难，信息处理能力需求陡然增加，即使花费较多精力关注文本，加工深度较深，也难以较好协调传译过程各阶段的精力分配，传译效果最差。

再次，纵向看来，总体来说，从右分支1—3（Right - branched Structure 1—3），AOI 内注视点平均时间大于所有注视点平均持续时间的占比均值逐渐增加（16.67% < 31.25% < 50%），且差异非常显著（p = 0，p < 0.01）。说明随着右分支结构变长、变复杂，所需认知加工深度更深努力更大。具体来说，成绩最高被试一右分支 1 的一例 AOI 内注视点平均时间大于所有注视点平均持续时间是因为译文进行了一次修改。除去修改部分的注视轨迹，这一 AOI 的平均时间小于所有注视点平均持续时间。据此，从右分支 1—3，每位被试的 AOI 内注视点平均时间大于所有注视点平均持续时间的占比均值逐渐增加，且差异非常显著（p = 0，p < 0.01），与上文的总体情况相吻合。

最后，相关方面，AOI 内注视点平均时间大于所有注视点平均持续时间的占比总量与成绩的相关分析表明二者中度正相关（0.5 < |r| < 0.8，r = 0.463）。由此可以推断，若文本语言无障碍，AOI 内注视点平均时间大于所有注视点平均持续时间的数量越多，认知努力越大，传译成绩越好。

（二）AOI 注视点个数和时长

被试全部 AOI 注视点个数及全部 AOI 注视点时长（以秒计）的统计分析见表 7 - 2，鉴于被试关注的 AOI 个数不等，为确保比对精度，同时计取全部 AOI 注视点平均持续时间（以秒计）。

表 7 – 2   AOI 注视点个数和时长的统计分析

被试参数	被试 1	被试 2	被试 3
成绩（分）	85	76	62
所有兴趣区注视点个数	470	379	469
所有兴趣区注视点个数差异 Sig. 值	0**		
所有兴趣区注视点时长（秒）	123	99	122
所有兴趣区注视点时长差异 Sig. 值	0**		
所有兴趣区注视点时长均值（秒）	0.262	0.261	0.26
所有兴趣区注视点时长均值差异 Sig. 值	0.465		
所有兴趣区注视点时长均值与成绩的相关系数（r）	0.992		

注：** 表示差异非常显著，$p \leqslant 0.01$。

由表可见：第一，全部 AOI 注视点个数和时长的绝对值方面：成绩最高的被试一位居首位，其次是成绩最低的被试三，成绩中等的被试二居中，三者差异非常显著（p = 0，p < 0.01）。来自眼动研究的成果（Holmqvist 等，2011）表明，注视次数和注视时长反映了认知加工的难度和深度。一般认为，阅读加工中注视次数越多加工难度越大，注视时长越长加工深度越深，二者与被试的认知努力程度成正比。结合访谈，成绩最高的被试一先听音频，核对文本，以文本为笔记进行传译，付出了最大认知努力进行最深认知加工，成绩最高。成绩中等的被试二偏向听译，因带稿同传而象征性看文本，相较成绩最高的被试一，其认知努力较小，成绩中等。成绩最低的被试三认为材料较难，虽较多关注文本，依然难以平衡视听输入，任务所需精力较大超出其认知努力和加工深度所及。第二，全部 AOI 注视点平均持续时间随着成绩由高到低逐渐缩短，虽差异不显著（p = 0.465，p > 0.05），但二者高度正相关，|r| > 0.8，r = 0.992。由此，所有 AOI 注视点平均持续时间越长，认知加工深度越深，传译成绩越高。

（三）AOI 遗漏与翻译

实验设置右分支 AOI 二十六处：右分支 1AOI 两处，右分支 2AOI 十六处，右分支 3AOI 八处。根据评分标准将译文信息缺失、不完整、不准确的 AOI 进行统计，并分析与成绩的相关关系（表 7 – 3）。

表 7 – 3　　　　　　　　　AOI 遗漏与翻译的统计分析

被试参数		被试 1	被试 2	被试 3
成绩（分）		85	76	62
没有注视的兴趣区个数	右分支结构 1	0	0	0
	右分支结构 2	2	3	4
	右分支结构 3	1	4	4
	合计	3	7	8
	差异 Sig. 值	0.074		

续表

被试参数		被试1	被试2	被试3
有注视没有传译的兴趣区个数	右分支结构1	0	0	0
	右分支结构2	0	1	3
	右分支结构3	2	2	1
	合计	2	3	4
	差异 Sig. 值	0.465		
错译/漏译的兴趣区个数	右分支结构1	0	0	0
	右分支结构2	0	2	2
	右分支结构3	2	1	2
	合计	2	3	4
	差异 Sig. 值	0.465		
没有适切传译的兴趣区总数		7	13	16
没有适切传译的兴趣区总量差异 Sig. 值		0.017*		
没有适切传译的兴趣区总量与成绩的相关系数（r）		-0.951		

注：* 表示差异显著，$p \leqslant 0.05$。

表7-3表明，首先，随着成绩由高到低，没有眼动轨迹、有眼动没翻译、翻译错误/信息不全的 AOI 数量越来越多（3＜7＜8、2＜3＜4、2＜3＜4），被试间差异不显著（$p = 0.074$，$p = 0.465$，$p = 0.465$，$p > 0.05$）；没有正确译文 AOI 合计数量也越来越多（7＜13＜16），被试间差异显著（$p = 0.017$，$p < 0.05$），且与成绩高度负相关，$|r| > = 0.8$，$r = -0.951$。其次，不同分支分布情况说明右分支1没有任何遗漏或翻译问题，不构成认识负担。访谈表明，AOI 遗漏的问题诱因是信息脆弱性，或没有足够的精力平衡视听而丢失，后者居多，被试知道译文落后原文较多，眼跳搜索下文音频对应的内容。有眼动没翻译 AOI 是搜寻音频时匆匆看过，或看完没有足够时间和精力产出译文，为跟上下文信息放弃传译。翻译错误/信息不全 AOI 的原因较复杂，主要是所需精力总和超过可利用精力总和，认知努力难以达到正确传译要求，在视听信息听解不完整/准确的情况下，根据上下文和/或百科知识补充或者放弃部分信息。值得注意的是，在两个 AOI 包含嵌套右分支结构中，全部被试都翻译错

误/信息不全，访谈表明，记忆精力饱和是主要原因。

（四）AOI 译文调序与进入次数

AOI 译文调序占比、AOI 注视点平均时间大于所有注视点平均持续时间（大注）占比以及 AOI 进入次数的统计与分析见表 7-4。

表 7-4　　　AOI 调序、大注占比和进入次数的统计分析

被试参数	被试 1			被试 2			被试 3		
性别	女			男			男		
成绩（分）	85			76			62		
兴趣区索引	调序次数	大注次数	进入次数	调序次数	大注次数	进入次数	调序次数	大注次数	进入次数
右分支结构 1	100	50	3	100	0	5	100	0	5
调序次数均值	100								
大注次数均值	16.67								
进入次数均值	4.3								
右分支结构 2	72.73	37.5	3	100	18.75	5	100	37.5	4
调序次数均值	90.91								
大注次数均值	31.25								
进入次数均值	4								
右分支结构 3	60	75	5	50	37.5	3	33.33	37.5	3
调序次数均值	47.78								
大注次数均值	50								
进入次数均值	3.67								
索引差异 Sig. 值	0**	0**	0.001**	0**	0**	0.003**	0**	0**	0.002**
总均值	77.58	50	3.3	83.33	23.08	4.3	77.78	34.62	4
被试间调序次数差异 Sig. 值	0.965								
被试间大注次数差异 Sig. 值	0**								
被试间进入次数差异 Sig. 值	0.743								
调序次数与成绩的相关系数（r）	-1								
大注次数与成绩的相关系数（r）	1								
进入次数与成绩的相关系数（r）	-0.311								
调序次数与大注次数的相关系数（r）	0.167								
调序次数与进入次数的相关系数（r）	0.917								
调序次数和大注次数和成绩的相关系数（r）	0.667			-0.327			0.184		
调序次数和进入次数和成绩的相关系数（r）	0.745			0.974			0.731		

注：** 表示差异非常显著，$p \leq 0.01$。

第一，总体看来，从右分支 1—3 调序占比均值越来越低（100 > 90.91 > 47.78），差异不显著（p = 0.965，p > 0.05）；AOI 内注视点平均时间大于所有注视点平均持续时间占比越来越高（16.67 < 31.25 < 50），差异非常显著（p = 0，p < 0.01）；AOI 均进入次数越来越少（4.3 < 4 < 3.67），差异不显著（p = 0.743，p > 0.05）。即随着右分支结构长度越长、结构越复杂，被试译文调序面临困难越大、调序比例越低，同时进行的认知加工也越深。其中，右分支 1 因长度最短结构最简，被试通过最深加工和最多进入次数，即最大认知投入实现全部调序翻译。一言以蔽之，处理右分支结构传译时，被试总体倾向通过多次进入增加认知努力进行译文调序，其间认知加工深度越深，即 AOI 内注视点平均时间大于所有注视点平均持续时间占比越大，成绩越高，其中起显著性差异作用的因素是认知加工深度。

访谈表明，针对右分支结构，虽然学习过拆译和顺句驱动等传译技能也进行过相关训练，但是在传译过程中，为了建立更好的意义关联和减少花园路径效应，被试基本选择"等等看"，等到后置结构和先行词基本可以构成被试心目中最优语义关联，才开始传译。这种记忆精力负荷造成记忆精力饱和，为此，随着右分支更复杂需要付出更多认知努力和加深加工深度，即 AOI 内注视点平均时间大于所有注视点平均持续时间比例越来越高，AOI 多次进入。关于进入次数，被试表示右分支 1 最多，另外两种较少是因为相较右分支 2 和分支 3，1 最短，相同的精力支出可多看几次，虽然在右分支 2 和分支 3 中，需要看更多次，但是时间和精力都受限，所以只能减少调序比例或者放弃部分译文信息。

第二，具体来说，从右分支 1—3，每位被试调序比例渐低，AOI 内注视点平均时间大于所有注视点平均持续时间占比渐高，且被试内各项指标随不同右分支类型变化差异非常显著（p = 0/0.001/.002/0.003，p < 0.01）。结合访谈，成绩中等的被试二偏听译，因为带稿同传而象征性看文本，所以，相较其他被试节省更多精力，译文产出调序比例最高，进入次数最多且大注比例最低，更像浏览。其他关注文本的情况是：调序比例越低，进入次数越少但大注比例越高，即专注性更好的被试一成绩更高。

第三，成绩与调序比例是极强负相关，$0.8 \leqslant |r| \leqslant 1$，$r = -1.000$。

成绩与大注比例是极强正相关，$0.8 \leq |r| \leq 1$，$r = 1.000$。成绩与进入次数是弱负相关，$0.2 \leq |r| \leq 0.4$，$r = -0.311$。由此可推断，右分支调序占用精力越少（调序比例低），AOI 内注意力分配越多（大注比例高），译文质量越高。调序与大注的相关性为基本无相关，$0 \leq |r| \leq 0.2$，$r = 0.167$，其中高分被试调序与大注的相关性为强正相关 $0.6 \leq |r| \leq 0.8$，$r = 0.667$，中等成绩被试调序与大注的相关性为弱负相关 $0.2 \leq |r| \leq 0.4$，$r = -0.327$；低分成绩被试调序与大注的相关性为基本无相关 $0 \leq |r| \leq 0.2$，$r = 0.184$。也就是说，随着成绩降低，调序与大注的相关性持续走低，即注视所获得的有助于调序的有效信息越来越少。调序与进入次数的相关性为极强正相关，$0.8 \leq |r| \leq 1$，$r = 0.917$，其中高分被试调序与进入次数的相关性为强正相关 $0.6 \leq |r| \leq 0.8$，$r = 0.745$，中等成绩被试调序与大注的相关性为极强正相关，$0.8 \leq |r| \leq 1$，$r = 0.974$；低分成绩被试调序与大注的相关性为强正相关 $0.6 \leq |r| \leq 0.8$，$r = 0.731$。也就是说不论成绩如何，多次进入 AOI 有助于译文调序。

五 结语

同声传译过程中眼动技术的引入开启了新视角。本研究考察了英汉带稿同传右分支结构传译认知的眼动特征。研究结果表明：第一，汉语左分支优势对英语右分支优势的影响表现在被试总体倾向译文调序，随着右分支结构变长、变复杂，即认知加工所需深度更深、努力更大，调序面临困难增加，调序比例减少。第二，传译过程中注视次数越多和注视时长越长，即认知努力越大加工深度越深，成绩越高，其中加工深度起显著性作用。第三，调序比例与成绩呈极强负相关，即调序比例越大成绩越低；调序比例与进入次数呈极强正相关，即进入次数越多，调序比例越大。访谈表明传译困难主要来自处理能力需求增加导致的问题和记忆与协调过程的认知负荷过饱。

虽然带稿右分支传译的眼动认知特征已然显现，但是根据本研究所收集的数据与分析结果得出严格意义上的结论尚为时过早，未来可考虑收集更多学生和专业译员的相关数据，创建大样本的大数据平台，纵横比对，推助甄别、优化高效带稿右分支传译模型，为后续教学与培训提供针对性较强的反拨与导航，提高习得绩效。

第二节　带稿同传复杂句的个案眼动分析

一　引言

关于英汉复杂句式的分析，本章前文已经介绍过，在此不再赘述，为从其他角度探究复杂句式在带稿同传中的处理机制，本研究选取一位兼职译员作为被试，选取查尔斯王子在应对疟疾国际会议的演讲为语料，从中选取非 SVO 复杂句式进行分析。

二　研究设计

（一）研究问题

带稿同传中各种非 SVO 复杂句式的眼动特征有哪些？

（二）试验被试

研究者本人充当被试，从事多年口译教学和口译实践，裸眼视力正常，右利手。

（三）试验材料

材料取自查尔斯王子在应对疟疾国际会议的演讲，演讲时长 10 分零 6 秒，共计 1193 个单词，约每分钟 119 个单词，语速适中偏快。演讲人发音稍有模糊，主要表现在"ladies and gentlemen"这个语块。重复 2 处、改正 1 处，插入语 3 处，句法错误 1 处。译员处理信息的难度适中。为保持正常语速，对原音频进行降速 90%，参考欧盟考试时长（5 分钟左右）截取 00：05：02，字数 525，105 wpm，共 5 段，16 句，平均每段 3 句，平均句长 32.8 词，平均词长 4.9 个字母，Flesch Reading Ease（弗莱士易读度）30.1，属大学生读物（0—30）。

根据特拉罗和迈希尔（Tarallo and Myhill）（1983）右分支结构的难度可以通过中心词（head）和空范畴（empty category）之间的直线距离（linear distance）来预测。即被限制的中心词和空范畴之间的直线距离越大，从句越难加工。选取了四个复杂句：复杂句一（As a response to this... so tragically and for so long.）、复杂句二（Yet, as you will know... even reverse those successes.)、复杂句三（however, despite the recent hard-won successes... much still remains to be done.)、复杂句四（And in this respect, I would... for the WHO's enduring labours in this area.)。

（四）试验过程

试验采用青研 EyeControl 遥测式 R2—60 眼动仪记录被试眼动轨迹，采样频率为 60Hz。试验材料在 23 英寸 LCD 显示器上呈现，屏幕分辨率为 1920×1080 像素。被试眼睛与屏幕之间的距离 50—80 厘米。试验材料采用 Times New Roman 字体，小四加粗，双倍行距，白底黑字呈现，每一屏幕呈现一张文稿截图。

按照眼动仪使用的光线要求布置试验室。被试进入试验室后坐在距眼动仪 60 厘米左右处，调节座椅高度进行眼睛校准，通过后方可进入试验环节进行取样。被试熟悉设备操作步骤和意外情况处理方式，能够做到尽量保持头部不动，对试验程序理解正确。试验包括四部分：第一部分是试听，测试材料最开始的 1 分钟左右作为热身，不进行任何记录，被试可以选择边听边译或者静听熟悉节奏和发音。第二部分是带稿同传，眼动仪记录眼动轨迹，原译文进行双轨录音，这一过程约 5 分钟。第三部分是被试边回听译文边回看眼动轨迹，同时进行有声思维汇报。整个试验大约持续 20 分钟。

三 结果与分析

（一）译文与注释

译文的评估及详细注释如表 7-5 和表 7-6 所示。

表 7-5　　　　　　　　　　译文评估

译文评估标准		带稿译文	备注
时长		05:07	原文 05:02
字数		974	
启动 EVS		约 1.5 秒	
信息传递	完整	2 处遗漏；后置定语所致占 100%	原因见表 7-6 注释 1
	忠实	2 处错误（数字+插入语）	原因见表 7-6 注释 2

续表

译文评估标准		带稿译文	备注
语言使用	数字	错1处（口误） 共1处	
	专有名词	0	
	语言风格	较翔实；顺驱较多；指示代词9处	这；这一问题/方面/领域等
译文表达	流畅	无意义填充词，18处；重复，1处；修改，3处；共22处	原因见表7-6注释3

表7-6　　　　　　　　　　译文分析注释

序号		译文分析注释
1	信息遗漏的原因	难以兼顾 L + M + P + R
2	信息错误的原因	关注下文信息，个位数产生口误，译文自我监督不够
3	流畅性问题	22处不流畅中，11处与后置定语相关（50%），6处与调整相关（27%），3处与讲话者修改和发音模糊相关（14%），2处其他（9%）
		造成2处错译和1处漏译
		伴随的眼动特征： 上下行换行 前后页分页 眼跳距离过大 回视 其中"回视"所占比例最高67%。（其中右分支结构回视58.07%；逻辑关系处理16.67%；多次搜寻适切译语、数字处理、讲话者发音模糊分别为8.33%；其他16.93%）
		回视方式： (1)（大段）回扫，约50% (2) 回视多次注视，约30% (3) 前后交叉进行，约20%
		回视原因： 后置定语，约54% 逻辑加工，约13% 数字、长句插入语、源语发音模糊33%

(二) 兴趣区选择标准

第一，复杂句：（1）属主从复合句，且主从句（后置定语）中包含其他嵌套结构；（2）弗莱士易读度个位、十几、二十几、四十几、六十几，因为分值［0，30］的文本为大学生读物，大多数标准文档的分值［60，70］；（3）在前两个条件的基础上兼顾数字和专有名词的选取。

复杂句一：后置定语从句中含有后置定语短语 of 结构 + 两个状语结构。

复杂句二：2 个后置定语短语 of 结构，每个结构包含两个并列名词。

复杂句三：2 个后置定语短语 of 结构，每个结构包含一个简短名词或小于 50 的数字。

复杂句四：后置定语从句结构简单（SV），从句主语包含两个专有名词，谓语一个动词。

第二，对比句：兴趣区 5——主句 SV，从句 SV。兴趣区 6——主句 SV，从句 SV + 介宾短语。

四 兴趣区共性分析

复杂句平均得分 95 分，对比句平均得分 99 分。复杂句的后置定语存在如填充词、修改、遗漏和语速等问题；句首是被动时传译不流畅。

(一) 复杂句的共同特征

第一，75% 区内第一次注视后，接续临近注视点在本区内。100% 句末单词只注视一次，句末三个词左右注视总数少、频率低、无回视（最后 ≥2 次注视）。第二，常见/高频两个词的搭配，只注视一次（含两个完整词；前词尾 + 后词头），如"I am""people are"等。

(二) 全部兴趣区共同特征

第一，弗莱士易读度处于［0，30］时，回视次数均为二十几次；弗莱士易读度高于 30 时，回视次数减少到十几次，若句式复杂性降低，则回视次数降至几次。第二，长词（≥5 个字母）的首个注视点：多落在单词前 3—4 个字母，百分比区间为［56.25，88］，均值 67.93%。第三，眼跳：多发生在短词（≤3 个字母），如介词（by, as, to, of, for, in）、冠词（a, the）、连词（and）、副词（so）、系动词（are, be）。第四，多次注视（≥3次）：基本集中于动词和名词，少见形容词（多数充当谓语成分或近8—10个字母的长词）。第五，名词注视：（1）全部被注视；（2）多次注视（≥2次）百分比区间为［50，100］，均值73.9%；（3）后置定语的名词中心词和后置成分中的名词基本都被多次注视（≥2次）；（4）常见或文内高频名词（即使是长词），通常只注视1次；（5）同一个名词，同一个语篇，语法成分不同，注视情况相异，如"success"，做句末中心词时，注视一次，中间5个字母；做后置定语中心词时，注视两次。第六，动词注视：（1）全部被注视；（2）多次注视（≥2次）百分比区间为［50，100］，均值87.14%（比例均值高于名词注视）；（3）后置定语中的动词基本都被多次注视（≥2次）。第七，数字与专有名词：均受到多次注视（≥2次）。第八，注视与预判：出现在意群开头或结尾的单词（7—13个字母的长词；逻辑关系词兼长词；熟悉或文内高频出现的专有名词最后一个词兼长词），只注视一次，且注视点多（80%）落在开头1—3个字母。

五 兴趣区差异分析

兴趣区的差异统计详见表7-7，与上文兴趣区选择所设置的难度与眼动数据基本吻合。

表7-7　　　　　　　　兴趣区差异统计

眼动指标	复杂句1	复杂句2	复杂句3	复杂句4	对比句5	对比句6
注视时间	21.29	21.4	13.38	13.65	5.15	5.93
注视点个数	70	74	53	54	21	25
首次进入时间	35.1	14.97	18.76	44.64	43.37	11.2
进入次数	3	1	3	1	1	3
注视率（%）	100	100	100	100	100	100
首次进入前注视点个数	83	41	39	113	115	26
首个注视点的注视时间	0.15	0.45	0.24	0.16	0.64	0.12
区内注视点时间最大值	1.34	1.05	1.26	0.89	0.64	0.77

续表

眼动指标	复杂句1	复杂句2	复杂句3	复杂句4	对比句5	对比句6
区内注视点平均时间	0.3	0.29	0.25	0.25	0.25	0.24
区内注视点个数比率（%）	44.59	49.01	39.26	32.34	13.91	15.92
区内回视个数	21	21	16	27	7	7
区内回视比率（回视个数/注视点个数）（%）	30	28.38	30.19	50	33.33	28

（一）注视时间

第一，复杂句的注视时间是对比句的3倍左右。第二，复杂句1和复杂句2的句式复杂程度最高，因而花费注视时间高于其他；复杂句2的易读数低于复杂句1，所以注视时间更久。第三，复杂句3和对比句6的易读数都是四十几，但复杂句3的句式更复杂，所以注视时间翻番。第四，复杂句4的易读数虽然最低，那是因为四个专有名词（2—5个单词）所致，其他部分结构比较清晰简单，所以，注视时间相对较短，但仍长于对比句。第五，对比句5的句式最简单、易读数最高，因而注视时间最短。由此可见，后置定语结构需要更多的认知努力。

（二）首个注视点的注视时间

时间长度的前三是对比句5、复杂句2和复杂句3。因为首先对比句5的第一个注视点是开头第一个单词（happily），它承接上文，表示语义转折，字面上没有转折意义。其次复杂句2的第一个注视点是开头第一个单词（yet），字面和语义相吻合，都表示转折。再次复杂句3的第一个注视点是开头第二个单词（however），字面和语义相吻合，都表示转折。

所以，相较而言，转折关系需要最多的认知努力，其次是并列关系（and），最后是承接关系。

（三）区内注视时间最大值

因为复杂句1的复杂程度最高，所以值最大。复杂句3较复杂句2的时间长，说明后置定语of结构中的数字比并列名词需要更多认知努力。复杂句4的时长说明，若专有名词为已知信息，相对来说不构成较大认知负担。

（四）区内注视点个数比率

基本符合句式复杂度越高，比率越大。数字比专有名词需要更多认知努力。

（五）区内回视比率

复杂句 4 的比率最高，说明后置定语从句与专有名词相结合，需要更多的加工和检验，因而回视最多。

六 小结

眼跳多发生在短词；多次注视集中于动词、名词、数字和专有名词；句式越复杂注视时间越长；关系连词中，转折关系需要最多的认知努力，其次是并列关系，最后是承接关系；句式越复杂，其区内注视时间最大值越大，注视点个数比率越高，回视比率也越高。本研究属个案研究，未来可以扩大样本容量，进一步证实复杂句式在带稿同传中的高效认知模型，以便为同传教学与培训提供更可信可行的数据和方法参考。

参考文献

［英］艾森克、基恩：《认知心理学》，华东师范大学出版社2009年版。

［美］安德森：《认知心理学及其启示》，人民邮电出版社2012年版。

［英］艾森克：《心理学——一条整合的途径》（上册），阎巩固等人译，华东师范大学出版社2008年版。

鲍川运：《大学本科口译教学的定位及教学》，载《中国翻译》2004年第5期。

鲍刚：《口译理论概述》，中国对外翻译出版公司2005/2011年版。

鲍晓英：《帮助学生实现口译"信"的标准——记忆心理学在口译教学中的应用》，载《外语界》2005年第3期。

［奥地利］波赫哈克：《口译研究概论》，外语教学与研究出版社2010年版。

蔡小红：《交替传译过程能力发展——中国法语译员和学生的交替传译活动实证研究》，载《现代外语》2001年第3期。

车文博：《当代西方心理学新词典》，吉林人民出版社2001年版。

陈福康：《中国译学理论史稿》（修订本），上海外语教育出版社2000/2006年版。

陈刚：《旅游翻译与涉外导游》，中国对外翻译出版公司2004年版。

陈会昌等主编：《中国学前教育百科全书》（心理发展卷），沈阳出版社1994年版。

陈菁：《弗里斯的语言学理论与口译原则》，载《厦门大学学报》

2005 年第 1 期。

陈菁、肖晓燕：《口译教学——从理论到课堂》，上海外语教育出版社 2014 年版。

陈圣白：《口译研究的生态学途径》，上海外国语大学，博士学位论文，2012 年。

陈卫红：《论心理认知与口译记忆》，载《外语教学理论与实践》2014 年第 1 期。

陈贤纯：《外语阅读教学与心理学》，北京语言大学出版社 2008 年版。

谌莉文：《口译思维过程的意义协商模式》，中国社会科学出版社 2011 年版。

戴炜栋、徐海铭：《汉英交替传译过程中译员笔记特征实证研究——以职业受训译员和非职业译员为例》，载《外语教学与研究》2007 年第 2 期。

丁锦红等：《认知心理学》，中国人民大学出版社 2010 年版。

丁桢杰：《可视化教学在面向口译初学者的笔记教学中的模式探究》，载《长江大学学报》2014 年第 10 期。

董燕萍：《心理语言学与外语教学》，外语教学与研究出版社 2005 年版。

方梦之：《译学辞典》，外语教育出版社 2004 年版。

冯佳、王克非：《探析翻译过程的新视窗：键盘记录和眼动追踪》，载《中国翻译》2016 年第 1 期。

高彬：《英汉交替传译笔记中的语言选择发展规律》，载《中国翻译》2019 年第 1 期。

龚龙生：《从释意理论看口译研究》，载《中国外语》2008 年第 2 期。

桂诗春：《心理语言学》，上海外语教育出版社 1985 年版。

——：《新编心理语言学》，上海外语教育出版社 2000 年版。

郭亚玲等：《语言知觉双加工：桥接虚拟与现实的认知机制》，载《外语电化教学》2021 年第 2 期。

韩百敬：《形态表征的分支方向与结构性歧义词的解读偏向》，载

《外语教学与研究》2012 年第 5 期。

何兆熊：《语用学概要》，上海外语教育出版社 1989 年版。

［美］加洛蒂：《认知心理学》，吴国宏等译，陕西师范大学出版社 2005 年版。

卡罗尔：《语言心理学》，华东师范大学出版社 2012 年版。

康志峰：《视译眼动跟踪靶域：注视点与绩效》，载《上海翻译》2020 年第 1 期。

赖祎华：《口译动态 RDA 模型研究：理论语实践运用》，上海外国语大学，博士学位论文，2013 年。

——：《口译：交际、语用与认知》，江西人民出版社 2014 年版。

勒代雷：《释意学派口笔译理论》，中国对外翻译出版公司 2011 年版。

乐国安、韩振华：《认知心理学》，南开大学出版社 2011 年版。

李金波：《国外图书馆社交媒体政策及其启示》，载《图书与情报》2014 年第 4 期。

黎难秋：《中国口译史》，青岛出版社 2002 年版。

李艳：《云盘及其安全问题综述》，载《中小企业管理与科技》2016 年第 23 期。

连淑能：《英汉对比研究》，高等教育出版社 1993 年版。

刘爱伦：《思维心理学》，上海教育出版社 2002 年版。

刘放桐等：《新编现代西方哲学》，人民出版社 2000 年版。

刘和平：《口译理论研究成果与趋势浅析》，载《中国翻译》2005 年第 4 期。

——：《口译理论与教学》，中国对外翻译出版公司 2005 年版。

——：《翻译学：口译理论和口译教育》，复旦大学出版社 2017 年版。

刘建军：《英语专业本科学生汉英交传笔记特征及其与口译成绩的关系——一项基于学生交传笔记的实证研究》，载《外语界》2010 年第 4 期。

刘建珠：《同声传译研究概论》，苏州大学出版社 2013 年版。

刘宓庆：《口笔译理论研究》，中国对外翻译出版公司 2004/2006

年版。

刘绍龙：《翻译心理学》，武汉大学出版社 2007 年版。

——：《口译"元交际"功能的认知心理学研究基于对口译"传播模式"的思考》，载《外语与外语教学》2008 年第 1 期。

刘绍龙、仲伟合：《口译的神经心理语言学研究——连续传译过程模式的构建》，载《外国语》2008 年第 4 期。

刘艳梅：《眼动法在翻译过程研究中的应用与展望》，载《外国语》2013 年第 5 期。

卢信朝：《英汉口译技能教程》，北京语言大学出版社 2013 年版。

鲁忠义、杜建政：《记忆心理学》，人民教育出版社 2005 年版。

马星城：《眼动跟踪技术在视译过程研究中的应用——成果、问题与展望》，载《外国语》2017 年第 2 期。

梅德明：《会议同传》，北京大学出版社 2009 年版。

——：《联络陪同》，北京大学出版社 2015 年版。

孟国：《汉语语速与对外汉语听力教学》，载《世界汉语教学》2006 年第 2 期。

彭聃龄：《普通心理学》，北京师范大学出版社 2010 年版。

秦亚青、何群：《英汉视译》，外语教学与研究出版社 2009 年版。

任国杰：《童子问易》，人民出版社 2013 年版。

任文：《联络口译过程中译员的主体性意识研究》，外语教学与研究出版社 2010 年版。

——：《交替传译》，外语教学与研究出版社 2014 年版。

——：《中国口译研究热点与趋势探析（2008—2018）》，载《中国翻译》2019 年第 5 期。

[法] 塞莱斯科维奇：《口译技巧》，孙慧双译，北京出版社 1979 年版。

——：《口笔译概论》，孙慧双译，北京语言学院出版社 1992 年版。

[法] 塞莱斯科维奇、勒代雷：《释意翻译》，汪家荣等译，旅游教育出版社 1990 年版。

——：《口笔译概论》，北京语言学院出版社 1992 年版。

邵俊宗:《言语心理引论》,中国社会科学出版社2013年版。

[美] 苏珊、杰奎琳:《第二语言习得的语言学视角》,世界图书出版公司2006年版。

苏伟、邓轶:《口译基础》,上海外语教育出版社2009年版。

孙杰:《英汉带稿右分支结构传译认知的眼动研究》,载《空中美语》2020年第3期。

——:《基于云端的智能笔辅助交传笔记教学探究》,载《现代英语》2020年第12期。

孙翔云等:《网络大众论》,中山大学出版社2008年版。

索尔所等:《认知心理学》,上海人民出版社2008年版。

王斌华:《口译:理论·技巧·实践》,武汉大学出版社2006年版。

——:《口译即释意?——关于释意理论有关争议的反思》,载《外语研究》2008年第5期。

——:《口译能力的评估模式及测试设计再探——以全国英语口译大赛为例》,载《外语界》2011年第1期。

——:《中国口译研究40年:历程、成就和展望》,载《当代外语研究》2018年第3期。

——:《基于口译认识论的口译理论建构——多视角、多层面、多路径的口译研究整体框架》,载《中国翻译》2019年第1期。

——:《口译的交际协调论——兼论"口译只是认知处理技能吗?"》,载《外语教学》2019年第1期。

王诚翊:《云盘用户信息分享特征研究》,兰州大学,博士学位论文,2016年。

王立弟:《翻译中的知识图式》,载《中国翻译》2001年第2期。

王甦、汪安圣:《认知心理学》,北京大学出版社1992/2010年版。

王文宇:《口译笔记特征与口译产出质量实证研究》,载《外语界》2010年第4期。

王文宇、段燕:《英语专业学生口译能力问题探索》,外语教学与研究出版社2013年版。

王湘玲、胡珍铭:《口译认知过程中信息处理模型的图式诠释》,载

《湖南大学学报》2011 年第 5 期。

王晓农：《基于认知语言学的语篇翻译研究》，西南交通大学出版社 2011 年版。

王学文等：《经贸口译教程》，中国对外经济贸易出版社 1993 年版。

王炎强：《媒体直播同传译员"面子"保全策略研究》，载《上海翻译》2018 年第 6 期。

王寅：《认知语言学》，上海外语教育出版社 2007 年版。

吴文梅：《口译过程认知心理模型构建》，厦门大学出版社 2015 年版。

肖丽：《学生译员英汉交替传译笔记困难实证研究》，载《广东外语外贸大学学报》2018 年第 1 期。

肖晓燕：《媒体传译的质量评估》，载《中国翻译》2011 年第 2 期。

——：《中国大陆手语传译调查：现状、问题与前景》，载《中国翻译》2018 年第 6 期。

[美] 谢弗：《发展心理学的关键概念》，胡清芬等译，华东师范大学出版社 2008 年版。

杨柳燕：《数字技术辅助下的交传笔记研究》，载《外语教学理论与实践》2017 年第 3 期。

杨治良等：《记忆心理学》，华东师范大学出版社 2012 年版。

张吉良：《巴黎释意学派口译理论研究》，上海外语教育出版社 2010 年版。

——：《巴黎释意学派口译过程三角模型研究》，载《外语教学理论与实践》2011 年第 2 期。

张威：《同声传译的工作记忆机制研究》，载《外国语》2010 年第 2 期。

——：《口译认知加工机制的理论述评》，载《天津外国语大学学报》2013 年第 1 期。

张维为：《英汉同声传译》，上海外语教育出版社 2011 年版。

仲伟合：《英汉同声传译技巧与训练》，载《中国翻译》2001 年第 5 期。

——:《英语口译教程》(上),高等教育出版社2006年版。

——:《基础口译》,外语教学与研究出版社2014年版。

仲伟合、王斌华:《基础口译》,外语教学与研究出版社2014年版。

周庆山:《传播学概论》,北京大学出版社2004年版。

朱滢:《实验心理学》,北京大学出版社2000年版。

Allen, Katherine, "Interpreting in Conflict Zones", http://najit.org/blog/? p=229 (Accessed July 24, 2015), 2012.

Amato, Amalia and Gabriele Mack, "Interpreting the Oscar Night on Italian TV: An Interpreter's Nightmare?", *The Interpreters' Newsletter*, No. 16, 2011.

Anderson, J. C., "Acquisition of Cognitive Skill", *Psychological Review*, Vol. 87, No. 9, 1980.

——, *Cognitive Psychology and Its Implication* (2nd ed.), NY: Freeman, 1985.

Anderson, J. C. & G. H. Bower, "Prepositional Theory of Recognition Memory", *Memory Cognition*, Vol. 2, No. 3, 1974.

Anderson, J. R. ed., *Language, Memory and Thought*, Hillsdale, NJ: Erlbaum, 1976.

——, *Cognitive Psychology and Its Implication*, San Francisco: W, H, Freeman and Company, 1995.

Andres, D. ed., *Konsekutivdolmetschen und notation* [Consecutive Interpreting and Note Taking], Frankfurt: Peter Lang, 2002.

Angelelli, Claudiaed., *Revisiting the Interpreter's Role: A Study of Conference, Court and Medical Interpreters in Canada, Mexico and the United States*, Amsterdam: John Benjamins, Publishing Company, 2004.

Atkinson, R. C. & Juola, J. F., "Factors Influencing Speed and Accuracy of Word Recognition", In S. Kornblum (ed.), *Attention and Performance* Vol. 4, NY: Academic Press, 1973.

Baddeley, A. D., "The Psychology of Remembering and Forgetting", In T. Butler (ed.), *Memory: History, Culture and the Mind*, London: Basil Blackwell, 1989.

——, "The Episodic Buffer: A New Component of Working Memory", *Trends in Cognitive Sciences*, No. 4, 2000.

Baigorri-Jalón, Jesús ed., *De Paris a Nuremberg: naissance de l'interprétation de conférence. Traduit sous la direction de Clara Foz. Ottawa: Presses de l' Université d' Ottawa* (English edition: *From Paris to Nuremberg: The Birth of Conference Interpreting*, Translated by Holly Mikkelson and Barry S. Olsen), Amsterdam: John Benjamins Publishing Company, 2004.

Baigorri-Jalón, Jesús ed., *Interpreters at the United Nations: A History*, Translated by Anne Barr, Salamanca: Ediciones Universidad de Salamanca, 2004.

Bancroft, Marjory ed., *The Interpreter's World Tour: An Environmental Scan of Standards of Practice for Interpreters*, Washington DC: National Council on Interpreting in Health Care (ncihc), 2005.

Beaugrande, R., & W. Dressler, ed., *Introduction to Text Linguistics*, London: Longman, 1981.

Behr, Wolfgang, "'To Translate' Is 'to Exchange' Linguistic Diversity and the Terms for Translation in Ancient China", In Michael Lackner and Natascha Vittinghoff (ed.), *Mapping Meanings: The Field of New Learning in Late Qing China*, Leiden, Netherlands: E. J. Brill, 2004.

Bock, K. & Levelt, W., Language Production: Grammatical Encoding. In M. A. Gernsbacher (ed.), *Handbook of Psycholinguistics*, SD: Academic Press, 1994.

Braun, Sabine and Judith L. Taylor, "Video-mediated Interpreting: An Overview of Current Practice and Research", In Sabine Braun and Judith L. Taylor (ed.), *Videoconference and Remote Interpreting in Criminal Proceeding*, Antwerp: Intersentia. jepubs. surrey. ac. uk/303018/ (Accessed July 24, 2015), 2012.

Broadbent, D. E. ed., *Perception and Communication*, Oxford, England: Pergamon, 1958.

Caplan, D. ed., *Language: Structure, Processing, and Disorders*, Cambridge, MA: MIT Press, 1992.

Cen, Zhongmian ed., *A Supplement to and an Examination of the Historical Information of the Western Turk*, Beijing: Zhonghua Shuju, 2004.

Chen, Sijia, "Note-taking in Consecutive Interpreting: New Data from Pen Recording", *The International Journal for Translation & Interpreting Research*, Vol. a, No. 2, 2017.

———, "A Pen-eye-voice Approach Towards the Process of Note-taking and Consecutive Interpreting: An Experimental Design", *International Journal of Comparative Literature & Translation Studies*, No. 2, 2018.

Cheung, Andrew Kay-tan., "Simultaneous Interpreting of Numbers: An Experimental Study", *Forum*, Vol. 6, No. 2, 2008.

Cheung, Martha, "'To Translate' Means 'to Exchange'? A New Interpretation of the Earliest Chinese Attempts to Define Translation (Fanyi)", *Target*, Vol. 17, No. 1, 2005.

Cheung, Martha ed., *An Anthology of Chinese Discourse on Translation. Vol. 1: From Earliest Times to the Buddhist Project Manchester*, Kinderhook: St Jerome Publishing, 2006.

Choi, J. Y., "Metacognitive Evaluation Method in Consecutive Interpretation for Native Learners", *Meta*, Vol. 30, No. 2, 2006.

Christoffels, I. K., B. de Groot & J. F. Kroll, "Memory and Language Skills in Simultaneous Interpreters: The Role of Expertise and Language Proficiency", *Journal of Memory and Language*, No. 3, 2006.

Claire Kramsched., *Language and Culture*, London: OUP, 1998.

Clauson, Gerard ed., *Studies in Turkic and Mongolic Linguistics*, London/New York: Routledge, 2002.

Cokely, Dennis, "Exploring Ethics: A Case for Revising the Code of Ethics", *Journal of Interpretation*, No. 1, 2000.

Collins, A. M. & E. F. A. Loftus, "A Spreading Activation Theory of Semantic Processing", *Psychological Review*, Vol. 82, No. 3, 1975.

Collins, A. M. & M. R. Quillian, "Retrieval Time from Semantic Memory", *Journal of Verbal Learning and Verbal Behavior*, No. 8, 1969.

Corsellis, Ann ed. , *Public Service Interpreting: The First Steps*, Basingstoke: Palgrave, 2008.

Craik, F. I. M. & Lockhart, R. S. , "Levels of Processing: A Framework for Memory Research", *Journal of Verbal Learning and Verbal Behavior*, No. 1, 1972.

Dell, G. S. , "A Spreading-Sctivation Theory of Retrieval in Sentence Production", *Psychological Review*, Vol. 93, No. 4, 1986.

Deutsch, J. A. & D. Deutsch, "Attention: Some Theoretical Considerations", *Psychological Review*, Vol. 70, No. 3, 1963.

Donovan, Clare ed. , Closing the Expertise Gap: A Concrete Example of Guided Reflection on a Conference Experience, *Forum*, Vol. 6, No. 1, 2008.

Elman, J. L. & J. L. McClelland, "Cognitive Penetration of the Mechanism of Perception: Compensation for Coarticulation of Lexically Restored Phonemes", *Journal of Memory and Language*, Vol. 27, No. 6, 1988.

Encyclopaedia Britannica (*11th ed. , Vol. 14*), Cambridge: Cambridge University Press, 1910 – 1911.

Eysenck, M. & M. Keane ed. , *Cognitive Psychology*, New York: Psychology Press, 2001.

——, *Cognitive Psychology: A Student Handbook*, London: Psychology Press, 2015.

Eysenck, M. et al ed. , *Cognitive Psychology*, London: Psychology Press, 2000.

Flerov, Cyril, "Remote Simultaneous Interpreting: Options and Standards", Presentation at ATA (American Translator's Association) 2015, Miami, USA. http://www.ata-division.org/ ID/remote-simultaneous-interpreting (Accessed February 15, 2015), 2015.

Fodor, J. A. ed. , *The Modularity of Mind: An Essay on Faculty Psychology*, Cambridge, MA: MIT Press, 1983.

Forster, K. I, "Accessing the Mental Lexicon", In R. J. Wales & E. Walker (ed.), *New Approaches to Language Mechanisms*, Amsterdam: North-

Holland, 1976.

Foss, D. "Some Aspects of Ambiguity on Sentence Comprehension", *Journal of Verbal Learning and Verbal Behavior*, No. 9, 1970.

Frazier, L., "Sentence Processing Review", In M. Coltheart (ed.), *Attention and Performance*, Vol. XII: *The Psychology of Reading*, Hillsdale, NJ: Erlbaum, 1987.

Frazier, L. & J. D. Fodor, "The Sausage Machine: A New Two-Stage Parsing Model", *Cognition*, Vol. 6, No. 5, 1978.

Frazier, L. & Rayner, K., "Making and Correcting Errors during Sentence Comprehension: Eye Movements in the Analysis of Structurally Ambiguous Sentences", *Cognitive Psychology*, Vol. 14, No. 2, 1982.

Fromkin, V. A. ed., *Speech Errors as Linguistic Evidence*, The Hague: Mouton, 1973.

Gagne, R. M. & E. A. Fleishman ed., *Psychology and Human Performance*, New York: Holt, 1959.

Gaiba, Francesca ed., *The Origins of Simultaneous Interpretation: The Nuremberg Trial*, Ottawa: University of Ottawa Press, 1998.

Gao, Mingshied., *The Politics and Education of Ancient East Asia*, Taipei: Hymalaya Fund, 2003.

Gernsbacher, M. A. ed., *Language Comprehension as Structure Building*, Hillsdale, NJ: Earlbaum, 1990.

Gile, D. ed., *Basic Concepts and Models for Interpreter and Translator Training*, Amsterdam/Philadephia: John Benjamins Publishing Company, 1995.

——, "Conference Interpreting as A Cognitive Management Problem", *Applied Psychology*, No. 3, 1997.

——, "Variability in the Perception of Fidelity in Simultaneous Interpretation", *Hermes*, Vol. 22, No. 5, 1999.

——, "Consecutive vs Simultaneous: Which Is More Accurate?" *Tsuuyakukenkyuu Interpretation Studies*, Vol. 1, No. 1, 2001.

——, "Conference and Simultaneous Interpreting", In Mona Baker (ed.), *Routledge Encyclopedia of Translation Studies*, Shanghai: Shanghai Foreign Language Education Press, 2004.

——, "Local Cognitive Load in Simultaneous Interpreting and Its Implications for Empirical Research", *Forum*, Vol. 6, No. 2, 2008.

——, *Basic Concepts and Models for Interpreter and Translator Training*, Amsterdam and Philadelphia: John Benjamins Publishing Company, 2009.

——, *Basic Concepts and Models for Interpreter and Translator Training*, Shanghai: Shanghai Foreign Language Education Press, 2011.

Gillies, A. ed., *Note-taking for Consecutive Interpreting*, Manchester: St. Jerome Publishing, 2005.

Grbić, Nadja., "Signed Language Interpreting: Types, Settings and Modes", In Carol A. Chapelle (ed.), *Encyclopedia of Applied Linguistics*, 1-5 (online). Oxford: Wiley-Blackwell, 2012.

Guo Jiading, "A Speech at the International Interpreting Conference 2004 and Fifth National Conference on Interpreting Practice, Pedagogy and Research", In Chai Mingjiong and Zhang Jiliang (ed.), *Professionalization in Interpreting: International Experience and Developments in China*, Shanghai: Shanghai Foreign Language Education Press, 2006.

Herbert, J. ed., *The Interpreter's Handbook: How to Become a Conference Interpreter*, Geneva: Georg, 1952.

Hermann, Alfred, "Interpreting in Antiquity", In Franz Pöchhacker and Miriam Shlesinger (ed.), *The Interpreting Studies Reader*, London: Routledge, 1956/2002.

Holmqvist, K. et al. ed., *Eye Tracking: A Comprehensive Guide to Methods and Measures*, Oxford: Oxford University Press, 2011.

Hyönä, J. et al, "Pupil Dilation as a Measure of Processing Load in Simultaneous Interpretation and Other Language Tasks", *The Quarterly Journal of Experimental Psychology*, Vol. 48, No. 2, 1995.

Jacquelyn Schachter ed., *Second Language Classroom Research*, New York: Routledge, 1996.

Jacques Derrida ed. , *De La Grammatologie*, Paris: Editions De Minuit, 1967.

Jakobsen, A. L. & K. T. Jensen, "Eye Movement Behaviour across Four Different Types of Reading Task", *Copenhagen Studies in Language*, Vol. 36, No. 5, 2008.

Jonathan Culler ed. , *On Deconstruction*, Ithaca, New York: Cornell University Press, 1982.

Jones, Rodericked. , *Conference Interpreting Explained*, Manchester: St, Jerome, 1998.

——, ed. , *Conference Interpreting Explained*, Shanghai: Shanghai Foreign Language Education Press, 2008.

Just, M. A. & P. A. Carpenter, "A Theory of Reading: From Eye Fixations to Comprehension", *Psychological Review*, Vol. 87, No. 4, 1980.

Kahneman, D. ed. , *Attention and Effort*, Englewood Cliffs, NJ: Prentice Hall, Inc, 1973.

Katan, Davided. , *Translating Cultures: An Introduction for Translators, Interpreters, and Mediators*, Manchester: St. Jerome, 1999.

Kimball, J. , "Seven Principles of Surface Structure Parsing in Natural Language", *Cognition*, Vol. 2, No. 1, 1973.

Kintsch, W. , "The Role of Knowledge in Discourse Comprehension: A ConstructionIntegration Model", *Psychological Review*, Vol. 95, No. 3, 1988.

——, *Comprehension: A Paradigm for Cognition*, NY: Cambridge University Press, 1998.

Lage, M. J. , G. J. Platt, & M. Treglia, "Inverting the Classroom: A Gateway to Creating an Inclusive Learning Environment", *Journal of Economic Education*, No. 31, 2000.

Lakoff, G. & M. Johnson ed. , *Philosophy in the Flesh—the Embodied Mind and Its Challenge to Western Thought*, New York: Basic Books, 1999.

Langacker, R. ed. , *Foundations of Cognitive Grammar*, *Vol, I: Theoretical Prerequisites*, California: Stanford University Press, 1988.

Lederer, Marianne ed., *La Traduction Simultanée*, Paris: Minard Lettres Modernes, 1981.

Lee, J., "What Skills Do Student Interpreters Need to Learn in Sight Translation Training?", *Meta*, Vol. 57, No. 3, 2012.

Leeson, Lorraine and Myriam Vermeerberger, "Sign Language Interpreting and Translating", In Yves Gambier and Luc van Doorslaer (ed.), *Handbook of Translation Studies*, Amsterdam: John Benjamins, 2010.

Lefevere, Andre, "Chinese and Western Thinking on Translation", In Susan Bassnett and André Lefevere (ed.), *Constructing Cultures: Essay on Literary Translation*, Clevedon, UK: Multilingual Matters, 1988.

Lei, Ning, "Interpretation Service in the Ministry of Foreign Affairs", In Chai Mingjiong and Zhang Jiliang (ed.), *Professionalization in Interpreting: International Experience and Developments in China*, Shanghai: Shanghai Foreign Language Education Press, 2006.

Levelt, W. J. M. ed., *Speaking: From Intention to Articulation*, Cambridge, MA: MIT Press, 1989.

Levelt, W. J. M., Roelofs, A. & Meyer, A. S., "A Theory of Lexical Access in Speech Production", *Behavior and Brains Sciences*, Vol. 22, No. 5, 1999.

Li, Fang, "Translators in the Tang Garrison at Turfan", *Cultural Relics*, No. 2, 1994.

Li, Hu ed., *History of Diplomatic Institutions of the Han and Tang Dynasties*, Lanzhou: Lanzhou University Press, 1998.

Liangshu ed., *History of the Liang Dynasty*, Beijing: Zhonghua Shuju, 1983.

Lindstrom, J. H., "Determining Appropriate Accommodations for Postsecondary Students with Reading and Written Expression Disorders", *Learning Disabilities Research and Practice*, No. 4, 2007.

MacDonald, C., N. J. Pearlmutter & M. S. Seidenberg, "Lexical Nature of Syntactic Ambiguity Resolution", *Psychological Review*, Vol. 101,

No. 1, 1994.

Marslen-Wilson, W., "Functional Parallelism in Spoken Word Recognition", *Cognition*, Vol. 25, No. 1, 1987.

Mary Snell-Hornby ed., *The Turns of Translation Studies: New Paradigms or Shifting Viewpoints*, Amsterdam/ Philadelphia: John Benjamins Publishing Company, 2006.

McClelland, J. L., "Stochastic Interactive Processes and the Effect of Context on Perception", *Cognitive Psychology*, Vol. 23, No. 2, 1991.

McClelland, J. L. & D. E. Rumelhart, "An Active Activation Model of Context Effects in Letter Perception: Part 1, An Account of Basic Findings", *Psychological Review*, Vol. 88, No. 1, 1981.

Metzger, Melanie ed., *Sign Language Interpreting: Deconstructing the Myth of Neutrality*, Washington: Gallaudet University Press, 1999.

Meyer, B. J. F. & Rice, G. E., "The Structure of Text", In Pearson, P. D. (ed.), *Handbook of Reading Research*. London: Longman, 1984.

Mikkelson, Holly ed., *Introduction to Court Interpreting*, Manchester: St. Jerome, 2000.

Moray, N. ed., *Attention, Selective Processes in Vision and Hearing*, NY: Academic Press, 1969.

Morton, J., "Interaction of Information in Word Recognition", *Psychological Review*, Vol. 76, No. 1, 1969.

Moser-Mercer, Barbara & Gregoire, Bali, "Interpreting in Zones of Crisis and War", http:/ aiic. net/page/2979 (Accessed July 24, 2015), 2008.

Mouzourakis, Panayotis, "Remote Interpreting: A Technical Perspective on Recent Experiments", *Interpreting*, Vol. 8, No. 1, 2006.

Napier, Jemina and Della Goswell, "Signed Language Interpreting: Profession", In Carol A. Chapelle (ed.), *The Encyclopedia of Applied Linguistics*. Oxford: Wiley-Blackwell, 2013.

Neff, Jacquy, "AIIC Statistics: Summary of the 2012 Report", http://aiic. net/pag/6878/aiic - statistics - summary - of - the - 2012 - reportlang/

(Accessed July 25, 2015), 2014.

Nicodemus, Brenda, Laurie Swabey & Anna Witter-Merithew, "Presence and Role Transparency in Healthcare Interpreting: A Pedagogical Approach for Developing Effective Practice", *Rivista di Linguistica*, Vol. 11, No. 3, 2011.

Norris, D., J. M. McQueen & A. Curle, "Merging Information in Speech Recognition: Feedback Is Never Necessary", *Behavior and Brain Science*, Vol. 23, No. 1, 2000.

Obst, Harry ed., *White House Interpreter: The Art of Interpretation*, Bloomington: Authorhouse, 2010.

Orlando, M., "Digital Pen Technology and Consecutive Interpreting: Another Dimension in Note Taking Training and Assessment", *The Interpreters' Newsletter*, No. 15, 2010.

Paivio, A., "Perceptual Comparisons through the Mind's Eye", *Memory and Cognition*, Vol. 3, No. 1, 1975.

Pavlovic, N., & K. Jensen, "Eye Tracking Translation Directionality", *Translation Research Projects*, No. 2, 2009.

Peterson, L. R. & M. T. Peterson, "Short-Term Retention of Individual Verbal Items", *Journal of Experimental Psychology*, Vol. 9, No. 2, 1968.

Petersen, Rico, "Profession in Pentimento: A Narrative Inquiry into Interpreting in Video Settings", In Brenda Nicodemus and Laurie Swabey (ed.), *Advances in Interpreting Research: Inquiry in Action*, Amsterdam: John Benjamins Publishing Company, 2011.

Phelan, Mary ed., *The Interpreter's Resource*, Clevedon: Multilinggual Matters Ltd, 2001.

Pöchhacker, Franz ed., *Introducing Interpreting Studies*, London: Routledge, 2004.

——, "Interpreters and Ideology: From 'between' to 'within'", *Internet-Zeitschrift für Kulturwissenschaften* 16. http://www.inst.at/trans/16Nr/09_4/poechhacker16.htm (Accessed July 24, 2015), 2006.

Rezhake, Maitiniyazi et al. ed., *A History of Translation in the Western Regions*, Ürümchi: Xinjiang University Press, 1994.

Robinson, D. ed., *Becoming a Translator*, London: Routledge, 1997.

Roland, Ruth ed., *Interpreters as Diplomats Diplomatic History of the Role of Interpreters in World Politics*, Ottawa: University of Ottawa Press, 1999.

Rozan, Jean-François ed., *Note-taking in Consecutive Interpreting*, Cracow: Tertium Society for the Promotion of Language Studies, 2002.

Seeber, K. G., "Cognitive Load in Simultaneous Interpreting: Measures and Methods", *Target*, No. 1, 2013.

Seleskovitch, Danica ed., *Langage, langues et mémoire. Etude de la prise de notes en interpretation consecutive*, Paris: Minard Lettres Modernes, 1975.

——, "Take Care of the Sense and the Sounds Will Take Care of Themselves or Why Interpreting Is Not Tantamount to Translating Languages", *The Incorporated Linguist*, No. 16, 1977.

Seleskovitch, Danica & Marianne Lederer ed., *Pédagogie raisonnée de l'interpretation*, Paris: Didier erudition, 1989.

——, *Pédagogie Raisonnée de l, Interprétation (3e édition)*, Paris: Didier Erudition, 2003.

Selfridge, O. G., "Pandemonium: A Paradigm for Learning", In D. V. Blake & A. M. Uttley (ed.), *Proceedings of the Symposium on the Mechanization of Thought Processes*, London: Her Majesty's Stationery Office, 1959.

Shermet, Sheila, "Communication, Interpretation and Oral Translation: Contrastive Analysis of Freelancing vs. Working for a Large Organization", Presentation at Second UN Conference of MOU Universities, University of Mons, Belgium, May 2012, Annex 2, 125 – 144. https://languagecareers.un.org/sites/languagecareers.un.org/files/PDF/report_of_the_2nd_mou_conf-erence-final.compressed.pdf (Accessed July 25, 2015), 2012.

Shiffrin, R. M. & Atkinson, R. C., "Storage and Retrieval Processing in Long-Term Merory", *Psychological Review*, Vol. 76, No. 2, 1969.

Shlesinger, Miriam, "Relay Interpreting", In Yves Gambier and Luc van Doorslaer (ed.), *Handbook of Translation Studies* (Vol. 1), Amsterdam: John Benjamins Publishing Company, 2010.

Signoret, Simoneed., *La nostalgie n' est plus ce qu' elle était*, Paris: Points Actuels, 1976/2010. (English edition: *Nostalgia Isn't What It Used to Be*, London: Penguin Books, 1979.)

Sima Guang et al ed., *Zizhi Tongjian*, Shanghai: Shanghai Chinese Classics Publishing House, 1987.

Smith, E. E., E. J. Shoben & L. J. Rips, "Structure and Process in Semantic Memory: A Featural Model for Semantic Decisions", *Psychological Review*, Vol. 81, No. 1, 1974.

Stephen, W. L. ed., *The Story of Human Communication*, Ware: Wadsworth PC, 1999.

Sternberg, S., "High-Speed Scanning in Human Memory", *Science*, Vol. 1953, No. 6, 1966.

——, "Component Process in Snalogical Reasoning", *Psychological Review*, Vol. 76, No. 1, 1969.

Straniero, Sergio, Francesco, "Norms and Quality in Media Interpreting: The Case of Formula One Press Conferences", *The Interpreters' Newsletter*, No. 12, 2003.

Studdert-Kennedy, M., "Speech Perception", In N. J. Lass (ed.), *Contemporary Issues in Experimental Phonetics*, ONY: Academic Press, 1976.

Szabo, C., "Language Choice in Note-Taking for Consecutive Interpreting", *Interpreting*, No. 2, 2006.

Taylor ed., *Cognitive Grammar*, Oxford: Oxford University Press, 2006.

Tomlin, R. S., et al., "Discourse Semantics", In Van Dijk, T. A. (ed), *Discourse as Structure and Process*, London: SAGE Publications Ltd, 1997.

Townsend, J. T., "Some Results Concerning the Identifiability of Parallel and Serial Processes", *British Journal of Mathematical and Statistical Psychology*, Vol. 25, No. 1, 1972.

Treisman, A. M. , "Contextual Cues in Selective Listening", *Quarterly Journal of Experimental Psychology*, Vol. 12, No. 1, 1960.

——, "Verbal Cues, Language and Meaning in Selective Attention", *American Journal of Psychology*, Vol. 77, No. 1, 1964.

Tsuruta, Chikako & Vincent Buck, "Exploring Media Interpreting", http://aiic.net/View-Page.cfm/article 2869.htm (Accessed July 24, 2015), 2012.

Tulving, E. , "Episodic and Semantic Memory", In E. Tulving & W. Donaldson (ed.), *Organization in Memory*, NY: Academic Press, 1972.

Tyler, L. K. & W. Marslen-Wilson, "The Effect of Context on the Recognition of Polymorphemic Word", *Journal of Memory and Language*, Vol. 25, No. 1, 1986.

Tymoczko, Maria. , "Translation in Oral Tradition as A Touchstone for Translation Theory and Practice", In Susan Bassnett and André Lefevere (ed.), *Translation, History and Culture*, London/New York: Pinter Publishers, 1990.

Vandepitte, C. S. , R. Meylaerts & M. Bart, ed. , *Tracks and Treks in Translation Studies*, Amsterdam: John Benjamins Publishing Company, 2013.

Van Gompel, R. P. G. Pickering, M. J. & Traxler, M. J. , "Unrestricted Race: A New Model of Syntactic Ambiguity Resolution", In A. Kennedy, R. Radach, D. Heller & J. Pynte (ed.), *Reading as a Perceptual Process*, Oxford: Elsevier, 2000.

Wickelgren, W. A. , "The Long and Short of Memory", *Psychological Bulletin*, Vol. 80, No. 1, 1973.

Wittgenstein, Ludwig ed. , *Philosophical Investigations*, transl, G. E. M. Auscombe, London: Prentice Hall, 1973.

Wright, Arthur E. ed. , *The Sui Dynasty*, New York: Alfred A. Knopf Inc, 1978.

al-Zahran, Aladdin ed. , *The Consecutive Conference Interpreter as Intercultural Mediator: A Cognitive-Pragmatic Approach to the Interpreter's Role*, Unpublished PhD thesis, School of Languages, European Studies Research Institute (ESRI), University of Salford, UK, 2007.

Zwaan, R. A., M. C. Langston & A. C. Graesser, "The Construction of Situation Models in Narrative Comprehension: An Event-Indexing Model", *Psychological Science*, No. 1, 1995.